本书获河南省社会科学院

哲学社会科学创新工程试点经费资助

中原学术文库·文集

卢广森学术文集

卢广森 著

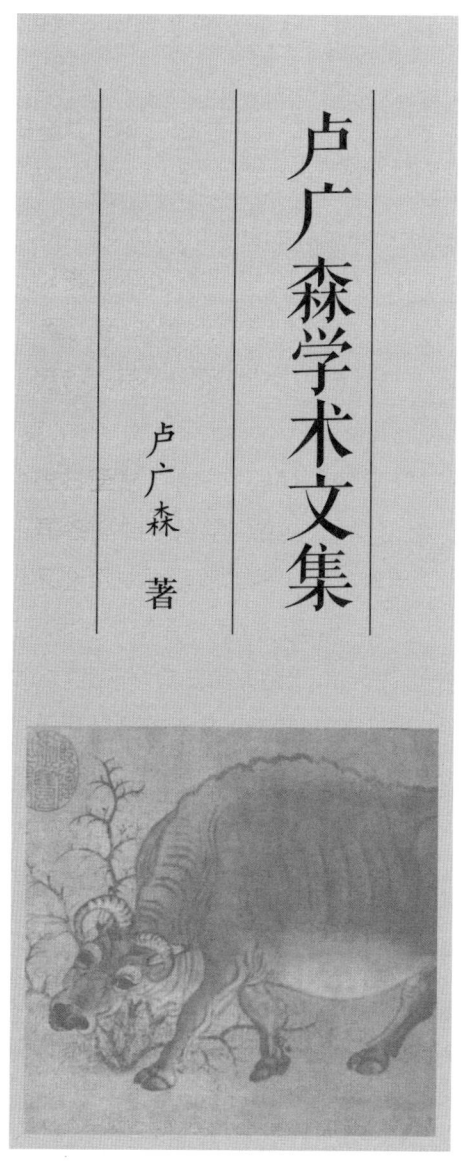

中原出版传媒集团
中原传媒股份公司
大象出版社
·郑州·

图书在版编目(CIP)数据

卢广森学术文集/卢广森著.—郑州：大象出版社，2018.11
(中原学术文库.文集)
ISBN 978-7-5347-9953-2

Ⅰ.①卢… Ⅱ.①卢… Ⅲ.①社会科学—文集 Ⅳ.①C53

中国版本图书馆CIP数据核字(2018)第250470号

中原学术文库·文集

卢广森学术文集
LU GUANGSEN XUESHU WENJI

卢广森　著

出 版 人	王刘纯
责任编辑	李建平
责任校对	安德华　张迎娟　毛　路
装帧设计	王晶晶

出版发行	大象出版社(郑州市开元路16号　邮政编码450044)
	发行科　0371-63863551　总编室　0371-65597936
网　　址	www.daxiang.cn
印　　刷	驻马店市东衡印刷有限公司
经　　销	各地新华书店经销
开　　本	787mm×1092mm　1/16
印　　张	22.25
字　　数	359千字
版　　次	2018年11月第1版　2018年11月第1次印刷
定　　价	115.00元

若发现印、装质量问题，影响阅读，请与承印厂联系调换。
印厂地址　驻马店市东祥路中段
邮政编码　463000　　　　电话　0396-6282777

自 序

大学毕业前后,由于遇到了连续不断的政治运动,我要长期地经受政治考验和上山下乡的锻炼,还从事行政工作十余年,退休前最后十余年才在科研单位从事专业研究工作。

在我工作期间,陆续在报章杂志上发表了一些论文,还有相当一部分论文是退休以后写的。2015年春,为庆贺我八十寿辰,我从已经发表的论文和出版的著作中选出40余篇文章,还有40余幅照片,编成《路广文选》一书以赠亲友。最近,河南省社会科学院领导为解决离退休科研人员著作的出版问题,资助一部分学术作品的出版。我在《路广文选》的基础上,选出学术性较强的论文39篇,编成《卢广森学术文集》。收入书中的文章,个别地方作了修改,部分引文根据最新的版本作了订正。

本文集内容共分两部分:一是洛学及河洛文化方面的论文,是本书的重点,共选入23篇文章,主要论述了二程及其河南弟子的政治、哲学、经济和教育思想,对河洛文化的含义及向东南沿海传播的渠道等方面的问题作了一些探索;二是有关学习和管理方面的论文,选入16篇文章。主要包括学习马克思主义经典著作的体会,对管理者的素质要求、精神文明建设和企业文化等方面的问题作了阐述。

文章是时代的反映,都留有时代的痕迹,特别是政治方面的文章尤为明显,望读到此文集的读者能够理解。在文集出版之际,得到河南省社会科学院的领导和科研处有关人员的关怀和支持,在此表示感谢。本书是在我年老体衰的情况下自己编选打印的,虽经多次校对,仍难免有谬误之处,敬请各位方家批评指正。

2017年2月

目　录

第一辑

- 002　洛学的创始人程颢、程颐
- 014　二程的政治经济思想
- 037　二程的伦理思想
- 057　二程的教育思想
- 077　二程的崇儒重道思想
- 084　关洛学的哲学比较
- 093　中州洛学传人对师说的继承和超越
- 108　程门弟子谢良佐和尹焞
- 114　杨时的哲学思想简介
- 120　元代大儒许衡
- 128　明代儒学别派王廷相
- 137　吕坤思想研究
- 144　明朝晚期的洛学北方后人杨东明
- 154　列子其人其书
- 162　中华文明史上一颗璀璨的明珠
　　　　——试论河洛文化
- 172　河洛文化在河内地区的发展
- 181　洛学向东南沿海传播的渠道

191　宋人对《河图》《洛书》的继承和发展
202　嵇文甫
205　嵇文甫先生的史学方法论
210　司马承祯《坐忘论》考析
216　《抱朴子》的道教理论简介
220　卢姓的起源及其在祖国各地的拓展

第二辑

232　学会科学分析方法，增强胜利信心
　　　——学习毛泽东《星星之火，可以燎原》的一点体会
235　在一切工作中坚持党的群众路线
　　　——学习《刘少奇选集》上卷的一点体会
241　同教条主义者斗争的光辉典范
　　　——纪念毛泽东同志诞辰九十周年
248　我党实事求是思想路线的形成和发展
255　矛盾特殊性与中国特色的社会主义道路
261　关于经济发展要适度的哲学思考
265　完善我国社会主义民主和法制
273　"一国两制"构想及其意义
277　自由及其界限
281　自由的阶级性
285　领导者的素质
303　党和群众团体的关系
318　正确的组织路线是实现正确的政治路线的可靠保证
324　社会主义社会具有高度的精神文明
332　我国历史上的廉吏和廉政
339　企业文化与中国优秀传统文化

346　附录　未选入本书的著作和文章目录

第一辑

洛学的创始人程颢、程颐

北宋时期,学术昌盛,学派林立,兴起讲学之风。程颢、程颐兄弟二人,人称"二程",讲学洛阳,称为洛学。与周敦颐的濂学、张载的关学、王安石的新学、苏氏的蜀学相齐名。经过相互争鸣,相互吸收,其他学派逐渐淡化,而二程的洛学则由朱熹、张栻、陆九渊等人继承和发展,形成了宋明理学,对宋、元、明、清各朝代产生了巨大的影响,构成了中华传统文化的组成部分。这里只简单介绍程颢、程颐及其河南弟子的主要思想。

一、二程的生平

程颢、程颐二人,出身于官宦之家,世居中山博野(今河北定县)。高祖父程羽,曾任太子少师,宋太宗赐第开封;曾祖父程希振,曾任尚书虞部员外郎;祖父程遹,曾任开府仪同三司、吏部尚书;父亲程珦,曾任黄陂(今湖北黄陂)县尉、太中大夫,后管西京崇福宫,遂为洛阳人。

程颢,字伯淳,生于宋仁宗明道元年(1032年),卒于宋神宗元丰八年(1085年),享年54岁,世称明道先生。宋仁宗嘉祐二年(1057年)中进士,第二年任鄠县(今陕西户县)主簿,发表了著名的《定性书》。嘉祐五年(1060年),任江宁府上元县(今江苏南京)主簿。宋英宗治平元年(1064年),任泽州晋城(今山西晋城)县令。宋神宗熙宁二年(1069年),由御史中丞吕公著推荐为太子中允权监察御史里行。参与了王安石变法,后又发出反对王安石变法的奏疏和言论。宋神宗熙宁三年(1070年)被贬出京城,任京西路提点刑狱,后改签书镇宁军判官。而后辞官归洛阳办学。他的学生邢恕说:"于是先生身益退,位益卑,而名益高于天下。"(《二程集》第332页,中华书局1981年7月出版,下引此书只注页码)后病逝于洛阳。南宋宁宗嘉定十三年(1220年),赐谥纯公;南宋理宗淳祐元年(1241年),封河南伯,从祀孔子庙庭。

程颐,字正叔,生于宋仁宗明道二年(1033年),卒于宋徽宗大观元年(1107

年），享年74岁。自幼聪明好学，"年十八，上书阙下，欲天子黜世俗之论，以王道为心"。又游太学，发表《颜子所好何学论》，得到老师胡瑗的赏识。吕希哲遂拜程颐为师。宋哲宗元祐元年（1086年），年已54岁的程颐，由门下侍郎司马光、尚书左丞吕公著推荐，授汝州团练推官，西京国子监教授。后任秘书省校书郎、崇政殿说书（即皇帝的老师）。在给皇帝和皇太后的上书中，多次劝皇帝要崇儒重道。当时为翰林学士的苏轼不喜欢程颐的行为，"苏轼不悦于颐，颐门人贾易、朱光庭不能平，合攻轼。胡宗愈、顾临诋颐不宜用，孔文仲极论之，遂出管勾西京国子监"（《宋史·道学一》卷427）。宋哲宗绍圣四年（1097年）被贬涪州（今四川涪陵），在这里完成了《周易程氏传》。宋哲宗元符三年（1100年），宋徽宗即位，程颐被复用，为宣德郎，移峡州（今湖北宜昌）。宋徽宗建中靖国元年（1101年）致仕，在洛阳从事办学。宋徽宗大观元年病逝于厉道坊。南宋宁宗嘉定十三年（1220年）赐谥正公，南宋理宗淳祐元年（1241年）封伊阳伯，从祀孔子庙庭。

二程兄弟从十五六岁开始拜湖南的周敦颐为师，学习儒家经典，"敦颐每令寻孔、颜乐处，所乐何事，二程之学源流乎此矣"。"颐于书无所不读。其学本于诚，以《大学》、《语》、《孟》、《中庸》为标指，而达于《六经》。动止语默，一以圣人为师，其不至乎圣人不止也。"（《宋史·道学一》卷427）这就是说，二程的思想以孔孟儒家的经典为源。程颐说："欲趋道，舍儒者之学不可。"（第187页）

二程一生的著作甚丰，有《遗书》25卷，《外书》12卷，《文集》12卷，《周易传》4卷，《经说》8卷，《粹言》2卷。这些著作都收录在《二程集》中，由中华书局1981年7月出版，是研究二程思想的重要材料。

二、二程的哲学思想

二程的哲学思想非常丰富，这里只就主要方面予以阐述。

(一) 理是二程哲学的最高范畴

在中国哲学史上，早就有人提出理的概念，韩非子曾说："夫道者弘大而无形，德者核理而普至。"（《韩非子·扬权》）北宋时的周敦颐和张载都提到理的概念。而二程自家体贴出来的"理"，有自己的特点。

理或天理是独立的最完备的客观存在。在二程的著作中，理是独立于客观事物之外的独立存在。"天理云者，这一个道理，更有甚穷已？不为尧存，不为桀亡。人得之者，故大行不加，穷居不损。这上头来，更怎生说得存亡加减？是它原无少欠,百理具备。"(第31页)"理则天下只是一个理,故推至四海而准,须是质诸天地,考诸三王不易之理。"(第38页)从这里可以看出,理或天理是客观的独立存在,不以人的意志为转移,不因尧好而增加,也不因桀坏而减少,百理具备,原无少欠,是放之四海而皆准的普遍的永恒真理。这就为后来的宋明理学派奠定了基础,都认为理是世界万事万物的总根源。

理或天理也有主观性。这里讲的主观性,是二程把理或天理当作主观意识,并认为这种主观意识是独立于事物之外的存在,是万物之源。他们说:"'万物皆备于我',不独人尔,物皆然。都自这里出去,只是物不能推,人则能推之。虽能推之,几时添得一分?不能推之,几时减得一分?百理具在,平铺放着。几时道尧尽君道,添得些君道多;舜尽子道,添得些孝道多?元来依旧。"(第34页)这里所说的"万物皆备于我",是孟子的原话,他们解释说,孟子的话里不仅包括人也包括物。在二程看来,"理与心一","一人之心即天地之心,一物之理即万物之理"。(第13页)这就把人的主观意识当作独立存在,当作万物之源,认为万物"都从这里出去",万物都出于理。这就成为后来的宋明心学派认为理是心,是世界万事万物的总根源的基本根据。

二程在处理理与气的关系时,认为先有理后有气。他们认为理或天理是第一位的存在,他们说:"所以谓万物一体者,皆有此理,只为从那里来。'生生之谓易',生则一时生,皆完此理。"(第33页)又说:"万事皆出于理。"(第33页)这就十分明白地说出理或天理是万物之源,万物都从理那里出来。二程批评张载"太虚即气"的思想。他们说:"亦无太虚。""遂指虚曰:'皆是理,安得谓之虚?天下无实于理者。'"(第66页)他们认为都是先有理后有气,"有理则有气,有气则有数"。(第1227页)无论从哪方面看,都是先有理或天理,后才有气有万物。

理或天理是万物的规律。他们说:"万物皆有理,顺之则易,逆之则难,各循其理,何劳于己力哉?"(第123页)这就是说理或天理是万物的客观规律,顺着它就容易前进,如果违背这些规律,就会寸步难行。正像水是寒的、火是热的一样,人们只能按其特点办事,是不可能随便改变的。

从二程对理或天理的论述中,我们不难看出他们的共同点与不同点。其共同点是他们都承认理或天理是至高无上的客观存在,共同为儒家的伦理道德、社会制度的永恒性辩护。不同点是他们对理或天理看法不同。程颢过分强调理的主观性,把理当作心,心是万物的本源。程颐过分强调理或天理的客观性,把理或天理看作是脱离客观事物的存在,把理或天理作为万物之源。这种不同之点,为后来的陆(九渊)王(守仁)心学派和程朱(熹)理学派开了先河。正如冯友兰所说:"兄弟二人开一代思想之两大派,亦可谓罕有者。"(《三松堂全集》第 3 卷,第 300 页)

(二)二程对佛学的批判

在二程的著作或言论中,不少地方肯定佛学创始人"自有高明之处","亦是西方之贤者"等。所以对佛教理论有吸收,也有借鉴。但是,他们认为佛教理论比儒家理论浅薄,是以管看天,只见部分不见整体。所以他们在不少地方对佛教理论进行批判。

首先,指出佛教的危害。自佛教传入中国之后,先在中州大地上兴盛起来,到了宋代,佛教理论已成为在思想上能与儒家理论相抗衡的一种力量,动摇了儒家独尊地位,削弱了儒家思想统治的范围,信佛入佛已成为一种时尚,许多儒家之徒感到"自难与之力争",甚至"骎骎然入于其中"。所以,他们说:"惟佛学,今则人人谈之,弥漫滔天,其害无涯。"(第 3 页)因为佛教思想专从人的"心术处加工",即从思想上影响人,所以他们认为佛教危害最大。

其次,批判佛家的出家出世之说。程颐说:"释氏有出家出世之说。家本不可出,却为他不父其父,不母其母,自逃去固可也。至于世,则怎生出得?既道出世,除是不戴皇天,不履后土始得,然又却渴饮而饥食,戴天而履地。"(第 195 页)出家就是佛教徒离家出走,入住山林,不孝敬父母,不事兄弟,不为国家尽忠。如果所有人都出家了,便没有吃饭穿衣的条件,就是绝伦理、绝人类的行为,儒家当然反对。至于出世,更是不可能,世界是客观的真实的存在,人们要在这个世界上吃饭、穿衣,要行走,更不可能离开这个世界。在二程看来,所谓的出家出世之说是荒谬的虚幻之论。

最后,从总体上看,佛家的理论系统难与儒家的理论系统相抗衡。二程认为儒家学说是博大精深的,而佛家的理论总是"以井窥天",只见点不见面。"佛氏不识阴阳昼夜死生古今,安得谓形而上者与圣人同乎?"(第 141 页)这就是说佛家不懂得事物的变化规律,总体上难与儒家的理论相抗衡。从公与私的比较来看,认为儒家的圣人至公无私,能尽天地万物之理,而佛家总为一己之私,这怎么能与儒家理论相抗衡呢?

从二程对佛家的批判中可以看出,他们是在为清除佛家理论的危害,恢复儒家理论的独尊地位而努力。

(三) 二程思想中的辩证因素

万物有对。这就是说,世界上的事物都存在两个互相依赖又互相对立的方面。他们说:"天地万物之理,无独必有对,皆自然而然,非有安排也。"(第121页)又说:"万物莫不有对,一阴一阳,一善一恶,阳长则阴消,善增则恶减。斯理也,推之其远乎?人只要知此耳。"(第123页)这里讲的"万物莫不有对"思想,就是说万物中存在着两个互相依赖又互相对立的部分,即阴阳、善恶、上下、大小、增减等,这对立的方面不可分割,独阳不能生,独阴亦不能生,也不能今日有阳,明日有阴,阴阳是同时存在的。二程的"万物莫不有对"思想反映了事物矛盾的普遍性。

物极必反。这就是说,事物矛盾的两个方面在一定的时候或在一定的阶段会向相反的方向转化,这种转化是由事物内部的因素确定的。"物极必返,其理须如此。有生便有死,有始便有终。"(第167页)这里所说的生死、始终都是事物内部矛盾的两个方面,在一定的阶段上生会变成死,死也会变成生。始会变成终,终也会变成始。这都是理作用的结果。物极必反的条件是时机。"唯随时变易,乃常道也。"(第862页)变化要遵循事物变化的规律,"天下之事,革之不得其道,则反致弊害"(第952页)。物极必反要遵循一定的规律和时间才能成功,反之会受到弊害。物极必反的结果是出现新的东西,如死变生,乱变治,"去故而纳新,泻恶而受美"(第959页)。这就是说,旧的东西会变成新的东西,丑恶的东西会变成新的美的东西。

感而遂通。在二程看来,世界上的事物之所以会生生不息,变化无穷,就是内感造成的。程颐说:"'寂然不动',万物森然已具在;'感而遂通',感则只是自内感。不是外面将一件物来感于此也。"(第154页)这里讲的内感非常重要,他们看到了事物变化的内在原因。二程认为天地之间只有感与应,感是主动的。感与应也是事物内部矛盾的两个方面,这两个方面不停地运动,推动事物的变化。"日往则月来,月往则日来,日月相推而明生焉。寒往则暑来,暑往则寒来,寒暑相推而岁成焉。"(第858页)自然界的寒暑相推而岁月各方面不停地运动变化,才促使事物生生不息,变化无常。这种相感也要遵循相感之道才能成功。

以中为度。上面说到事物的内部相感与相推,促使事物千变万化,那么这种变化有没有一个限制呢?二程认为有,这个限制就是"中"。这个"中"字有两个含义,即不偏不倚,"无过无不及",就是他们说的理,"中之理至也"(第122页)。程颐说:"圣人之学,以中为大本。虽尧、舜相授以天下,亦云'允执其中'。中者,无过不及之谓也。"(第608页)可见"中"是最高的理,也是圣人之学的根本,这个"中",就是"度",是事物变化的限度。按照这个标准去看事物就会知道,高尚道德的形成是一个循序渐进的过程,不会一朝即来,也不会一夕即至,只有这样才能达到理想的结果。

(四)二程的认识论

二程从《大学》的"致知在格物"的命题出发,提出一套格物致知的认识论。虽然他们的认识对象与方法都存在局限,但也包括许多合理的思想。

先说认识对象。程颢和程颐的认识对象,罕有论及具体事物的,而主要指形而上学的心或天理。程颢从天理的主观性出发,他的认识对象是心或天理,人心与天地之心无异。他说:"尝喻以心知天,犹居京师往长安,但知出西门便可到长安。此犹是言作两处。若要诚实,只在京师,便是到长安,更不可别求长安。只心便是天,尽之便知性,知性便知天。"(第15页)这个例子足以说明程颢认识对象的主观性,认为京师(今河南开封)和长安不是两个地方,而是在思想上想到长安,就等于到长安了。程颢把伦理道德中的仁、义、礼、智、信当作物质,他说:"学者须先识仁。仁者,浑然与物同体。义、礼、智、信皆仁也。识得此理,以诚敬存之而已,不须防检,不须穷索。若心懈则有防,心苟不懈,何防之有?理有未得,故须穷索。存久自明,安待穷索?"(第16—17页)这就是说,义、礼、智、信是仁,仁与物体同,认识了仁就等于认识了物体。而且这种认识是内在的,不须外求,只要诚敬即可;不需要认识客观事物,只要认识心(理)即可。

程颐与其兄不同,他的认识对象不是主观的心,而是客观的理或天理。他说:"人之学莫大于知本末终始。致知在格物,则所谓本也,始也;治天下国家,则所谓末也,终也。治天下国家,必本诸身,其身不正而能治天下国家者无之。格犹穷也,物犹理也,犹曰穷其理而已也。穷其理,然后足以致之,不穷则不能致也。格物者适道之始,欲思格物,则固已近道矣。"(第316页)从这段话中我们可以看出程颐格物致知的真实本质,格是穷,物是理,所谓的格物致知,就是穷理而已。由此可知,程颐的认识对象就是理,而不是客观的事物。

再说认识方法。程颐提出"致知必有道"(第316页),是说要有认识的方法,他提出"闻见之知"和"德性之知"的认识方法。

闻见之知,或曰物交物而知的方法,是通过人的感觉器官(眼、耳、鼻、舌、身)来认识外界事物,相当于今人所说的感性认识。这种方法的合理性在于它所认识的事物,都是外界的客观事物,是真实的。"凡眼前无非是物,物物皆有理。如火之所以热,水之所以寒,至于君臣父子间皆是理。"(第247页)通过自身感觉到的东西,会更深刻地认识和理解。被老虎伤过的人和没有被老虎伤过的人对老虎的感觉是不一样的。被老虎伤过的人,当别人谈老虎伤人时是会谈虎色变的,没有被老虎伤过的人却没有这种感觉。闻见之知是认识事物的重要方法,不能放弃。同时二程也看到了闻见之知的局限性。

程颐说:"天本廓然无穷,但人以目力所及,见其寒暑之序、日月之行,立此规模,以窥测他。天地之化,不是天地之化其体有如城郭之类,都盛其气。假使言日升降于三万里,不可道三万里外更无物。"(第148页)这里讲的局限性,实际上是感觉器官的局限性,凭人的感觉器官,只能认识事物的表面现象,如日月之行、寒暑之序,但三万里、八万里之外,人感觉不到,也不是没有事物的存在。所以要把人的感觉认识提高一步。

怎样把人的感觉认识提高一步呢?在二程的著作中提到"德性之知"。过去人们误以为是理性认识,其实二程所说的德性之知,是良知。"德性谓天赋天资,才之美者也。"(第20页)既然是天赋天资,那就是良知良能,所以才有"德性所知,不假闻见"(第1260页)。他们虽没有提出理性认识,但他们也提出许多比闻见之知更高的认识方法,是有合理性的。

学本于思。二程认为学必须本于思,思则得之,不思则不得。程颐说:"为学之道,必本于思,思则得之,不思则不得也。""不深思则不能造于道。"(第324页)这里所说的思和深思,就是思考的意思,即"学者自加工"的过程。程颐以自己为例说明思考的成效。他读书一半,便掩卷而思之,目的是"须要识治乱安危兴废存亡之理"(第232页)。这就是说,读书的目的不是记某些事件,而是得出历史上的治乱、兴废、存亡的规律以作为借鉴。不仅要深思,而且要善思,"学而善思,然后可与适道"(第322页)。如读《论语》《孟子》这些儒家经典之后,应当观察圣人读书的目的和用心,以及圣人之所以为圣人而我仍未至的道理。只有善思,才可以达到圣人的地步。

类推抽绎。二程认为不是要求人们把天下的事物都认识完,而是认识某些事物之后,可以此类推。程颐说:"格物穷理,非是要尽穷天下之物,但于一事上穷尽,其他可以类推。"(第157页)例如对父母行孝,大体上都有共同之处,知某个人的行孝方法,就可推知其他人的行孝方法。程颐说,他四十岁以前读经书,五十岁以后研究其意,六十岁以前反复抽绎,六十岁以后才开始写作。就是说,读书从读到理解,有一个过程。这里讲的反复抽绎,就是经过思考,理出头绪,理出思路,而不是在一知半解的情况下就写作。

穷经致用。就是说读书的目的是使用,他们说:"穷经,将以致用也。如'诵诗三百,授之以政不达,使于四方,不能专对,虽多亦奚以为?'"(第71页)这里引用孔子的话说读诗三百首,从政不能治理国家,访问其他国家,不能专门对待,读书再多又有什么用呢?因此他们认为,只在章句上下功夫,是学者的大害。读书要读到气质变,由愚昧变聪明,由柔弱变刚强。不学儒家经典则已,若学就要达到圣人的景象。致用就看行动,"须以知为本。知之深,则行之必至,无有知之而不能行者。知而不能行,只是知得浅"(第164页)。要使知的道理用于行动,才能更深刻地理解知识。

积习贯通。二程认为,认识事物有一个发展过程,积习久了,也会豁然贯通。有一个学生问程颐说:"格物须物物格之,还只格一物而万理皆知?"程颐曰:"怎生便会该通?若只格一物便通众理,虽颜子亦不敢如此道。须是今日格一件,明日又格一件,积习既多,然后脱然自有贯通处。"(第188页)就是说认识事物有一个逐渐积累的过程,时间长了,积累多了,自然贯通。

二程在认识论上,提出闻见之知,并强调闻见之知的局限性,提出深思、类推、抽绎和致用等思想,深化了感性认识,是十分可贵的。

三、二程的政治思想

二程反复论证的理或天理,目的在于为儒家伦理道德的永恒性作辩护。从天理的不变性和逻辑性证明按儒家思想构成的封建的社会制度、伦理秩序的永恒性。他们的政治伦理思想得到从南宋到元、明、清各朝统治者的重视和支持,其根本原因就在于此。

法先王。二程虽然承认夏、商、周三代的变化,是"因时而立政",各是一法,但因他们坚持理的永恒性,宁说封建的社会制度是不可改变的,"惟其天理之不可易"(第452页)。又说:"若孔子所立之法,乃通万世不易之法。"(第174页)

在他们看来,三代之法,是顺乎天理的,是合乎天理的王道,永远不会变。三代以下,是不合乎天理的霸道。在这种思想的指导下,提出要恢复三代之治和三代之法。程颢说:"若三代之治,后世决可复。不以三代为治者,终苟道也。"(第129页)宋英宗治平二年(1065年),程颐在《为家君应诏上英宗皇帝书》中劝皇帝要恢复三代之治。他说:"法先王之治,稽经典之训,笃信而力行之,救天下深沉固结之弊,为生民长久治安之计,勿以变旧为难,勿以众口为惑,则三代之治可望于今日也。"(第522页)由此可见,为了捍卫天理观,要恢复三代之治,无疑是一种复古的历史观,显然是不切实际的。

君臣之位永不可改变,他们在天理观的指导下,认为君臣的位置是天理决定的,永远不会改变。他们说:"父子君臣,天下之定理。"(第77页)又说:"夫天之生物也,有长有短,有大有小。君子得其大矣,安可使小者亦大乎？天理如此,岂可逆哉？"(第125页)在二程看来,天下所以有君子,有小人,有人为君,有人为臣,这都是天理定的,不可改变的,具有自然的合理性。换言之,天理证明了"天尊地卑,君尊臣卑",地位永远不可改变。

在君尊臣卑的思想指导下,他们反对王安石变法。宋神宗熙宁年间,王安石为宰相实行变法时,程氏兄弟对变法极为不满。"新法之初,首为异端"的是程颢,他在宋神宗熙宁三年(1070年)三月四日和四月十七日的《谏新法疏》和《再上疏》中说:"一二小臣,实与大计,用贱陵贵,以邪妨正者乎？""兴利之臣日进,尚德之风浸衰,尤非朝廷之福。"(第458页)程颐在《明道先生行状》一文中描写程颢反对王安石变法的情况时说:"荆公浸行其说,先生意多不合,事出必论列,数月之间,章数十上。"(第634页)他们不仅在政治上反对王安石的变法,而且在学术上也对其进行攻击。有一次宋神宗问程颢王安石的学问怎么样,程颢说"王安石之学不是","上愕然问曰,何故？对曰:臣不远引,止以近事明之。臣尝读诗,言周公之德云:公孙硕肤,赤舄几几。周公盛德,形容如此之盛,如王安石,其身犹不能自治,何足以及此"(第17页)。这就是说,王安石既然没有周公那样的盛德,又何必去当宰相呢？二程就是这样从不同的方面对王安石进行攻击的。

重民厚道。二程在论述英雄人物的同时,也看到人民群众的力量不可小视。在封建社会中统治者与人民群众之间有不可逾越的鸿沟,统治者根本看不起人民群众,但为了统治阶级的长久利益,也不能忽视人民群众的重要性。程颐说:"今农夫祁寒暑雨,深耕易耨,播种五谷,吾得而食之。今百工技艺作为器用,吾得而用之。甲胄之士披坚执锐以守土宇,吾得而安之。"(第175页)这里讲的是农民、手工业工人及士兵的作用。正是这些庶民的作用,才使得人们有饭吃,有衣穿,有安全的保障。宋仁宗治平二年(1065年),程颐在《为家君应诏上英宗皇帝书》中提出:"保民之道,以食为本。"(第520页)宋神宗熙宁八年(1075年),程颐在《代吕公著应诏上神宗皇帝书》中说:"为政之道,以顺民心为本,以厚民生为本,以安而不扰为本。"(第531页)这就是他们顺民、厚民和安民的"三本思想"。二程认为作为统治者,应当采取必要措施,不误农事,不乱派劳役等。二程看到了劳动人民的作用,是可贵的。

四、洛学的流变

据嵩县田湖乡程村程家祠堂"二程门人名单碑"的记载,二程的弟子有88人。这些弟子在祖国各地传播洛学。在中原大地上的弟子很多,贡献也很大,将另章专论。这里只介绍中原以外二程弟子的情况。

全祖望在《宋元学案·震泽学案》按语中说:"洛学之入秦也以三吕,其入楚也以上蔡司教荆南,其入蜀也以谢湜、马涓,其入浙也以永嘉周、刘、许、鲍数君,而其入吴也以王信伯。信伯极为龟山所许,而诲翁贬之。其后阳明又最称之。予读信伯集,颇启象山之萌芽。"(《宋元学案·震泽学案》卷29,第1047页)这段话概括说明洛学在关中以及在南方各地的传播情况。在关中有吕大钧、吕大临、吕大忠,在湖南有胡安国、胡宏,在四川有谢湜、马涓,在浙江有永嘉学派的周行己、许景衡等,在江苏有王信伯。朱熹和王阳明对王信伯有相反的看法,从他们对王信伯的不同看法中,我们可以看出理学派和心学派争论的端倪。

程颢强调心的作用,认为理即是心,心即是理。他的学生谢良佐发挥了其师的心学思想,他说心是仁,"仁者,天之理,非杜撰也"(《宋元学案·上蔡学案》卷24,第918页)。后来的心学派学者,都认为谢良佐是宋以后心学派开创者。全祖望在《宋元学案·象山学案》的按语中说:"程门自谢上蔡以后,王信伯、林竹轩、张无垢至于林艾轩,皆其前茅,及象山而大成,而其宗传亦最广。"这就是说,心学是从程颢开始,经谢良佐、张九成、王信伯、陆象山而完成的。

王苹,字信伯,福建福清人。他发挥了程颢、谢良佐的心学思想。他说:"尧、舜、禹、汤、文、武之道相传,若合符节。非传圣人之道,传其心也;非传圣人之心,传己之心也。己之心无异圣人之心,万善皆备。故欲传尧、舜以来之道,扩充是心焉耳。"(《宋元学案·震泽学案》卷29,第1048页)这种扩充是心的心学,是陆象山心学的萌芽。

陆九渊,字子静,号存斋。抚州金溪(今江西金溪)人。因常在贵溪的象山办学,后人称其为象山先生,他是心学的集大成者。他说:"人皆有是心,心皆具是理,心即理也。"又说:"宇宙便是吾心,吾心即是宇宙。……千万世前有圣人出焉,同此心同此理也,千万世后有圣人出焉,同此心同此理也。"(《宋元学案·象山学案》卷58,第1884页)由此可见,陆象山是心学的集大成者,并把心学提高到新的阶段,而王阳明则把心学进一步完善和推广。

如果说程颢开辟了心学的先河,那么程颐则是理学的奠基人。程颐的理学经过杨时而传到福建等江南的广大地区。王梓材说:"自龟山而豫章为一传,自豫章而延平为再传,自延平而朱子为三传。"(《宋元学案·晦翁学案上》卷48,第1495页)这就十分明确地说明程颐理学是经过杨时、罗延平、李侗而传到朱熹的。

杨时(1053—1135),字中立,号龟山,南剑州将乐(今福建将乐)人,是程颢、程颐的学生。当他学完离开时,程颢望着他对坐客说:"吾道南矣。"(第429页)杨时发挥了程颐天理观的思想,认为理是最高的存在,是万物之源。他说:"盖天下只是一理",把理一分殊的思想运用到道德领域,并说:"天下之物,理一而分殊,知其理一,所以为仁;知其分殊,所以为义。权其分之轻重,无铢分之差,则精矣。"(《宋元学案·龟山学案》卷25,第953页)从理一分殊出发,说明了封建社会的尊卑、上下、爱有差等都是应该的。

罗从彦(1072—1135),字仲素,是杨时的同乡,"闻同郡杨时得河南程氏学,慨然慕之,及时为萧山令,遂徒步往学焉"(《宋史·道学二》卷428)。在杨时的千余名学生中,"惟从彦可与言道"。这就是说,罗从彦是杨时最好的学生。罗从彦继承了程氏兄弟的道统思想,他说:"周、孔之心使人明道,学者果能明道,则周、孔之心深自得之。"同时也强调了官吏道德修养的重要性,他说:"天下之变,不起于四方,而起于朝廷。"他又说:"君子在朝,则天下必治,盖君子进则常有乱世之言,使人主多忧而善心生,故天下所以必治。小人在朝,则天下必乱,盖小人进则常有治世之言,使人主多乐而怠心生,故天下所以必乱。"(《宋元学案·豫章学案》卷29,第1272页)这就是程颐的"格君心之非"思想的进一步发挥。

李侗(1093—1163),字愿中,"年二十四,闻郡人罗仲素传河洛之学于龟山,遂往学焉"(《宋元学案·豫章学案》卷39,第1278页)。于是拜罗从彦为师,甚得其师之妙处。他说:"'太极动而生阳',至理之源,只是动静阖辟,至于终万物,始万物,亦只是此理之一贯也。"(《宋元学案·豫章学案》卷39,第1280页)李侗从其师那里学到了天理是万物之源。

朱熹(1130—1200),字元晦、仲晦,徽州婺源(今江西婺源)人。其父朱松与李侗是朋友,遂让朱熹拜李侗为师,学习程氏之学,把程颐的理学观系统化。他认为理在气先,以理为主,理是万物之源。他说:"天下只有一理,此是即彼非,此非即彼是,不容并立。"(《宋元学案·晦翁学案下》卷49,第1563页)又说:"是知人物在天地间,其生生不穷者,固理也。其聚而生,散而死者,则气也。有是理,则有是气。"(《宋元学案·晦翁学案上》卷48,第1519页)这就是说理是天下独立存在的,有理才有气,理是万物之源。有人问理与气何者为先,朱熹说:"理与气本无先后之可言,但推上去时,却如理在先、气在后相似。"(《宋元学案·晦翁学案上》卷49,第1512页)这就可以看出朱熹的天理观比其师更系统、更明确,也更完整。所以说,朱熹乃集理学之大成,后世常以"程朱理学"相称之。

(原载《中州儒学文化》2011年第1期)

二程的政治经济思想

北宋时期,统一稳定的局势促进了经济的恢复和发展。从北宋政府的财政收支情况看,宋仁宗皇祐元年以前,每年财政开支以外还有剩余。但是,从皇祐元年到宋英宗治平二年,由于朝廷庞大的军事和官禄的开支,以及皇室的肆意挥霍,则出现了财政赤字。如治平二年,岁入 116138405 缗,开支则为 131864452 缗(《文献通考·国用二》卷 24,第 231 页),亏空 15726047 缗。由此开始,宋王朝日益走向贫弱。程颢、程颐面对这种局面,产生了忧国忧民的危机感,强烈要求北宋朝廷能够锐意进取,大胆改革,消除时弊,振兴国家。同时,程颢和程颐也提出了一些改革时弊的思想观点和具体措施,形成了他们的政治经济思想。

一、二程理学思想的社会基础

宋代是封建社会继续发展的时期,又是一次结束了封建割据,实现全国统一的时期。北宋初期,宋王朝从维护统一的大局出发,政治上加强了皇权的封建统治,经济上采取了恢复、发展与振兴的措施,从而一度出现了经济振兴和政治稳定的局面,为二程的思想发展奠定了社会基础。

(一)阶级、阶层的变化和经济的发展

宋代是中国封建社会发展过程中的大转折时期,具体表现有:一是由于均田制的破坏,造成封建的国有制进一步削弱,封建的土地私有制进一步发展。土地兼并与土地买卖的现象加剧,土地转化过程加快,土地商品化的程度加强;二是在地主阶级方面,南北朝以来通过荫庇制直接控制大量部曲、佃户的士族门阀最终退出历史舞台,代之而起的是通过租佃制对客户进行剥削的"官户"和"乡户"地主;三是在农民阶级方面,南北朝以来荫庇制下的部曲、佃客最终退出历史舞台,代之而起的是租佃制下的"客户";四是在商品经济方面,由于坊市制度的破坏,草市、圩集的兴起,城乡商品经济都有所发展,独立工商业者的人数增多,社会地位也有明显的提高。

在社会大转折的时期,唐宋之际的阶级、阶层关系发生了一系列明显的变化。这些变化是:

第一,农民对地主阶级的人身依附关系相对缓和了。南北朝以来,荫庇制下的部曲、佃客实际上是一种农奴,他们是士族门阀的私属,有户籍,成为封建国家的编户。封建国家把"客户"看成"齐民",这样他们对地主的关系是租佃关系,而且有退佃的自由,这种自由受到封建国家的保护。宋仁宗天圣五年(1027年)十一月,朝廷颁布诏书,明确指出:"江淮、两浙、荆湖、福建、广南州军,旧条:私下分田客,非时不得起移;如主人发遣,给予凭由,方许别住。多被主人抑勒,不放起移,自今后,客户起移,更不取主人凭由,须每年收田毕日,商量去住,各取稳便,即不得非时衷私起移。如是主人非理拦占,许经县论详。"(《宋会要辑稿·食货》一之二四)显然,即使按旧条,客户也有退田的自由,只是限制很严而已。天圣诏书之后,"客户"虽未获得更多的自由,但限制放宽。如果地主非理拦阻,还可以"经县论详"。因此,天圣诏书是客户人身相对缓和的可考凭证。宋朝"客户"的社会地位很复杂,但宋代时农民人身依附关系的相对缓和,是唐宋之际历史发展的必然趋势,它表明了历史的进步。

客户地位的相对提高,刺激了他们的生产积极性,促使农业生产得到进一步的发展。北宋的农业生产,在生产工具的改进、生产技术的提高、水田面积的扩大、经济作物的种植、良种的推广、单位面积产量的提高等方面都超过了唐代。例如在生产工具方面,从出土的北宋文物中发现许多套农具,有犁、耧、锄、耙、镰刀等,表明了宋代农民精耕细作的程序增多和农业生产技术的提高。在单位面积的产量方面,北宋的亩产量比唐代增长25%,比汉代增长一倍。但是,客户劳动成果的绝大部分是交地租和纳国税。北宋时地主经常用"增租划田"的方式对客户进行剥削,北宋政府除收田赋外,还征收丁口之赋、征发徭役,因而使北宋客户经常陷于贫困状态,给客户社会地位的提高蒙上了一层阴影。

第二,在农民内部,自耕农(即主户中的下户)减少了,佃农(客户)增多了。从南北朝到唐朝前期,均田户中有相当一部分自耕农,他们时刻受到土地兼并的威胁。由于均田制的实行,自耕农多少有些保障。到了北宋,由于均田制的破坏,土地兼并加剧,封建国家赋敛苛重,主户中的下户大量破产沦为客户,佃农大量增加。宋仁宗时李觏说:"今之浮客,佃人之田、居人之地者,盖多于主户矣。"(《李觏集》第310页)客户的增多,成为宋代阶级关系的显著特点,由此导致阶级矛盾的日益尖锐。

第三,地主阶级内部阶层之间的升降沉浮现象日渐频繁。南北朝时期,上品的士族和下品的寒门社会地位悬殊,前者地位下降和后者地位上升的可能性很小。到了宋代,就发生了很大的变化,升降沉浮时有发生。其原因有二:一是宋朝规定官位不能世袭,官户地主常常下降为乡户地主。二是宋朝的科举制度日臻完善,朝廷规定取士不问世家,只凭才华。于是各阶层的优秀人才才有通过科举进入仕途的机会,因而乡户地主也常常上升为官户地主。这种阶层之间的升降现象增多,造成地主阶级内部阶层之间的矛盾激化。官户地主为了保持自己的地位,竭力阻挠乡户地主升为官户地主;乡户地主也极力突破官户地主的阻挠,争取上升为官户地主。由于各阶层的经济地位不同,激化了乡户地主参政的意识,对于现行政治的看法也不同,于是形成了不同的政治派别,加剧了宋代的政争与党争,乃至于各学派之间的相互争论。

第四,地主阶级与封建王朝之间的关系更加密切。南北朝时期,士族门阀既占有大量的土地又控制大量的部曲、佃客,既世代做官又拥有私人武装,王朝的更替不影响士族门阀的独立存在。因而南朝的朱、张、顾、陆四大门阀士族,北朝的崔、卢、李、郑四大门阀士族,都不很关心王朝的更迭兴衰,对封建王朝保持相对的独立性。到了宋代,这一局势改变了,无论是官户地主还是乡户地主,都依附于封建朝廷,地主阶级的荣辱祸福都与封建王朝更替兴衰相关。封建朝廷则通过官户与乡户地主阶级剥削客户的剩余劳动,维护封建国家的经济收入,两者之间形成了互相依存的密切关系。

第五,独立工商业的地位明显提高。中国历史上有重农轻商的传统,直到唐朝才改变,唐王朝对工商业者有所重视,商人地位有所提高。到了宋代,随着商品经济发展,独立工商业者地位有所提高。其表现有四:一是宋代的户籍制度出现了"坊廊户"阶层名称,而坊廊户大部分是工商业者,他们被列入封建国家的户籍,表明他们的社会地位得到封建国家的承认。二是宋代官办工业中的劳动者,除服劳役的工匠外,更多的是雇佣工匠,即"活雇匠"。官办工业中的活雇匠增多,既反映了宋代社会雇佣劳动的发展,也反映了工商业者社会地位的提高。三是宋代的科举考试,准许工商业者的子弟应试,使工商业者这一阶层有了入仕的机会。四是宋代的工商业者有了自己的组织——行会,增强了他们的社会地位。

以上各阶级、阶层之间关系的重大变化,直接影响了宋代思想文化的发展,是二程理学产生的社会基础。

(二)加强君主专制主义的中央集权制

中国历史上的五代十国,是军阀混战、分裂割据的时代,黎民百姓深受其苦,希望能有一个安定统一的国家。当时的北周皇帝柴荣,曾努力统一中国,终未成功。后周的高级将领、殿前都点检赵匡胤,经过"陈桥兵变",迫使周恭帝退位,建立了赵宋王朝。宋太祖赵匡胤急需解决的问题:一是要尽快结束五代十国的割据局面;二是要接受五代以来利用兵变改朝换代的教训,加强君主专制的中央集权制。按照这一方针,赵匡胤开始了一系列的活动。

第一,征战南北,统一中国。赵匡胤统一中国的战略和策略就是先南后北,先易后难。照此方针,首先于宋建隆三年(962年),合并荆湘,宋得14州,66县,97388户。在乾德二年(964年),赵匡胤派兵6万,分道伐蜀,一举灭了后蜀,宋得45州,198县,534039户。在宋开宝三年(970年),赵匡胤讨伐南汉,宋得60州,240县,170263户。在宋开宝八年(975年),宋军平定南唐,李后主出降,宋得19州,180县,655096户。宋太宗赵光义即位后,继承兄志,继续统一大业。太平兴国三年(978年),钱俶献出吴越,宋得13州,86县,550686户,史称"吴越归地"。至此,南方诸国得到统一。于是赵光义又开始了统一北方的战争。在太平兴国四年(979年),北汉灭亡,宋得10州,40县,35220户。五代十国最后一个王国灭亡。但是中国北方还有被辽国占领的燕云十六州,长期不能收复,使宋王朝背上一个沉重包袱。

第二,加强君主专制主义的中央集权制。如何使宋王朝能够防范方镇势力拥兵自重,避免短命王朝的重演并能长治久安,这是赵匡胤亟须解决的问题。为此,赵匡胤于宋建隆二年(961年)七月,征求韩王赵普的意见。赵普说:"唐季以来,战斗不息,国家不安者,其故非他,节镇太重,君弱臣强而已矣。今所以治之,无他奇巧也,惟稍夺其权,制其钱谷,收其精兵,则天下自安矣。"(司马光《涑水纪闻》卷1)于是赵匡胤采纳了赵普的意见,开始从钱、权、兵三个方面夺回方镇节度使手中的政权、财权和兵权,以加强专制主义的中央集权制。

首先是集中兵权。宋建隆二年,赵匡胤先把殿前都点检镇宁军节度使慕容延钊罢为山南东道节度使,侍卫亲军都指挥使韩令坤罢为承德节度使,从而使禁军大权集中于皇帝一人手中。接着又全面进行收缴兵权的工作,赵匡胤和赵普亲自召集石守信、王审琦、高怀德等高级将领举行酒会。赵匡胤在众将领面前一语道破,担心将领们重演"黄袍加身"的故技,因而劝导众将领们说:"人生如白驹之过隙,所为好富贵者,不过欲多积金钱,厚自娱乐,使子孙无贫乏耳。尔曹何不释去兵权,出守大藩,择便好田宅市之,为子孙立永远不可动之业,多置歌儿舞女,日饮酒相欢以终其天年。我且与尔曹约为婚姻,君臣之间,两无猜疑,上下相安,不亦善乎!"(《续资治通鉴长编》卷2)显然,这是利用物质引诱的办法,换取众将领们的兵权。在当时的情况下,将领们不得不接受。于是众多的将领们纷纷被解去兵权。赵匡胤将解去军权的将领们封之以散官爵位,赐之以厚禄慰抚,所有兵权皆归于朝廷,这就是史学家常说的"杯酒释兵权"的故事。

宋王朝的总兵权是由皇帝直接控制,但朝廷里也有一个军事机构,就是枢密院,设枢密使和枢密副使两位长官。"凡天下兵籍、武官选授及军师卒戍之政令,悉归枢密院。"(《宋会要辑稿·职官》一四之一)而禁军的统领机构也有改组,即设殿前司和侍卫司。殿前司设殿前都指挥使,侍卫司设步军都指挥使和马军都指挥使,此谓三帅。这样把枢密院的调兵权和三帅的统兵权分开,使带兵者无权调兵,调兵者无权带兵,以使各方相互牵制,防止兵变。同时宰相也不再过问枢密院的事,枢密院直接对皇帝负责,以加强皇权的控制。

其次是加强政权。宋朝初期的中央行政大权集中在政事堂(中书)和枢密院,史称"二府",另有一些新设的机构与旧的机构并存。宋沿唐制的三省、六部、九寺、五监等中央机构,大多数被削弱了管理权限,少数名存实亡。故《宋史·职官志》有"故三省、六曹、二十四司,类以他官主判,虽有正官,别非敕不治本司事,事之所寄,十亡二三"的记载。这种局面的出现,是赵宋王朝加强君主专制主义中央集权的需要。如政事堂,是宰相和参知政事(副相)议事办事的机关,但不再设于门下省和中书省,而只是设于禁中,行使中书、门下、尚书省的主要职权,是最高的行政机构。与此相应的有枢密院,是最高的军事机构。三司是总理财政的最高机构。这样朝廷中的军事、行政、财经三种最高权力机构都直接受朝廷控制。

宋代初期的台谏制度和司法制度也有变化,宋太宗时设审刑院,为最高的刑案复审机构;御史台和谏院是最高的监察机构,台、谏之官,控制言路,弹劾大臣,直接对皇帝负责,其权势可与宰相抗衡。由此相权受到牵制,与台、谏之官互为敌垒,以加强皇权的威力。

宋代的地方行政机构是州、县两级。此外与州平级的府、军、监称支郡,这些机构宋初由节度使兼管。宋太宗时为了削弱节度使的权力,取消了支郡的建制,改为直隶州,改变了节度使专权跋扈的局面。但是在州的长官知州之外,又设立通判一职,其可以直接向皇帝奏事,以限制州官的权力扩大。县的长官是知县,此外有主簿和县尉,分管财政和治安。这样宋代的各地方的行政机构也逐渐完善起来。

再次是集中财权。宋乾德二年(964年),赵匡胤下令,各府、州每年的赋税收入,除支度给用外,凡属钱帛之类的,"悉辇送京师",归于三司掌管的左藏库。皇宫内又设内库,储藏三司每年的财政节余,称封庄库,由皇帝直接掌握。

宋王朝直接通过转运使、通判、主簿,把地方财政统一起来,减少许多中间环节克扣,增加了朝廷的财政收入,为加强君主专制主义的中央集权奠定了基础。

二、二程的政治思想

程颢、程颐的政治思想的基本点是王道仁政"治之大原"(《二程集》第452页),由此出发,二程认为要行王道施仁政,必须先"格君心之非"。这样才能使皇帝"视民如伤",善求人才,严法度,行改革,兴国家。

(一)"格君心之非"

程颐说:"治道亦有从本而言,亦有从事而言。从本而言,惟从格君心之非、正心以正朝廷,正朝廷以正百官。"(《二程集》第165页)"格君心之非"出自《孟子·离娄上》,格,正也。这里强调了格君心之非的重要意义。因为皇帝居朝廷之首,皇帝做到了正心诚意,才能正朝廷、正百官,天下才能长治久安,所以二程从多方面阐述了格君心之非的道理。一是人君地位的重要。程颐说:"况陛下居天子之尊,令行四海,如风之动,苟行王政,奚啻反手之易哉?""今陛下行王政,非有苦身体劳思虑之难也,何惮而不为哉?"(《二程集》第514页)这就是说,皇帝居天下之尊,令行四海,所以皇帝不仅要像孟子说的那样苦身体劳思虑,而且一言一行必须谨慎,若有不慎,就会造成损失。二是皇帝面临人多事杂的局面,程颐说:"夫以海宇之广,亿兆之众,一人不可以独治,必赖辅弼之贤,然后能成天下之务。"(《二程集》第522页)这就是说,人君面临人多事杂的情况,一国之大,人口之多,人君的才能虽高,也必须有辅弼之臣的帮忙,才可以治理国家的大事。三是人君也是人,虽居高位,但也需要道德的修养。程颐说:"将欲治人,必先治己。"(《二程集》第1155页)皇帝虽是一国之主,但也要从修身开始,只有把自身道德修好的人,才可以教育别人,治理国家。

程颐认为人君禀赋、才能虽高于常人,然而有道之君却很少。人君地位和势力虽高不可攀,但是作为一国之君的皇帝,不仅要依靠地位和势力,而且更要依靠高尚的道德。程颐说:"人君唯道德益高则益尊,若位势则崇高极矣,尊严至矣,不可复加也。过礼则非礼,强尊则不尊。"(《二程集》第551页)所以他认为至大至急之事,是辅养人主的道德。程颐说:"臣以为今日至大至急,为宗社生灵久长之计,惟是辅养上德而已。"(《二程集》第542页)

那么,怎样辅养人主之道德呢? 一是以道义辅养。程颐在《上殿札子》中说:"伏愿陛下:礼命老成贤儒,不必劳以职事,俾日亲便座,讲论道义,以辅养圣德。"(《二程集》第447页)这就是说要依靠儒家的道义来辅养人君的道德。二是正人君之心。正像孟子一样三次见齐王而不言治国之道,学生问他为什么,孟子说:"我先攻其邪心,心既正,然后天下之事可从而理也。"(《二程集》第390页)心指思想,格君心之非,就是纠正思想上的错误。三是良好的环境影响。辅导皇帝的师傅保和侍卫人员,必须是厚重有道德之人,只有在这样环境下成长起来的人,才可以养成良好的道德。程颐在《论经筵第二札子》中说:"人君必有师傅保之官:师,道之教训;傅,傅其德义;保,保其身体。""臣以为:傅德义者,在乎防见闻之非,节嗜好之过;保身体者,在乎适起居之宜,存畏慎之心。臣欲乞皇帝左右扶侍只应宫人内臣,并选年四十五已上,厚重小心之人;服用器玩皆须质朴,一应华巧奢丽之物,不得至于上前;要在侈靡之物不接于目,浅俗之言不入于耳。"(《二程集》第538页)就是说,要在皇帝周围形成良好的道德氛围。侍卫人员要在四十五岁以上,必须是小心厚重之人。傅德者,要防见闻之非,保身体者,要起居适宜,节嗜欲之过,衣服器物要质朴大方,这样才能使皇帝在良好的环境中不断地提高自己的道德水平。

二程认为皇帝也要认真读书。程颐在宋哲宗元祐二年(1087年)四月的《又上太皇太后书》中说:"臣窃谓自古国家所患,无大于在位者不知学。在位者不知学,则人主不得闻大道,朝廷不能致善治。不闻道,则浅俗之论易入,道义之言难进。人君功德高下,一系于此。"(《二程集》第550页)这就要求包括皇帝在内的所有在位者都要认真读书,博览前史,总结经验教训,懂得治国的大道理,才可以儒家之道治理国家。

二程认为皇帝也要立志。程颢在《论王霸札子》中提出:"故治天下者,必先立其志,正志先立,则邪说不能移,异端不能惑,故力进于道而莫之御也。"(《二程集》第451页)这就要求皇帝先立正志,才可以排除异端邪说,治理好国家。程颐在宋英宗治平二年(1065年)《为家君应诏上英宗皇帝书》中说:"所谓立志者,至诚一心,以道自任,以圣人之训为可必信,先王之治为可必行,不狃滞于近规,不迁惑于众口,必期致天下如三代之世。"(《二程集》第521页)这就是说,作为一国之主的皇帝,要把立志当作是治国之道的法宝,以圣人之训必信,以先王之治必行,不被陈规陋习所迷惑,国家就会达到大治。

二程希望皇帝修德、进学、立志,就是为了达到君臣共治。程颐说:"天下之事,岂一人所能独任? 必当求天下之贤智,与之协力。得其人,则天下之治,不可劳而致也;用非其人,则败国家之事,贻天下之患。"(《二程集》第960页)天下之大,事情之多,不是皇帝一人所能独治的,需求天下贤智之力,与之协力才能达到共同治理。只有"君臣合力,刚柔相济,以拯天下之涣者也"(《二程集》第1003页)。治理天下,人心涣散是不行的。只有君臣合力,上下一致,刚柔相济,才可以避免人心涣散,将国家治理好。

(二)重民保民

重民思想来源于孟子,孟子提出:"民为重,社稷次之,君为轻。是故得乎丘民而为天子。"(《孟子·尽心下》卷7)又说:"得天下有道,得其民,斯得天下矣。得其民有道,得其心,斯得民矣。"(《孟子·离娄上》卷4)这里提出的"民贵君轻""得其民""得其心"的思想,都是重民的思想,二程继承和发展了这种思想。

二程重民,是因为他们看到人民的重大作用。程颢在《论十事札子》中说:"古者四民各有常职,而农者十居八九,故衣食易给,而民无所苦困。"(《二程集》第454页)这里讲的古者四民是指士、农、工、商,而二程讲的四民是农、工、兵、士,没有商。农者十居八九,可见农民是大多数,正因为多数农民的不停劳动,才有了衣食之便。程颐还看到了农、工、兵的作用。他说:"今农夫祁寒暑雨,深耕易耨,播种五谷,吾得而食之。今百工技艺作为器用,吾得而用之。甲胄之士披坚执锐以守土宇,吾得而安之。"(《二程集》第175页)这就是说,有了农、工和兵的作用,才使得我们有衣食之用,有工具可使;有甲胄之兵的作用,才使我们有了安全的感觉。正因为程氏兄弟看到农、工、兵的作用,所以他们才重民。程颐在《答人示奏草书》中说："颐欲公以爱民为先,力言百姓饥且死,丐朝廷哀怜,因惧将为寇乱可也。不惟告君之体当如是,事势亦宜尔。公方求财以活人,祈之以仁爱,则当轻财而重民;惧之以利害,则将恃财以自保。古之时得丘民则得天下,财散则人聚。"(《二程集》第 600 页)这里根据孟子的"君轻民重"的思想,得出"财轻民重"的思想,这等于告诉大小统治者要轻财重民,要懂得"得其民,斯得天下"的道理,只有得到广大庶民的支持,才可以保民而王。

二程既然已经看到了庶民百姓的作用,那么,他们是如何重民的呢?按照孟子的"得其心,斯得民"的要求,他们提出"三本"的思想。程颐说:"以顺民心为本,以厚民生为本,以安而不扰为本。"(《二程集》第 531 页)这里讲的"三本",实际上就是得民心方法的具体运用。

首先,视民如伤。孟子说:"文王视民如伤,望道而未之见。"(《孟子·离娄下》卷4)这是说周文王在位时,常常忧念人民有痛伤,不敢横行干扰。二程也继承了这一传统。程颢为县令时,凡坐处皆书"视民如伤"四个大字,常说"颢常愧此"四字。这就是说作为地方官,要视民如伤,关心人民,爱护人民。

其次,以顺民心为本。程颐说:"君子之道,其说于民,如天地之施,感于其心而说服无斁。故以之先民,则民心说随而忘其劳;率之以犯难,则民心说服于义而不恤其死。说道之大,民莫不知劝。劝谓信之,而勉力顺从。人君之道,以人心说服为本,故圣人赞其大。"(《二程集》第 998 页)只要民心悦服了,就会心悦而忘其疲劳,只要民心悦服就服从于义而不怕死,可见民心悦服是为政之道的根本。

再次,以厚民生为本。厚民生就要"'因民之所利而利之',若耕稼陶渔,皆因其顺利而道之"(《二程集》第 390 页)。程颢这里说明,一切都要关心庶民的利益,因民所利而引导,如种庄稼、打鱼和制陶等这些与厚民生有利的事都要去做。程颐说:"春则因民播种而祈谷,夏则恐旱暵而大雩,以至秋则明堂,冬则圜丘,皆人君为民之心也。"(《二程集》第 286—287 页)这就是说古代的皇帝为了农民获得大丰收,一年四季都要祭天,春天为了农民播种五谷而祭天,夏天为减少旱灾而祈雨,秋天为表扬丰收而祭天,冬天为民而祭天。

最后,安而不扰。所谓不扰,主要是指皇帝和各级官吏都要给黎民百姓一个安居乐业的环境,为了统治阶级的利益,让庶民百姓安心生产,才可以创造更多的物质财富。如果对百姓进行干扰的话,就影响了庶民的生产,也影响了统治阶级的收入。

(三)求才养贤

二程认为人才是关系国家兴衰存亡的问题,特别是宋兴百余年来,就存在着"官虽冗而材不足"的情况。所以他们常常考虑如何求得人才的问题。程颐在《上仁宗皇帝书》中说:"天下之治,由得贤也。天下不治,由失贤也。"(《二程集》第513页)这就是说,有了人才,国家就会得到治理,没有人才,国家就难以得到治理。他们把人才质量的高低、好坏看成是关系国家治理的大问题。程颢说:"人贤不肖,国家治乱,不可以言命。"(《二程集》第120页)在相信天命和神的社会里,他们认识到国家的治乱不是神造成的,而是人才,这是他的难能可贵之处。所以他们一致认为培养人才是一项紧急的任务。他们说:"善言治者,必以成就人才为急务。人才不足,虽有良法,无与行之也。"(《二程集》第1210页)这是说任何事情都要依靠人才去干,国家制定的各项法律、法令及各种制度都要由人去执行。如果没有优秀的人才,再好的法也只能落个"徒有善法"罢了。

二程批评了那种认为人才难求的思想,指出不是求人才难不难的问题,而是有没有求人才的决心问题。如果有求珍禽异兽的决心,就一定会得到人才。程颐说:"夫以人主之势,心之所向,天下风靡景从。设若珍禽异兽瑰宝奇玩之物,虽遐方殊域之所有,深山大海之所生,志所欲者,无不可致。盖上心所好,奉之以天下之力也。若使存好贤之心如是,则何崖穴之幽不可求?何山林之深不可致?所患好之不笃尔。"(《二程集》第525页)这是对皇帝求贤决心不大的批评,这种批评应当说是很深刻的。只要有了求贤若渴的决心,有求珍禽异兽、瑰宝奇玩的决心和行动,无论隐藏于何山崖之人,何深山之人,没有得不到的。所以没有得到真正的贤人,是因为皇帝和各级官吏的决心不大、行动不坚决的结果。

二程认为有求贤的决心,还要有一个求人才的标准问题。有了求人才的标准,才可以求得真正的贤才。程颢在《请修学校尊师儒取士札子》中说:"凡选士之法,皆以性行端洁,居家孝悌,有廉耻礼逊,通明学业,晓达治道者。"(《二程集》第449页)这个标准包括德行和学业两个方面,行为端正,居家孝悌,有廉耻礼逊是道德的标准;通明学业,晓达治道是学业的目标。在德与才这两个标准中,二程历来把道德标准放在第一位,把才能放在第二位。程颢和张载曾讨论过这两个标准。程颢说:"才而不诚,犹不是也。若非至诚,虽有忠义功业,亦出于事为,浮气几何时而不尽也!"(《二程集》第110页)这里讲的诚,是诚实,属于道德方面,才是才能,就是把诚放在第一位,即把道德放在第一位。程颐说:"君子不欲才过德,不欲名过实,不欲文过质。才过德者不祥,名过实者有殃,文过质者莫之与长。"(《二程集》第320页)由此可见,程颐也认为才能超过道德是不祥之兆,可见他们始终把道德放在第一的位置。

按照德和才这两个标准选出的人才,要经过皇帝亲自考问,"朝廷问之经以考其言,试之职以观其才,然后辩论其等差而命之秩"(《二程集》第449页)。这就是说,皇帝要亲自考察一下选出的人才的学问与治国理政的能力,然后分别等差给予职务和俸禄。

二程认为世界很大,人才很多,但人才不会自然产生出来,要经过一定的方法,才能选出人才。这就是求才有道。程颐在《为家君应诏上英宗皇帝书》中说:"何以得贤能而任之?求之有道而已。"(《二程集》第524页)什么才是程颐说的求才有道呢?从二程的言论中进行分析,不难发现他们说的求才的方法。

其一,要博谋群才。鉴于世不乏贤的情况,他们提出"博谋群才"的主张。程颐说:"陛下诚能专心致志,孜孜不倦,以求贤为事,常恐天下有遗弃之才,朝廷之上,推贤援能者登进之,蔽贤自任者疏远之,自然天下向风。自上及下,孰不以相先为善行,荐达为急务?搜罗既广,虽小才片善,无所隐晦。如此则士益贵而守益坚,廉耻格而风教厚矣。天下之贤,其有遗乎?既得天下之贤,则天下之治不足道也。"(《二程集》第526页)这里说的广求法,包括纵向和横向两个方面。从纵向方面讲,从皇帝开始孜孜不倦地求贤,常恐有遗弃之才,从上到下的各级官吏都要以荐贤为急务,逐级推荐;从横向方面看,要博取群才和广泛搜罗,有小才片善的人也不放过,这样自然会效果更好。

其二,要由官吏推荐和学校推荐。官吏推荐,就是各部门和各级官吏皆可以向上一级的部门推荐人才。程颢在《请修学校尊师儒取士札子》中说:"宜先礼命近侍贤儒,各以类举,及百事执事方岳州县之吏,悉心推访。"(《二程集》第448页)他还认为各州县之吏到任不足半年者,没权推荐人才。凡是各级官吏推荐的人才不合格者,要追查推荐官吏的责任,要看责任轻重受到降职或撤职的处罚。学校推荐,主要由各乡、县、州之学及太学向上一级的学校及上一级的衙门推荐人才。这是由学校的师长及地方的官吏联合向上级推荐人才。县令及学校之师长及州郡之官,每年可以把那些德明行修、学业优秀的学生推荐给各州级学校,州郡之长及官吏可以把优秀的学生推荐给太学。而太学每年又把这些优秀的学生推荐给朝廷,由朝廷考问之后,决定其去留。各学校推荐的人才,若有不合格或有私心怀奸罔上者,要追查其推荐责任,以其罪行大小,分别给予处分。凡是推荐的优秀人才,各级官吏及朝廷要给予奖励。程颢说:"凡公论推荐及岩穴之贤,必招致优礼,视品给俸,而不可遽进以官,止以应诏命名。"(《二程集》第455页)这就是说,凡是公论推荐上来的人才,要视品给官,给予俸禄。

其三,要访贤求能。就是说,州县的官吏在其任职之地除完成政事以外,还要私访所在地的优秀人才。二程的父亲程珦在其任职地就访问过当地的人才。程颐在代父《再书》中说:"珦至郡之初,延见僚吏士民,首道朝廷所以忧念远方,爱养元元之意;既则询州郡之贤人,足以取则为治者,于是闻执事之名于众人之口。珦退而三思三省之。"(《二程集》第595页)就是说,程珦每到一地,首先向各级官吏及士民传达皇帝对元元庶民的关心之意,其次是访问此地有否可用之贤才。凡能推荐者皆推荐之,不能推荐的也可让他们教育本郡之人,再不行也可让他们独善其身,也可为乡民之楷模令乡民学习。

其四,要礼贤下士。程颢提出"尊贤取士",程颐说要有"至诚降屈"或"至诚降礼"的求贤方法。程颐说:"四海之大,未始乏贤,诚能广聪明,扬侧陋,至诚降礼,求之以道,虽皋、夔、伊、周之比,亦可必有,贤德志道之士,皆可得而用也。"(《二程集》第524页)这就是说,只要皇帝及各级官吏有降礼求贤的决心和行动,即使有皋陶、夔、伊尹和周公那样的人才都可以得到,更何况一般的人才呢。

二程在提出"求贤有道"的同时,也批评了那些不正确的求贤方法。一是以合乎己心为标准。"大率以言事合于己心,则谓之才而可用之,曾不循核本末,稽考名实,如前之云。伤明害政,不亦宜乎?"(《二程集》第523—524页)就是说不以道德和学业为准,而以自己的口味为准。这种批评至今仍有现实意义。二是投名自荐。二程认为这种自荐上来的人,只会"记诵声律",而没有实际本领。这里对自荐上来的人,一概否定也不全面,应该看到自荐上来的人有的也有真才实学。三是批评科举取士的弊病。一年只有一次科举取士,选出的人太少,而且通过科举录取的人,只是以"辞赋声律为工",也就是说只有书本的死知识，没有治理国家行政事务的实际本领。二程批评的这几种不正确的选人才的方法，自古以来就存在，他们的批评是合理的，有些还是深刻的。

用人的方法，二程认为用人就像木工用木材一样。木工可以根据木材的大小、曲直情况，可以做轮辕，可以为栋梁，可以做榱桷。人也一样，"人人有用。圣人自有圣人用，贤人自有贤人用，众人自有众人用，学者自有学者用；君有君用，臣有臣用，无所不通"（《二程集》第249页）。这就是说，人人有用，就看用人者会用不会用，是否用人有法。程颐说："治天下之道，莫非五帝、三王、周公、孔子治天下之道也。求乎明于五帝、三王、周公、孔子治天下之道者，各以其所得大小而用之。有宰相事业者，使为宰相；有卿大夫事业者，使为卿大夫；有为郡之术者，使为刺史；有治县之政者，使为县令。各得其任，则无职不举，然而天下弗治者，未之有也。"（《二程集》第513页）这是对用人的总的要求，根据不同人的才能，安排不同的岗位，使"贤者在位，能者在职"，各称其职，各得所用。用人的具体方法有以下几条。

首先是用人不疑。程颢在《上殿札子》中提出"任贤勿贰，去邪勿疑"（《二程集》第447页）。程颐说："待人有道，不疑而已。使夫人有心害我邪？虽疑不足以化其心。使夫人无心害我邪？疑则已德内损，人怨外生。故不疑则两得之矣，疑则两失之矣，而未有多疑能为君子者也。"（《二程集》第326页）用人不疑，这是尊贤、尊敬人的表现。要用人，就要知人，要以慎择为本。对那些德不同道不合的人，自然不会选用。既然选用了与自己志同道合的人，就不要怀疑。"不疑则两得之，疑则两失之。"既然用了，就要以至诚之心，信之笃，用之专。程颐说："信贤不笃，任贤不终，安能吉也？"（《二程集》第938—939页）至诚任人，待人有道，这是用人不疑的原则，至今还闪烁着其光辉。

其次，用人用其长。人才不是全才，也不是万能的，只有用其所长，才可以发挥其作用。程颐说："人各有所长，能取其长，皆可用也。"（《二程集》第1141页）他在回答学生问的如何是人才的问题时说："如材植是也。譬如木，曲直者性也；可以为轮辕，可以为梁栋，可以为榱桷者才也。"（《二程集》第292页）这种比喻很生动形象地说明用人的妙处。用人确实像木工用木材一样，根据木材的大小、曲直做不同的东西。用人也要根据人才力大小、学业高低安排在不同岗位上，以发挥其作用。孔子的弟子仲弓、子贡和冉有皆有从政的能力，可令其从事行政工作，而颜渊、闵子骞德行好，却不能从政。所以，用人要用其所长。

再次,不要求全责备。人才没有全才,所以用人时也不能求全责备。正像人们饮用井水时,只能把井水打出来才可以饮用,如果不用力去打井水,只怨井水不出来是没用的。程颐说:"明王用人,岂求备也? 故王明则受福矣。三之才足以济用,如井之清洁,可用汲而食也。若上有明王,则当用之而得其效。贤才见用,则己得行其道,君得享其功,下得被其泽,上下并受其福也。"(《二程集》第949页)这就是说,要依靠明王对人才的正确态度,若才能不足,不能广施济物也可以自守;用人需要培养人才,正像用井水一样,井壁要常修,用人也要培养人。二程也是按照这个原则去看待人的。他们认为韩愈是近世的豪杰之士,"《原道》中言语虽有病,然自孟子而后,能将许大见识寻求者,才见此人"(《二程集》第5页)。对张载的评价甚高,但只肯定《西铭》,而对其代表作《正蒙》一书则持否定态度。对王安石变法竭力反对,但对王安石的学问则予以肯定。

最后,促其上升。这也是用人的方法之一。一个人的学业、道德积累到一定的时候,就会发生变化。一个人的地位也需要不断变化,才会促使其尽职尽责。这里说的"升"有两层含义:一是升其下的贤人。程颐说:"然在下之贤,皆用升之阶也,能用贤则汇升矣。"(《二程集》第939页)这就是说,要根据下臣的能力大小,不断晋升。但近君之位的大臣不能复升,官位不能升,但道德可以升。二是指君王借助于贤才,"君道之升,患无贤才之助尔,有助则获自阶而升也"(《二程集》第939页)。促其上升的方法,对一般官吏来说,是一种鼓励,但对于贪求上升的小人,不能晋升他们,而且也不能用他们。

总之,二程人才思想的许多内容至今还有借鉴和启发作用。在现代事业中,适当借鉴中华民族的这些优秀的有益的部分,对于我们的文化建设和管理科学都会有所裨益。

(四) 为政先立贤

依法治国,是二程政治思想的一个重要内容,二程所说的"法者,道之用也"(《二程集》第1219页)就是这个意思。二程对法的重要性、公正性、法因事因人而立以及人在执法过程中的作用诸问题,都有深刻的阐述。

孟子说:"不以规矩,不能成方圆。"(《孟子·离娄上》卷4)规是画圆的工具,矩是画方的工具,有了这两种工具,就可以画方圆了。而法是把人的行为关系固定化、稳定化,以防止人们做出不合法的事情。程颐说:"故为政之始,立法居先。"(《二程集》第720页)这就是说要治理一个国家或一个地方,首先制定明确的法律和法令,以规范人们的行为,使人们知道哪些事该做,哪些事不该做,也就是"法者,明事理而为之防者也"(《二程集》第804页)。所以为政之始,必须先立善法,"虽周公,亦知立法而已"(《二程集》第179页)。

作为一国之君或一个地方的领导人,必须掌握治理国家的大纲和细目。程颐说:"天下之治,如网之有纲,裘之有领,举之而有条,委之而不紊也。"(《二程集》第519页)这就告诉人们,只要掌握了治理国家的大纲和细目,就可以做到提纲挈领、有条不紊了。二程认为治理国家的能力要看君主的能力如何。"圣明之主,无不好闻直谏,博采刍荛,故视益明而听益聪,纪纲正而天下治;昏乱之主,无不恶闻过失,忽弃正言,故视益蔽而听益塞,纪纲废而天下乱;治乱之因,未有不由是也。"(《二程集》第510页)纪纲即法度,一个国家的纪纲正不正,关键在于一国之主是圣明之主还是昏乱之主,如果是圣明之主,就会好闻纳谏,听取割草和打柴人的意见;如果是昏乱之主,就听不进庶民的意见,制定不出正确的法律,国家就得不到治理。

二程认为法具有公正性。程颐说:"法者天下之公器,惟善持法者,亲疏如一,无所不行。"(《二程集》第585页)这虽是转述司马光的话,但他肯定法是天下的公器思想是对的。即使"有所不行,不害其为公器也"(《二程集》第585页)。他们认为法是为大多数人制定的,"圣王为治,修刑罚以齐众,明教化以善俗。刑罚立则教化行矣,教化行而刑措矣"(《二程集》第1212页)。这就是说,法律是为了大多数人的利益而制定的,不是为了满足少数人的私欲。正是从这一点出发,二程承认了法的公正性。

法既具有公正性,那么不仅制定法律的人要公正,而且执行法律的人同样要公正。程颐批评那种牵于私情而不能执行法律的人。程颐说:"自古立法制事,牵于人情,卒不能行者多矣。若夫禁奢侈则害于近戚,限田产则妨于贵家,如此之类,既不能断以大公而必行,则是牵于朋比也。"(《二程集》第756页)这就是说,执法必须不能牵于人情,如果禁奢侈怕伤近戚,限田产怕妨贵家,这样法就无法执行了。只有去掉人情,法才能保证其公正性。

二程认为法是因时因事而制定的,没有千古不变的法律。他们说:"上古世淳而人朴,顺事而为治耳。至尧,始为治道,因事制法,著见功迹,而可为典常也,不惟随时,亦其忧患后世而有作也。"(《二程集》第1208页)又说:"居今之时,不安今之法令,非义也。若论为治,不为则已,如复为之,须于今之法度内处得其当,方为合义。"(《二程集》第18页)这两段引文说明,法是因时因事而制定的,居当今之世的人们,必须执行今天的法令,方为合义;而对以往的法律,都要根据当今的情况,加以斟酌而定。"治今之世,则当酌古以处时。"(《二程集》第1216页)程颐虽说过"若孔子所立之法,乃通万事不易之法"(《二程集》第174页)的话,但他并没有说过一切照搬古代的法,而是说:"善言古者,必有验于今。"(《二程集》第1201页)这就是说,即使是三王之法,也要因时而损益,只有随时之宜,才可以制定出合乎时宜的法律来。

二程认为人才是执法的关键,如果没有人才,虽有善法也是无用的。他们说:"人才不足,虽有良法,无与行之矣。"(《二程集》第1210页)又说:"治则有为治之因,乱必有致乱之因,在人而已矣。"(《二程集》第1214页)从这里可以看出人才在执法中的地位和作用,因为法要靠人才来制定,同样要靠人才来执行。所以,必须有一批懂法和执法的人,才能保证法的落实,如果没有人才,虽有良法,只能落个"徒有善法"而已。

二程认为执法的人员必须由明王和明君为主首,才能保证法的执行。程颐说:"先王观雷电之象,法其明与威,以明其刑罚,饬其法令。法者,明事理而为之防者也。"(《二程集》第803—804页)从雷电之象说明法有威严性,宣布法的威严,是为了教育人。使用某些法律,是为了"小惩而大戒"。例如一个人犯了小的错误,可以割掉一个手指头或者割掉鼻子,无碍他的生命。这样惩之于初的办法,其目的是教育他们,使他们懂得法的威严,"盖取禁止其行,使不近于恶也"(《二程集》第804页)。

三、二程的经济思想

二程的经济思想,也是针对时弊而发的。因为北宋时期的土地兼并现象严重,富者跨州连县,而贫者却无立锥之地。为了解决经济上的这些弊病,他们提出均井田,强调粮食生产和粮食的储备,增加税收及抑商等思想。这些经济思想虽不一定能解决当时的经济弊病,但作为思想家能发现这些问题,提出对策,应该说是难能可贵的。

(一)以农为本

二程以农为本的思想,主现表现在关于土地、粮食及水利等方面。这都是农业的根本问题,表明二程对农业问题的重视。

在封建社会里,土地是广大农民的命根子,有了土地就可以生活,没有土地就会衣食无着,没法过正常的生活。二程不仅看到了这一点,而且深深懂得这一问题的重要性。他们提出"有田则有民"(《二程集》第1218页),只有解决了农民的土地问题,才会得到广大庶民的拥护。为了防止土地兼并之风的蔓延,他们提出正经界、均井田的主张。程颢在《论十事札子》一文中说:"天生蒸民,立之君使司牧之,必制其恒产,使之厚生,则经界不可不正,井地不可不均,此为治之大本也。唐尚能有口分授田之制,今则荡然无法,富者跨州县而莫之止,贫者流离饿殍而莫之恤。幸民虽多,而衣食不足者,盖无纪极。生齿日益繁,而不为之制,则衣食足蹙,转死日多,此乃治乱之机也,岂可不渐图其制之之道哉?"(《二程集》第453页)这里不仅指出了土地兼并之风的严重性,而且提出了正经界、均井田的办法。如果土地问题不解决,庶民就会日益增多,而衣食就会越来越少,所以能否解决土地的问题,是关系到国家的安危、治乱的大问题。

二程为了解决当时的土地兼并问题,抬出"亚圣孟子"均井田的主张来,因为孟子最先提出"正经界、均井田"的主张。他说:"夫仁政必自经界始,经界不正,井地不均,谷禄不平,是故暴君污吏,必慢其经界。经界既正,分田制禄,可坐而定也。"(《孟子·滕文公上》卷3)孟子提出正经界、均田地、均谷禄的思想,是为了防止暴君污吏破坏封建的土地所有制。但是从孟子提出均田地的主张到二程生活的年代已有一千多年了,社会生活发生了很大的变化,孟子的主张能否在北宋复现,连提出这种思想的二程也感到担忧。他们和张载在洛阳议论井田能否实现时,就表现出这种忧虑。首先,富户占田太多,让他们把多占的全都退出或者是退出一部分,是不可能的;其次,复井田、均贫富的主张,受到广大庶民的欢迎,但富室贵族反对,仍难以实现。程颐还认为要正经界,只凭眼力也难把土地界限划清楚,最根本的是在土地私有制已实现一千多年以后,再去恢复封建的土地国有制是不可能的。所以,程颐说:"不行于当时,行于后世,一也。"(《二程集》第111页)这种期望于后世能复现井田制的想法只能是一种幻想。

《汉书·郦食其传》卷43中说:"王者以民为天,而民以食为天。"二程继承了这种思想观点,强调粮食生产,以解决农民的吃饭问题。程颐说:"民以食为天。"(《二程集》第1098页)程颢在《南庙试九叙惟歌论》中说:"然谷者,民之所生也。不可一日无之,此六府所以兼谷也。"(《二程集》第464页)府是古人藏财之所,古人把木、金、水、火、土、谷列为六府必藏之物。所以,他们的共同观点是"保民之道,以食为本"(《二程集》第520页)。

因为广大的庶民百姓只有依靠粮食生产才可以生活,所以他们强调"民以食为天"。要有粮食吃,必须强调粮食的生产。程颐说:"有土地,要之耕而种粟以养人,乃宜。今以种果实,只做果子吃了,种糯,使之化为水饮之,皆不济事,不稳当。"(《二程集》第151页)这就是说,有了土地,要种粮食作物。而种果实,种糯造酒吃了,是不稳当的。为了解决农民的吃饭问题,程颐说:"'因民之所利而利之',若耕稼陶渔,皆因其顺利而道之。"(《二程集》第390页)凡是有利于庶民的吃饭、制陶和打鱼等,因与农民的生活关系密切,都要努力生产。

为了解决农民的吃饭问题,二程也强调粮食储备的必要性。程颢说:"古者民必有九年之食,无三年之食者,以为国非其国。臣观天下耕之者少,食之者众,地力不尽,人工不勤,虽富室强宗,鲜有余积,况其贫弱者乎?或一州一县有年岁之凶,即盗贼纵横,饥羸满路。如不幸有方三二千里之灾,或连年之歉,则未知朝廷以何道处之,则其患不可胜言矣。岂可曰昔何久不至是,因以幸为可恃也哉?固宜渐从古制,均田务农,公私交为储粟之法,以为之备。"(《二程集》第453—454页)这里强调了粮食储备的重要性。一个国家要有九年的储备粮,如果没有储备,如果遇到一州一县遭荒,甚至二三千里之地歉收,或连年的荒旱,朝廷以何道处之?他们认为应该公私互相储备粮食,才可以防止"饥羸满路"或庶民造反问题。程颐在《为家君应诏上英宗皇帝书》中说:"保民之道,以食为本。今自京师至于天下,计平时之用,率无三年之蓄,民间空匮,则又甚焉。以万室之邑观之,有厚蓄者百无二三,困衣食者十居六七,统而较之,天下虚竭可知矣。丰年乐岁,饥寒见于道路,一谷不稔,便致流转,卒有方数千里连数年之水旱,不知何以待之?奸盗蜂起于内,夷狄乘隙于外,虽欲为之,未如何矣?"(《二程集》第520页)程颐从国家安全出发,从庶民吃饭的角度强调了粮食储备的重要性。但是从北宋的首都开封到一般的州县,计平时所用,无三年之储备粮,如果遇到大范围的水旱灾害,庶民蜂起造反于内,夷狄乘隙于外,要粮食没有,要兵也征不上来,将何以解决燃眉之急呢?所以,程颐非常强调粮食的储备问题,也是为了备战备荒。他们认识到必须有大量的粮食储备,才可以保证国泰民安。

二程关心农业生产,也必然关心水利事业。程颢为扶沟县令时,曾计划在扶沟县兴修水利。他说:"以扶沟之地尽为沟洫,必数年乃成。吾为经画十里之间,以开其端。后之人知其利,必有继之者矣。夫为令之职,必使境内之民,凶年饥岁免于死亡,饱食逸居有礼义之训,然后为尽。"(《二程集》第429页)这是程颢为县令时的一种计划,虽然没有实现,但也表达了他对水利事业的关心。程颐在《代人上宰相论郑白渠书》中说,秦汉之际,在陕西修了郑国渠和白渠,使关中人民获了利,也带来了富饶。宋神宗熙宁年间皇帝曾计划再修这两条渠,因故未动工,使程颐感到非常遗憾。他说:"陕右之人,至今为恨。某每思神宗皇帝知其利而欲兴之意,与先祖尽其力而被沮之恨,某未尝不愤叹至于流涕也。"(《二程集》第610页)

不误农时,这是二程重视农业思想的重要表现。所谓不误农时,主要是不误农业生产的季节性和爱惜民力两方面。程颐说:"为国之道,武备不可废,必于农隙讲肄,保民守国之道也。盛夏大阅,妨农害人,失政之甚。"(《二程集》第1105页)这就是说,作为一个国家搞军事训练是必要的,但必须于农业生产的空隙间进行,如果在夏天的六月和秋天的八月的大忙季节进行军事训练,就会妨碍农业的生产,这是害农,也是失政的表现。程颐说:"养民之道,在爱其力。民力足则生养遂,生养遂则教化行而风俗美,故为政以民力为重也。"(《二程集》第1095页)使用民力必须分清轻重缓急,不能随意使用。"使民不以时,非人君之用心也。"(《二程集》第1096页)使民以时,以爱惜民力为重,这是人君所必须注意的。

二程认为四民(农、工、兵、士)之中,"农者十居八九"。这就是说在庶民之中农民占大多数,而从事农业生产的人少,出现了"耕之者少,食之者众"的地力不尽、人工不勤的现象。所以他们认为应当教育农民好好地从事农业生产,也教育那些离开农业从事其他事业的人以及游惰之人归于农业。程颢在《南庙试佚道使民赋》中说:"教本于农,虽极勤劳之事,功收于后,自无怨譿之因。"(《二程集》第462页)又说:"劳而获养,则乐服其事;勤而无利,则重烦其力。惟王谨以政令,驱之稼穑。且为生之本,宜教使以良勤;则从上也轻,盖丰余之自得。蠢尔农俗,陶乎教风,知所劳者为乎己,图所利者存乎终;莫不勉勉以从令,于于而劝功。"(《二程集》第462页)这是说,作为一国之王者,要教育人民从事农业生产并向他们说明农业是生存之本,当他们认识到"所劳者为乎己,图所利者存乎终"的时候,就会心甘情愿地从事农业生产,而且没有怨言。

同时,对于那些游手好闲的人、不愿从事农业生产的游惰之民,强迫他们从事农业生产。程颢说:"游食之徒烦,则在禁其末而驱之农。"(《二程集》第470页)就是要禁止游惰之人经商,强迫他们从事农业生产。但遇到荒年,这些游食之民没有饭吃的时候,也同其他灾民一样予以救济。程颐说:"不给浮浪游手,无是理也。平日当禁游惰,至其饥饿,则哀矜之一也。"(《二程集》第586页)这就是说,当那些游惰之人遇到饥荒时,同样给予救济,但不能继续游惰,必须使其归于农业生产。

(二) 调整税收

宋代实行"什一税"制,即按耕地的十分之一收税。二程说:"今代之税,视什一为轻矣,但敛之无法而不均,是以疑于重也。"(《二程集》第1215页)这就是说,宋代实行的什一税制看起来不算重,但征收不均,对有些户就重了。这个什一税制来源于孟子。孟子说:"夏后氏五十而贡,殷人七十而助,周人百亩而彻。其实皆什一也。"(《孟子·滕文公上》卷3)孟子认为,夏朝人每耕五十亩,就按五亩收税,殷朝人实行井田制,把六百三十亩地分成九块,中间一块,四周八块。每块七十亩,耕种周围八块的农民要帮助中间一块地耕种,叫"七十而助"。周朝时,每夫耕种一百亩地时,按十亩收税。这就是说,除殷朝外,夏、周大致都按耕种田地的十分之一收税。二程认为北宋实行的什一税制是符合先王之制的,也是合理的。但在征收时没有严格按照什一税制收税,不均和偏重的现象是存在的。

在实行什一税制时,有些地方税重,有些地方税轻,要及时地调整。程颐说:"畿邑田税重,朝廷岁常蠲除以为惠泽。"(《二程集》第636页)这就是说京畿地区的田税重些,朝廷每年都给免除一部分,以减轻京郊之民的负担。当程颢为上元县主簿时,就发现此县的田税不均,"田税不均,比他邑尤甚。盖近府美田,为贵家富室以厚价薄其税而买之,小民苟一时之利,久则不胜其弊。先生为令画法,民不知扰,而一邑大均。其始,富者不便,多为浮论,欲摇止其事,既而无一人敢不服者。"(《二程集》第631页)这说明程颢能调整一县税收不均的问题。民税常常要运到边郡,交通不便,运费又高,程颢采取一种办法,即选择富户可靠者,预先在边郡买粮食以供边郡兵民之用,费用大省。

二程认为宅基地不应重复征税。他们说:"'廛而不征',市宅之地已有廛税,更不征其物。"(《二程集》第103页)这里讲的廛,即房屋之基地,按北宋王朝的规定,宅基地已有廛税,故不应再征收宅基地的税了。

(三)稳定物价

稳定物价,主要是稳定与人民生活有密切关系的粮价和盐价。程颐在《明道先生行状》中说:"先生为政,常权谷价,不使至甚贵甚贱。会大旱,麦苗且枯。先生教人掘井以溉,一井不过数工,而所灌数亩,阖境赖焉。"(《二程集》第636页)这里说的谷价,即粮食的价格。不能让粮价甚贵甚贱,以防影响庶民的生活问题。当程颢为晋城县令时,为了稳定粮价,他让富户预先储备粮食,到了需要粮食的时候,定价出售,"河东财赋窘迫,官所科买,岁为民患。虽至贱之物,至官取之,则其价翔踊,多者至数十倍。先生常度所需,使富家预储,定其价而出之。富室不失倍息,而乡民所费,比常岁十不过二三"(《二程集》第633页)。这就是说,一些甚贱的物品,一旦被官府收买之后,就会数倍甚至数十倍地增加,而程颢采取富户储粮的办法,富户赚到了必有的利息,而一般的庶民也不至于吃太大的亏。

食盐是人人所必需的,涉及千家万户,所以,二程也强调要稳定盐价。宋仁宗时由范祥所创立的盐钞法,规定盐钞可作为商贾运销食盐的凭证。从边郡运盐,每钞可入钱四贯八百,可以运盐200斤,可以私卖。在二程生活的年代,陕西省有人提出取消盐钞,提高盐价。程颐不同意取消盐钞。他说:"若增钞价,卖数须减。盐出既众,低价易之,人人食盐,盐不停积,岁入必敷。""已而增钞价,岁额果亏,减之而岁入溢。"(《二程集》第425页)后来因盐钞制败坏,改用盐引制,直到明清之际还继续沿用盐引制。

(四)节省开支

二程认为,由于北宋面临着积贫积弱的局面,各种费用无节,已到了竭泽而渔的程度了。程颢在《论十事札子》中说:"圣人奉天理物之道,在乎六府;六府之任,治于五官;山虞泽衡,各有常禁,故万物阜丰,而财用不乏。今五官不修,六府不治,用之无节,取之不时。岂惟物失其性,材木所资,天下皆已童赭,斧斤焚荡,尚且侵寻不禁,而川泽渔猎之繁,暴殄天物,亦已耗竭,则将若之何!此乃穷弊之极矣。惟修虞衡之职,使将养之,则有变通长久之势。"(《二程集》第454页)这就告诉我们,自然界的各种事物,山虞川泽发展有各自规律。历来都有规定,不能乱砍乱伐,破坏其生长规律。而北宋时的五官不治,即管理木、金、水、火、土之官或管理山虞川泽之官不进行管理,造成山上无木,水中无鱼。所以,唯有虞衡之修,才可以慢慢将养,以供长久之用。有人说,程颢这段话有保护生态之意,这话是合适的。

程颢对这种"用之无节,取之无时"的状况,提出了自己的对策。他在《南庙试策第四道》中说:"今财之匮,食之冗,农之困,货愈笼,文愈密者,弊虽烦,而其原一而已,其始费益广也。"(《二程集》第469页)如何解决这个"费益广"的问题呢?他说:"为今之计,兵之众,岂能遽去之哉?在汰其冗而择其精。戎狄之遗,岂能遽绝之哉?在备于我而图其后。游食之徒烦,则在禁其末而驱之农。无用之供厚,则在绝其源而损其数。然其所以制之者,有其道也。"(《二程集》第470页)这就是说,对军费开支大,要用淘汰冗兵的办法解决;对夷狄的防备,要用加强战备的办法来解决;对那些游食之徒,要禁止他们从商而驱之于农;对无用之供,应当绝源断根。

二程也反对社会上奢侈浪费现象,反对在婚丧祭祀时的大操大办。程颢说:"古者冠婚丧祭,车服器用,等差分别,莫敢逾僭,故财用易给,而民有恒心。今礼制未修,奢靡相尚,卿大夫之家莫能中礼,而商贩之类或逾王公,礼制不足以检饬人情,名数不足以旌别贵贱,既无定分,则奸诈攘夺,人人求厌其欲而后已,岂有止息者哉?此争乱之道也。"(《二程集》第454页)按礼制,成人的结婚、丧事和祭祀等都是有规定的,不能超越,而有些商贩办婚庆的礼制超过一些王公大人,奢靡相尚之风不止,是不行的。程颐希望从皇帝开始,丧事应坚持节俭之风。他在《为家君上神宗皇帝论薄葬书》中说:"臣窃虑陛下追念先帝,圣情罔极,必欲崇厚陵寝,以尽孝心。臣愚以为:违先帝之俭德,损陛下之孝道,无益于实,有累于后,非所宜也。伏愿陛下损抑至情,深为远虑,承奉遗诏,严饬有司,凡百规模,尽依魏文之制,明器所须,皆以瓦木为之,金银铜铁珍宝奇异之物无得入于圹,然后昭示遐迩,刊之金石,如是则陛下之孝显于无穷,陛下之明高于旷古。"(《二程集》第528—529页)这就是说,宋朝的皇帝应学习魏文帝的薄葬之风,这不仅不损皇帝的形象,而且会给后世留下很好的影响。

(五)重农抑商

重农抑商是我国封建社会的传统,二程继承了这个传统,继续推行这个政策。古代的四民是指士、农、工、商,二程讲的四民是农、工、兵、士,没有商人。他们主张限制从事商业活动的人数。程颢在《南庙试策第四道》中说:"游食之徒烦,则在禁其末而驱之农。"(《二程集》第470页)这里说的"末",即商人,就是要禁止那些从事商业活动的游食之徒,强迫他们从事农业生产。

他们认为应限制酒类的生产和买卖。程颐说："酒者,古人养老祭祀之所用,今官有榷酤,民有买扑,无故辄令人聚饮,亦大为民食之蠹也。损民食,惰民业,招刑聚寇,皆出于此。如损节得酒课,民食亦为小充。分明民食,却酿为水后,令人饮之,又不当饥饱。若未能绝得买扑,若且只诸县都鄙为之,亦利不细。"(《二程集》第175页)程颐在这里指出了酒的危害性。首先,广泛地卖酒不行,不仅官府有专门卖酒的酒榷,民间有私人承包的买扑,村有酒肆。其次,卖酒的地方多了,就会动辄有人居而饮酒,造成惰民业,招刑聚徒,惹是生非。最后,造酒多了,就会影响粮食的生产,使许多人吃不上饭。"要之蠹米麦,聚闲人,妨农工,致词讼,藏贼盗,州县极有害。"(《二程集》第406页)他们认为酒本来是供祭祀用的,到了宋朝酒却到处贩卖,到处饮用,损害了粮食的生产,养育了懒人,造成了争夺,以致词讼不止。所以,必须限制酒类的生产和买卖,若不能绝得买扑,就只限在都鄙县为之。就是诸县的县城、京师以及边邑地区买卖,禁止民间的买扑和村肆。

为了限制酒类的生产和买卖,同样要限制酿酒作物的生产。程颐说："有土地,要之耕而种粟以养人,乃宜。今以种果实,只做果子吃了,种糯,使之化为水饮之,皆不济事,不稳当。"(《二程集》第151页)这是要求要种粮食作物,不要种黏稻之类的造酒作物,以免酿酒。

他们还认为应反对私人铸铜钱,陕西省有人议论,认为官府铸钱不合算,用一贯钱铸一贯钱无利可图,准备取消铸钱。程颐说："此便是公家之利。利多费省,私铸者众;费多利薄,盗铸者息。盗铸者息,权归公上,非利而何?"(《二程集》第424页)这就是说,要以公家的名义铸钱,防止私人铸钱或偷铸钱,把铸钱的权利归于公家,何利没有?

这里我们列举了二程的经济思想的五个方面,但重点是以农为本的思想,其他思想都围绕以农为本的思想展开。以农为本的经济思想,是二程经济思想的核心。

(原载《程颢程颐评传》,南京大学出版社2001年4月出版)

二程的伦理思想

程颢、程颐的伦理思想,是以天理论为哲学依据,以五伦为中心,以修身齐家治国平天下为序展开,由此形成他们的人伦观、义利观、公私观、气节观和修养观等一整套的伦理思想。二程的伦理思想是从先秦儒学向新儒学转变时期形成的,因此,在中国伦理史上有一定的地位和影响。

一、三纲至上的人伦观

人伦思想是二程伦理思想的核心,它围绕怎样处理君臣、父子、夫妇、兄弟及朋友这五伦之间的行为关系展开。在这五伦之中,相互之间并不是平等的关系,而是强调了君臣、父子、夫妇三纲为主的等级观念。

(一)五伦有则

五伦,也叫五典或五常,就是指怎样处理君臣、父子、夫妇、兄弟和朋友这五者之间的行为关系。程颐说:"五典谓父子有亲,君臣有义,夫妇有别,长幼有序,朋友有信也。五者人伦也,言长幼则兄弟尊卑备矣,言朋友则乡党宾客备矣。孔氏谓父义、母慈、兄友、弟恭、子孝,乌能尽人伦哉?夫妇人伦之本,夫妇正而后父子亲,而遗之可乎?"(《二程集》第1040页)从程颐的这段话中,我们不难看出以下几种关系:一是长幼之序,如父子、兄弟之间的关系;二是尊卑关系,如父子、君臣、夫妇的关系,而且认为夫妇是人伦之本,只有夫妇正然后才可以父子亲;三是朋友乡党之间的关系可以是平等的关系;四是这五伦之间的关系是客观的,有规律的,如父慈子孝,君仁臣敬。程颐说:"夫有物必有则,父止于慈,子止于孝,君止于仁,臣止于敬,万物庶事莫不各有其所,得其所则安,失其所则悖。圣人所以能使天下顺治,非能为物作则也,唯止之各于其所而已。"(《二程集》第968页)圣人也不能违背这些规律,只能遵守这些规律。

(二)三纲至上

从表面上看,父子有恩,君臣有义,兄弟有恭,夫妇有别,朋友有信,好像是一种平等的关系,实际上并非如此。二程强调了君为臣纲、父为子纲、夫为妻纲的作用,而且认为这三纲是关系到天下治乱的大问题。程颐说:"纪纲正而天下治","纪纲废而天下乱;治乱之因,未有不由是也"(《二程集》第510页)。这里说的纪纲,就是指的君为臣纲、父为子纲、夫为妻纲不能乱。为此他们一再批评唐太宗李世民杀兄称帝,是乱了唐朝的纪纲。程颐说:"唐有天下,如贞观、开元间,虽号治平,然亦有夷狄之风,三纲不正,无父子君臣夫妇,其原始于太宗也。"(《二程集》第236页)这是说唐太宗虽有贞观之治,唐玄宗有开元之治的功劳,但他们乱了三纲,使后来的唐朝出现了君不君、臣不臣的现象。

君为臣纲居三纲之首,"上下之分,尊卑之义,理之当也,礼之本也"(《二程集》第749页)。在君臣关系中,虽说了君仁臣敬的话,实际上重点是"下顺乎上,阴承乎阳,天下之正理也"(《二程集》第749页)。就是臣对君要忠要敬,要保君报君。因为君是一国之主,是体现天理、治理邦国的最高统治者,所以臣要忠君爱主,是理所当然的事。

父为子纲,是因为父是长辈,是尊者,所以子对父行孝是理所当然的事。上自天子下至庶民百姓,无人无父母,无论地位多高,权力多大,对父母一律要行孝,在家为孝子的人,在外才可以事上忠君。看来事孝父是忠君的前提。

夫为妻纲,因为"夫妇,人伦之本,故当先正"(《二程集》第1088页)。只有夫妇正才可以父子亲。在夫妻关系中,二程虽讲了"夫妇之道,不可不久也"的话,但他们更多是强调了男尊女卑、男女不平等的事。一是女人是男人的附属物。程颐说:"男上女下,女从男也。""女归于男也,故云天地之大义也。"(《二程集》第978页)二是男尊女卑。程颐说:"男女有尊卑之序,夫妇有倡随之礼,此常理也。"(《二程集》第979页)三是女正则家正。程颐说:"家人之道,利在女正,女正则家道正矣。"(《二程集》第884页)这样就把家道正不正的责任全推到女人身上,是不公平的。在封建社会里,看一个家庭正不正,不仅要看女人,更要看男人。四是不许寡妇改嫁。程颐认为寡妇改嫁是失节的行为,他说:"饿死事极小,失节事极大。"(《二程集》第301页)在这种封建礼教的支配下,不知有多少善良的妇女冤死于地下。

(三)尊卑贵贱

人伦观的等级观念,主要表现在君尊臣卑、男尊女卑方面。程颐从自然现象来论述人类社会的等级观念。他说:"'天尊,地卑。'尊卑之位定,而乾坤之义明矣。高卑既别,贵贱之位分矣。"(《二程集》第 1027 页)也就是用天尊地卑的现象来说明君尊臣卑、男尊女卑的道理。程颐说:"君尊臣卑,天下之常理也。"(《二程集》第 217 页)又说:"男尊女卑,夫妇居室之常道也。"(《二程集》第 860 页)他们不仅根据自然现象来说明君尊臣卑、男尊女卑,而且也用这种观点来说明等级观念是不可改变的。程颢说:"夫天之生物也,有长有短,有大有小。君子得其大矣,安可使小者亦大乎? 天理如此,岂可逆哉?"(《二程集》第 125 页)这就是用自然界生物大小现象不可改变来说明君尊臣卑的地位也不可改变。

二、以义致利的利义观

《论语》中有"子罕言利"的话。孟子也说过"何必曰利? 亦有仁义而已矣"(《孟子·梁惠王上》卷1)。自此以后,人们往往误以为儒家只讲义,不讲利了。实际上,儒家并没有不讲利的意思,他们反对的是那种"后义先利"的行为。二程继承了孔孟义利思想,对义利的实质、先义后利、重义轻利等问题作了论述,并批评了那种只讲个人私利,不顾国家和他人利益的行为。所以,二程的义利观像一根红线一样贯穿整个伦理思想的各个方面。

(一)以义为本

二程认为义利问题是天下诸事中的一个重要问题,人们无论做什么事情,总要被义利问题所困扰。程颢说:"大凡出义则入利,出利则入义。天下之事,惟义利而已。"(《二程集》第 124 页)义和利,虽然是人们常常碰到的问题,关键是如何处理两者之间的关系,是以义为主,还是以利为主。君子"当以义为本"(《二程集》第 101 页)。程颐说:"圣人以义为利,义安处便为利。"(《二程集》第 173 页)

二程认为义是衡量事物轻重的标准。他们说:"义者宜也,权量轻重之极。"(《二程集》第 105 页)程颐解释说,这里讲的权,不是权力的权,而是秤锤,是衡量事物轻重的标准。人们的行为合乎义的就是重,不合乎义的就是轻。"事重于去则当去,事轻于去则当留,事大于争则当争,事小于争则当已。"(《二程集》第 1245 页)这就是说,人们无论做什么事情,应当以义为标准,当争的大事则应争,不当争的小事则应当不争。总之,以义为准,"义当往则往,义当来则来耳"(《二程集》第 1244 页)。所以,君子要有为于天下,"唯义而已","唯义所当"。

二程认为义利之争的实质,是公与私之争。程颐说:"义与利,只是个公与私也。才出义,便以利言也。只那计较,便是为有利害。若无利害,何用计较?"

(《二程集》第176页)程颐认为后世之人常常为利为权而争,父子兄弟的骨肉情全不讲了,常常出现父杀子、子杀父的现象,若不及时纠正,便会发生纷争。在当时的社会条件下,程颐能够揭示义利问题的实质,应当称赞。

(二) 利不妨义

二程认为孟子的义利思想,不是不讲利义,而是利不妨义。程颐说:"'子罕言利',非使人去利而就害也,盖人不当以利为心。《易》曰:'利者义之和'。以义而致利斯可矣。"(《二程集》第383页) 又说:"圣人于利,不能全不较论,但不至妨义耳。"(《二程集》第396页) 这是对子罕言利作出的解释,不是不言利,而是不要妨于义,利不妨义即可。同时对孟子"何必曰利"作了说明。程颐说:"天下只是一个利,孟子与《周易》所言一般。只为后人趋着利便有弊,故孟子拔本塞源,不肯言利。其不信孟子者,却道不合非利,李(遘)是也。其信者,又直道不得近利。人无利,直是生不得,安得无利?"(《二程集》第215页) 这就是说,利是客观存在,人们不能不言利,也不能无利,离开了利人们就无法生活。但是又不能走两个极端,信孟子的人,只讲义不得近利;不信孟子的人,认为只能讲利,而不能讲义。正确的做法,是利不妨义。

但是,二程的这种利不妨义,实际上往往是重义轻利。其表现有二:一是义重于功名,他们以唐太宗为例作了说明。因为唐太宗在建立唐朝的过程中,立下了汗马功劳,不愧为一个功臣,但他杀其兄李建成,自己当了皇帝是不行的。程颐说:"太宗佐父平天下,论其功不过做得一功臣,岂可夺元良之位?太子之与功臣,自不相干。唐之纪纲,自太宗乱之。终唐之世无三纲者,自太宗始也。"(《二程集》第236页) 这就是说唐太宗作为一个功臣是可以的,但功臣怎么能与太子相比,怎么能因功而夺太子之位呢?所以说唐太宗乱了唐朝的三纲。二是义重于财富。人们求财富不能妨义。程颐说:"富,人之所欲也,苟于义可求,虽屈己可也;如义不可求,宁贫贱以守其志也。非乐于贫贱,义不可去也。"(《二程集》第1144—1145页) 这就是说,富贵是人们的愿望,但如果于义不利,于义不可求,那就视之如浮云也。

(三) 舍生取义

在二程看来,既然义重于利,就应当为义舍利,甚至舍生取义。要做到舍生取义,首先,要有至公之心。像大禹那样以治水为己任,八年在外,三过家门而不入,"非具至公之心,能舍己从人,尽天下之议,则不能成其功"(《二程集》第

1039页)。其次,当自己处于危难之时,不失其正,不动其心。"当为国之时,既尽其防虑之道矣,而犹不免,则命也。苟能致其命,安其然,则危塞险难无足以动其心者,行吾义而已,斯可谓之君子。"(《二程集》第1245页)这就是说,当一个人为了国家,各种防虑之道已用尽了,仍不能免去灾难的话,那就在危难之际不动其心,以行我义了。最后,要为义尽责任。程颐说:"圣贤之于天下,虽知道之将废,其肯坐视其乱而不救?必区区致力于未极之间,强此之衰,艰彼之进,图其暂安,苟得为之,孔、孟之所屑为也。"(《二程集》第866页)这就是说,像孔、孟那样圣贤的人,明知道将废,岂肯坐视不管,必须尽区区之力,以挽救其灭亡。不能像那些执干戈不为社稷的人,在国家危难之际,他们却见死不救,是大逆不道的行为。

二程反对见利忘义、只求私利的人。程颐说:"利者,众人所同欲也。专欲益己,其害大矣。欲之甚,则昏蔽而忘义理;求之极,则侵夺而致仇怨。故夫子曰:'放于利而行,多怨',孟子谓先利则不夺不餍,圣贤之深戒也。"(《二程集》第917页)这就是说求利是众人的共同愿望,但不能专欲利己,如果专欲利己,则危害很大,轻则致怨恨,重则引起争夺。所以二程反对专欲利己,提倡损己利人。程颐说:"凡损之义有三:损己从人也,自损以益于人也,行损道以损于人也。损己从人,徙于义也;自损益人,及于物也;行损道以损于人,行其义也;各因其时,取大者言之。"(《二程集》第911页)这里讲的是损己以益于人的三种情况,但不论哪种情况,"在上能不损其下而益之,天下孰不服从?"(《二程集》第911页)因为"君子之志,唯在益于人而已"(《二程集》第912页)。

三、以公克私的公私观

与义利观紧密相连的是公私观,二程也像重义利一样重视公私问题。程颢说:"一心可以丧邦,一心可以兴邦,只在公私之间尔。"(《二程集》第134页)这就是说,为公还是为私,是关系到国家的兴衰、治乱的大问题。他们对公私含义及如何克私为公等问题都作了论述。

(一)至公无私

二程心目中的"公"字,有多种含义:一方面,公是指社稷、国家利益和公正;另一方面,他们以天理为准则,故他们说的公又与仁、义、礼等内容等同或相近。

程颢在《答横渠张子厚先生书》中说:"故君子之学,莫若廓然而大公,物来而顺应。"(《二程集》第460页)这里讲的廓然,是指自然而然的意思,也就是说公是客观的存在,不是人为的。程颐说:"圣人以大公无私治天下,于显比见之矣。"(《二程集》第742页)昔日大禹以治水为己任,可谓大公。周公摄政辅佐成王时,流言四起,但他"至公不私,进退以道,无利欲之蔽,以谦退自处,不有其尊,不矜其德,故虽在危疑之地,安步舒泰,赤舄几几然也"(《二程集》第1069页)。在二程著作里,是把大禹和周公当作大公无私的典型加以颂扬的。

二程认为公是天理、仁、义。他们说:"仁者公也。"(《二程集》第105页)又说:"仁者,天下之公,善之本也。"(《二程集》第820页)当学生问程颐如何是仁时,他说:"只是一个公字。学者问仁,则常教他将公字思量。"(《二程集》第285页)由此可知他是把公与仁等同起来。程颐说:"夫民,合而听之则圣,散而听之则愚。合而听之,则大同之中,有个秉彝在前,是是非非,无不当理,故圣。散而听之,则各任私意,是非颠倒,故愚。盖公义在,私欲必不能胜也。"(《二程集》第310页)这里把公、义、圣与私、愚对立起来,又把公与义等同起来。他们还认为公就是天理或理,他们说:"理者天下之公,不可私有也。"(《二程集》第1193页)又说:"天理无私。一入于私,虽欲善其言行,皆非礼。"(《二程集》第1271页)这就是把天理、礼与公等同了。

除此而外,他们还认为公是诚,是天德。程颐说:"至诚无私,可以蹈险难者,乾之行也。无私,天德也。"(《二程集》第764页)诚是无妄,公也是实实在在,这样就把公与诚、天德放在同一意义之中了。

二程认为与"公"字对立的是私,"私"字含有私身、私心、私欲和人欲等。有自身,便是私,二程说:"大抵人有身,便有自私之理,宜其与道难一。"(《二程集》第66页)又说:"有己则喜自私,私则万殊,宜其难一也。"(《二程集》第1254页)这就是说,因人有自身,有己身,就有自私。人如果没有自身,那人也不成其为人了。

有私心谓之私。二程说:"盖一介存于心,乃私心也,则有矜满之气矣。"(《二程集》第1034页)他们认为人正心意诚,不能有一点儿私意存在,如果有纤毫的私意,就会离开仁义之道了。

有人欲和私欲,也谓之私,二程把人欲和私欲当作天理的绝对的对立物。程颐说:"视听言动,非理不为,即是礼,礼即是理也。不是天理,便是私欲。人虽有意于为善,亦是非礼。无人欲即皆天理。"(《二程集》第144页)这就是说,人们的行动,即视听言动,不能离开理或天理,如果离开了,就是私欲和人欲。

所以,他们提出"灭私欲,存天理"的主张。二程没看到人欲还有积极的一面,不能全面否定。如果一个人一点私欲也没有,那不成了木造泥塑的人了?

二程所说的"私"字的含义,还包括"阿党"一类的私,即徇私、偏袒一伙人的私利。程颐说:"夫同人者,以天下大同之道,则圣贤大公之心也。常人之同者,以其私意所合,乃昵比之情耳。""小人则唯用其私意,所比者虽非亦同,所恶者虽是亦异,故其所同者则为阿党,盖其心不正也。"(《二程集》第763—764页)这就是说,圣人、君子所同者是大公之心,而小人或常人所同者乃是私心和私欲,为了偏袒自己一伙人的私利,常常是非不分,善恶不辨。所以小人所同的是"宗党"和"阿党"之类人。

(二)克私为公

二程认为私是公的对立物,私的害处很大,轻则损人利己,重则见利忘义,引起争夺,其害无穷。程颐说:"心存乎利,取怨之道也,盖欲利于己,必损于人。"(《二程集》第1138页)这就是说,人只要有私利之心,就会干出损人利己的事来;如果专欲利己,其害处更大。他们说:"利者,众之所同欲也,专欲利己,其害大矣:贪之甚,则昏蔽而忘理义;求之极,则争夺而致怨。"(《二程集》第1187页)虽然大家都希望得到利益,但不能专欲私利,如果专欲私利一旦产生,就会发生争夺。历代的朝廷里发生子杀君、杀父兄的事屡见不鲜,无不是因专欲利己之心所致也。

正因为私其害无穷,所以二程提出了许多克私为公的办法。首先,要有极大勇气去战胜私心和私欲。他们说:"难胜莫如己私,学者能克之,非大勇乎?"(《二程集》第1199页)私心和私欲是根深蒂固的,而要战胜私心和私欲,必须有极大的勇气和决心,才能战胜私心私欲。其次,克己复礼。程颢说:"克己则私心去,自然能复礼,虽不学文,而礼意已得。"(《二程集》第18页)克即胜也,克己即战胜自己。只要战胜自己的私心,自然能复礼,也能复理了。他们要求人们要像孔子那样非礼勿视、非礼勿听、非礼勿言、非礼勿动,自然可以复礼,也可以复理了。再次,损人欲以复天理。他们认为天理是公或至公,所以复天理即是公。他们说:"先王制其本者,天理也;后王流于末者,人欲也。损人欲以复天理,圣人之教也。"(《二程集》第1170—1171页)损人欲,就是控制人欲的发展,不让其肆放,使其不得妨碍天理的存在和发展。为此,他提出"无人欲即皆天理"的主张,因为天理与人欲是对立的,它们之间只能是非此即彼,无人欲,天理自然就会存在了。最后,舍己从人。他们认为舍己从人的人不多,只有像大禹和周公那样的人,才具有至公之心,才可以以天下为己任,才可以舍己从人。程颐说:"盖治水,天下之大任也,非具至公之心,能舍己从人,尽天下之议,则不能成其功。"(《二程集》第1039页)这就是说,只有大禹那样的人,才可以舍己从人。

二程关于公的思想,是对《礼记·礼运》中"大道之行也,天下为公"思想的继承和发展,反对"各亲其亲,各子其子"的做法。二程主张老吾老以及人之老,幼吾幼以及人之幼,鳏寡孤独者皆有所养,认为只有这样的思想,才是大公的思想。

(三)明理灭欲

理欲的问题,也像公与私一样,也是二程思想中的重要方面。在二程看来,理与欲是绝对的对立,而且不能转化。他们虽然承认"饮食男女"是人们的正常欲望,但在损欲和灭欲的过程中,似乎把自己承认的正常的欲望也给灭了。

理或天理是二程哲学的最高范畴,而且也是二程伦理思想的最高标准。在处理君臣、父子、夫妇、兄弟和朋友这五者的关系时,必须以理或天理作为标准,凡合乎理或天理的,就予以肯定;凡是不合乎这个标准的,就是人欲。他们认为人欲包括各种人的欲望,有物质的欲望和精神的欲望,是妨碍天理存在的。程颐说:"不是天理,便是私欲。人虽有意为善,亦是非礼。无人欲即皆天理。"(《二程集》第144页)又说:"人心私欲,故危殆。道心天理,故精微。灭私欲则天理明矣。"(《二程集》第312页)这就把人欲(私欲)与天理绝对地对立起来,非此即彼。在他们看来,只有灭掉人欲(私欲),天理才可以存在。不灭人欲和私欲,就会人欲横流,妨碍天理的传播。

在人们的欲望中,二程认为"饮食男女"的欲望是正常的、合理的。程颐说:"天地不交,则万物何从而生?女之归男,乃生生相续之道。男女交而后有生息,有生息而后其终不穷。前者有终,而后者有始,相续不穷,是人之终始也。"(《二程集》第979页)又说:"夫阴阳之配合,男女之交媾,理之常也。然从欲而流放,不由义理,则淫邪无所不至,伤身败德,岂人理哉?"(《二程集》第979页)这两段话,说明男女之间的交合是正常的,是天地之常理,是人类自身的延续,如果没有男女之间的交合,就不会有人类的延续。二程从人类自身的延续方面考虑,承认男女之交是正常的和合理的,但他们认为男女之间不能放荡无羁,让淫邪行为无所不至，乃至于伤身败德，这是不合乎人们的伦理道德的。

二程承认男女之交是正常行为，反对佛教的禁欲主义。他们说："佛之所谓世网者，圣人所谓秉彝也。尽去其秉彝，然后为道，佛之所为至教也，而秉彝终不可得而去也。耳闻目见，饮食男女之欲，喜怒哀乐之变，皆其性之自然。今其言曰：'必尽绝是，然后得天真。'吾多见其丧天真矣。"（《二程集》第1180页）佛教所说的世网者，多指社会上的法律、风俗等对人的约束。而儒家则认为这是人的生理特征，是人秉彝，如饮食男女、耳闻目见、喜怒哀乐等都是人性的自然要求，要把这些特征都去掉是不可能的。二程反对佛教的禁欲主义，支持人们正常的男女饮食之欲望，如耳闻目见、喜怒哀乐等正常欲望。佛教要求去掉这些人的正常的生理欲望，是不可能的。这不是去掉天真，而是要去掉人的生理本性，这是绝对做不到的。

除此而外，程颐还承认君民同欲、兴善政的欲望是合理的正常的。他在解释《诗经·无衣》这首诗时说："不与民同欲，故民疾上之为，诗人言为君当与民同欲也。能同袍，则虽寒不怨矣。若推同袍之恩，则民亦同上之欲。"（《二程集》第1061页）若君主不与民同欲，百姓就怀疑君主的行为正不正，若与民穿同样的衣服，百姓就会虽冷而不怨。若君主行王道之兵，百姓就会自动地修好干戈，与君主同仇。兴善政也是君与民共同的愿望。他说："鱼，美好之物，人所欲，兴善政人所思。谁能烹鱼以食人？人将喜而助之。谁能归从周之道？人将乐而与之。"（《二程集》第1063页）鱼是美好的食物，谁能烹鱼满足人的食欲，人们就会高兴地帮助他，谁能复兴周朝的善政，人们就会同你一起干。

二程虽承认人欲的某些合理性，但从理学的整体上看，人欲与天理是对立的。他们认为人欲或私欲都是有害无益的，所以必须从各个方面来限制人欲，甚至消灭私欲。他们消灭私欲的办法有：

首先，以思窒欲。程颐说："甚矣欲之害人也。人之为不善，欲诱之也。诱之而弗知，则至于天理灭而不知反。故目则欲色，耳则欲声，以至鼻则欲香，口则欲味，体则欲安，此皆有以使之也。然则何以窒其欲？曰思而已矣。学莫贵于思，唯思为能窒欲。曾子之三省，窒欲之道也。"（《二程集》第319页）这就是说，人的欲望的产生，是由于耳、目、口、鼻、身等诱惑的结果，这种诱惑可以使天理灭而不知返回，这种欲望害处很大。要消灭这种危害，就要像曾子那样一日三省吾身，以思窒欲。

其次,损欲复理。程颐认为圣人是以宁俭为道德,但由于人欲的肆放,损害了勤俭的道德。他说:"天下之害,无不由末之胜也。峻宇雕墙,本于宫室;酒池肉林,本于饮食;淫酷残忍,本于刑罚;穷兵黩武,本于征讨。凡人欲之过者,皆本于奉养,其流之远,则为害矣。先王制其本者,天理也;后人流于末者,人欲也。损之义,损人欲以复天理而已。"(《二程集》第907页)这就是说,由于奉养,使人欲膨胀,在吃的方面要求越来越高,在住的方面越来越讲究,在刑罚和征讨方面的欲求也越来越高,这些人欲之害,为害很大,所以他提出损人欲以复天理的主张。

最后,灭私欲以明天理。程颐说:"无人欲即皆天理。"(《二程集》第144页)又说:"人心私欲,故危殆。道心天理,故精微。灭私欲则天理明矣。"(《二程集》第312页)这就是说,人欲和私欲的危害很大,必须消灭私欲和人欲,才可以使天理复明。

四、忠孝节义的气节观

忠孝节义问题是二程伦理思想中的一个重要问题,也是二程伦理观中的根本问题。程颐说:"臣闻孝莫大于安亲,忠莫先于爱主,人伦之本,无越于斯。"(《二程集》第527页)这就是说,忠孝问题是处理好君臣、父子、夫妇、兄弟和朋友等五伦关系中的一个关键问题。他又说:"若自节而顺于义,则可以无过。"(《二程集》第1007页)就是说,只要笃志守节,顺于礼义,就可以成为一个没有过错的完人。

(一)忠者爱主

二程认为"为君尽君道,为臣尽臣道,过此则无理"(《二程集》第77页)。这里讲的臣道,就是事君要尽忠,是指下对上而言的。忠的主要内涵是臣对封建国家要尽忠,对君主要爱,要忠君、保君、报君。他们认为只有这样的忠,才是合乎天理的。

忠于社稷,是二程尽忠的首要内容。程颢在《辞西京提刑奏状》中说:"伏自供职已来,每有论列,惟知以忧国爱君为心,不敢以扬己矜众为事。"(《二程集》第458页)这里把忧国爱君作为忠的首要内容。程颐在《为家君应诏上英宗皇帝书》中说:"愿陛下以社稷为心,以生民为念,鉴苟安之弊,思永世之策,赐之省览,察其深诚,万一有毫发之补于圣朝,臣虽被妄言之诛,无所悔恨。"(《二程集》第527页)程颐以汉文帝时的贾谊自比,认为自己提出的安国保民之术,只要皇帝能取一点就满足了。二程以自己的思想和行动,表明忧国爱民的一片忠心。程颢在《祭富韩公文》中说:"惟是爱君忧国之道,极昼夜之拳拳。"(《二程集》第 508 页)程颐在《上仁宗皇帝书》中说:"臣自识事以来,思为国家尽死,未得其路尔。"(《二程集》第 515 页)由此可以看出二程为国尽忠的拳拳之心。他们希望像比干那样为国尽忠。

"忠莫先于爱主",爱主是臣对君主要爱、要忠。程颐在《上太皇太后书》中说:"供职而来,夙夜毕精竭虑,惟欲主上德如尧、舜,异日天下享尧、舜之治,庙社固无穷之基,乃臣之心也。臣本山野之人,禀性朴直,言辞鄙拙则有之矣;至于爱君之心,事君之礼,告君之道,敢有不尽?"(《二程集》第 542 页)从这里可以看出,程颐为了忠于封建王朝,是"夙夜毕精竭虑",提出政治制度和经济制度的改革措施,不管皇帝采用与否,他都为爱主尽了心。程颢在《华阴侯先生墓志铭》一文中说,其舅父侯无可"忠于君不顾其身,古人所难能者,先生安而行之"(《二程集》第 505 页)。

忠君并不是阿谀奉迎。程颢在《辞西京提刑奏状》一文中说:"知人主不当自圣,则未尝为谄谀之言。"(《二程集》第 458 页)程颐也说:"以臣于君言之:竭其忠诚,致其才力,乃显其比君之道也,用之与否;在君而已,不可阿谀奉迎,求其比己也。"(《二程集》第 742 页)他们二人的共同特点是为君致其才力,竭其忠诚,但不能为了要君选用而阿谀奉迎。

忠君是为了报君。程颐说:"古人饮食必祭,食谷必思始耕者,食菜必思始圃者,先王无德不报如此。夫为人臣者,居其位,食其禄,必思何所得爵禄来处,乃得于君也。必思所以报其君,凡勤勤尽忠者,为报君也。"(《二程集》第 264 页)这里讲出了二程要报君的道理。就像吃粮食的要思耕种者一样,吃菜的要思最先种菜的人一样,为臣的从君主那里得到爵禄和地位,不报君是不行的。

忠君是符合天理的。程颢说:"忠者天理,恕者人道。忠者无妄,恕者所以行乎忠也。忠者体,恕者用,大本达道也。"(《二程集》第 124 页)程颐说:"忠,天道也。恕,人事也。忠为体,恕为用。"(《二程集》第 274 页)这样就把忠与天理、天道等同起来,为人臣对君要尽忠是符合天理的,是事物的本来要求,是不可改变的。

(二)孝者安亲

尽孝是为了报答父母的生养之恩,二程认为父母的生身之恩是很大的。程颐在《代彭思永上英宗皇帝论濮王典礼疏》中说:"此天地大义,生人大伦,如乾坤定位,不可得而变易者也。固非人意所能推移,苟乱大伦,人理灭也。""臣以为所生之义,至尊至大。"(《二程集》第 516 页)这就是说,人的出生,就像乾坤定位一样,是不以人的意志为转移的,所以父母的生身之恩是至大至尊的,不可改变的,如果乱了父母的生身大伦,则是人理的灭亡。

对父母尽孝是符合大义的。程颐说:"父母之于子,爱之至也。子不孝,则爱心弛焉。"(《二程集》第 588 页)又说:"至诚一心,尽父子之道,大义也;不忘本宗,尽其恩义,至情也。"(《二程集》第 516 页)这就是说,父母对子女的爱是很大很高的,子女必须对父母尽孝心,对父母的衣食要放在自己的衣食之前。程颐说:"且如闾阎小人,得一食,必先以食父母,夫何故?以父母之口重于己口也。得一衣,必先以衣父母,夫何故?以父母之体重于己之体也。"(《二程集》第 242 页)像衣食这样的事,先让父母用,这是尽孝的表现,是不忘生育之恩,是符合大义的。与孝相联系的是弟,孔子说,事长为弟,对兄长要恭敬。孔子说:"孝弟也者,其仁之本欤?"但二程不同意这个观点。程颐解释说:"行仁自孝弟始。盖孝弟是仁之一事,谓之行仁之本则可,谓之是仁之本则不可。盖仁是性也,孝弟是用也。性中只有仁义礼智四者,几曾有孝弟来?仁主于爱,爱莫大于爱亲。"(《二程集》第 183 页)按照二程的观点,事亲为孝,事兄为弟,也就是说,孝弟只是行仁的一个方面,不是仁的全部内容。仁是行、是体,孝弟是用,两者是体用的关系,不能把仁与孝弟等同起来。仁是爱人,最大的爱是爱其亲,如果连自己的亲人都不能爱的人怎么会去爱别人呢?

二程认为行孝弟的人,"孝其所当孝,弟其所当弟,自是而推之,则亦圣人而已矣"(《二程集》第 318 页)。这就是说,人们只能像舜那样行孝弟,慢慢积累起来,也可以算圣人了。

(三)忠孝两全

自古有忠孝不能两全的话,二程不同意这种说法,认为说忠孝不能两全,是因为他们不懂得忠孝之道。那么二程所说的忠孝两全之道又是什么呢?

首先,忠孝并行不悖。程颐说:"古人谓忠孝不两全,恩义有相夺,非至论也。忠孝,恩义,一理也。不忠则非孝,无恩则无义,并行而不相悖。故或损亲以尽节,或舍君而全孝,惟所当而已。"(《二程集》第 585 页)忠多指君臣之间,恩孝多指父子之间,从理论上说,对君不忠也不是孝子,无父子之恩的人,也难有君臣之义。所以他们认为忠孝、恩义是统一的,忠孝不能两全的说法是不正确的理论。

其次,事父如事君。他们认为"君臣之义,犹父子之恩"(《二程集》第1208页)。事父是事君的前提,在家对父母尽孝的人,在外也必能对君尽忠。程颐说:"人无知愚,靡不知忠孝之为美也,然而不得其道则反害之。故自古为君者,莫不欲孝其亲,而多获不孝之讥;为臣者莫不欲忠其君,而常负不忠之罪。何则?有其心,行之不得其道也。伏惟陛下以至德承洪业,以大孝奉先帝,圣心切至,天下共知。然臣以疏贱,复敢区区冒万死以进其说者,愿陛下以至孝之心尽至孝之道,鉴历古之失为先帝深虑,则天下臣子之心无不慰安。"(《二程集》第527—528页)这就是说,思尽忠而不获尽忠之名,思尽孝而不得尽孝之实,是不懂得行忠孝之道的缘故。在程颐看来,以至德承洪业,就是大孝,以至孝之心行至孝之道,岂不全是大忠吗?

最后,从体用上统一忠孝。程颢说:"忠者天理,恕者人道。忠者无妄,恕者所以行乎忠也。忠者体,恕者用,大本达道也。"(《二程集》第124页)忠者是体,是天理,而恕者是用,是人道。他们说的人道或人伦,"君臣、父子、夫妇、兄弟之类皆是也"(《二程集》第372页)。这就将忠恕一以贯之,从体用统一方面把忠孝结合起来。

(四)立制以节

节是客观存在,他们认为"事既有节",正像一年有四季一样是客观存在。一个水洼之地,盛水是有限的,水太多了,就会溢出,太少了就会干枯,要使这个地方保持一定的水量,使其水既不溢出也不干枯,这就是节。程颐说"节贵适中"(《二程集》第1005页)就是这个意思。

他们提出制节的目的,是防止人欲的横流,伤财害民。程颐说:"圣人立制度以为节,故能不伤财害民。人欲之无穷也,苟非节以制度,则侈肆,至于伤财害民矣。"(《二程集》第1006页)又说:"凡物之大小、轻重、高下、文质,皆有数度,所以为节也。数,多寡。度,法制。议德行者,存诸中为德,发于外为行。人之德行当义则中节。"(《二程集》第1006页)这就是说,人欲是无穷的,必须给以限制,防止人欲横流,伤财害民。这个"数度"即中节,就是无过无不及的中正之节。

节的种类很多,主要是大节(大德)和小节(小德)两类。所谓大节,主要指为国家尽节的行为。程颐在《乞归田里第三状》中说:"臣窃以见善而用,见不善而退,人主黜陟之至公;道合则从,不合则去,儒者进退之大节。黜陟失当,则乱所由生;进退忘义,则道所由废。"(《二程集》第554页)这里讲了儒者进退的大节,是以善为标准,见善而进,见不善而退。人主用人的标准是至公,不能从私欲出发,至公用人是人主的大节。忠以事君,是人臣之大节。程颐在《为家君祭韩康公文》中说:"忠以事君,完始终之大节。"(《二程集》第642页)可见忠君是人臣之大节。在《祭朱公掞文》中说"蹇蹇王臣之节,凛凛循吏之风"(《二程集》第644页),赞扬了朱公掞不避艰难的王臣之大节。

所谓小节,多指个人方面的行为,如保持晚节。程颐在《代富弼上神宗皇帝论永昭陵疏》中提到,富弼自以为"老臣位至三公,年将八十,复何求哉?所保者名节而已"(《二程集》第533页)。程颐在蛊卦中分析士尚守名节的几种人:有怀德不遇而高洁自守者,有知足自保者,有洁介自守、不屑于天下事者,有独洁其身者,等等。这些多属于个人的小节行为。

(五)节合礼义

气节是道德的表现,那么,人们的行为是否合乎节,就只能以礼义来判断。凡是合礼义的,就是正节或中正之节;凡是不合礼义的行为,就是不正之节。程颐说:"有节故有余,止乎礼义者节也。"(《二程集》第130页)又说:"东京士人尚名节,加之以明礼义,则皆贤人之德业矣。"(《二程集》第1202页)这里讲的东京士人尚名节要加上礼义,才可以成贤人的德业。凡是有名节的人必须有礼义,或行或止,必须以礼义来衡量。凡是与礼义一致的就当出则出也;凡是与礼义不一致的,就当止则止也。总之,"若能自节而顺于义,则可以无过"(《二程集》第1007页)。

程颐认为当一个人处于不正之位,失纲则近邪时,应当刚正。"若以刚中之道相合,则可以成节之功。唯其失德失时,是以凶也。""以刚中正为节,如惩忿窒欲,损过抑有余是也。不正之节,如啬节于用,懦节于行是也。"(《二程集》第1007页)这里把惩忿窒欲、损过抑余当中正之节。正与不正都以是否合乎礼义来判断。

程颐认为守节之士有多种,但能称得上义士的有以下几种:

第一,为社稷守节。那些为国家、为社稷承担大任而不畏艰险的人,才是硬脊梁汉子,才算是义士。二程认为周成王时的周公、三国时的诸葛亮等人,在国家危难之际,不怕艰难,为江山社稷勇挑重担,鞠躬尽瘁,死而后已的人,才是大丈夫,是值得学习的榜样。二程反对那些在国家危难之际临阵逃跑的叛卖行为,认为这是最大的失节。

第二,尊上不折节。二程认为作为臣,尊上是应当的。但尊上不能阿谀奉迎,不能折节以尊上。程颐说:"大率浅俗之人,以顺从为爱君,以卑折为尊主,以随俗为知变,以习非为守常,此今日之大患也。"(《二程集》第550页)又说:"人之随于上,而上与之,是得所求也。又凡所求者可得也。虽然,固不可非理枉道以随于上,苟取爱说以遂所求。如此,乃小人邪谄趋利之为也。"(《二程集》第786页)这两段话,把当时的不正之风揭露得很彻底,这些人以顺从为爱君,以卑折为尊主,是非理枉道以随上,其目的不是真正的尊主,而是"小人邪谄趋利"的行为。拍马的人,是为了骑马,这才是拍马人的目的。

第三,守贫贱之乐。二程认为处于贫贱地位的人,要求改变所处的地位是应当的,但必须符合礼义。为了求富而不要道德,是不行的。只有在义理的指导之下,才是正当的,合理的。他们说:"所处于贫贱,虽贫贱未尝不乐,不然,虽富贵亦常歉然不自得。故曰:'莫大于理,莫重于义。'"(《二程集》第1184页)如果人们的习惯不与义理结合,宁守贫贱之乐。程颢的诗曰:"富贵不淫贫贱乐,男儿到此是豪雄。"(《二程集》第482页)这表达了他甘守贫贱之乐的胸怀。

五、敬诚为本的修养观

修养观,是二程伦理思想的方法论。人伦、义利、公私、忠孝、礼义、名节等都离不开修养。只有通过修养,才可以抑恶扬善,去邪归正,树立正确的伦理道德思想。这里我们就修养的含义、气质、德性、正气与度量等问题展开论述,以示其修养观的丰富内容。

(一)颐养之道

二程认为一个人来到人世间,除吃奶不需要学习以外,其他事情无不需要认真地学习,也就是我们常说的修养。不仅一般人要学习修养,而且当权者也同样要学习修养。不学习,就管不好一个地方或国家,至于那些富且贵的人,也需要进行道德修养。如果不进行道德的修养和教育,就会在饱食暖衣之后忘记义理。程颐说:"推养之义,大至于天地养育万物,圣人养贤以及万民,与人之养生、养形、养德、养人,皆颐养之道也。动息节宣,以养生也;饮食衣服,以养形也;威仪行义,以养德也;推己及物,以养人也。"(《二程集》第832—833页)这就是说,修养有多种含义。这里,我们不能全去论述,只能就与道的修养有关的方面展开论述。

二程认为人性本善,所以有善恶现象的出现,因为人的禀气有清浊不同,造成人的智愚之不同。程颐说:"性无不善,而有不善者才也。性即是理,理则自尧、舜至于途人,一也。才禀于气,气有清浊。禀其清者为贤,禀其浊者为愚。"(《二程集》第204页)怎样才可以使禀气浊者也变成智者和贤者呢?他们说"率性而已",率性即循性,以复其本来之善性。他们说:"欲得人家婴儿善,且自小不要引佗,留佗真性,待他自然,亦须完得些本性须别也。"(《二程集》第57页)人性本善,由于外物的引诱,使其不善,从婴儿时起不要引诱他,以保留其真性,就可以使婴儿的善性不失。

对成人来讲,是依靠气来复其正性。他们说:"才有善否,由气禀有偏正也。性则无不善。能养其气以复其正,则才亦无不善矣。"(《二程集》第1257页)他认为由于人的气禀有偏,才不善,如果能养气以归正,则才就可以无不善了;再一个办法,是通过自身的反省,即像曾子那样"吾日三省吾身"。程颐说:"君子之遇艰阻,必反求诸己而益自修。孟子曰:'行有不得者,皆反求诸己。'故遇艰蹇,必自省于身,有失而致之乎?是反身也。"(《二程集》第896页)这就是通过反身自求,即自我反省的方法,以复其真性。还有一种方法,即直养气性,"去性上修,便是直养"(《二程集》第82页)。

程颢说:"德者本也。"(《二程集》第1128页)程颐说:"德盛者,物不能扰而形不能病。形不能病,以物不能扰也。故善学者,临死生而色不变,疾痛惨切而心不动,由养之有素也,非一朝一夕之力也。"(《二程集》第321页)这里不仅说出修养的重要,而且也指出这种修养是一些有道德的人所具备的,因而不要把那些狂妄之徒放在皇帝的左右,这就是环境对道德修养的影响。至于一般人的道德修养,也同样离不开好的社会环境的影响。

一个人的道德修养好与坏,最重要的是要依靠自己的努力。程颢说:"自天子以至于庶人,壹是皆以修身为本。"(《二程集》第1126页)这就是说一个人不管权力大小、地位高低,都要认真地修身养性,提高自己的道德水平。程颐说:"所谓德者得也,须是得于己,然后谓之德也。"(《二程集》第206页)又说:"学问之道无他也,唯其知不善则速改以从善而已。"(《二程集》第820页)这就是说道德水平的提高要依靠自己的努力,而且这种修养是长期的,"如切如磋者,道学也;如琢如磨者,自修也"(《二程集》第1131页)。一个人进行道德修养就像玉石匠人雕刻玉石一样,要经过长期的磨练,才可以成为一个有道德修养的人。

(二)浩然正气

二程认为人是得到天地之正气而生的,不仅与万物不同,而且是最有灵气的动物。既然是得天地中正气而生的人,就应当像孟子说的那样具有浩然之正气。那么,什么是浩然正气?人怎样才能得到浩然正气呢?二程认为浩然正气,就是义与气的结合,如果不能结合,气是气,义是义,就不是浩然之气。程颐说:"配义与道,谓以义理养成此气,合义与道。方其未养,则气自是气、义自是义。及其养成浩然之气,则气与义合矣。""苟不主义,浩然之气从何而生?理只是发而见于外者。"(《二程集》第206页)又说:"气须是养,集义所生。积集既久,方能生浩然气象。"(《二程集》第207页)这就是说,浩然正气,不仅是义与气的结合,而且是以义理养成的,可见浩然正气是不离开义而生的。二程本来不能说义与气的结合,说结合就好像气与义是两物,那么为何又说结合呢?程颐解释说:"浩然之气是集义所生者,既生得此气,语其体则与道合,语其用则莫不是义。"(《二程集》第148页)这就是说,从体用一致的方面来看,浩然之气是义与气的结合。

要树立浩然正气。首先,要立志。因为"志,气之帅"。程颐说:"若论浩然之气,则何者为志?志为之主,乃能生浩然之气"(《二程集》第162页)。就是因为志为主,气为次,志为先,气为后,所以志为主能生浩然之气。再者,只有志生气,才可以生浩然之气。程颐说:"人只为气胜志,故多为气所使。如人少而勇,老而怯,少而廉,老而贪,此为气所使者也。若是志胜气时,志既一定,更不可易。如曾子易箦之际,其气之微可知,只为志已定,故虽死生许大事,亦动他不得。盖有一丝发气在,则志犹在也。"(《二程集》第190—191页)这里讲了志胜气还是气胜志的问题。如果气胜志,就会被气所使;如果志胜气,立志坚定,才可以树立浩然正气。

其次,树立浩然之气,不能有私意。他们说:"气直养而无害,便塞乎天地之间,有少私意,即是气亏。无不义便是集义,有私意便是馁。"(《二程集》第78页)馁本是饥饿,这里当空虚讲。浩然之气,既是义与气的结合,便不能有私意,如果有私意,就会变得空虚。没有私意,是浩然之气的前提。

(三)关于度量

度量,是指一个人胸怀的大小和宽狭的问题。俗话说"宰相肚里能撑船",

说明一个人的度量大,胸怀宽。如以小人之心度君子之腹,说明一个人的胸怀狭小。二程总结了历来关于度量的概念,对涵养度量的情况作了说明。

程颐说:"人量随识长,亦有人识高而量不长者,是识实未至也。大凡别事人都强得,惟识量不可强。今人有斗筲之量,有釜斛之量,有钟鼎之量,有江河之量。江河之量亦大矣,然有涯,有涯亦有时而满,惟天地之量则无满。故圣人者,天地之量也。圣人之量,道也。常人之有量者,天资也。天资有量者,须有限。"(《二程集》第192页)程颐把人的度量分为四种:斗筲之量,一斗是10升,一筲是12升;釜斛之量,一釜是6斗4升,一斛是10斗;钟鼎之量,一钟是一釜,鼎为大;最大的是江河之量。这四种量都是有限的,唯天地之量是无限的。程颐提倡无限之量,要像圣人一样具有天地无限之量。

二程又把人分为圣人和常人。圣人之量,是知道者之量,是无限的;而常人之量,是天生的,是不能超过六尺之躯的量,是有限的。二程列举了宋朝的几位有名的宰相,其度量都是狭小的。宋仁宗时的宰相王随,有"王随德行"之美称,名望甚高。当时的萧端公要求做三路转运使,王随后对堂中人说:"何不以溺自照面,看做得三路运使无?"(《二程集》第407页)可见这位有德行的宰相的度量是狭小的,不容别人提出要求。向敏中是宋真宗时的一位宰相,也号称是有度量的人,却与张齐贤争娶一个女人,"为其有十万囊橐故也"(《二程集》第407页)。这两个宰相虽很有名气,却为一点小事争夺,显得如此无度量。由此可见,常人的度量是有限的,而圣人之度量是无限的,只有向圣人学习,才可以涵养自己的度量。

另外,程颐还认为度量是随着识量而增长的,一般情况下,识量高的人,度量也大。但也有识量高而度量不增长的事,这是"识实未至"的缘故。"取世资,而干利禄,愈不得其门而入矣。今欲使学者蹈中庸,师孔、孟,而禁使不得从颐之学,是入室而不由户也。不亦误乎?"(《二程集》第349页)这就是说,要以孔、孟为师,必须尊重二程兄弟之学行,不然就找不到入圣人之道的方法。据其弟子范祖禹和邢恕的回忆,程颢退职后,居洛阳十余年,与其弟程颐讲学于洛,"士之从学者不绝于馆,有不远千里而至者"(《二程集》第333页)。所以才出现了"先生身益退,位益卑,而名益高于天下"(《二程集》第332页)的局面。

(四)人皆圣贤

二程认为人们修养的最高标准,是以圣人为标准,孟子提出"人皆可以为尧舜"(《孟子·告子下》卷6),程颐也认为"人皆可以至圣人"(《二程集》第318页)。他们不仅提出人皆可以至圣人,还对人能达到圣人的境界以及达到圣人的方法作了探讨。

首先,关于人皆至圣人的可能性问题。程颐认为:"圣人,人也,故不能无忧。"(《二程集》第119页)这就是说,圣人也是人,不是神,圣人也有人的喜怒哀乐之情,圣人能做到的事,一般人经过努力应该也能做到,或者时间长些也能做到。"圣人之所为,人所当为也。"(《二程集》第319页)要达到圣人的境地,要有很足的信心。程颐说:"人之性一也,而世之人皆曰吾何能为圣人,是不自信也。"(《二程集》第318页)这就是说人性都是善的,那种认为"吾何能为圣人"的说法,是缺乏信心的表现。在二程看来只有两种人达不到圣人的境地:一是自暴者,根本不信圣人;二是自弃者,拒绝向圣人学习。这两种人"虽圣人与居,不能化而入也"(《二程集》第956页)。

其次,关于人皆可以为圣人的方法,主要有以下几种:一是尽人道至圣人,人道就是君臣、父子、夫妇和兄弟之道,只要把这四者的关系处理好,道德行为做好,就可以是圣人。例如从孔孟到二程都强调孝悌的重要性,孟子说:"尧舜之道,孝弟而已。"(《孟子·告子下》)程颐接着解释说:"孝其所当孝,弟其所当弟,自是而推之,则亦圣人而已矣。"(《二程集》第318页)这就是说,只要做到孝悌,就可以算是圣人了。二是学可以至圣人。程颐在著名的文章《颜子所好何学论》一文中提出"学以至圣人之道也"(《二程集》第577页)。学习圣人的思想和行为方法,学习圣人经典著作,领会圣人的意思。程颐说:"故善学者,得圣人之意而不取其迹也。"(《二程集》第326页)学习圣人经典著作,主要是领会圣人之用意,而不是去记那些具体的事例。"除是积学既久,能变得气质,则愚必明,柔必强。"(《二程集》第191页)这就是说,通过学习积习久了,就可以引起气质的变化,由愚昧变聪明以至圣人。三是正心养性至圣人。程颐说:"凡学之道,正其心,养其性而已。中正而诚,圣人也。"(《二程集》第577页)这是从人性本善的角度提出问题,因人本善,后来的不善行为,都是物欲所致,正心养性,去掉物欲之弊,就可以复其善性,达到圣人了。四是自强不息至圣人。程颐认为一般人通过学习达到圣人的标准,是世间三件最难的事之一。既然达到圣人的标准很难,那就要脚踏实地,一步一步,一天天不间断修养自己的德性。不能今天读了圣人书,明天就达到圣人的标准,这是不可能的。程颐说:"固是自小以致大，自修身可以至于尽性至命；然其间有多少般数，其所以至之之道当如何？荀子曰：'始乎为士，终乎为圣人。'今之学者须读书，才读书便望为圣人，然中间至之之方，更有多少。"（《二程集》第191页）这里提出一个重要问题，就是把圣人的标准和达到圣人的方法分开，圣人这个标准不能放弃，但要达到圣人的路程是很遥远的，不能今天读了圣人书，明天就可以为圣人，这中间有多少"至之之方"，要从小事做起，慢慢致大。所以他又说："大抵须是自强不息，将来涵养成就到圣人田地，自然气貌改变。"（《二程集》第306页）

（原载《程颢程颐评传》，南京大学出版社2001年4月出版）

二程的教育思想

程颢、程颐是我国北宋时期的教育家,他们常在洛阳从事收徒讲学活动,积累了丰富的教育思想和生动的教学实践经验。在教育活动中认识到教育的重要性,在教学内容和教学方法上有所创新,成就卓著,在中国教育史上产生了深远的影响。

一、以教为本

二程强调以教为本,以兴学校为先务。他们认为北宋有百余年的历史,学校教育不兴,造成了风俗不美,人才奇缺,致使政治上、思想上出现了混乱局面。他们认为学校教育是兴国治邦之本,是养贤育才之地,是移风易俗之所。所以先抓好学校教育,才能治理好那些不良的恶习。

(一)兴国治邦之本

二程认为国家的治理主要依靠人才,而人才的培养主要依靠学校。所以,学校教育的好坏是关系到世之治乱的大问题。程颐在《子衿》诗解中说:"世乱,学校不修,学者弃业,贤者念之而悲伤","世治,则庠序之教行,有法以率之"(《二程集》第1057页)。他们认为夏、商、周三代,所以达到盛治,就是重视学校教育造成的。程颐在《为家君请宇文中允典汉州学书》中说:"窃以生民之道,以教为本。故古者自家党遂至于国,皆有教之之地。民生八年则入于小学,是天下无不教之民也。既天下之人莫不从教,小人修身,君子明道,故贤能群聚于朝,良善成风于下,礼义大行,习俗粹美,刑罚虽设而不犯。此三代盛治由教而致也。"(《二程集》第593页)这里提出以教为本,可见他对教育的重视。这里讲的乡、党、遂,是地区一级的行政组织,据说500家为一党,12500家为一遂。但乡、党、遂是各级行政组织,从家庭教育开始,到各级行政组织都办学校。这样家有私塾,乡有乡学,县有县学,遂有遂学,国有国学,使天下无不教之民。由于人人都得到应有的教育,人才自然也都培养出来了,国家自然也得到了治理。

所以,他们说"三代盛治由教而致也"。

二程在论证教育重要性的同时,也批评了宋兴百余年不重视教育的错误,程颢在《请修学校尊师儒取士札子》中说:"治天下以正风俗、得贤才为本。宋兴百余年,而教化未大醇,人情未尽美,士人微谦退之节,乡闾无廉耻之行,刑虽繁而奸不止,官虽冗而材不足者,此盖学校之不修,师儒之不尊,无以风劝养励之使然耳。窃以去圣久远,师道不立,儒者之学几于废熄,惟朝廷崇尚教育之,则不日而复。"(《二程集》第448页)这段话除说明了学校的重要外,还批评了宋兴百余年不重视学校教育造成了种种恶果:一是政治上人才缺乏,出现了"官虽冗而材不足","刑虽繁而奸不止";二是时风日坏,"而民风日以偷薄,父子兄弟惟知以利相与耳"(《二程集》第1193页);三是思想上造成"儒者之学几于废熄",由于学校教育差,再加上佛学的发展,使儒学的正统地位处于动摇之中。所以,二程希望宋王朝能够"明教化育贤才之意,以学校为先务"(《二程集》第594页)。

(二)养才育贤之地

二程认为国家需要大量的人才,而人才必须从学校培养出来。正如程颢所说,学校以"得贤才为本"。他们认为春秋战国时鲁国的人才众多,不是从天上掉下来的,而是大量地兴办学校得来的。他们的教育如何能使道明于后世呢?二程说:"教之者能知之。学者之众,不患其不明也。鲁国一时贤者之众,非特天授,由学致也。圣人既没,旷千有余岁,求一人如颜、闵不可得。故教不立,学不传,人材不期坏而自坏。"(《二程集》第1193页)程颐解释说,当时的鲁国,只有宋朝的一个州那么大,出大贤十余人,而当今要求一人如颜回和闵子骞也得不到。这没别的原因,就是因为当时的教育不如鲁国。程颢为扶沟县令时,就非常重视学校的发展,"故吾于扶沟,兴设学校,聚邑人子弟教之,亦几成而废"(《二程集》第429页)。这是其弟子杨时的回忆,也就是说程颢为扶沟县令时,虽没有办好学校,但重视教育的思想是应该肯定的。

在二程看来,天下之大,贤才并不缺乏,而当时的宋王朝所以缺乏人才,就是因为未设养贤之地所致。程颢在《论养贤札子》中说:"臣窃以议当代者,皆知得贤则天下治,而未知所以致贤之道也。是虽众论纷然,未极其要,朝廷亦以行之为艰而不为也。三代养贤,必本于学,而德化行焉,治道出焉。"(《二程集》第455页)"秀民不养于学校而人材多废。"(《二程集》第453页)程颢认为当时的人只知道得贤才天下治的道理,而不知道致贤之道,就是不知道培养人才的方法。程颐在《为家君请宇文中允典汉州学书》中说:"虽未能如古之时,比屋人人而教之,可以教为士者矣。诚能教之由士始,使为士者明伦理而安德义,知治乱之道,政化之本,处足以为乡里法,出可以备朝廷用,如是,则虽未能详备如古之教,亦得其大端近古而有渐矣。"(《二程集》第593—594页)这就是说,学校教育发展了,虽不能像古代那样"比屋人人而教之",然而培养的学生知治乱之道,明伦理有道德,如放在乡里可以为效法,如果出来可以为朝廷所用。所以他说"养贤以及万民也"(《二程集》第833页)。

二程认为学校养育贤才,也包括那些致仕之后年老体衰、道德学问高尚的人。程颐说:"古者庠序为养老之地,所养皆眉寿之人;其礼有扶,有杖,有鲠噎之祝,则其羸废可知。盖资其道德模范,岂尚其筋力也哉?"(《二程集》第595—596页)就是说古代的学校就是养老之地,所养的都是长寿之人,有的人要人扶,有的人要靠拐杖走路,并有鲠噎之象,但这些人是在为社会树立一个道德的榜样,而不是依靠他们的体力。

(三)移风易俗之所

二程认为学校不仅是学生学习文化知识的地方,而且也是"明人伦安道德"的场所。经过学校教育的人,可以以其良好的道德模范去影响社会上其他的人,可使不正的社会风俗得到纠正。

二程认为社会上的邪诞妖异之风竞起,妨碍儒家道德原则的贯彻执行。程颐说:"邪诞妖异之说竞起,涂生民之耳目,溺天下于污浊;虽高才明智,胶于见闻,醉生梦死,不自觉也。是皆正路之榛芜,圣门之蔽塞,辟之而可以入道。"(《二程集》第638页)这里说的邪诞妖异之说,具体内容是什么,没有说明,但根据二程的一贯思想来看,主要有这样几个内容:一是正在兴起的佛教思想。他们认为"惟佛学,今则人人谈之,弥漫滔天,其害无涯"(《二程集》第3页)。二是指社会上的不正之风,如只讲名利而不讲义理,只讲私欲而不讲公理,等等。三是指社会上的鬼神迷信。认为这些思想是入圣路上的榛芜和蔽塞,只有清除这些障碍,入圣的路才可以畅通无阻。扫除这些障碍的主要办法,是通过学校教育,使人能够明人伦安德义。学校教育首先要有仁,仁是百善之首,学生们只有先树立仁的观念,才可以抵制上述不正之风。程颐说:"所谓仁者,风移俗易,民归于仁。"(《二程集》第220页)就是说民归于仁,就可以移风易俗。但达到仁的标准,是一个长期积累的过程,经过长期的培养锻炼,社会的人就会达到仁的标准,就可以改变不正之风。

二程认为,改陋习要从士人开始。凡读书之人,统称为士。这就是说,要改变社会上的不正的风俗,要从学校的孩子们开始。程颐说:"窃以朝廷欲厚风教,必自士人始。近世士风薄恶,士人不修行检,或无异于市井小人,朝廷未尝有法以教励检束之也。"(《二程集》第573页)这就是说,在学校学习的人们,应当有礼义、有文化,不能等同于社会上的一般人。过去对士人风俗教育没有明确的规定,今天有了立法,使他们"知朝廷欲厚风教之意,习俗渐化",也使他们有所顾忌,不敢肆无忌惮。凡在校的学生,都应当遵守学校的纪律,不论是举人还是世族子弟都无一例外地执行。学生应当养成孝敬父母的习惯,凡是学生遇到祖父母、父母之丧,学校应当给学生放长假,允许学生奔丧,以尽孝心。当程颢为晋城县令时,以自己的行动来实现自己的诺言。程颐在《明道先生行状》一文中说:"诸乡皆有校。暇时亲至,召父老而与之语;儿童所读书,亲为正句读;教育不善,则为易置。俗始甚野,不知为学。先生择子弟之秀者,聚而教之。去邑才十余年,而服儒服者盖数百人矣。"(《二程集》第632页)这是程颢用自己办学的行动来改变乡间陋习的一个实例。这个县开始风俗甚野,自从程颢在各乡设立学校,找父老谈话,择其子弟优秀者入学,经过十余年的教育,服儒服者增加到数百人,为乡民立科条,辨邪恶,使这个县的风俗大为改变,三年之内,无强盗和斗殴者,可见通过教育可以改变不良的风俗。

在改陋习、正风俗方面,二程虽然在教育上取得了一定的成果,但他们也认识到改变风俗是一长期的变化过程,绝非一朝一夕所能成功的。程颐说:"人之进于贤德,必有其渐,习而后能安,非可陵节而遽至也。在己且然,教化之于人,不以渐,其能入乎?移风易俗,非一朝一夕所能成,故善俗必以渐也。"(《二程集》第974页)也就是说,一个人高尚道德的树立,一个地方风俗的改变,都要有个逐渐的过程,不能超越阶段,急剧而至,一种良好风俗的建立,也要有一个渐变的过程。二程关于改变风俗要有一个渐变的过程的思想,值得我们借鉴。

二、教育内容

二程所说的教育,有十分丰富的内容,《论语·述而》中说"子以四教:文、行、忠、信"(《论语》卷4)。这是孔子教育学生的内容,孔子讲的文,即历代文献,行是社会实践,忠和信是道德修养。二程在教育上继承了孔子的思想,将其发展成为尊师重教、读经明理、教之以德和奖励优秀等四大方面。

(一)尊师重教

教师是学校教育的主导方面,教师质量的高低关系到教育的好坏。所以,二程非常重视学校教师的选择。他们说:"师学不明,虽有受道之质,孰与成之?"(《二程集》第69页)又说:"学者必求师,从师不可不谨也。"(《二程集》第1198页)这说明了教师非常重要,如果教师质量不高,虽有良好的学生,也办不好学校。所以,选择什么样的人当老师,是不可不谨慎小心的。

那么,按照什么标准来选择教师呢?程颢在《请修学校尊师儒取士札子》中提出两个标准,即道德标准和学业标准。他说:"凡有明先王之道,德业充备,足为师表者,其次有笃志好学、材良行修者,皆以名闻。"(《二程集》第448页)又说:"择其学业大明、德义可尊者,为太学之师,次以分教天下之学,始自藩府,至于列郡。""渐自太学及州郡之学,择其道业之成、可为人师者,使教于县之学,如州郡之制。"(《二程集》第448—449页)这里讲的"德业充备""德义可尊",就是指教师的道德标准,可见他们把道德标准作为选择教师的第一个条件。其次是学业标准,这里讲的"笃志好学、材良行修""学业大明"等,就是一个教师的文化水平。德和才相比,二程非常重视教师的道德标准。程颐说:"德盛者,物不能扰而形不能病。"(《二程集》第321页)可见德义的重要。他们认为只有德义高的老师,才可以对学生"诲人不倦",才可以不误后学。

按照他们规定的教师标准,二程认为北宋胡瑗、孙复、张载、邵雍等,就是明先王之道、德义可尊、学业大明的杰出教师的榜样。程颐在《回礼部取问状》中说:"所谓道德之士,不必远引古者,以近时言之。如胡太常瑗、张著作载、邵推官雍之辈,所居之乡,学者不远千里而至,愿一识其面,一闻其言,以为模楷。"(《二程集》第564—565页)据说胡瑗讲《易经》时,外来听讲者多至数千人。孙复在讲《春秋》时,才半个多月,来听讲者不计其数,堂上坐不下,户外立听讲者也无数,数十年间一直传为美谈。程颢在《邵尧夫先生墓志铭》中说邵雍"在洛几三十年,始至蓬荜环堵,不蔽风雨,躬爨以养其父母,居之裕如。讲学于家,未尝强以语人,而就问者日众。乡里化之,远近尊之,士人之道洛者,有不之公府,而必之先生之庐"(《二程集》第503页)。可见邵雍在洛阳也是远近闻名的。宋神宗熙宁二年(1069年)闰十一月,程颢在《乞留张载状》中说:"窃谓载经术德义,久为士人师法,近侍之臣以其学行论荐,故得召对,蒙陛下亲加延问,屡形天奖,中外翕然知陛下崇尚儒学,优礼贤俊,为善之人,孰不知劝? 今朝廷必欲究观其学业,详试其器能,则事固有系教化之本原于政治之大体者,倘使之讲求议论,则足以尽其所至。"(《二程集》第 456 页)他肯定了张载在经术和德义方面久为士人师法,足以说明张载也是最杰出的教师之一。

二程尊师的行为,也为其弟子们树立了榜样,所以,二程的弟子也对其十分尊重,程伯淳曾夸奖程颐说:"异日能尊师道,是二哥。若接引后学,随人才成就之,则不敢让。"(《二程集》第 427 页)这就是说程颐也是尊师道、培养后学、成就人才的好教师。南宋时的胡安国在给宋高宗的《奏状》中说:"士大夫之学,宜以孔、孟为师,庶几言行相称,可济时用。此亦不可易之至论也。然孔、孟之道不传久矣。自颐兄弟始发明之,而后其道可学而至也。不然,则或以《六经》、《语》、《孟》之书资口耳,取世资,而干利禄,愈不得其门而入矣。今欲使学者蹈中庸,师孔、孟,而禁使不得从颐之学,是入室不由户也。不亦误乎?"(《二程集》第 349 页)这就是说要以孔、孟为师,必须尊重二程兄弟的学行,不然就找不到师圣人之道的方法。据弟子范祖禹和邢恕的回忆,程颢退职后居洛阳十余年,与其弟讲学于洛,"士之从学者不绝于馆,有不远千里而至者"(《二程集》第 333 页)。所以才出现了"先生身益退,位益卑,而名益高于天下"(《二程集》第 332 页)的局面。

宋代的国子监设博士为师,程颐建议设博士十人,六人讲六经,其余四人讲《论语》和《孟子》,诸经轮换讲解。过去的博士不管学事,只说考校。程颐建议博士不仅要讲经典,还要参与管理学校。另设通儒之士为国子监的教导官。

(二)读经明理

二程作为新时期儒家思想的代表,是以复兴孔孟之道为己任的。所以他们教育学生的主要内容,是向学生灌输儒家的思想和观点。程颐说:"欲趋道,舍儒者之学不可。"(《二程集》第 187 页)他们不仅这样说,而且在他们的教育实践中也是这样做的。据弟子范祖禹回忆说:"其教人曰:'非孔子之道,不可学也。'"(《二程集》第 334 页)可见他对孔孟之道的重视。

要培养学生的儒家思想,就要教育学生认真地读儒家的经典著作。读儒家的经典著作,就是学习儒家之道。他们说:"如圣人作经,本欲明道。"(《二程集》第 13 页)如果不读儒家的经典,就无法了解儒家之道。同时他们也批评了那种读了儒家的经典以后却不会用的错误做法。"经所以载道也,诵其言辞,解其训诂,而不及道,乃无用之糟粕耳。"(《二程集》第671页)这就批评了那种只会背诵经典、解释经典而不会用的错误做法。

儒家经典既是入圣之道的门户,那么要读哪些儒家经典以及如何读法,二程认为儒家的经典虽多,但主要是应读四书和五经,而且以四书为主,以五经为辅。

首先,要以《论语》《孟子》为重点。程颐说:"学者先须读《论》、《孟》。穷得《论》、《孟》,自有个要约处,以此观他经,甚省力。《论》、《孟》如丈尺权衡相似,以此去量度事物,自然见得长短轻重。某尝语学者,必先看《论语》、《孟子》。今人虽善问,未必如当时人。借使问如当时人,圣人所答,不过如此。今人看《论》、《孟》之书,亦如见孔、孟何异?"(《二程集》第205页)为什么要读《论》《孟》呢?因为《论》《孟》像丈、尺、权、衡一样,是量度事物的一个标准。所以,有了《论》《孟》这个标准,就可以衡量其他事物。所以,他们强调要认真读《论语》和《孟子》,要求学生"句句而求之,昼诵而味之,中夜而思之,平其心,易其气,阙其疑,则圣人之意见矣"(《二程集》第322页)。

其次,读好《中庸》和《大学》。《中庸》和《大学》本是《礼记》中的篇章,汉以来作为小经,与《论语》《孟子》同时流行。北宋时的程颢、程颐单独为《大学》和《中庸》作序并作解,但未分别经传。南宋时的朱熹,作《四书章句注》,认为经是曾子所传孔子的语言,而传则是曾参的门人所传曾参的语言。二程所以重视《大学》一书,是因为"《大学》,圣人之完书也"(《二程集》第311页)。又说:"《大学》,孔子之遗言也。学者由是而学,则不迷于入德之门也。"(《二程集》第1204页)由此可知,《大学》是圣人的遗言,经过其学生曾参的整理后,是传达圣人遗志的完书。强调从天子至庶人皆以修身为本,只有修身齐家,才可以治国平天下,弄清了《大学》的这些道理,才有入德之门。

《中庸》之书,是孔子的弟子子思怕孔子之学失传而整理的书。二程说:"《中庸》之书,决是传圣人之学不杂,子思恐传授渐失,故著此一卷书。"(《二程集》第153页)程颐说:"善读《中庸》者,只得此一卷书,终身用之不尽也。"(《二程集》第174页)这就是说《中庸》这本书阐明了"道也者不可须臾离也"的道理。人们只有按着这个无过无不及的中庸之道前进,才可以终身受益无穷。

最后,以五经为辅。二程言论中的五经,是指《诗经》《易经》《礼记》《春秋》《左传》。除上述五经外,另有《乐经》,后人说《乐经》不算经,所以只是五经。

但在二程的著作中五经和六经并用。不管是五经或六经,他们都以四书为重点,先读《论语》《孟子》后,再读五经。他们说:"于《论》、《孟》二书知其要约所在,则可以观《五经》矣。"(《二程集》第1204页)程颐说:"学者当以《论语》、《孟子》为本。《论语》、《孟子》既治,则《六经》可不治而明矣。"(《二程集》第322页)这就是二程对四书和五经关系的说法,先读四书,后读五经,在四书中又以《论语》和《孟子》为重点。只要掌握了精神实质之后,那么五经就好明白了。

在五经中,程颐又对《春秋》和《易经》下功夫最多。程颐一生中用几十年的时间研究《易经》,包括被贬涪陵时,在极其艰难的情况下,仍然坚持研究《易经》,书不轻易外传。他的弟子尹焞说:"先生践履尽《易》,其作《传》只是因而写成,熟读玩味,即可见矣。""先生平生用意,惟在《易传》,求先生之学者,观此足矣。"(《二程集》第345页)这是说程颐对《易经》研究得最深,著作也很丰富。他的弟子们认为《易经》的研究成果,体现了他的主要思想。学习程颐的思想,只要认真地研究《易经》,就可以明白程颐的主要思想。程颐对《春秋》一书也非常重视。宋徽宗崇宁二年(1103年),他作的《春秋传序》中说:"自秦而下,其学不传。予悼夫圣人之志不明于后世也,故作《传》以明之,俾后之人通其文而求其义,得其意而法其用,则三代可复也。是《传》也,虽未能极圣人之蕴奥,庶几学者得其门而入矣。"(《二程集》第1125页)这就是说,他作《春秋传》虽不能极尽圣人的蕴奥,但可以为学习《春秋》的人提供一把钥匙,使人们利用这个方法深入地研究《春秋》。他说:"学者不观他书,只观《春秋》,亦可尽道。"(《二程集》第157页)可见他对《春秋》的重视。他对五经中的其他经也很注意研究。他对《诗经》《书经》和《礼记》也作了注释,有的书还作了序。他说:"《诗》、《书》、《易》如律,《春秋》如断案;《诗》、《书》、《易》如药方,《春秋》如治方。"(《二程集》第401页)他对五经之间的关系作了如此形象的表述。

(三)教之以德

程颐在《改正大学》中提出"德者本也"(《二程集》第1132页)的思想,可见他是把道德作为人修养的根本。所以二程强调从庶人到天子"壹是皆以修身为本"(《二程集》第1129页),并用《楚书》中"楚国无以为宝,惟善以为宝"(《二程集》第1128页)来说明这个问题。把道德作为个人修养的根本、一个国家的宝藏,以证明他们对道德问题的重视。作为培养人才的学校,要理所当然地把

"教之以德"作为根本。只有加强学生的道德教育和道德培养,使他们打下良好的社会基础,将来才可以从事各种社会工作。

二程也对学校道德教育的内容作了说明。程颢在《请修学校尊师儒取士札子》中说:"其道必本于人伦,明乎物理;其教自小学洒扫应对以往,修其孝悌忠信,周旋礼乐;其所以诱掖激厉渐摩成就之道,皆有节序,其要在于择善修身,至于化成天下,自乡人而可至于圣人之道。"(《二程集》第448页)又说:"庠序之教,先王所以明人伦,化成天下;今师学废而道德不一。"(《二程集》第453页)这里说的修身、明人伦大致是道德教育的规定内容。

关于修身,这是培养学生道德的基础。要从最小的事情洒扫应对做起。这些事情虽小,但经过长期的磨炼之后,可以养成自身的良好道德。二程的这种思想是由孔子的强调自身修养的思想而来的。孔子说:"不能正其身,正人何?""其身正,不令而行;其身不正,虽令不从。"(《论语·子路》)这就是说,要正人只有先正己,自身不正的人,怎么能去教育别人呢?

关于明人伦。这里说的人伦或人道,就是要求在学校的学生要正确认识,初步懂得正确处理君臣之间、父子之间、夫妇之间、兄弟之间及朋友之间的关系和道德行为。他们说忠是君臣之间的道德行为,孝是指子对父母要行孝,悌是兄弟之间的道德行为,信是朋友之间的道德行为。这五伦是道德教育的主要内容,也是学校道德教育的基本内涵。"学本是修德。"(《二程集》第232页)这五伦修养好了,就可以收到"一德立而百善从之"(《二程集》第371页)的效果。

关于培养善心。二程认为人心本善,所以从小养成善心,是指家庭、学校、社会环境的影响。他们说:"教人者,养其善心,则恶自消;治民者,导以敬逊,则争自止。"(《二程集》第1190页)培养学生的善心要"孜孜而为之"。

学生修养的最高标准是以圣人为榜样。程颐说:"圣人者,人伦之至,惟圣人为能尽仁道。"(《二程集》第1143页)他认为圣人在君臣、父子、夫妇、兄弟和朋友这五种关系中的道德水平修养最高,是人伦的标准。所以,作为在学校学习的学生要以圣人为标准。能否达到这个标准呢?二程认为一般人通过道德的修养可以达到圣人的标准。其理由有二:一是圣人也是人,程颢说:"圣人,人也,故不能无忧。"(《二程集》第119页)程颐说:"人之与圣人,类也。"(《二程集》第701页)这就是说,圣人也同一般人一样,有七情六欲,故不能无忧,把圣人从神的地位降到人的地位,圣人不是高不可攀的,一般人通过道德的修养可以达到圣人的标准。二是通过学习和修养,圣人的标准可以达到。程颐说:"人皆可勉而至也。如不可学而至,则古圣人何为教之以勤勤如是?岂其欺后世邪?"(《二程集》第579—580页)人们的道德修养要达到圣人的标准虽然不那么容易,但也不是高不可攀的。努力修养,经过长期的积累可以达到圣人的境界。如果根本达不到,圣人为何教人们勤勤修养呢?难道圣人也要欺骗后人吗?当然不是,圣人所以那样教导,是说通过德的长期修养,一般人是可以达到圣人境界的。提出以圣人为标准,就是提出一个尺度。

(四)奖励优秀

二程认为学生是学校教育的主要对象,如果没有学生就不成为学校了。如果学生的体质不好、智能不高,也就培养不出优秀人才为社会服务。二程是站在统治阶级的立场上考虑学生人选的。程颢说:"择士之愿学、民之俊秀者入学,皆优其廪给而蠲其身役。凡其有父母骨肉之养者,亦通其优游往来,以察其行。"(《二程集》第449页)这就是他选择学生的标准,即让士之愿学者和民之俊秀者入学,给粮食吃,免其身役。同时也通过与学生家长的联系,了解学生的表现。对那些不愿意接受教育的学生,则免去这些优惠条件。

学生的主要来源有两大类:一是国子,即官吏的子弟。"凡公卿大夫之子弟皆入学,在京师者入太学,在外者各入其所在州之学,谓之国子。其有当补荫者,并如旧制,惟不选于学者,不授以职。""凡国子之有官者,中选则增其秩。"(《二程集》第449—450页)这里讲了三种官吏的子弟,一是一般公卿士大夫的子弟;二是补荫之子弟,但这些子弟"惟不选于学者,不授以职";三是有官职的人入学后,可以增加其俸禄。另一类是普通人的子弟,"虽庶人之子,既入学则亦必有养"(《二程集》第166页)。这就是说,他们的学生之中有庶人的子弟,只要他们符合"民之俊秀者"的条件,皆可以入学。

对学生的管理办法是:对学习好的学生,"皆优其廪给而蠲其身役",这就是说,发给他们膳食之费,免其身役;对学习不好的学生,"敕之从役"。凡国子在学校学习七年或在太学学习五年,以及年满30岁以上而学不成者,降为二等。实行推荐制,每年县学可以把那些学明、行修的学生推荐给州郡之学;而州郡之学可以把那些学习好的学生推荐给太学;太学每年又可以把贤者、能者推荐给朝廷。不论是哪一级的学校,所推荐的学生表现不好或能力低下者,除把学生退回原处外,还要追究推荐老师及各级官吏的责任。程颢说:"学荒行亏者,罢归而罪其吏与师。"(《二程集》第 449 页)这就是说,各级官吏和各类老师有其私心,怀奸罔上,一律追究其责任。二程同时提出通过学生家长了解学生表现。程颢说:"凡其有父母骨肉之养者,亦通其优游往来,以察其行。"(《二程集》第 449 页)这就是通过学生家长了解学生的表现。二程对学生提出这些管理办法,不论其实行得如何,能提出这些想法本身就是十分可贵的。

三、教育方法

有了丰富的教育内容,还要有良好的教育方法。若没有良好的教育方法,再好的内容也无法完成。程颢引孟子的话说:"教亦多术矣,予不屑之教诲也,是亦教诲之而已矣。"(《二程集》第 389 页)这里讲的"教亦多术",就是指教育的方法很多,虽不至于按照这种方法去教育人,然教育人,也就必须要有一定的方法。二程在长期的办学实践中积累了一套教育学生的方法。

(一)养正于蒙

这是对幼儿实行教育的一种方法。二程认为幼儿的心灵是善良的、纯正的,要爱护和保护这种天性,就需要一种良好的环境。他们说:"古人自幼学,耳目游处,所见皆善,至长而不见异物,故易以成就。今人自少所见皆不善,才能言便习秽恶,日日消铄,更有甚天理?"(《二程集》第 35 页)这里讲的就是幼儿成长的环境和氛围。他们通过古今人对比的方法,说明古人教育幼儿的环境良好,所以耳目所染皆是善良的东西,长大以后自然也没有坏的习惯。而当时宋朝教育幼儿的环境不好,刚会说话,就染上污秽的言语,时间长了,自然不会成为栋梁之材。至于古人教育的方法,是否真那么好,我们不去理会,但他们强调教育小孩从小就要有一个良好的环境是对的,值得重视,小孩教育从幼儿开始也是对的。

他们认为对幼儿教育要采取防患于未然的方法。他们说:"教人之术,若童牛之牿,当其未能触时,已先制之,善之大者。其次,则豮豕之牙。豕之有牙,既已难制,以百方制之,终不能使之改,惟豮其势,则性自调伏,虽有牙亦不能为害。如有不率教之人,却须置其榎楚,别以道格其心,则不须榎楚,将自化矣。"(《二程集》第 14 页)这是用比喻的方法说明幼儿教育的重要性。童牛头上绑一横木,是防其长大之后触人用的;豕的牙可以咬人,如果在豕小的时候阉割之,长大之后自然不会再咬人。对于不服从教育的人,设一种教具榎楚去笞打他,若自小善于教育,则不需刑具,他也可愿意自己变好。他们又说:"勿谓小儿无记性,所历事皆能不忘。故善养子者,当其婴孩,鞠之使得所养,全其和气,乃至长而性美,教之示以好恶有常。"(《二程集》第57页)二程把这种自幼教育的方法称为养正于蒙。他们认为这种方法不仅能够保留其善性,而且逐步修养之后,可以达到圣人的标准,故曰:"故养正者,圣人也。"(《二程集》第57页)程颐说:"养正于蒙,学之至善也。"(《二程集》第720页)

与幼儿教育有关,二程还提出了胎教的方法。他们说:"古人虽胎教与保傅之教,犹胜今日庠序乡党之教。"(《二程集》第35页)古人认为怀孕七个月的孕妇,她们的言行可以影响胎儿的发育,所以提出胎教。《大戴礼记·保傅》中说:"古者胎教,王后腹七月,而就宴室。"二程虽提出胎教,但他们所说的主要是幼儿的教育,并非胎教之原意。

(二)因材施教

因材施教是二程对孔子教育方法的继承和发展。这就是说,要根据学生的不同特点、性格及年龄的差别等,采取不同的方法进行教育,才能收到不同的效果。具体的措施有以下几点:

第一,育其所长。就是根据学生的特长进行教育,以发挥其所长。程颐说:"孔子教人,各因其材,有以政事入者,有以言语入者,有以德行入者。"(《二程集》第252页)这就是说,孔子是用这种方法培养学生的:冉有、季路善于从事政治事务,就培养他们的从政能力;宰我和子贡善于言辞,就让他们发挥语言方面的优势;颜回和闵子骞善于德行,就培养他们成为德行方面的模范。所以程颐说:"夫教必就人之所长,所长者心之所明也,从其心之所明而入,然后推及其余,孟子所谓成德达才是也。"(《二程集》第848页)就是根据学生的某些特点,就势去培养,可以收到前所未有的效果。

第二,补其所短。这同前一种方法相反,是根据学生所缺少的方面去补其不足,以达到完善的方法。"'中人以上可以语上也;中人以下不可以语上也'。此谓才也。然则中人以下者终于此而已乎?曰:亦有可进之道也。"(《二程集》第107页)又说:"才卑而语之高,安能入也?"(《二程集》第1142页)这里讲的中人以上或中人以下者,都是指人的才能的高低,他们认为只有那些具有中人以上水平的人,才可以向他们讲述高深的道理,而中人以下的人,虽不能向他们讲述高深的道理,但可以向他们讲述他们可以接受的道理,逐步提高,而不能操之过急。

因为人的才能的高低不同,在语言方面也不一样。程颐说:"圣人之语,因人而变化;语虽有浅近处,即却无不包含不尽处。如樊迟于圣门,最是学之浅者,及其问仁,曰'爱人',问知,曰'知人',且看此语有甚包含不尽处?"(《二程集》第176页)这就是说,要根据学生的智力,用学生可以接受的语言向学生讲明道理。像孔子对樊迟的提问,就是用最浅显的语言答道"爱人""知人",语言虽简明,但不等于浅显,而是包含无尽的内容。

第三,年龄不同,教法不同。一个学生在不同的发育阶段,智力的发育也不同,所以教育的方法也各异。幼儿强调环境的教育,要放在良好的家庭环境和社会氛围中进行熏陶。八岁入小学的学生,要进行基本的文化知识和道德训练,使其知道什么可为,什么不可为。十五岁以后入太学,要进行文化知识的训练,加强对更深知识的理解。程颐说:"自十五入学,至四十方仕,中间自有二十五年学,又无利可趋,则所志可知,须去趋善,便自此成德。"(《二程集》第166页)

第四,性格不同,教法各异。因学生刚柔性格的差异,所以要用不同的方法进行教育,使柔者变刚,刚者变温和,使暗者变明,使弱者变强。程颐说:"人有实无学而气盖人者,其气有刚柔也。故强猛者当抑之,畏缩者当充养之。古人佩韦弦之戒,正为此耳。然则刚者易抑,如子路,初虽圣人亦被他陵,后来既知学,便却移其刚来克己甚易。畏缩者气本柔,须索勉强也。"(《二程集》第186页)这就是说,要根据学生刚柔性格的不同,采取不同方法进行教育,才会取得效果。使柔者变刚,使刚者易抑,并以孔子的弟子子路为例说明之。他引用佩韦弦的典故:"西门豹之性急,故佩韦以自缓。董安于之心缓,故佩弦以自急。"(《韩非子·观行》第146页)韦是皮带的意思,佩韦使之柔韧,弦是弓弦,佩弦可以使之紧张。所以西门豹和董安于两种不同性格的人,分别用不同的方法教育之。二程以此例来说明对不同性格的人,要采取不同方法进行教育,才能收到良好的效果。

(三)穷经致用

穷经致用是针对北宋的不正之风三弊而提出的,这三弊即是溺于文章、牵于训诂和惑于异端。"穷经,将以致用也。如'诵《诗》三百,授之以政不达,使于四方,不能专对,虽多亦奚以为?'今世之号为穷经者,果能达于政事专对之间乎?则其所谓穷经者,章句之末耳,此学者之大患也。"(《二程集》第71页)这批评了那种号称穷经者,读了儒家的经典,不会运用儒家的思想、观点去从事政治事务,而只停留在章句考证、文字训诂方面。他们又说:"经所以载道也,器所以适用也。学经而不知道,治器而不适用,奚益哉?"(《二程集》第95页)这就是说,读儒家的经典要知道,治器要为适用。如果读了儒家经典而不知道,正像买器具而不知用一样,是无益处的。

二程认为读儒家经典要达到致用,必须从三个方面来衡量:一是要弄清自己和圣人之间的差距,找到达到圣人之境界的途径。程颐说:"读书者,当观圣人所以作经之意,与圣人所以用心,与圣人所以至圣人,而吾之所以未至者,所以未得者,句句而求之,昼诵而味之,中夜而思之,平其心,易其气,阙其疑,则圣人之意见矣。"(《二程集》第322页)就是说,要弄清圣人作经的意义、用心,圣人所以为圣人,而我们所以未得、未至圣人的原因,要昼夜思考玩味,只有这样才能达到圣人的境界。二是读书要知道历史上的治乱、兴衰、安危的道理。他们的弟子说:"先生每读史到一半,便掩卷思量,料其成败,然后却看有不合处,又更精思,其间多有幸而成,不幸而败。今人只见成者便以为是,败者便以为非,不知成者煞有不是,败者煞有是底。"(《二程集》第258页)又说:"凡读史,不徒要记事迹,须要识治乱安危兴废存亡之理。"(《二程集》第232页)也就是说,读史不仅要看那些具体的历史事件和历史人物,而且要认识到历史上的治乱、安危、兴废、存亡的道理,从中找出规律以为我们借鉴。不要以胜败论英雄,胜者不一定全对,败者也不一定全错。读史书是这样,读儒家经典也要这样。三是通过读儒家经典,使自己的气质变化。他们说:"惟积学明理,既久而气质变焉,则暗者必明,弱者必立矣。"(《二程集》第1187页)这就告诉人们,读圣人书多了,积学久了,就可以使暗者变明,使弱者变强。这样要求虽高,不可能完全做到,但通过儒家经典的学习把自己提高一步是可以的。

(四)循序渐进

二程认为学习是一个由低到高、由近及远、由浅入深的发展过程,所以,学生在学习阶段要循序渐进,教师也应该按照这个顺序来教育学生。他们说:"君子教人有序。先传以小者近者,而后教以大者远者,非是先传以近小,而后不教以远大也。"(《二程集》第102页)就是说老师在教学生时,要从近的、小的、学生容易接受的东西教起,然后再教以高深的和远大的道理。这样做,不是只教小的、浅的,而不教高深的,而是循序渐进。他们又说:"'十有五而志于学,三十而立,四十而不惑',明善之彻矣。圣人不言诚之一节者,言不惑则自诚矣。'五十而知天命',思而知之也。'六十而耳顺',耳者在人之最末者也。至耳而顺,则是不思而得也。然犹滞于迹焉,至于'七十从心所欲不逾矩',则圣人之道终矣。此教之序也。"(《二程集》第 106 页)按照孔子描述自己的成长过程,从十五岁到七十岁,是一个人知识能力逐步积累的过程,也是教育学生循序渐进的过程。

既然教育的方法是循序渐进,那么,既要反对好高骛远,急于求成,也要反对懒惰懈怠,畏缩不进。程颐说:"学欲速不得,然亦不可息。才有欲速之心,便不是学。学是至广大的事,岂可以迫切之心为之?"(《二程集》第 189 页)又说:"驯致渐进也,然此亦大纲说,固是自小以致大,自修身可以至于尽性至命;然其间有多少般数,其所以至之之道当如何?荀子曰:'始乎为士,终乎为圣人。'今人学者须读书,才读书便望为圣贤,然中间至之之方,更有多少。"(《二程集》第 191 页)这两段话都是批评急于求成的。从修身到尽性命,从刚读书到成为圣贤,这中间有多少路程要走?怎么才读书便望成圣贤呢?同时也反对懈怠不努力、畏缩不进的行为。他们说:"莫病于自足,莫罪于自弃。"(《二程集》第 1197 页)学习最怕自足,自足自弃就不能前进。有人问程颐,有些人感到学习艰难,就停止学习怎么办,程颐说:"有两般:有思虑苦而志气倦怠者,有惮其难而止者。向尝为之说:今人之学,如登山麓,方其易处,莫不阔步,及到难处便止,人情是如此。山高难登,是有定形,实难登也;圣人之道,不可形象,非实难然也,人弗为耳。"(《二程集》第 193 页)他们以登山来比喻学习,山高路远固是事实,然而山再高,路再远,也不是不能登攀,而是人见山高路远,就畏难不进,只要有决心,再高的山,再远的路也可以到达,学习上再困难的事也能克服的。

(五)由博及约

二程认为一个人的学问,一般是在多闻多识的基础上,才能掌握精要。当学生问程颐"博我以文,约我以礼"时,程颐说:"此是颜子称圣人最切当处。圣人教人,只是如此,既博之以文,而后约之以礼,所谓'博学而详说之,将以反说约也'。博与约相对。圣人教人,只此两字。博是博学多识,多闻多见之谓。约只是使之知要也。"(《二程集》第 209 页)程颐在这里讲的博与约的含义以及两者之间的相互关系,是其在教育史上的贡献。他认为博是多闻多见,多识前言往行,即强调学问的广阔性,正如他所说"学是至广大的事",不可小看了它。而约是知要,即掌握要点,即达到精要。博和约是相对的,是可以相互转化的。在博的基础上可以达到精要,反而进一步发展博。程颐在这里只讲了由博到约的问题,强调了博的重要性,但也不是说越博越好,他又说:"学不贵博,贵于正而已矣。言不贵多,贵于当而已矣。"(《二程集》第321页)这里讲的正,就是多闻多见但不杂乱无章,可见博是儒家经典范围内的博,而不能超出这个范围。所以他提出博约在正的基础上才能掌握精要。

(六)愤悱而发

愤悱而发是孔子的教育方法。他说:"不愤不启,不悱不发。举一隅不以三隅反,则不复也。"(《论语·述而》)愤是心求通而未得,悱是口欲言而未说出的样子。也就是说,不到他求明白而求之不得的时候,不到口欲言而说不出的时候,不去教育他们,被人们称为启发式教育方法。二程继承了这种方法。程颐说:"孔子教人,'不愤不启,不悱不发'。盖不待愤悱而发,则知之不固,待愤悱而后发,则沛然矣。学者须是深思之。思而不得,然后为佗说,便好。初学者,须是且为佗说,不然非独佗不晓,亦止人好问之心也。"(《二程集》第208页)又说:"学要在自得。古人教人,唯指其非,故曰:'举一隅不以三隅反,则不复也。'言三隅,举其近。若夫'告诸往而知来者',则其知已远矣。"(《二程集》第122页)这两段话,说明二程继承了这种方法,不仅强调这种方法的重要,而且强调深思和自得。

这里讲的深思和自得,都是经过思考以后而得到的一种知识和道理。程颐说:"学莫贵于思,唯思为能窒欲。"(《二程集》第319页)又说:"为学之道,必本于思,思则得之,不思则不得也。"(《二程集》第324页)这里讲的思,就是思考。经过思考之后,就能去掉私心杂念,得到清醒的认识。就像掘井一样,开始是浑水,然后才能是清水,为人们所用。曾子说的"吾日三省吾身",也就是说经过思考以后,才能使修养提高一步。经过思虑之后,"大抵只是一个明理"(《二程集》第296页)。二程认为经过这种深思之后,才可以"默识心通",才可以收到"举一反三""闻一知十"的效果。这是经过启发式教育之后得到的收获。

二程采取多种方法教育学生,就是为了培养一些有独到见解的人,不是培养人云亦云的人。他说:"学者于圣人无卓然之独见,则是闻人之言云耳,因曰亦云耳而已。"(《二程集》第1195页)又说:"君子之独见,非众人所能及也。"(《二程集》第1231页)这种既非人云亦云,也非众人所及的见解是什么呢?他们说:"思索经义,不能于简策之外脱然有独见,资之何由深?居之何由安?非特误己,亦且误人也。"(《二程集》第 1186 页)简策,这里可作为书本讲,就是说,思索经义要在书本之外有脱然独立的见解,不然的话,只从书本上说来说去,不仅害自己,而且也害别人。

二程认为汉代以来,最有独立见解的人是汉朝的董仲舒、唐朝的韩愈和宋朝的张载等人。汉武帝时的董仲舒提出"罢黜百家,独尊儒术","正其谊不谋其利,明其道不计其功"的主张,是"董子所以度越诸子"的地方。韩愈是唐朝豪杰之士,他的《原道》"言语虽有病,然自孟子而后,能将许大见识寻求者,才见此人"(《二程集》第 5 页)。至于张载,与二程处于同一时代,二程极其称赞《西铭》,认为此文"意极完备,乃仁之体也"(《二程集》第 15 页)。又说:"横渠道尽高,言尽醇,自孟子后儒者,都无佗见识。"(《二程集》第 196 页)由此看来,二程认为最有独到见解的人就是董仲舒、韩愈、张载等人,因为他们能发前圣所未发,培养学生的独立见解,当然要以这些人为标准去奋斗了。

(七)穷追善问

善问是孔子思想中常使用的一种方法,二程在他们的教育实践中也继承了这一方法。他们认为学问,必须是有问才能谓之学,不问就不称其为学。程颐说:"不问故不知。"(《二程集》第 327 页)就是说,不问不知,但一问便知。思考固然重要,但仅思考不去问,还是要劳神的。程颐说:"学不思则无得,力索而不问学则劳殆。"(《二程集》第 1135 页)这也说明仅仅上下求索,而不去问,同样得不到牢固的知识。

如何做到善问呢?二程根据孔子的教导,继承了每事问、不耻下问、切问而近思和穷追到底的方法。

孔子提出"每事问",广而言之,就是对每件事都要仔细打听,才可以得到知识。程颐说:孔子"如问礼于老聃,访官名于郯子,何害于孔子?礼文官名,既欲知旧物,又不可凿空撰得出,须是问他先知者始得"(《二程集》第 152 页)。二程认为礼文官名这些旧物,不可能凭空杜撰出来,必须向那些知道的先人们求知,才可以得到。孔子向老子、郯子问礼问官名,并不妨碍孔子为圣人。程颐的学生谢用休问其师,像祭祀,对孔子来说不会不知道,为什么还要"入太庙,每事问"呢?程颐说:"虽知亦问,敬谨之至。"(《二程集》第 286 页)孔子虽知祭祀之礼,入太庙还要问具体管礼的人,可见孔子的谨慎。而且"以能问不能,以多问寡"(《二程集》第 324 页),这也是他求知的一个重要方法。

不耻下问,也是求知的一个重要方法。如果没有不耻下问的决心和行动,永远不能得到知识。"子贡问曰:'孔文子何以谓之文也?'子曰:'敏而好学,不耻下问,是以谓之文也。'"(《论语·公冶长》)这里讲的孔文子就是卫国的大夫孔圉,死后谥文子。二程说:"耻不知而不问,终于不知而已。以为不知而必求之,终能知之矣。"(《二程集》第1199页)明明不知道,而不愿意下问,永远是不知,如果知道自己不知的事,而努力去求之,不耻下问,终是知也。

孔子的弟子子夏说:"博学而笃志,切问而近思,仁在其中矣。"(《论语·子张》)这就是说,广泛地学习,有坚定的意志,恳切地发问,多就近处的事思考,仁就在其中了。程颢解释说:"学者要思得之,了此,便是彻上彻下之道。"(《二程集》第140页)又说:"学要在敬也、诚也,中间便有个仁。"(《二程集》第141页)切问近思的要点,是诚和敬,而诚、敬本身就是仁的内容。这是求仁的方法,也是学习的重要方法。程颐解释说,近思,就是"以类而推"(《二程集》第283页)。因为仁是百善之首,了解学道,自然也就可以推类到仁了。

二程特别喜欢孔子弟子子贡穷追善问的方法。程颐说:"孔子弟子善问,直穷到底。如问'乡人皆好之何如?'曰:'未可也',便又问'乡人皆恶之何如?'又说'足食足兵,民信之矣',便问'必不得已而去,于斯三者何先?'才说'去兵',便问'不得已而去,于斯二者何先?'自非圣人不能答,便云'去食,自古皆有死,民无信不立',不是孔子弟子不能如此问,不是圣人不能如此答。"(《二程集》第254页)子贡问,如果一个人,全乡人都说好,怎么办?如果都说不好,又怎么办?孔子认为,若是全乡的好人都说他好,全乡的坏人都说他不好,那么这个人就是一个优秀的人才。子贡又问为政的方法,孔子讲了"足食,足兵,民之信矣"。子贡一再追问不得已而去之,于斯三者中何者为先?孔子讲了去兵去食,只有百姓对政府的信任这一条不能去掉。像这样穷追到底的方法,可以使学生学的知识更牢固。所以二程特别赞成这种方法。

(八)默识心通

这里讲的是经过思虑加工后而得到知识的一种方法。程颐说:"大凡学问,闻之知之,皆不为得。得者,须默识心通。"(《二程集》第178页)这里讲的"默识心通",就是经过加工以后而得到的一种知识。程颐说:"致知者,此则在学者自加功也。"(《二程集》第170页)他们讲的这种自加功就像人们掘井一样,开始是浑水,后来是清水。人们对一种事物的认识,开始是混乱不清,经过自加功后,就分清了是非,由混浊而变成明快和清楚了。

如何做到默识心通呢?根据二程的言论,大致有三种方法:一是深思的方法。程颐说:"为学之道,必本于思,思则得之,不思则不得也。"(《二程集》第324页)又说:"不深思则不能造于道,不深思而得者,其得易失。"(《二程集》第324页)这里讲的思和深思,都是思想的"自加功",经过这种"自加功"之后,分清是非,所以知识牢固而不易失去。二是善思的方法。程颐说:"学而善思,然后可与适道;思而有所得,则可与立;立而化之,则可与权。"(《二程集》第322页)善于思虑的人,必须达到"事理一致,显微一致"。这样就适合圣人之道。这种人可以自立,也可以给予一定的权力。三是明理的方法。默识心通,即认真的思考,就是为了明理。明理要经过深思才可以得到。邵伯温问程颐说:"如何可以自得?"程颐说:"思。'思曰睿,睿作圣',须是于思虑间得之,大抵只是一个明理。"(《二程集》第296页)经过"自加功"后,得到的就是明理。

(九)立志于学

孔子在讲自己的学习体会时,提出立志于学。二程不仅继承了这种精神,并在他们的教学活动中得到体现。程颐说:"子曰:'吾十有五而志于学',圣人言己由学而至,所以勉进后人也。"(《二程集》第1135页)他们认为对于个人来说,立志是非常重要的。一个普通人没有志气,就搞不好自身修养。程颐说:"夫以一夫之身,立志不笃,则不能自修也。"(《二程集》第521页)这告诉我们普通人立志的重要。学习对一个学生来说,就好像一个农民不会耕地就无法生活一样重要。程颐说:"士之于学也,犹农夫之耕。农夫不耕则无所食,无所食则不得生。士之于学也,岂可一日舍哉?"(《二程集》第189页)一个学生要立志于学,学习是一日也不可少的。对于一国之主的皇帝来说,不立志就治理不了国家。程颐认为治国之道有立志、责任和求贤三大项,这三项之中,最根本的是立志。程颐说:"三者之中,复以立志为本。君志立而天下治矣。"(《二程集》第521页)可见立志是根本。他们还以种树作比喻,"立志则有本。譬之艺木,由毫末拱把,至于合抱而干云者,有本故也"(《二程集》第1186页)。种一棵树,把根栽好,就可以根深叶茂,就可以由毫末拱抱入云了。

立志的内容是明道和成圣。程颐说:"言学便以道为志,言人便以圣为志。"(《二程集》第189页)这就是对这两方面内容的说明。

言学以道为志,就是以儒家之道作为追求目标。孔子说的"三十而立",也就是立于儒家之道上。这个道,就是仁义之道。二程说:"夫学者必志于大道,以圣人自期,而犹有不至者焉。"(《二程集》第1190页)这就是说,一个人只要立志于孔孟之道,以圣人为目标,就没有达不到的。

二程还认为"有求为圣人之志,然后可与共学"(《二程集》第322页)。如果不立志为圣人,而是热衷于名利的追求,就无法共学,只有以圣人为目标的人,才可以与之共学。程颐认为要达到圣人的境界,要经过长期的努力。他说:"养形而至于长生,学而至于圣人。"(《二程集》第291页)这就是说,要锻炼身体,使之长寿。长期学习圣人的人,也可以达到圣人的地步。

二程虽然提倡人们通过学习而达到圣人的境界,但这个过程是漫长的。他们说:"学者所见所期,不可不远且大也。及夫施于用,则必有其渐。"(《二程集》第1193页)这就是说,要把一生的努力目标和自己的实际行动目标分开,目标远大可以,但是"施于用,则必有其渐",不要幻想一夜之间可以成为圣人。所以学可以至圣人,决非一朝一夕之功。虽非短期之功,但是经过长期的努力,圣人还是可以达到的,圣人也是人,他的行为同样是可以学会的。

教育的方法是很重要的,它的重要性在于它是完成教育任务的手段。如果教育方法不好或不当,再好的教育任务也难完成。我们这里详细地论证了二程的教育方法,目的是启迪人们重视教育方法的研究。

(原载《程颢程颐评传》,南京大学出版社2001年4月出版)

二程的崇儒重道思想

程颢、程颐两兄弟,是我国北宋时期的哲学家和政治家。他们在建立理学体系的过程中,提出崇儒重道,试图从理或天理的高度来论证封建主义制度、伦理道德的"永恒性"和"合理性",对北宋以后的社会产生了很大的影响。今天,我们对其崇儒重道思想进行剖析,对进一步肃清封建主义思想残余思想仍有积极意义。

一、二程提出崇儒重道思想的原因

从孔子创立儒家学派以来,经过汉代董仲舒的"独尊儒术",到二程从事政治活动为止,大约已有一千多年的历史了。二程为什么还要提出崇儒重道的思想呢?

第一,是巩固北宋政治统治的需要。北宋王朝建立中央集权制的封建政权,结束了五代十国以来的混乱局面。为了巩固这个封建政权,就需要一个为它服务的思想武器,这个武器就是汉武帝以来的儒家学说。宋代开国以来的几个皇帝都非常重视儒家思想。宋太祖请王朝素在殿上讲《易经》,并命宰相赵普多读儒家之书。赵普每归私第常关门读书至深夜,号称"半部《论语》治天下"。宋真宗提倡尊孔读经,景德元年(1004年)下诏修葺历代圣贤陵墓;大中祥符元年(1008年)十一月,亲自朝拜孔庙,加谥孔子为"至圣文宣王";大中祥符二年(1009年)又下诏书说:"读非圣之书及属辞浮靡者,皆严谴之。"(《宋史·本纪第七》卷7)大中祥符五年(1012年)写《崇儒术论》。宋仁宗时经常请儒师讲《论语》。其在位41年,历任宰相多为儒者。宋王朝的这些尊儒的活动为二程崇儒重道活动开辟了道路。

二程从事政治活动时的北宋王朝,表面上看来貌似强大,实际上内部十分虚弱。宋王朝的官僚机构庞大,冗员增多,军队由于缺乏训练不善作战。土地兼并现象十分严重,全国半数以上的土地被豪强占领,有的官员占地700顷,甚至千顷以上。程颢在《论十事札子》中说："富者跨州县而莫之止,贫者流离饿殍而莫之恤。"(《二程集》第453页)阶级矛盾与民族矛盾日益尖锐,外敌不断入侵,内部百姓"愁怨之气上冲于天"。农民不断起义,冲击宋王朝。程颐在皇祐二年(1050年)写的《上仁宗皇帝书》中说:"方今之势,诚何异于抱火厝之积薪之下而寝其上,火未及燃,因谓之安者乎?"(《二程集》第511页)这十分形象地说明宋王朝在政治上和经济上所面临的危机。

第二,是加强思想统治的需要。到了宋代,儒学面临危机,正像程颢所叹息的那样:"儒者之学几于废熄。"(《二程集》第448页)随着佛教的传入,不仅封建官僚们为寻求"防民之术"热心支持佛教,而且"儒者其卒必入异教,其志非愿也,其势自然如此"(《二程集》第155页),成为当时一种不可抗拒的潮流。程颐说"邪诞妖异之说竞起",主要指当时影响较大的王安石新学和佛学。佛学,严重动摇了儒家的统治地位。正如他们所说:"惟佛学,今则人人谈之,弥漫滔天,其害无涯。"(《二程集》第3页)他们像韩愈一样,认为佛教最大的害处是违反了儒家的三纲五常的伦理道德。程颐说:"释氏自己不为君臣父子夫妇之道,而谓他人不能如是,容人为之而己不为,别做一等人,若以此率人,是绝类也。"(《二程集》第149页)于是二程要以宋代的官方哲学(理学)来代替,说什么"惟当自明吾理,吾理自立,则彼不必与争"(《二程集》第38页)。

二程虽认为佛教不好,但是他们感到最坏的是王安石新学。他们说:"如介甫之学,佗便只是去人主心术处加功,故今日靡然而同,无有异者,所谓一正君而国定也。此学极有害。以介甫才辩,遽施之学者,谁能出其右? 始则且以利而从其说,久而遂安其学。今天下之新法害事处,但只消一日除了便没事。其学化革了人心,为害最甚。"(《二程集》第50页)从这段话可以看出,他们最害怕王安石新学的原因有三:第一,王安石新学专去人主心术处加功,就是把皇帝的思想工作做通了,就出现了"一正君而国定"的可怕局面;第二,王安石的能力很大,能使很多学者跟着他跑;第三,王安石的新学化改了人心,成为一种风气,不能不使他们感到害怕,所以他们狂叫"大患者却是介甫之学"(《二程集》第38页)。

王安石变法时,被贬官的守旧派人物司马光、文彦博、富弼、吕公著等人,退居洛阳后,形成了以司马光为首的守旧派。《宋史》称司马光"居洛阳十五年,天下以为真宰相"。程颐当时虽没有做官,但与这些守旧派人物往来密切。实际上已成为他们的座上客和谋士,常为吕公著和富弼等人代写奏疏。当吕公著为宰相时,"凡事有疑,必质于伊川"(《二程集》第416页)。王安石变法失败后,守旧派人物一上台,就把程颐推出来,司马光和吕公著向皇帝推荐说程颐是"真儒者之高蹈,圣世之遗民"。

二程以孔孟之道的当然继承者自居,以兴起孔孟之道为己任。在宋神宗元丰八年(1085年),程颐为其兄写的碑文中说:"道之不明也久矣。先生出,倡圣学以示人,辨异端,辟邪说,开历古之沉迷,圣人之道得先生而后明,为功大矣。"(《二程集》第640页)这样就把儒家思想抬到空前的地位,借以加强思想统治。

二、二程崇儒重道的主要内容

在二程的著作中,多次提到崇儒重道的内容。程颢在宋神宗熙宁二年(1069年)闰十一月,提出"崇尚儒学"。他在《论经筵第三札子》《再辞免状》《又上太皇太后疏》等奏疏中多次提到崇儒重道的重要性。根据他们的主要著作和言论。崇儒重道的主要内容如下:

一是师圣人之言,法先王之治。二程认为拜孔子为师,效法夏、商、周三代之治,是巩固和加强北宋王朝统治的主要法宝,是治理北宋王朝深沉固结之弊的长治久安之计。程颢说:"三代之治,顺理者也。"(《二程集》第127页)这里说的理,即为天理。二程所谓的"天理"有两层意思:一是指至高无上的理,"理则极高明"(《二程集》第119页)。就是说,这种理不为尧存,不为桀亡。它是百理具备,无所不在、无时不在的放之四海而皆准的真理。这个天理,是万物之源,"万事皆出于理"。天理的另一层意思,是万物的一种本能。所谓"物有自得天理者",如鸟类会造巢,蜜蜂、蚂蚁知卫其君,豺獭知祭祀,人生下来会吃奶等,都是不学而会的先天之本能。上述两层意思合起来,就是二程根据先王之道体贴出来的"天理"。用这种观点去观察当时的事物和社会制度,就形成了二程的天理观。他们认为封建的等级制度、伦理道德、君子和小人等,都是天生的不可改变的。程颢说:"夫天之生物也,有长有短,有大有小。君子得其大矣,安可使小者也大乎?天理如此,岂可逆哉?"(《二程集》第125页)其次,二程认为儒家之道,就是治天下之道。皇祐二年(1050年),程颐在《上仁宗皇帝书》中说:"治天下之道,莫非五帝、三王、周公、孔子治天下之道也。"(《二程集》第513页)这就是说治天下之道,就是儒家之道。实现儒家之道,就要学习儒家的经典。二程认为《论语》《孟子》《大学》《中庸》等都是极高明的"圣人之完书",是权衡事物长短、大小、轻重的一个标准。程颐在教育学生时,是非孔孟之道不教,不学。

他说:"欲趋道,舍儒者之学不可。"(《二程集》第187页)

二是复古守旧,反对变革。二程针对王安石变法,主张法先王。他们攻击新法是"害民之法""大乱之道"。"新法之初,首为异端"的是程颢,他在任监察御史的短短几个月中,连续不断地上疏攻击新法。他自己供认"近累上言"。在《谏新法疏》和《再上疏》中指责王安石"一二小臣,实与大计,用贱陵贵,以邪妨正者乎"(《二程集》第458页)。除此以外,还在皇帝面前直接攻击王安石本身,说他作为辅弼之臣,没有周公的盛德,只用小人,不用君子,等等。他们争论的焦点,是要不要复古的问题。王安石明确表示"后世不可复"(《王临川集》卷12第60页)和"祖宗不足法"的主张。二程坚持固守祖宗之法。程颢说:"若三代之治,后世决可复。不以三代为治者,终苟道也。"(《二程集》第129页)程颢说不守先王之道是后代的罪过。他们认为"若孔子所立之法,乃通万世不易之法"(《二程集》第174页),斥责王安石变法是"塞进善之门,绝稽古之路"(《二程集》第552页)。王安石认为对于先王之道,要看形势和人情的变化,圣人比别人高明的地方,不在于一切复古守旧,而是"贵乎权时之变也"(《王临川集》卷67第424页),并说那些要把一切都归于古代的人,"非愚则巫",是"天下之大害"。程颐针对王安石的变法指出:"王道之不行二千年矣。后之愚者,皆云时异事变,不可复行,此则无知之深也。"(《二程集》第514页)究竟谁是愚者呢?历史已经作了回答,真正的聪明人,不是复古守旧的人,而是站在时代潮流前面的改革者。

三是三纲五常,等级观念。三纲五常是孔孟之道的主要内容,也是二程崇儒重道的核心。程颐说:"纪纲正而天下治","纪纲废而天下乱;治乱之因,未有不由是也"(《二程集》第510页)。他们还说:"父子君臣,天下之定理。"(《二程集》第77页)在他们看来,三纲五常是至高无上的,人们只能在三纲五常的范围内,安分守己,不能越雷池一步,否则就是大逆不道,天下会大乱。

二程认为,把君为臣纲作为三纲之首,是合乎"上下之分,尊卑之义,理之当也,礼之本也"(《二程集》第749页)。皇帝是一国之主,是体现天理的,治理万邦的最高统治者,天下的一切都归皇帝一人所有。臣对君必须忠,"忠者天理"(《二程集》第124页),"忠莫先于爱主"(《二程集》第527页)。二程对皇帝确是披肝沥胆,一片忠心。程颐的学生游酢说:"先生虽不用,而未尝一日忘朝廷。"(《二程集》第336页)父为子纲,就是儿女对父母要孝。兄要爱弟,弟要敬兄,就是孝悌。这就是为仁之本。"孝莫大于安亲。"(《二程集》第 527 页)上自皇帝,下至普通的庶民百姓,都要尽孝道,并认为事父是尽忠的前提,在家尽孝的人,在外也能尽忠。夫为妻纲,就是说女人是男人的附属品,在家男尊女卑,是夫妇居室之常道。看一个家庭正不正,就看女人正不正。女人正,家庭就正。二程认为丈夫死了,女人也不能改嫁,他提出"饿死事极小,失节事极大"(《二程集》第 301 页)。寡妇不能改嫁对以后的封建社会产生了极坏的影响,不知害死了多少善良的妇女,所谓"以理杀人者",盖出于此。程颐以治家推论到治国。程颐说:"父子兄弟夫妇各得其道,则家道正矣。推一家之道,可以及天下,故家正则天下定矣。"(《二程集》第 885 页)他们强调正心、正身、正家、正朝廷百官,至治理天下,这就是他们维护封建秩序的逻辑。

五常,就是仁、义、礼、智、信。他们说:"仁、义、礼、智、信五者,性也。仁者,全体;四者,四支。"(《二程集》第 14 页)这四者虽然并提,但并不一样轻重。仁是全体,是百善之首,是统率义、礼、智、信的,其余四者是部分。义仅次于仁,仁义连在一起,就是立人之道。皇帝的仁义行得好坏,是关系到一个国家治乱的大问题。二程对礼也非常重视,程颐把《论语》的"非礼勿视,非礼勿听,非礼勿言,非礼勿动"四句话当作四箴,并写了序言,是因为圣人教人之道,"大抵使之循礼法而已"(《二程集》第 211 页)。二程反复强调礼制,就是要把封建的等级制度永远地固定下来,成为束缚人们的枷锁。

二程宣扬三纲五常的目的,不仅对上要忠君、报君,而且对下要治民,以巩固封建统治。在二程的著作和言论中,有不少保民、安民和爱民的话,其目的不过是从爱民出发,达到治民的目的。这正是二程宣扬崇儒重道的目的所在。

三、二程实现崇儒重道的设想

二程不仅提出崇儒重道的思想,而且还提出了实现崇儒重道的设想。这就是立志、责任和求贤。程颐在代其父写的《为家君应诏上英宗皇帝书》中对这三者作了详细的论述,并说这三者应以立志为主。

所谓立志,就是说皇帝要立好古求治,坚信先王之道必实现于宋代的志。程颐给皇帝的上疏中,多次强调崇儒重道是皇帝至大至急的事,是长治久安之计。只要作为一国之主的皇帝尊儒重道,民志就可以定矣,民志定,天下治。

所谓责任,就是说,天下之大,事情之多,皇帝一人是治理不了的,要选一个好的宰相作为皇帝的助手,扶助皇帝治理天下。程颐说商高宗未得傅说为相前,默默无闻,得傅说之后,如鱼得水,大不一样。所以选择什么样的人为相,必须慎重,否则就治理不了天下。

求贤,就是说要选拔治理国家的人才。他们说:"善言治者,必以成就人才为急务。人才不足,虽有良法,无与行之矣。"(《二程集》第 1210 页)程颐认为天下之治,由于得贤,天下之不治,由于失贤。所以他对选拔儒家之才的重要大声疾呼。

那么按照什么标准选拔儒家人才呢?程颢提出一个标准。他说:"皆以性行端洁,居家孝悌,有廉耻礼逊,通明学业,晓达治道者。"(《二程集》第 449 页)这里说的标准,用通俗的话说,就是道德好,学业精通,晓得治理封建国家的道理,有治理封建国家的能力。只要合乎这个标准,就可以推荐出来。

用什么方法选拔儒家人才呢?第一,皇帝要有求贤的决心和行动。程颐说:"陛下诚能专心致志,孜孜不倦,以求贤为事,常恐天下有遗弃之才,朝廷之上,推贤援能者登进之,蔽贤自任者疏远之,自然天下向风。"(《二程集》第 526 页)要选人就要知人,程颐引《尚书·皋陶谟》中的"在知人"的话,说明不用非常之举,就不能"知其才而取之"(《二程集》第 525 页)。第二,要依靠公卿大臣荐贤援能。要依靠各州县的官吏悉心推访,就可以求得天下之贤。第三,要依靠科举选人才。太学每年向上推荐一次人才,处于郡县的学校每三年向上推荐一次人才。其学行超卓,众所信服者,虽未处学或处学不久,也要推荐出来。皇帝对太学推荐的人才,要"问之经以考其言,试之职以观其材,然后辨论其等差而命之秩"(《二程集》第 449 页)。第四,要重视学校教育。程颢认为古代贤才多,就是因为重视学校教育。宋兴百余年,教化不谆,人情不美,"刑虽烦而奸不止,官虽冗而才不足",就是因为学校教育未搞好。要搞好学校教育,就要选好教师,对那些才良行修的高蹈之士,要厚礼聘请。他们还认为过去选择人才失败,就是因为没有采取正确的标准和方法,大抵以"言事合于己心"为标准,非知其才而取之。人才选出来以后,要按照其能力大小给予职务,这样才能各尽其能,达到天下大治。

二程挖空心思,提出崇儒重道的一套设想和方法,能否挽救宋王朝的灭亡呢?历史已经作了回答,不能。鲁迅先生说:"宋朝的读书人讲道学,讲理学,尊孔子,千篇一律。虽有几个革新的人们,如王安石等等,行过新法,但不得大家的赞同,失败了。从此大家又唱老调子,和社会没有关系的老调子,一直到宋朝的灭亡。"(《鲁迅全集》第7卷,第309页)这是对宋朝理学家们一种绝妙的讽刺。

二程处在我国封建社会的中后期,他们崇儒重道的思想,对于宋朝以后的封建社会产生了较大的影响。如果说先秦的儒学家对封建社会的发展起促进作用的话,那么,宋代新儒家的思想延长了封建社会的寿命,阻碍了社会的进步。在我国,封建社会早已被推翻,封建主义思想早已失去了存在的基础,但是封建主义残余思想仍然存在。我们应当以马列主义、毛泽东思想为武器,彻底清除封建主义残余思想,以推动社会主义物质文明和精神文明建设。

(原载《中州学刊》1983年第6期)

关洛学的哲学比较

张载(1022—1078)和程颢(1032—1085)、程颐(1033—1107),是我国北宋时期的思想家和哲学家。他们除短暂的仕宦生活外,大部分时间分别在关中和洛阳两地收徒办学,形成了关学和洛学两个学派,对当时及后来的中国传统文化的发展产生了较大的影响。我们从关洛学的比较中,将会看到张载和二程对中国传统哲学所做的贡献,以及他们在中国哲学史上的影响。

一、关洛学的背景比较

1.张、程所处环境异同。环境对一个人的思想形成虽不是决定因素,但也有较大的影响。张载和二程都生活在北宋时期,大的社会环境基本上是相同的。当时的农业、手工业及自然科学都有很大的发展,与五代相比,社会安定,人民生活有所提高。正如程颐所说处于"百年无内乱"的时期,但是矛盾已开始暴露,作为思想家的张载和二程已看到了这种潜在的危机,土地兼并日益严重。程颐在《上仁宗皇帝书》中分析当时形势是:"强敌乘隙于外,奸雄生心于内,则土崩瓦解之势,深可虞也。"(《二程集》第511—512页)又说:"方今之势,诚何异于抱火厝之积薪之下而寝其上,火未及燃,因谓之安者乎?"(《二程集》第511页)由此可见,他们所处的政治环境也同样潜藏着危机。

从思想上看,北宋的统治者急需一个巩固其封建中央集权统治的思想武器。汉以后,佛教思想的传入,以及其他各家思想的兴起,严重削弱了儒家思想的正统地位,出现"儒者之学几于废熄"(《二程集》第448页)的状况。张载也看到了佛教传入后造成的危害。这种状况,是出身于世代官宦家庭的张载和二程亟待解决的迫切问题之一。他们的道学就是适应这种需要应运而生的。

张、程所处环境的不同之处。张载的诗《上尧夫先生兼寄伯淳正叔》诗中云:"先生高卧洛城中,洛邑簪缨幸所同。顾我七年清渭上,并游无侣又春风。病肺支离恰十春,病深樽俎久埃尘。人怜旧病新年减,不道新添别病深。"(《张载集》第279页)这首诗形象地说明了张载和二程所处环境的不同,张载居住在渭水之滨,又加上肺病缠身十数年,而二程生活在达官贵人居住的洛阳城内,又是司马光、富弼、吕公著等人的座上客。他们所处环境的不同,形成了他们思想上的差异。

2.思想渊源的比较。张载没有专门的老师,少年时期,陕西常遭西夏的侵扰,故以谈兵为乐。虽有范仲淹劝其读儒家的《中庸》等书,也很难说是师承关系。吕大临在《横渠先生行状》一文中说:"少孤自立,无所不学。"(《张载集》第381页)朱熹后来说:"横渠之学,乃苦心得之,乃是致曲,与伊川先生异。"(《朱子语录》卷93)所以说,张载基本上是靠自学成才的。张载虽打着孔孟的旗号,提出"为往圣继绝学"的口号,但他心目中的圣人不是孔孟。他在《自道》中说:"家有孔子真,尝欲置之左右,对而坐又不可,焚香又不可,拜尔瞻礼皆不可。无以为容,思之不如卷而藏之,尊其道。"(《张载集》第289页)在其著作中,除吸收孔孟的思想外,还吸收了墨子的"兼爱"思想,在他著作中没有批判墨子的言论。虽批评老庄的虚无思想,但还是吸收气的聚散的思想。如"人之生,气之聚也;聚则为生,散则为死"(《庄子·知北游》),更多吸收了《易经》的思想。

二程的弟子们说,张载的思想渊源于二程。一是吕大临的《横渠先生行状》中说,嘉祐初,张载在京师见到二程兄弟,共语道学之要,"乃尽弃异学,淳如也"(《张载集》第382页)。二是二程的弟子记载张载在京师讲《易经》,二程到了京师后,张载撤坐归陕西去了。三是《宋史·张载传》中也有这样的说法。还有程颐的学生杨时的《跋横渠先生书及康节先生人贵有精神诗》中说张载的思想渊源于二程,后来朱熹基本上否定了这种说法。这些说法都是扬程抑张的表现。因为张载比二程大十多岁,是二程的表叔,当二程开始政治活动时,张载的著作《正蒙》已成书,所以在二程的著作里可以看到批评《正蒙》的种种说法。程颐本人也认为弟子们这些记载是肆无忌惮的行为,他说:"表叔平生议论,谓颐兄弟有同处则可,若谓学于颐兄弟则无是事。"(《二程集》第414—415页)可见程颐的态度是真实的,也是符合实际的。

二程兄弟十四五岁时,就学于湖南的周茂书,程颐后来还拜当时的名儒胡瑗为师,有明显的师承关系,二程心目中的真正的圣人是孔孟,而且以孔孟的继承人自居,"孟子之后,传圣人之道者,一人而已"(《二程集》第639页)。"谓孟子没而圣学不传,以兴起斯文为己任。"(《二程集》第638页)所处环境的不同和思想渊源方面的差异,使张、程在哲学基本观点上有所不同,同时也有相同之处。

二、理气观比较

张载和二程对理、气以及理气关系的认识,其基本观点是不同的。但他们也有相同之处,这些相同之处也改变不了他们哲学思想的主题。

1.张、程所说理的异同。二程认为理是万物之源,与张载哲学相比,有三点不同:首先,二程认为理是独一无二的精神实体,"天理云者,这一个道理,更有甚穷已?不为尧存,不为桀亡。人得之者,故大行不加,穷居不损。这上头来,更怎生说得存亡加减?是佗元无少欠,百理具备"(《二程集》第31页)。又说:"理则天下只是一个理,故推至四海而准,须是质诸天地,考诸三王不易之理。"(《二程集》第38页)从这里可以看出这个极高明的理是绝对的,是不以人的意志为转移的客观存在,又是放之四海而皆准的绝对精神实体。其次,二程认为理与气的区别,在于理是形而上的,气(器)是形而下的。他们说:"阴阳,气也。气是形而下者,道是形而上者。"(《二程集》第162页)又与张载的"太虚"区别开来,他们把理叫实理,他们说:"理者,实也,本也。"(《二程集》第125页)又说:"实理者,实见得是,实见得非。凡实理,得之于心自别。若耳闻口道者,心实不见。"(《二程集》第147页)最后,他们认为理是万物之源,他们说:"所以谓万物一体者,皆有此理,只为从那里来。"(《二程集》第33页)又说:"万事皆出于理。"这个独一无二的理,就成了天地万物之本原。与二程对理的看法相反,张载则认为理不在万物之前,而在万物之中,他说"理不在人而在物"(《张载集》第313页)。理不能脱离万物而存在,理与气的区别,不是形而上与形而下的不同,而是气的聚散情况的不同,理不是万物之源,而气才是万物之源。

张、程对理的认识也有相同之处。首先,他们都认为理是万物的规律。程颐说:"物固有是理,因而充长之,不俟乎造为,故曰'益长裕而不设',设则伪矣。"(《二程集》第1263页)张载说:"天地之气,虽聚散、攻取百涂,然其为理也顺而不妄。"(《张载集》第7页)他们不仅都承认理是规律,而且认为要按规律办事。二程说:"万物皆有理,顺之则易,逆之则难,各循其理,何劳于己力哉?"(《二程集》第123页)张载说:"循天下之物为道。"(《张载集》第32页)他们认为顺理而行会得到满意的效果,不顺理而行就不能得到满意的效果。其次,他们都认为理是封建伦理道德的最高标准,认为封建等级制度是天理所定的不可改变的,二程说:"父子君臣,天下之定理。"(《二程集》第77页)又说:"夫天之生物也,有长有短,有大有小。君子得其大矣,安可使小者亦大乎? 天理如此,岂可逆哉?"(《二程集》第125页)张载也认为理是天定的,非人所为。他说:"天之生物便有大小尊卑之象,若顺之而已,此所以为理也。"(《张载集》第264页)他们还认为人们行为的最高标准是中庸之道。张载说:"知德以大中为级,可谓知至矣。择中庸而故执之,乃至之之所渐也。"(《张载集》第27页)程颢说:"中庸,天理也。天理固高明,不极乎高明,不足以道中庸。中庸乃高明之极。"(《二程集》第367页)他们还认为宗子法是符合天理的,张载说:"天子建国,诸侯建宗,亦天理也。"(《张载集》第259页)最后,他们都承认天理是动物的一种本能。二程提出"物有自得天理者"(《二程集》第180页),如蜂蚁知卫其君,豺獭知祭,鸟会造巢,人生来会吃奶等,都是天生的良知良能。张载说:鸟鸣,蚁斗,"必气使之然"(《张载集》第331页),这种"气使之然"也是一种本能的表现。

2. 张、程所说气的异同。张载与主张理是万物之源的二程相反,他主张气是万物之源,被人们称为气本论。他说的气有几个特点:首先,气是不依赖人的感觉而存在的。他说:"所谓气也者,非待其蒸郁凝聚,接于目而后知之,苟健顺、动止、浩然、湛然之得言,皆可名之象尔。然则象若非气,指动为象? 时若非象,指何为时?"(《张载集》第16页)这就是说,气是一种客观的存在,不是说非待蒸发凝聚,人们看得见的才是气,而是一切现象都是气。其次,气是运动变化的。他说:"太和所谓道,中涵浮沉、升降、动静、相感之性,是生絪缊、相荡、胜负、曲伸之始。其来也几微易简,其究也广大坚固。"(《张载集》第7页)太和是气的原始状态,中涵浮沉、升降、动静、相感之性,气本身就有一种相感之性,就是运动不止。再次,气是不灭的。如水"气之为物,散入无形,适得吾体;聚为有象,不失吾常。太虚不能无气,气不能不聚而为万物,万物不能不散而为太虚。循是出入,是皆不得已而然也"(《张载集》第7页)。这就是说,气聚而为万物有形,或气散无形而为太虚。它们都只是形体的变化,只有幽明之分,而没有无的变化。他猜测到了物质不灭的原理。最后,他认为气是万物的本原。大至日月星辰、山河大地、动植物和人,小至物质的微粒,都是由气构成的。他说的太虚即气,既不是老子的"有生于无",也不是佛家的以山河大地为见病之说,而气本身就是物质的东西。

正因为张载主张气是万物的本源,所以受到二程及弟子们最激烈的言论攻击。《正蒙》是张载的力作,也是他哲学观点的代表之作。所以二程批评《正蒙》一书的言论也最多。程颐在《答杨时论西铭书》中说:"横渠立言,诚有过者,乃在《正蒙》。"(《二程集》第 609 页)首先,程颐否认太虚的存在,当其弟子们问及太虚时,他们说:"亦无太虚。""遂指虚曰:'皆是理,安得谓之虚? 天下无实于理者。'"(《二程集》第 66 页)否定了太虚的存在,认为只有理,而没有太虚。其次,二程认为张载的"太虚即气"没有讲出道理。二程认为道器有分别,形而上者为理,形而下者为器,不能道器不分。气之聚散为万物也没道理,他们说:"凡物之散,其气遂尽,无复归本原之理。"(《二程集》第 163 页)在他们看来,天地之间像个大洪炉,已生之气销铄净尽,何况既散之气呢? 天地变化又何须既散之气? 最后,二程否认太虚的存在,当然也否认气为万物之源的存在。他们说:"立清虚一大为万物之源,恐未安,须兼清浊虚实乃可言神。"(《二程集》第 21 页)二程对张载"太虚即气"的批评,当然也就是他们之间的分歧和不同了。

张载和二程对理气的不同的认识,也就是他们在理气关系方面的不同了。二程既然承认理是独一无二的精神实体,当然也就是先有理后有万物了。程颐说:"有理而后则有象,有象而后有数。"(《二程集》第 271 页)又说:"有理则有气,有气则有数。"(《二程集》第 1227 页)象、数都是气的表现形式,所以二程认为理在气先。张载认为气是万物的本原,当然也就是气在先而理在后了。理先气后或气先理后,虽然只是一个顺序的问题,却表现了二程和张载不同的世界观。

3.张、程对佛老批判的异同。张载和二程都从世界观上对佛教、老庄思想进行了批判。张载首先批判了老子的"有生于无"和佛教天地万物为虚妄的错误思想。他说:"若谓虚能生气,则虚无穷,气有限,体用殊绝,入老氏'有生于无'自然之论,不识所谓有无混一之常;若谓万象为太虚中所见之物,则物与虚不相资,形自形,性自性,形性、天人不相待而有,限于浮屠以山河大地为见病之说。"(《张载集》第 8 页)此段话首先批评了老子的"有生于无",把虚和气看成两个东西,限于体用殊绝的矛盾。张载认为虚和气不是两个东西,而是一个东西。二程也从世界观的角度批判了佛老。程颐说:"老氏言虚而生气,非也。"(《二程集》第 160 页)二程还说,佛教"至以天地为妄,何其陋也! 张子厚尤所切齿者此耳"(《二程集》第394页）。这足以说明从世界观上批评佛老，他们是一致的。

张、程都指出佛教所谓的实际是虚妄。张载说："释氏语实际，乃知道者所谓诚也，天德也。其语到实际，则以人生为幻妄，以有为为疣赘，以世界为荫浊，遂厌不有，遗而弗存。"（《张载集》第65页）佛教所谓的实际，并不是人们的实际活动和客观存在，只是一个诚而已。二程也认为"释氏无实"（《二程集》第138页）。他们也认为释氏无实际有两个表现：一是屏事，如果世界是客观存在的，根本屏不了，如果不存在，还屏什么呢？二是佛教提出的出世出家说，二程认为佛教徒不孝敬父母，还教别人也这样做，人生天地之间，既要戴天履地，饥食渴饮，怎么会出世呢？

张载和二程共同指出佛教的危害性，二程认为佛教传入中国以后，其害"弥漫滔天，其害无涯"（《二程集》第3页）。佛教传入后的主要危害是动摇了儒家的正统地位，破坏了封建的伦理道德，如君臣父子之道等。张载则认为佛教的危害已到了无法制止的程度。他说，自其传入中国以后，异言满耳，上无礼以防其伪，下无学以稽其弊。

张、程虽批评了佛教之说，但他们的侧重点不同。一是二程认为佛教的创始人也是西方之贤者，自有高明之处，切不可慢了佛学，张载却没有这方面的言论。二是对佛教生死轮回的态度不一样，二程认为佛教的生死轮回之说有一定的道理。有一次学生问他，如何看待佛教的生死轮回之说时，他在《答鲍若雨书并答问》中说："佛氏轮回之说，凡为善者死，则复生为善人，为恶者死，则变而为禽兽之类。"（《二程集》第617页）这等于肯定了生死轮回之说。张载批评了生死轮回之说。既然佛教以人生为妄，人死之后，怎么会轮回呢？这是不知人、不知鬼、不知道的表现。

三、认识论的比较

由于张、程在理气观上存在着大同小异的原因，必然导致他们在认识论上的差别。首先，认识的对象不同。张载提出闻见之知，就是以客观事物为认识对象。他说："心所以万殊者，感外物而不一也。"（《张载集》第224页）又说："感亦有待物，有物则有感，无物则何感？"还说："无有无事空感者。"（《张载集》第313页）这等于承认人是认识的主体，人有耳、目、口、鼻、身，可以接触外事，因为外事千变万化，也就形成人们不同的认识。二程也承认有闻见之知，但他们的认识对象不是客观事物,而是精神实体。他们说:"今人欲致知,须要格物。物不必谓事物然后谓之物也,自一身之中,至万物之理,但理会得多,相次自然豁然有觉处。"(《二程集》第181页)又说:"知者吾之所固有。"(《二程集》第316页)这样就否认以客观事物为对象。其次,关于穷理尽性至于命之争,张载认为天地生物有秩序,物之形成也有序,所以人们的认识也是有序的。他说:"性尽其道,则命至其源也。知与至为道殊远,尽性然后至于命,不可谓一;不穷理尽性即是戕贼,不可至于命。然至于命者止能保全天之所禀赋,本分者且不可以有加也。"(《张载集》第234页)二程则认为理、行、命三者是一回事,可以一次认识,不存在什么次序问题。程颢说:"'穷理尽性以至于命',三事一时并了,元无次序,不可将穷理作知之事。"(《二程集》第15页)这就直接与张载对立起来。

张、程在认识上也有相同之处。首先,他们都承认有闻见之知,并且看到了闻见之知的局限性。张载说:"今盈天地之间者皆物也,如只据己之闻见,所接几何,安能尽天下之物?所以欲尽其心也。"(《张载集》第333页)看到了感性认识与客观事物之间的矛盾,提出以尽心来解决。二程也有类似的论述。其次,张、程都承认穷理要有一个过程。张载说:"穷理亦当有渐,见物多,穷理多,如此可尽物之性。"(《张载集》第312页)二程也认为穷理有个过程,如果认识一件事,我们就能认识所有事物,恐怕颜回也不行。他们提出穷理尽性的多种方法:从事上穷理,无所不通;差之自身,穷理又切;读书穷理,也叫由经穷理;纵观古今人物,别其是非,多识前言往行,积习既多,便豁然贯通;等等。再次,张、程都承认有生而知之,承认有良知良能,但他们都承认检验认识的标准是主观标准。张载说"己正而物正",或"正己而物正"(《张载集》第285页)。二程提出以《论语》《孟子》作为衡量事物的标准。他说:"己便是尺度,尺度便是己。"(《二程集》第156页)最后达到圣人与理为一。

四、朴素辩证法的比较

在张载和二程著作里都有朴素辩证法的思想。首先,他们都承认对立统一的思想。张载说:"物无孤立之理,非同异、曲伸、终始以发明之,则虽物非物也。"(《张载集》第19页)他提出对立统一的概念有阴阳、聚散、曲伸、始终等,都是对立统一。有阴就有阳,无阳就无阴,无聚则无散。"两不立则一不可见,一不可见则两之用息。"(《张载集》第9页)不仅相互转化,而且没有停息之时。

二程的朴素辩证法思想更丰富,他们提出"万物莫不有对"(《二程集》第123页),"天地万物之理,无独必有对,皆自然而然,非有安排也"(《二程集》第121页)。其次,张、程都提出物极必反的思想。程颐说:"物极必返,其理须如此。有生便有死,有始便有终。"(《二程集》第167页)他在《周易程氏传》中大赞汤武革命,认为它"上顺天命,下应人心",所以"革之至大也","革之时大矣哉"(《二程集》第952页)。张载也提出"泰极则否"的思想。也就是说太极通顺的极点,就会变得不通顺。他们的辩证法是朴素的、不彻底的,这种不彻底性在社会领域中被暴露出来。在政治领域内,什么对立统一、物极必反,全都没有用,封建的等级制度是不可改变的。二程说:"若孔子所立之法,乃通万世不易之法。"(《二程集》第174页)张载也说:"礼亦有不须变者,如天叙天秩,如何可变?"(《张载集》第264页)他们所主张的变化还是循环的,不是把事物的变化看成是上升的。

张、程在朴素的辩证法方面也有不同之处。一是辩证法的对象不同。张载认为世界上一切事物的变化,都是气的变化,除气的变化外,不承认其他的变化。他说:"一物两体,气也;一故神,两故化,此天之所以参也。"(《张载集》第10页)人们所说的鬼神都是气的明显与不明显的变化。二程朴素辩证法的对象都是理,程颐说:"曲伸往来只是理。"(《二程集》第167页)"以理言之,盛必有衰,始必有终,常道也。"(《二程集》第852页)二是张、程的动静观不同,虽然他们都主张事物有动静,但他们的动静观侧重点不同,二程以动为主,动之端乃天地之心。程颐说:"先儒皆以静为见天地之心,盖不知动之端乃天地之心也。非知道者,孰能识之?"(《二程集》第819页)张载不同意二程的动静观,他说:"此动是静中之动,静中之动,动而不穷,又有甚首尾起灭?自有天地以来以迄于今,盖为静而动。"(《张载集》第113页)张载主张以静为动,没有什么首尾起灭。二程主张以动为主,动之端乃天地之心,可以说是针对张载而发的。张、程的动静观有一定道理,二程以动为主是对的,但动有个开端是错的。张载主张动静没有首尾是对的,但以静为主是错的,显然是不全面的。

五、关、洛学的历史地位比较

张载和程颢、程颐是宋明理学的创始人,他们在中国传统哲学的发展中起着承上启下的作用,为中国传统哲学的发展做出了重要的贡献。

张载的气本论,是对先秦以来荀子、王充、范缜、柳宗元等人唯物主义思想的继承和发展,在"人定胜天""气一元论""形神相离""天人交相胜"等基础上,第一个比较系统地建立了气一元论的理论体系,把中国古代朴素唯物主义发展到一个新的阶段,为王夫之等将中国传统唯物主义哲学推向高峰奠定了基础。

程颢、程颐的理本论,也是孟子以来对中国唯心主义哲学的继承和发展,第一次从理论高度对理作了高度的概括,对理的作用作了系统的阐述,不仅集以往唯心主义之大成,同时也开了朱熹客观唯心主义和陆王主观唯心主义的先河。

关、洛学作为宋明理学的奠基者,应在中国哲学发展史上具有同等的地位,但是,历史并非如此。南宋以后,洛学作为官方哲学长期占据统治地位,而关学却销声匿迹。何以有此情况呢?主要是由关洛学的内容决定的。洛学主张内心修养,涵泳义理,提倡静坐等。同时理学对劳动人民有麻痹作用,比较合乎统治者的口味,为历来统治者所青睐。而以张载为代表的关学,则比较注重实事,如边事、天文和均田地等不适合历代统治者的胃口,不被重视是必然的。同时也有客观原因,使关学地位下降。张载死后,程颐入关讲学,直接或间接地批评了关学,这对关学大弟子们投奔洛学起了促进作用。洛学大弟子吕大临、杨时和朱熹等人,在他们的著作中多次扬程抑张,抬高洛学贬低关学。朱熹的《近思录》中又以周、程、邵、张为序,这是朱熹有意贬低关学。直到明代的王夫之、王廷相等人才真正继承了关学唯物主义传统,使关学又重新露出光芒。关学的发展虽然经历了一个曲折的过程,但它在中国传统哲学的地位仍然是不可抹杀的。

(原载《洛学与传统文化》,求实出版社1989年9月出版)

中州洛学传人对师说的继承和超越

程颢(1032—1085)、程颐(1033—1107)兄弟二人是我国北宋时期著名的理学家和教育家。他们一生除短暂的仕宦生活外,长期在家乡收徒办学,其门人遍布全国各地。据嵩县程村的二程门人名单碑记载有88人。这里仅阐述从宋到清这一漫长历史过程中,洛学在中州大地上的传播情况,中州后学30余人对师说的继承和超越以及可以发扬的洛学精神。

一、洛学在中州大地的传播

在我国的北宋时期,由于程颢、程颐兄弟二人在洛阳长期从事办学活动,并因其"平生诲人不倦,故学者出其门者最多,渊源所渐,皆为名士"(《宋史·道学一》卷427),逐步形成了洛学。与当时的濂学、关学、蜀学和新学齐名,成为北宋时期著名的学派之一。

洛学形成后,曾在黄河上下、大江南北得以广泛传播,并经历了一个从北向南和由南向北的发展过程。当时的福建人杨时拜别其师南归时,程颢曾对在座的学者说:"吾道南矣。"(《二程集》第429页)这话很有预见性,洛学确实是经过杨时而传播到南方的,并出现了像朱熹、陆九渊等名家。当洛学在南方传播得沸沸扬扬时,而洛学的发祥地由于战乱却显得十分冷落。到了元朝,经过赵复、姚枢等人的办学活动,如在北京建立太极学院,传播程朱理学。姚枢因与行台长意见不合,便弃官携家眷到辉县的苏门山办学。以四书为主,教诲四方弟子,培养出像许衡这样的政治家和理学家。孙奇逢说:"宋兴伊洛,元大苏门,至明而有两河八郡,各有传人。"(《洛学编序》)这样,洛学又在中州大地得到了恢复和发展。

就中州大地而言,著名的学者有几十人之多。若按纵向发展顺序看,宋朝有邢恕、吕希哲、朱光庭、李吁、刘绚、谢良佐、邵伯温、耿南仲和尹焞等,元朝有许衡、姚枢等,明朝有曹端、薛瑄、王廷相、何瑭、崔铣、尤时熙、高拱、吕坤、杨东明和吕维棋等,清朝有孙奇逢、张沐、耿介、张伯行、田蓝芳、冉觐祖、窦克勤、马平泉等人。若按横向的思想内容而言,可以分为理学派、气学派和心学派。理学派的代表人物有尹焞、邢恕、李吁、刘绚、朱光庭、朱熹、孙奇逢、耿介、张伯行等人,心学派的代表人物有谢良佐、尤时熙、孟化鲤等人,气学派的代表人物有吕坤等人。不论是哪一派的人物,我们都力求客观地、全面地介绍其政治、哲学思想,以弘扬中州人物在中华民族史上的贡献精神。

洛学作为一个学派,在其发展过程中,师徒之间在思想上必然出现共同点和不同点。其共同点,说明一个学派的基础;其不同点,说明这个学派在发展不同阶段上的变化和超越。

二、中州传人对师说的继承

洛学学派师徒之间思想上的共同点,是他们的思想基础,不论是理学派、心学派或气学派,均不例外。若没有这些共同点,就形不成一个学派。这里只讲几个主要的共同点。

1. 宗师孔孟

洛学是儒学发展史上的一个重要阶段上的学派,它以孔孟为师,以孔孟之是非为标准,以孔孟之书作为入圣的方法。程颐说:"若孔子所立之法,乃通万世不易之法。"(《二程集》第174页)又说:"孟子有功于道,为万世之师。"(《二程集》第76页)这里说的法,就是标准和楷模之意。也就是说孔孟的言论是万世的标准。以孔孟为师,就是以孔孟讲的理为师。程颐认为:"所谓师者何也?曰理也,义也。"(《二程集》第323页)这种学习除学习孔孟的书以外,还要向具体的老师来学习。

尹焞认为要以孔孟为师,就要从程氏兄弟学起。他说:"欲使学者蹈中庸,师孔孟,而禁不从程颐之学,是入室不由户也。"(《二程集》第349页)这就是说,要以孔孟为师,就要从程颐具体学起,若不是这样,那就是"入室不由户"也。明朝的王廷相和高拱等同样强调了拜孔孟为师的问题。王廷相说:"仲尼之教,万世衡准。"(《王廷相哲学选集》第55页)高拱则说:"孔子,天下之至圣也。"(《高拱论著四种》第71页)他们认为孔孟之道像天地一样广大,若不以孔孟的言论为标准,那么还有谁的言论可靠呢? 清朝的汤斌也认为要学孔孟,就要以程、朱为师。他说:"自孟子而后,历汉、唐之世,卒不闻有登圣人之堂奥者,此后世溯道统正宗,必以宋儒为断,而宋儒称孔孟嫡派,必以周、程、朱子为归。"(《清儒学案·潜庵学案》卷9)实际上中州后学说的以孔孟为师,就是以周、程、朱为师。

以孔孟为师,就要认真地学习孔孟的著作,二程及其弟子们都强调读《论语》《孟子》《大学》《中庸》的重要性。程颐认为孔孟的书是衡量是非、轻重、长短的标准。他说:"学者先须读《论》、《孟》。穷得《论》、《孟》,自有个要约处,以此观他经,甚省力。《论》、《孟》如丈尺权衡相似,以此去量度事物,自然见得长短轻重。""今人看《论》、《孟》之书,亦如见孔、孟何异?"(《二程集》第205页)这是说学了孔孟的书以后,就如同见到孔子、孟子一样,掌握了一个判断是非的标准。四书虽然都重要,但以《论语》《孟子》为主,其他六经自然就好学习了。谢良佐在《论语解序》中说:"天下同知尊孔氏,同知贤于尧、舜",但"既不知读其书,谓足以识圣人心,万无是理"(《宋元学案·上蔡学案》卷24,第926页)。这就是说,要以孔孟为师,就要认真地读孔孟的书,不读孔孟的书,要了解圣人的心是不可能的。

洛学的师徒们不仅强调要读孔孟的书,而且要学以致用。程颐说:"读书者,当观圣人所以作经之意,与圣人所以用心,与圣人所以至圣人,而吾之所以未至者,所以未得者,句句而求之,昼诵而味之,中夜而思之,平其心,易其气,阙其疑,则圣人之意见矣。"(《二程集》第322页)这就要求不仅要读孔孟的书,而且要结合自己的思想,"句句而求之,昼诵而味之,中夜而思之"。弄清圣人为什么是圣人,而自己为什么没有达到圣人的境界,圣人的意思才算懂了。吕希哲认为"二程之学,以圣人为必可学而至,而己必欲学而至于圣人"(《二程集》第420页)。尹焞说:"誓毕此生,当竭吾才,不负吾夫子传道之意。""有补于世则为也,不辱师门则有之。"(《尹和靖集》第4、5页)学习孔孟的书必须达到圣人要求的地步,才是"不负吾夫子传道之意",才是"不辱师门",其弟子们对师说的忠诚可谓大矣。

2.尊重三纲五常

三纲,即君为臣纲,父为子纲,夫为妻纲;五常,即仁、义、礼、智、信。这种思想在儒家经典《论语》中已有了雏形。汉武帝时的董仲舒把三纲五常明确化、系统化,使其正式成为封建社会中的思想统治的纲领。洛学的创始人及在中州的后学者,不仅提倡和推行三纲五常,而且把它哲理化了。

二程认为:"父子君臣,天下之定理,无所逃于天地之间。""为君尽君道,为臣尽臣道,过此则无理。"(《二程集》第77页)这就把父子君臣之间的关系当作定理,并认为是不可改变的。程颐说:"夫天之生物也,有长有短,有大有小。君子得其大矣,安可使小者亦大乎？天理如此,岂可逆哉？"(《二程集》第125页)这就是说,像三纲五常这样的道理,是天生的不可改变的,因为这是天理定的。这就从哲理上把三纲五常固定化了。程颐说:"纪纲正而天下治……纪纲废而天下乱；治乱之因,未有不由是也。"(《二程集》第510页)对违反三纲五常的唐太宗一再提出批评,他说:"唐之纪纲,自太宗乱之。""三纲不正,无父子君臣夫妇,其原始于太宗也。"(《二程集》第236页)因为李世民杀了其兄李建成做了皇帝,所以理学家一再批评李世民。程颐还提倡明节,反对寡妇改嫁,他说:"饿死事极小,失节事极大。"(《二程集》第301页)又说:"凡人为夫妇时,岂有一人先死,一人再娶,一人再嫁之约？只约终身夫妇也。"(《二程集》第303页)这种礼教思想自古以来不知冤死多少善良的妇女。

谢良佐在《论语解序》中指出:"父子君臣岂人能秩序,仁义礼乐岂人能强名,心与天地同流,体与神明为一,若动若植,何物非我,有形无形,谁其间之。"(《宋元学案·上蔡学案》卷24,第927页)若程颐从理学角度把三纲五常哲理化,谢良佐则从心学的角度把三纲五常哲理化。元朝的许衡说:"自古及今,天下国家惟有个三纲五常。君知君道,臣知臣道,则君臣各得其所矣；父知父道,子知子道,则父子各得其所矣；夫知夫道,妇知妇道,则夫妇各得其所矣。三者既正,则他事皆可为之。此或未正,则其变故,有不可测知者,又奚暇他为也。"(《鲁斋遗书》卷1《语录上》)明朝的曹端也说:"治国无法则不能治其国,治家无法则不能治其家。""盖真源乃天地人之所自出,正派乃皇帝王之所相承,所以参天地而立人极者焉,然其大目则曰三纲,曰五常,而其大要则曰一中而已。"(《儒家宗族谱序》)中州后学者,也像其师一样,把三纲五常作为治国治家的纲领。

3.弘扬天理

洛学是宋代儒学的有机组成部分,是由程氏兄弟及其弟子们共同创建的。这个学派的一个显著特点,就是以"理"或"天理"作为他们处理问题的根据。"理"或"天理"具有二重性,即既有客观性,又有主观性。所以,洛学的弟子们有的片面地夸大了"理"的客观性,有的片面地夸大了"理"的主观性,形成了理学和心学两个不同的学派。无论从哪一个方面发挥都是理的应有之义。

在二程的著作里，有不少地方夸大了"理"的客观性和绝对性。他们说："天理云者，百理具备，元无少欠。"(《二程集》第32页)又说："理则天下只是一个理，故推至四海而准。"(《二程集》第38页)这个不为尧存、不为桀亡的理，天下只有一个，其他的理都从这里出来，还认为天地万物都从理生出来，这样"理"就具有先天性和绝对性，为后来的理学派提供了理论根据。

邵伯温说："是故知太极者，有物之先本已混成，有物之后未尝亏损，自古及今，无时不存，无时不在。万物无所不禀，则谓之曰命；万物无所不本，则谓之曰性；万物无所不主，则谓之曰天；万物无所不生，则谓之曰心。其实一也。"(《宋元学案·百源学案下》卷10，第475页)当尹焞的学生问他"逝者如是夫"一语如何理解时，他说："此盖形容道之体也，天运不已，日往则月来，寒往则暑来，川流不息，物生而不穷，可窥而易见者莫如川。"(《尹和靖集》第18页)尹焞也同邵伯温一样，夸大了理的绝对性，认为就像川流不息的河一样，永流不息。清朝的耿介把太极夸大到无以复加的程度。他说："盖其所谓太极者，极至之理也。以此理至中、至正、至平、至纯、至粹，无以复加，故曰太极。当其未有天地之前，便先有此理。"(唐鉴:《学案小识》卷7)由此可见，弟子们对理的夸大远远超过其师了。

"存天理，去人欲"是理学的重要内容之一，中州后学者也发挥了这一点，特别是清代的孙奇逢和冉觐祖等强调了这一观点。孙奇逢在《与魏连陆》中说："去人欲，存天理。持之终身，老夫真是喜而不寐。去欲存理，人恒有之，持之终身，恐日月至焉亦未敢轻言也，由鸡鸣平旦而密之食息起居，由食息起居而密至造次颠倒，无时无事无去欲存理之会。"冉觐祖把"去欲存理"变成"存理遏欲"。他在《袁氏立命辨上》中说："夫学者治人之要，不外存理遏欲耳，穷理具敬以求欲之不萌，而犹患其潜滋不可禁。"他认为存天理的人，是善的君子；有人欲的人，则是恶人、小人。虽然"去人欲"变成了"遏人欲"，其字虽不同，但内容却没有变化。

在二程的著作里，也有不少地方夸大了理的主观性，使其成为脱离主体的独立的存在。首先，认为"理与心一"(《二程集》第76页)。又说："心是理，理是心。"(《二程集》第139页)其次，认为一人之身，百理具备。他说："近取诸身，一身之上，百理具备，甚物是没底？背在上故为阳，胸在下故为阴，至如男女之生，已有此象。"(《二程集》第54页)最后，把心夸大到与天为一的程度。他说:"只心便是天。"(《二程集》第15页)天人无二,把理的主观性夸大到主宰的地位。

这种片面夸大理的主观性的现象,也被其弟子们继承和发扬了。谢良佐说:"何者为我,理便是我。"又说:"心与天地同流,体与神明为一,若动若植,何物非我,有形无形,谁其间之。"(《宋元学案·上蔡学案》卷24,第922、927页)从理便是我发展到何无非我的程度。明代的洛学后学者多持心学家的观点。何瑭说:"理出于心,心存则万理备。吾道一贯,此圣人之极致也。"(《明儒学案》卷49,第1162页)尤时熙说:"心外无物。"(《明儒学案》卷29,第644页)孟化鲤说:"万物皆心也。""身自备万物,万物皆是身生。"(《续中州明贤文表》卷50,第19页)这些夸大理的主观性的学者,就是心学派的继承人。

4. 批佛是假,吸收是真

洛学作为儒家的一个学派,自然与佛学是对立的,所以在二程及其弟子们的著作里,都有不少批佛的言论。据他们的言论,他们认为佛学的主要错误有三:其一,佛氏以世界为虚幻是不对的,世界明明是实际的存在,"至以天地为妄,何其陋也"(《二程集》第394页)。认为世界的事物有生有死、有成有坏是可以的,但说世界是"住空"则是不对的。所以他们认为佛氏之说是以管窥天,只见部分而不见全体。其二,佛氏提出"出世之说"同样是荒谬的。世如何出得?一个人来到世上,既要饥食渴饮,又要戴天立地,所谓出世之说,不过是玩闭目不见鼻子的游戏。实际上鼻子依然是存在的。其三,佛氏提出出家修养,是自己不为君臣父子夫妇之道,还劝别人也不为。"若尽为佛,则是无伦类,天下却都没人去理。"(《二程集》第24—25页)这是佛家与儒家的最大的矛盾,清朝的孙奇逢也认为"其道不可以经世,故其说不可以训"(《甲午答问》)。

自佛学传入中国以后,信佛的人多了起来,特别是一些有知识有文化的人多了起来。"惟佛学,今则人人谈之,弥漫滔天,其害无涯。"(《二程集》第3页)如果说过去是"清谈盛而晋室衰"的话,那么佛学在宋代的危害不光是清谈,而是害道。这里说的道,就是儒家的君臣、父子、夫妇之道。二程的大弟子朱光庭说:"邪气入于心腹,沦于骨髓,未易除去。"(《宋朝名臣奏议》卷84)

二程及其弟子们表面上对佛学采取批判态度,而暗中又采用了佛学的部分内容。他们认为"佛亦是西方贤者","佛亦是胡人之贤智者,安可慢也"(《二程集》第292、216页)。这就是说,他们也把佛教的创始人当作贤者,说明他们内心对佛教的创始人是敬佩的,在思想上不排斥佛学。"叔不排释、老。"(《二程集》第80页)这里的"叔",就是程正叔,即伊川,就是明证。当他们以儒家自居时,尽量避免用佛家的言语,但又不由自主地使用佛家语。"才说静,便入于释氏之说也。不用静字,只用敬字。"(《二程集》第189页)程明道对其大弟子谢良佐说,不要只学老师的语言,而且要心口相应。"相应"就是佛学说的"瑜伽"的意思。其办法就是静坐,身心入静,才以相应。"伊川每见人静坐,便叹其善学。"(《二程集》第432页)从这里可以看出,他们不仅信佛,而且连语言、动作都模仿。尹焞在南宋朝廷任侍讲时,见别人从郊外迎接观音菩萨时,他也主动去迎接。当人们问他为什么也去迎接佛像时,他说:"众人皆迎,某安敢违众。"有人问他为什么要拜佛时,他说:"彼亦贤者也,见贤,斯诚敬而拜之矣。"(《宋元学案·和靖学案》卷27,第1008页)

三、中州传人对师说的超越

明代的学者高拱说:"宗孔氏者,非必一致。"这话说得很有道理。从古代到明清时期,都以尊孔为旗帜,但宗孔氏的人,思想上各有差异。同样的道理,从宋到清,宗程氏为师者人数也不少,但思想也不一致。仅就中州大地而言,从宋到清的洛学弟子们,尽管在基本问题上同程氏兄弟一致,但也有些弟子在重要问题上同其师不一致。正是这些不一致的内容,使洛学有了发展的活力,使洛学能够在其师的基础上有所超越。

1.关于绝学的争论

二程的弟子们都承认宋儒继承孔孟的学说,是孔孟学说的嫡传,但师徒之间也有不同的认识。关于"继绝学"这个问题,师徒之间就有很大差别。二程一再声明他们继承了孔孟的绝学。程伊川说:"圣人之道,至卿不传。"(《二程集》第403页)这里说的"卿",就是荀卿,即认为荀子以后,孔孟之学已失传了。他在《明道先生门人朋友叙述序》中说:"孟子之后,传圣人之道者,一人而已。"(《二程集》第639页)这里说的一人即程明道,实际上是指程氏兄弟二人。程伊川在《明道先生墓表》中说:"周公没,圣人之道不行;孟轲死,圣人之学不传。道不行,百世无善治;学不传,千载无真儒。""先生生千四百年之后,得不传之学于遗经,志将以斯道觉斯民。""先生出,倡圣学以示人,辨异端,辟邪说,开历古之沉迷,圣人之道得先生而后明,为功大矣。"(《二程集》第640页)这段话可以说是程伊川关于继绝学的完整的说明。孟子之后没真儒,先生生于一千四百年以后,得不传之学于遗经,使儒家之学又得到了复明。所以说,二程对儒家之学的复明之功大矣。

明清之际的中州后学者,不同意关于直接从孟子那里继承绝学的说法。其中之一便是明朝的曹端明确提出继绝学的是周敦颐,而不是二程。他在《太极图说述解序》中说:"微周子启千载不传之秘,则孰知太极之为理而非气也哉?且理,语不能显,默不能隐,固非图之可形,说之可状,只心会之何如耳。二程得周子之图之说,而终身不以示人,非秘之,无可传之人也。"(《明儒学案》卷44,第1068页)二程是周敦颐的学生,这是当时的二程和史书所承认的。曹端的观点也十分明确,如有"继绝学"也是周敦颐,而不是二程。清朝的学者耿介也同意曹月川的观点。他说:"学未尝绝,道未尝丧。""宋以后人动云绝学,盖鉴觞于韩愈的《原道》,从前无是语也,斯儒者之高论,其实不如此。"(《求心录》卷1)马平泉的高明之处在于:一是肯定学未绝、道未丧,从古到宋,汉代的董仲舒,唐代的柳宗元和刘禹锡等人,都对儒学的发展做出了贡献,不能以"绝学"之说,抬高宋儒,而贬低别的学者;二是分析了"绝学"的起因,起源于韩退之的《原道》,因为他说过"轲之死不得其传"的话,从此以后,宋儒大谈"绝学",以抬高自己。"斯乃儒者之高论,其实不如此。"这场争论,实事求是地说,学生之道理高于其师。

2.关于理与气的争论

理与气的关系,在二程的著作里有十分明确的肯定回答:一是承认理的绝对性、先天性;二是理先气后,"有理则有气","有理而后有象"。这可以说是洛学的根本观点。理学派坚持和发扬了这种观点,而气学派和心学派则从不同方面批判了理先气后、把理气分开的观点。

明朝的高拱是位心学家,他从理气关系、形色与气的关系来说明"理气一也"的观点。首先,他从理气关系来论述。他说:"气具夫理,气即是理。理具于气,理即是气。原非二物,不可以分也。且性从生,生非气欤?从心,心非气欤?而后儒乃谓理属精纯,其或偏驳,不知精纯之理缘何而有?偏驳之气别何所存?气聚则理聚,与生具生,气散则理散,与死具死。理气如何离得而可分言之也。"(《高拱论著四种》第191页)这是从理即气、气即理的角度,说明理气不可分为二物,没有精纯之理和偏驳之气。其次,从形色和气的关系来说明理气不可分。他说:"形色,气之为也,而天性即此焉。气之未始,不为理也。天性,理之具也,而形色即此焉。理之为始，不为气也。人生则形色完而天性具，气与理具存也不得已相离也。而宋儒乃分而二之，曰有气质之性，有义理之性，夫性一而已。将何者为气质之性？又将何者为义理之性？"（《高拱论著四种》第219页）这里讲的形色即是指生物的形体而言，生则形色具而天性具，死则形色毁而天性灭。生，理与气俱存，死，理与气俱灭也。宋儒把人分为气质之性和义理之性是不对的。

明朝的王廷相和吕坤等人，则从气学派的角度批判了宋儒把理气分开的错误观点。王廷相针对宋儒的"理先气后"进行批判，他说："愚谓天地未生，只有元气，元气具，则造化人物之道理即此而在，故元气之上无物、无道、无理。"（《明儒学案》卷50，第1178页）在《太极辩》中又说："万理皆出于气，无悬空独立之理。"（《王廷相哲学选集》第53页）这两段话的绝妙之处在于他否定了理的先天性和绝对性："天地未生，只有元气"，这就没有理的位置；再说理先气后，因为万理出于气，无悬空独立之理，理只能在气中存在，肯定了只有气，然后才有理。吕坤也像王廷相一样肯定了气的绝对性。他说："天地万物，只有一气聚散，更无别个。"（《呻吟语》卷4）肯定了天地万物只有一气聚散，就等于否定了理的绝对性。

明朝的杨东明针对宋儒的理先气后作了批判。他说："盈宇宙之间只是一块浑沦元气，生天生地，生人物万殊，都是此气为之，而此气灵妙，自有条理，便谓之理。盖气犹水火，而理则其寒暑之性；气犹姜桂，而理则其辛辣之性，浑是一物，毫无分别。所称与生俱生，与形俱形，犹非至当归一之论也。夫惟理气一也，则得气清者理自昭著，人之所以为圣贤者此也，非理隆于清气之内也；得气浊者理自昏暗，人之所以为愚不肖者此也，非理杀于浊气之内也。此理气断非二物也。"（《明儒学案》卷29，第650—651页）这段话说明了元气为天地万物之本原，否定了理为万物之源的思想，明确了有气则有理，理是气的条理和规律。心学派虽承认理气为一，但他们把理气等同起来，而气学派说的理气关系更合理。这就一扫宋儒以来的"理气为二"的错误观点。

3. 对宗教的不同态度

北宋时，佛教的势力很大，几乎影响到儒家的思想统治地位。所有思想家在这种形势下，必须有自己的态度和做法。二程一方面承认"佛亦是西方贤者"（《二程集》第292页），"佛之道是也"（《二程集》第69页），但佛其迹非也，另一方面又说"佛者一點胡尔"(《二程集》第24页),批评他们不为君臣、父子、夫妇之道,不务农桑,依靠持钵乞讨过日子等是不对的。二程对佛学的这种态度和做法,自然也影响了他们的弟子对佛学的态度。主要表现有三:

第一,公开赞扬佛学,认为佛学与儒家之道吻合。吕希哲就是其中之一,吕希哲同二程的年龄差不多,是其弟子中年龄最大的一个,晚年又常同高僧游,受佛教的影响较大。他说:"佛氏之道,与吾圣人吻合。"(《宋元学案·荥阳学案》卷23,第906页)其他弟子中没有像吕希哲这样公开地倡导佛儒结合,自然亦遭到不少后学者的批评。

第二,坚决地批判佛学,认为佛学同儒者对立,明清之际的学者多持这种态度。例如佛教提倡生死轮回之说。程颐认为虽没有生死轮回之实例,但生死轮回之理仍然存在。曹端则反对生死之说。他作诗曰:"空家不解生死由,妄说生死乱大猷。不觉天老先觉老,孰开我后继前修。"又说:"彼释家妄说轮回,惑世巫民,灭天理。"(《曹月川年谱》)临死前还对其弟子们说:"吾平生不喜欢佛老,不悦斋醮,恶其害道乱正也。我死尔曹当以吾葬考妣之礼葬之。勿污我也。"(《曹月川年谱》)清代的学者冉觐祖在《袁氏立命辨下》一书中说:"礼佛忏罪,持咒书符,是以吾儒之身而为释氏之行;其立说也,中心信奉,是以吾儒者之口而镇释氏之铎也。"

第三,明批佛暗学佛。在中州后学者中,像其师一样,明批暗学者也不乏其人。尹焞就是其中之一。在其著作中对佛多采取批判态度,当其为南宋侍讲时,见有人从郊外迎接观音菩萨,他也参加;见别人拜佛,他也虔诚地拜佛。

另外,明清之际的后学者不仅批判佛教,而且也批判道教和天主教。当陈玉立提出儒、佛、道三教合流时,张伯行批评了这种做法。他说:"三教者,二氏巧立名色,以抑吾儒者也。且曰释、道、儒,则二氏俨然居吾儒之上。""二氏者,吾儒之贱也,其可与吾儒并列而三明也。""三教归一之说,混我道与异端,恐此说一倡,为世道人心之害。"(《与陈玉立书》)这说明"三教归一"之做法,是为了压抑儒学,使儒学混同于异端,其害大矣。孙奇逢对"非禅非玄"的天主教也进行了批判,认为"区区一隅之见,乌足以窥其大观,陈相见许行之悦,愿我儒勿蹈其辙也"(《甲午答问三》)。张伯行主张把天主教堂改为义学,便于无钱人的子女上学。

四、洛学的可贵精神

洛学作为儒学的一个发展阶段,或一个分支学派,自然也同儒学一样,融会贯通了中华民族的不少优秀的文化遗产,这些优秀的文化遗产也正是我们要继承和发扬的可贵精神。

1.自强不息,以天下为己任

自强不息,是《周易乾卦·象传》中提出来的,它不仅概括了我们民族过去奋斗不息的精神,而且也昭示了我们民族的未来。

在洛学师徒中的自强不息精神,主要表现为捍卫和发展中华传统文化所作的努力。程氏兄弟认为,自孟子以后,儒家之学成为"绝学",这种说法显然不妥,因为他们否认历史发展的连续性。但东汉以后,由于受到佛学的冲击,儒家之学处于"几于废熄"的状态,这也是事实。正是以二程为代表的宋儒"以兴起斯文为己任",才使面临危机的儒家之学得到了恢复和发展,而且以新的姿态立于民族之林。其中弟子大都忠于师说,最典型的要属尹焞了。绍兴五年,宋高宗下诏书让他到朝廷任侍讲。临行之前,在祭其师程伊川时说"有补于时则未也,不辱其师门则有之",意思是说,贡献虽然不大,但忠于师门却是真的。尹焞以后的弟子们也继承了他的血脉。郭雍虽不是尹焞的嫡传弟子,但通过其父郭忠孝学到了程氏之学,也同样忠于师说,为发展儒学做出了贡献。他说:"雍不肖无闻,甘与草木同腐久矣。重念先人之学,殆将泯绝。先生之道,亦因以息,惟惧无以遗子孙。……道虽不足,志则有余矣。"(《宋元学案·兼山学案》卷28,第1029页)

元朝的姚枢、许衡等人,也为洛学在北方的发展做出了贡献。姚枢"后从中书杨惟中南伐,得名儒赵氏复,以传程、朱之学。弃官居辉州时,许鲁斋在魏,至辉,就录程、朱所注书,遂依先生以居焉"(《宋元学案·鲁斋学案》卷90,第3003页)。使洛学北传,可以说姚枢有头功。谢山在《题文正集后》一文中说:"要之,文正兴绝学于北方,其功不可泯,而生平所造诣,则仅在善人有恒之间,读其集可见也。故数传而易衰。"(《宋元学案·鲁斋学案》卷90,第3003页)如果说姚枢的主要功劳是发现赵复,使洛学在北方得到恢复,而许衡的主要功劳是使北传的洛学再度发扬光大。

清代的学者孙奇逢、耿介、汤斌、张伯行等人,也都为洛学的发展做出了贡献。孙奇逢著有《理学宗传》《中州人物考》等书,他不顾90岁高龄,还让弟子汤斌撰《洛学编》，魏一鳌撰《北学编》，还为之写序，真是"孜孜以斯道为己任"了。耿介著有《中州道学编》《理学正宗》，张伯行著有《道学渊流》《道学录》等书。总之，清代的中州后学者与其前任相比，他们的最大贡献是总结了洛学发展的成就，这些著作为后代留下一笔财产。清代的学者虽不同意"继绝学"之说，但他们还是为洛学发展做出了应有的贡献。

2.忧国忧民，社稷为重

首先，他们有忧国之心。二程曾在北宋王朝里做过不大的官，程颐曾任崇政殿说书，对上层情况有所了解。程颢在《辞西京提刑奏状》一文中说："伏自供职已来，每有论列，惟知忧国爱君为心，不敢以扬己矜众为事。"（《二程集》第458页）程颐在《上仁宗皇帝书》中说："臣自识事以来，思为国家尽死，未得其路尔。"（《二程集》第515页）这里除忠君的思想外，他们那种忧国的思想不是很可贵吗？

其次，为国家命运担忧。二程分析了北宋王朝的时政，他们"力陈时政之失，并论大臣之非"。程颐分析了北宋王朝内部潜在的危机。他说："方今之势，诚何异于抱火厝之积薪之下而寝其上，火未及燃，因谓之安者乎？"（《二程集》第511页）切望皇帝能够看到这种危机，增加粮食储备，以防止土崩瓦解之势的出现。对于戎狄之患要警惕，以保边防的安全。程颐说："戎狄之遗，岂能遽绝之哉？在备于我而图其后。"（《二程集》第470页）程颐认为北宋王朝面临的敌人，不光是西戎的问题。他说："况为患者，岂止西戎？臣每思之，神魂飞越。"（《二程集》第512页）当时没有提东边的金的危害，但已提醒掌权者不仅要注意西戎，很有可能还有其他的敌人。

二程这种忧国忧民之心，在其弟子中也有表现。尹焞是二程晚年最得意的弟子。宋徽宗大观二年，当金兵占领洛阳时，其全家人被杀害，只有他死里逃生。当金伪政权的刘豫礼聘他时，他拒绝为其服务。绍兴八年，当其为南宋的太常侍卿、权礼部侍郎时，金政权派人来南宋议和。当时的宰相秦桧力言议和，尹焞则愤然辞官乞归。明朝的高拱，曾任吏部尚书、大学士首辅。他对明朝的边防问题十分忧虑，他的办法是增加兵部侍郎。"又以时方忧边事，请增置兵部侍郎，以储总督之选。""以边境稍宁，恐将士惰玩，复请敕边臣及时闲暇，严为整顿，仍时遣大臣阅视。"（《明史·高拱传》卷213）这是说增加兵部侍郎后，侍郎与总督内外调换时有人选备之，当边境稍宁时，皇帝可及时下诏令，对军队进行整顿,并派官员监督执行情况。

3.不畏权贵,为官清廉

不畏权贵是中华民族的优良传统之一,洛学的师徒们也继承了这一传统。当程颐为崇政殿说书时,当时的规矩是老师必须站着讲课,他不同意。他在《又上太皇太后书》中提出要坐着讲,并搬出老祖宗为根据。他说宋太祖时,王昭素在殿上讲《易经》,就是坐着讲的;宋真宗时,崔颐正讲《尚书》也是坐讲的;邢昺讲《春秋》也是坐讲的。他认为站着讲,是不尊重老师的表现。当谢良佐被宋徽宗在殿上召见时,他认为宋徽宗的年号是"建中靖国",与唐德宗的年号"建中"同,是一个不祥的年号。他因此而被废为民。

元朝时的姚枢为幕官长时,蒙族的官吏伊罗斡齐把贪污的东西分一部分给姚枢。姚枢不仅拒绝,而且辞官归辉县苏门山办学。至元五年,元世祖命许衡、刘秉忠和张文谦拟定官制时,许衡说:"中书佐天子总国政,院台宜具呈。"按照这一规定,涉及一些宗族大臣的利益,别人劝他不要这样搞。他说:"吾论国制耳,何与于人。"(《宋元学案·鲁斋学案》卷90,第2999、3000页)当阿合马领尚书六部事,其子同签枢密院,其他大臣都依附于他,不敢说话,许衡上奏曰:"国家事权,兵民财三者而已。今其父典民与财,子又典兵,不可。"(同上引)许衡谈的这种现象很快被纠正。

明弘治十五年,何瑭中进士。被选为翰林院庶吉士、编修时,宦官刘瑾寿辰时,令翰林院的人为他祝寿,其他人都下拜,并赠给每人扇子一把,唯独何瑭、崔铣不拜,赠扇子也不接,还说:"大丈夫光明磊落,这来路不明之物,收了玷污我洁白之身。"明万历二十九年,中举人后的孙奇逢居住在京师,与左光斗、周顺昌、魏大中等人同宦官魏忠贤作斗争,当左、周、魏三人被捕下狱时,他设法营救。当左、周、魏死于狱中时,他想办法把尸体运出,进行安葬。他还写了《乙丙纪事》宣扬左、周、魏的高尚品质和气节,受到后人的赞扬。

4.提倡公心,反对私心

"天下为公",是我们这个民族的理想之一,有些志士仁人提倡为公不为私,并为天下大公做出贡献,甚至献出生命。不管他们的主观愿望如何,客观上做得如何,但能提出这一口号,已实属难能可贵了。洛学的师徒们也继承和发扬了这一传统。二程说:"仁者公也。"(《二程集》第105页),把仁与公、善等同起来。程颐说:"学者问仁,则常教他将公字思量。"(《二程集》第285页)要做到公,就要处理好公与私、义与利的关系。一般的儒家传统是言义不言利,他们以孟子的"何必曰利"为依据,认为言利是私,是恶,是无义。还认为义与利是绝对的对立,要义就不能要利,要利就等于忘义。二程及其弟子对这一传统的看法不同,他们认为既要言义,也要言利。程颐说:"人无利,直是生不得,安得无利?"(《二程集》第215页)他们并对义与利作了全面的解释。程伊川说:"凡顺理无害处便是利,君子未尝不欲利。然孟子言'何必曰利'者,盖只以利为心则有害。如'上下交征利而国危',便是有害。'未有仁而遗其亲,未有义而后其君。'不遗其亲,不后其君,便是利。仁义未尝不利。"(《二程集》第249页)这话一是说利是必须的,但以不妨碍义为主,不能忘义专言利;二是义和利是互相渗透的,言仁义时不忘利。当程颐和尹焞讨论义和命的问题时,尹焞说:"行一不义、杀一不辜而得天下,皆不为也,奚以命为?""伊川大赏之。"(《二程集》第432页)这进一步说明见利忘义的行为是不能做的。

不论是从政务还是处理人与人之间的关系,都要体现出公心来。王者选人以天下之公不以己,以其正不以其欲,只有这样才能选好人才。程颐说:"大率以言事合于己心,则谓之才而用之,曾不循核本末,稽考名实,如前之云。伤明害政,不亦宜乎?"(《二程集》第523—524页)言事合乎己心便是私心,就选不好人才,必须以公选人。他说:"夫王者之取人,以天下之公而不以己,求其见正而不求其从欲,逆心者求诸道,巽志者察其非,尚孜孜焉惧或失也。此王者任人之公也。"(《二程集》第530—531页)

是否出于公心,以对民的态度好坏为标准。程颐说:"为政之道,以顺民心为本,以厚民生为本,以安而不扰为本。"(《二程集》第531页)元朝的许衡说:"古今立国规模,虽各不同,然其大约在得天下心。得天下心无他,爱与公而已矣。爱则民心顺,公则民心服,于为治也。"(《鲁斋遗书》卷7)这是从民心的角度提出问题,从政之道,民心顺且服,则是公心,如果脱离民心,便是私心,国家就不能长治久安。

5. 知时识变,随理而行

首先,时的含义是什么?根据二程著作中多次对时的论述,我们认为"时"的含义有二:一是指时间和机遇。他说:"唯其时,行止动静不以时则妄也。"(《二程集》第968页)这里讲的行或止、动或静都要有一个时间来规定,在一定的时间内,行或止就是吉,否则就是凶。他又提出"不失其时""失时有咎""失时为害"等,这都说明把握时机或时间的重要性。二是指当时的形势,或曰客观的实际情况。他说:"圣贤出世,随时有作,顺乎风气之宜,不先天以开人,各因时而立政。"(《二程集》第1124页)自古以来经历了不知多少年代,但每一时代的圣贤无不"随时有作","因时而立正"。这里的时,就是当时的形势,或曰客观情况。每一时代的圣贤都要根据当时的情况,制定礼法,发布政令。

那么"时"具有什么特性呢?二程认为:"时者圣人所不能违","时者,圣人所不能为也"(《二程集》第122、1264页)。这里讲的时,是当时的客观形势,因是客观形势,所以圣人不能违反,也不能制造。他说:"天地之道,万物之理,唯至顺而已。"(《二程集》第778页)圣人只能顺着形势变化,这种"时"具有规律性,所以人们只能顺着规律办事,而不能违背规律。程颐说:"必顺时而行,不当时而损益之,则非也。"(《二程集》第908页)所以顺之则易,逆之则难。时又是经常变化的,要随时而变,"变革,事之大也"(《二程集》第952页)。要根据时的变化而随时变化,才能跟上形势变化。

根据时的变化,我们应当随时而动,当其时而做其事。所谓随时而动,就是随时而进,或随时而止。因为时间是客观的变化的,是不以人的主观意志而变动的。要随时而动,就要认识到时为大的特点,有了时为大的观念,才可以随时变化。其次,"君子之道,随时而动"(《二程集》第784页)。这是说,要把握时机,不要错过时机,若错过时机,再好的事也变得无意义了。

当其时而作其事。这同上边说的"随时而动"一样,同样强调了"时"的重要,但侧重点不同。前面所说的随时而动,人是被动的,这里说"当其时而作其事",强调了人的主观能动性。人们要根据当时的形势或客观情况,不论打仗、从政或从事教育,都要从实际情况出发,才能把事情办好。"各因时而立正",就是要从当时的情况出发,去制定各项政策。"若不是随时,则一圣人出,百事皆做了,后来者没事。"(《二程集》第172页)这是不可能的事,打仗要"因时而行师",教育要"因材施教"。总之,不论做什么事情,都要根据当时的情况而定,"随时之宜,万事皆然"(《二程集》第784页)。

(原载《程朱思想新论》,人民出版社1999年10月出版)

程门弟子谢良佐和尹焞

谢良佐

谢良佐,字显道,寿春上蔡(今河南上蔡县)人。他是宋朝时二程最重要的弟子。生于宋仁宗皇祐二年(1050年),卒于宋徽宗崇宁元年(1102年),享年53岁。宋神宗元丰八年(1085年)中进士。曾任湖北省应城、河南省渑池县知县。宋徽宗建中靖国元年(1101年),经人推荐,被宋徽宗召见,他说,建中的年号是唐德宗曾用过的年号,是个不祥的年号。皇帝以蜚语下诏狱,被废为庶民。

当程颢在河南扶沟当知县时,谢良佐曾登门拜程颢为师,与杨时、游酢、吕大临同为"程门四先生"。程颢很喜欢谢良佐,曾对人说:"此秀才展拓得开,将来可望。"(《二程集》第426页)程颐说:"此人为学,切问近思者也。"(《二程集》第426页)谢良佐曾整理《五经》语录一本,送给老师看,程颢认为这是"玩物丧志",强调学习要学以致用,要看行动,而不是牢记儒家经典的某些字句。当程颐从涪陵归来时,有很多程门的学生都归佛门了,程颐说:"学者皆流于夷狄矣,唯有杨、谢二君长进。"(《二程集》第429页)这也就是说,只有杨时和谢良佐坚持了儒家学说,没有误入歧途。

谢良佐的主要著作是《论语解》,但此书已失,现存的《论语解序》和《上蔡先生语录》,是我们研究谢良佐的主要资料。他在天理、穷理、融佛等方面,都继承了二程的思想,特别是程颢的思想。

一、天理观

二程的主要观点"天理"二字,就出自谢良佐之口。他说:"学者直须明天理,为是自然的道理,移易不得。不然,诸子百家便人人自生出一般见解,欺诳众生。识得天理,然后能为天之所为,圣门学者为天之所为,故敢以天自处,佛氏却不敢恁地做大。明道尝曰:'吾学虽有所受,天理二字却是自家拈出来。'"(《上蔡先生语录》卷上,丛书集成0626,第4—5页)这里强调了天理自然而然的一面。诸子百家不是谁都可以做成的,但程颢却认为是自家拈出来"天理"二字,是突出的贡献。

谢良佐的天理,也同其师一样,具有客观性与主观性。所说客观性,是"所谓天理者,自然的道理,无毫发杜撰。"(《上蔡先生语录》卷上,第4页)如天不言,四时行焉,百物生焉,水寒火热等,皆是自然的道理。但谢良佐也同其师程颢一样,过分强调天理的主观性,他说:"仁者,天之理,非杜撰也。""孟子曰:仁,人心也。尽其心者知其性也,知其性则知天矣。"(《上蔡先生语录》卷上,第2页)这里讲的人心,即个人的思想,知心即知性,知性即知天,"天人合一",即把天与人等同,完全发挥了其师程颢的"仁者,浑然与物同体"(《二程集》第16页)、"仁者,以天地万物为一体,莫非己也"(《二程集》第15页)的思想,进一步夸大了天理主观性的一面,陷入了主观唯心主义的泥坑。

在天理的指导下,谢良佐的认识对象自然也是天理,而不是客观的事物。他说:"所谓格物穷理,须是识得天理始得。"(《上蔡先生语录》卷上,第4页)这就十分明白地说明认识的对象是天理。认识天理,要达到天人为一,理我为一。他认为穷理能知人之所为,知天之所为,则与天为一。穷理不能有我,"理便是我"。他的认识对象虽是天理,但他也提出许多合理的思想。一是求真知,他说:"闻见之知,非真知也,知水火自然不蹈,真知故也。"(《上蔡先生语录》卷上,第25页)这里讲的真知,是人们感觉到的东西,如水寒火热、老虎伤人等,只有体会到水寒火热的人,才能有真知。二是穷理的过程中发现主观与客观的矛盾,他说:"心之穷物有尽,而天者无尽,如之何包之。"(《上蔡先生语录》卷上,第15页)这里说的天,是指客观事物是无穷无尽的,但人的生命有限,认识能力也有限,所以有"言下悟者,有数年而悟者,有终身不悟者"(《上蔡先生语录》卷上,第15页)。如何解决这个矛盾呢?谢良佐提出"近道莫如静"的方法,即通过斋戒求静的方法来解决,是可能的。

二、融佛论

谢良佐认为佛学与儒学有许多相似之处,他也像其他老师一样,认为佛学的创始人是西方的贤者,"然不可谓释氏无见处"(《上蔡先生语录》卷下,第31页)。要看到佛氏的长处,这是他融佛的基础。谢良佐也看到佛学与儒学的不同之处。他说:"释氏所谓性,犹吾儒所谓心,释氏所谓心,犹吾儒所谓意。"(《上蔡先生语录》卷上,第25页)对性、心、意的解释不同,佛家不知道穷理,而且以理为障碍,但谢良佐认为佛儒经典之中都有许多相同的内容,如静、敬、常惺惺等。什么叫常惺惺呢?他说:"敬是常惺惺法。"(《上蔡先生语录》卷上,第25页)惺惺是心不昏昧之谓,"所谓常惺惺,却是就心地上做工夫处"(《上蔡先生语录》卷上,第26页)。"惺惺"这个词,就出自佛家经典,惺惺,就是唤醒此心,使昏昧之心变得明白。由不明到明,由乱到静,由不敬到敬,是佛家修身养性的方法。所以谢良佐把敬、静等方法也当成理学家的修身养性的方法,甚至认为静坐就是善学的表现。朱熹说:"上蔡说仁说觉,分明是禅。"(《宋元学案·上蔡学案》卷24,第930页)

关于谢良佐在洛学中的地位,从南宋开始就有不同的认识。朱熹一方面肯定谢良佐在洛学中的地位,认为"学于程夫子昆弟之门,笃志力行,于从游诸公间,所见最为超越"(《上蔡先生语录》卷下,第35页),另一方面又说:"游、杨、谢诸公,当时已与其师不相似,却似别立一家。"(《上蔡先生语录》卷下,第39页)这就是说谢良佐与游酢、杨时虽然同学于程夫子,但谢良佐与其师不同,别立一家。这就是说,谢良佐是后来心学派的始祖,是从二程到陆王心学的桥梁。清朝的学者对谢良佐充分肯定。黄宗羲在《上蔡学案》的按语中说:"程门高弟,予窃以上蔡为第一。"(《宋元学案·上蔡学案》卷24,第917页)全祖望也说:"洛学之魁,皆推上蔡。"(《宋元学案·上蔡学案》卷24,第916页)从这些评价中,我们不难看出谢良佐在洛学传播中的地位和作用。

尹 焞

尹焞和张绎都是程颐晚年最得意的学生,由于张绎在其师死后一年即逝,那么传播洛学的重任就落在尹焞身上。尹焞确实没有辜负其师的一片苦心,竭尽全力传播洛学。

一、生平

尹焞,字彦明,一字德充,世代为洛(今河南洛阳)人。生于宋神宗熙宁三年(1070年),卒于宋高宗绍兴十二年(1142年),享年72岁。其父尹林,曾是虞部员外郎。

尹焞和张绎同拜程颐为师,尹焞曾参加科举考试,见题目有诛元祐诸党的题目,遂放弃考试,从此不仕不举。宋钦宗靖康元年(1126年),钟师道推荐说"焞德行可备劝讲"。召之京师,皇帝只给了个"和靖处士"的称号,不予留在京师。后来户部尚书梅执礼、御史中丞吕好问、户部侍郎邵溥、中书舍人胡安国联合上奏:"河南布衣尹焞,学穷根本,德备中和,言动可以师法,器识可以任大,近世招延之士无出其右者。"(《宋史》卷428)可惜这些奏章就没有上报。宋钦宗靖康二年(1127年),金兵攻下洛阳,尹焞的家人都被金兵杀害,只有尹焞只身一人逃入山谷之中,经商州、渡渭水,到四川的阆中。从吕继中和门婿邢恕手中得到程颐的《易传》全书。宋高宗绍兴四年(1134年),到了被贬之地涪陵,乃其师程颐读《易》之地,就辟"三畏斋"。绍兴五年(1135年),由范冲推荐,才被授予左宣教郎、崇政殿说书,年已64岁的他,自觉体力不支,就以疾病辞而不赴任。

绍兴六年(1136年),范冲筹金钱五百金作为路费,派人到涪陵迎接尹焞。行前尹焞在《告伊川先生的辞文》中说:"门人和靖处士尹焞,诣伊川先生侍讲祠而告曰:焞甲寅孟秋,始居涪陵,乙卯孟冬,误辱召命,继下除书,实嗣讲事,人微望轻,敢绍前躅,辞不获命,勉赴行朝,有补于世则未也,不辱师门则有之。"(《尹和靖集》第5页)从中可见他对老师的忠诚。九月才到九江。这时,左司谏陈公辅上疏攻击洛学。尹焞听到此信后,停止前进。他上疏说:"臣僚上言,程颐之学惑乱天下。焞实师颐垂二十年,学之既专,自信甚笃。使焞滥列经筵,其所敷绎,不过闻于师者,舍其所学,是欺君父。"(《宋史》卷428)遂不赴任。宋高宗再次下诏书,令江州(今江西九江)太守派人立即送尹焞赴京师。绍兴七年(1137年),除秘书省秘书郎。绍兴八年(1138年),任秘书少监兼崇政殿说书,力辞不就。后任太常少卿兼说书。后任礼部侍郎兼侍讲和徽猷阁待制,提举万寿观侍讲。绍兴十年(1140年)致仕。绍兴十二年(1142年)尹焞病逝于杭州。

尹焞的主要著作是《论语解》《门人问答》,祁宽整理的《尹和靖集》,《宋史》有传,这些都是研究尹焞思想的重要资料。

二、思想

尹焞的主要思想是继承了程颐的思想。修己以安百姓,就是其中之一。修己,就是从自己做起,先正己后正人。他说:"先生教人,只是专令用敬以直内,若用此理,则百事不敢轻为,不敢妄作,不愧屋漏矣。"(《二程集》第444页)这就是涵养,不敢妄作,就是"耳不妄听,目不妄顾,口不妄言,心不妄虑。四者不妄,圣贤之具,余何人哉?敢不希慕。"(《尹和靖集》第10页)这就是说视听言动、行住坐卧都要谨之慎之,才能达到"修己以安百姓,固己合符夫子之道"(《尹和靖集》第3页)。

爱国言行。当金兵颠覆了宋王朝的社稷之后,宋徽宗和宋钦宗及皇后都成了金人的阶下囚。金兵占领洛阳,尹焞全家,除其本人外,其余都死于金兵的屠刀之下,家仇国恨,不能不激起他的爱国之情。齐伪政权曾派人敦请尹焞出仕,但尹焞严词拒绝。绍兴八年(1138年),金人派张通古、萧哲来议和。尹焞上疏反对,他说:"臣伏见本朝有辽、金之祸,亘古未闻,中国无人,致其猖乱。""今陛下信仇敌之谲诈,而觊其肯和以纾目前之急,岂不失不共戴天、不反兵之义乎?又况使人之来,以诏谕为名,以割地为要,今以不共戴天之仇与之和,臣窃为陛下痛惜之。"(《宋史》卷428)他的上疏虽未传到皇帝那里,但他的一片爱国热忱却跃然纸上。

天理观。尹焞用体用一原、理一分殊、动静一理来阐述他的天理观。体用一源,来源于其师程颐。他说:"某尝以此问伊川,伊川曰:此盖形容道之体也。天运而不已,日往则月来,寒往则暑来,水流而不息,物生而不穷,可窥而易见者莫如川。君子法之,自强不息,及其至也,纯亦不已。"(《尹和靖集》第18页)这里讲的体,是道体,是脱离具体事物而独立存在的客体,即天理,像一股不可抗拒的潮流,常流而不息。在自然界叫天道,在人类社会叫人道,把天道与人道都当作天理运行的体现。

程颐在《答杨时论西铭书》一文中提出了"理一分殊"的观点。尹焞在《跋西铭》一文中曾问伊川,答曰:"西铭之为书,推理以存义。扩前圣所未发,与孟子性善养气之论同功,岂墨氏之比哉?西铭明理一而分殊,墨子二本而无分。"(《尹和靖集》第5页)伊川对两位学生的答复基本相同。理一分殊与孟子的性善养气同功。与墨子的兼爱不同,理一是人,分殊是指爱无差等是二本。尹焞和程颐的理一分殊的观点,猜测到了事物一般与个别的关系,是有价值的。

关于动静一理,"昔尝请益于伊川先生曰:'某谓动静一理。'伊川曰:'试喻之。'适闻寺钟声,某曰:'譬如此寺钟,方其未撞时,声固在此也。'伊川喜曰:'且更涵养。'"(《二程集》第440页)用寺院的钟与钟声来比喻动静一理,天理就像钟,钟响与不响,就像动与静一样。

尹焞在理学中的影响很大。尹焞和张绎是程颐晚年最得意的两位学生。张绎聪慧,领悟得快,但由于张绎英年早逝,继承和传播洛学的任务就落到了尹焞身上。程颐认为尹焞虽然领会较慢,却说:"我死,不失其正者,尹氏子也。"(《尹和靖集》第25页)又说:"他时必有用于世。"(《二程集》第437页)

尹焞确实没有辜负其师的希望,他在《书易传后序》中说:"誓毕此生,当竭吾才,不负夫子传道之意。"(《尹和靖集》第4页)为了传播洛学,尹焞做了两件事,一是劝皇帝提倡洛学,在给皇帝的《遗表》中说:"伏望皇帝陛下,益隆圣学。"(《尹和靖集》第2页)二是劝人们认真地读程氏的著作,他说:"先生平生用意,惟在《易传》,求先生之学者,观此足矣。"(《二程集》第345页)这就是说,《周易程氏传》是程颐一生中下功夫最大、用心最多者。要了解程颐的思想,深入地研究《易传》即可。而《语录》多为弟子所记,各人领会不同,不一定符合先生的原意。尹焞一生忠于师说,故有"孔门之曾子""程门之颜子"的称号。清朝学者张伯行在《尹和靖集原序》中说:"在伊川先生之门,尤为领袖",可见尹焞在洛学中地位之重要。

(原载《中州儒学人物》2011年第2期)

杨时的哲学思想简介

杨时(1053—1135),字中立,号龟山,南剑将乐(今福建将乐县)人,是二程有名的弟子。他生活的时代是北宋末年到南宋初年,也是从二程到朱熹的过渡时期,对程朱理学的发展起了承上启下的作用。

杨时于宋神宗熙宁九年(1076年)中进士,熙宁十年授丁州司户参军,以师礼拜见程颢于颍昌(今河南许昌),"时明道之门,皆西北士。最后先生与建安游定夫酢,往从学焉。于言无所不说。明道甚喜。每言杨君最会得容易,独以大宾敬先生。后辞归,明道先生送之出门,谓坐客曰:'吾道南矣。'"(《杨龟山年谱》)杨时对程颐也十分尊重,他在哀辞中称其为"万世之师"。宋哲宗元祐八年(1093年),41岁的杨时已是浏阳县知县了,仍然到洛阳拜程颐为师。"程门立雪"的故事,就是讲的杨时和游酢到洛阳拜程颐为师的故事。二人还有不少书信来往,伊川《答杨时论西铭书》一文,就是其中之一。杨时对二程的思想,闻其所闻,发挥其未闻,并把二程的理学思想传播到南方,开创了闽学之先河。

杨时不仅继承了二程的理学思想,而且还发挥了二程的哲学思想。

首先,他对二程的理或天理这两个最高的哲学范畴以比较隐蔽的方式作了一些解释。杨时同二程一样,仍然认为理是最高的、绝对的。他说:"盖天下只是一个理。"(《龟山集·语录四》卷13)"天理之常,非来非往兮,虽寿夭何伤?"(《杨龟山年谱》)这就是说,理或天理是绝对的,不因人死亡而变化。在理气关系方面,他没有明显地说过"有理则有气",但他对理气关系的解释说明了理先气后。一是太极与万物的关系。他认为先有太极,后有上下左右,太极是理的别名,先有太极,就是先有理了。二是志与气的关系。他说:"夫志者,心之所之也,而志为气之帅,则其从之矣。"又说:"夫志至焉,气次焉。"(《龟山集·孟子解》卷8)这就说明志先气后,志是主观的,"气从之","气次焉"。志就是理,理在气先。三是心与物的关系。他说:"镜在心,故物来而照之,妍媸无逃也。"

(《龟山集·谢君咏诗序》卷25)因为心中有个镜,镜才能照物,就是说客观事物的存在是由主观的心决定的。总之,他通过折射的方法来表达理先气后的思想。

杨时发挥了二程的"自然之理"。在二程的著作中"自然之理"有规律性,如说:"天之所以为天……盖出自然之理。"(《二程集》第9页)他说:"既有太极,便有上下,有上下便有左右前后,有左右前后便有四维,皆自然之理。"(《龟山集·语录四》卷13)这种自然流动的理,像河流一样流动,只能因其势而流之,不能逆动。大禹治水的成功,就是顺着自然的理,种庄稼不能不锄草,既不能让良莠同生,也不能揠苗助长,否则就破坏了庄稼生长的自然之理。他引《诗经》中的"天生蒸民,有物有则",这里讲的"则"就是自然之理。他说:"忧民之忧,民亦忧其忧;乐民之乐,民亦乐其乐。出乎尔者必反之,理之固然也。"(《龟山集·孟子解》卷8)他把这种自然之理比喻为大路。"夫道如大路,理之固然也。"按照这条大路前进,就可以达到目的。这里讲的理或道,虽不能像我们现在这样理解为事物内部的必然联系,但也有助于我们对规律的认识。

杨时用"天下一理"来论证封建等级制度的合理性。程颢说:"夫天之生物也,有长有短,有大有小。君子得其大矣,安可使小者亦大乎?天理如此,岂可逆哉?"(《二程集》第125页)这种用生物大小来比喻等级社会的高低的做法,自然是牵强附会,为什么生物有大小,君子就一定是大者而不是小者呢?杨时说:"盖天下只是一个理,故其所为必同。"(《龟山集·语录四》卷13)用这样冠冕堂皇的辞藻,说明封建等级制度的天然合理性。

理或天理又有生理本能的意思,他说:"物即形色,即天性。"(《龟山集·语录四》卷13)因为物有自己的天性,只有顺其性,才能掌握它。生儿育女是人的本能,即人的本性。他的家乡有按计划生育儿女的习惯,这本来无可厚非,可是杨时却认为这是"小民暴殄天理","悖悖仁义至身,虽豺虎犹不忍为"。

他的唯心主义的世界观,还表现在他对唯物主义哲学家的批判方面。他也像二程一样对以张载为主的关学进行批判。他集中批判张载的代表著作《正蒙》一书,并说张载的"太虚即气",是陷入了佛氏的以山河大地为见病之说。他在贬低张载的唯物主义思想的同时,又从唯心主义出发,片面夸大《西铭》的作用,说什么是发圣人所未发,与孟子性善养气论同功。他还对张载进行人身攻击。他说:"横渠之学,其源出于程氏。而关中诸生尊其书,欲自为一家。故余录此简,以示学者,是知横渠虽细务,必资于二程,则其他故可知已。"(《龟山集·跋横渠先生及康节先生贵有精神诗》卷26)这种攻击是无道理的。众所周知,张载比二程大十多岁,是二程的表叔。二程、张载分别在洛阳和关中办学,形成了关学、洛学两个学派,虽有影响,却不存在关学源于洛学的问题。此外,杨时还批评王安石的新学,指责新学是"败坏学者心术"的邪说,并认为今日之祸实起于王氏新学。宋钦宗靖康元年(1126年),他以著作郎、国子祭酒的身份,向皇帝建议,明诏内外,使其邪说淫辞不为学者所惑,并把王安石的像从孔庙中搬出。他还批评王的《字说》《三经义》等书,说这些书陷入了佛老之学,离开了儒家之道。

如果我们把杨时的哲学思想与二程的哲学思想加以比较,就会发现杨时有超过二程的地方。首先,二程一方面说理是至高无上的,另一方面又说理是具体的。如何由此岸过渡到彼岸呢?程颐在给杨时的信中提出了"理一分殊"。这似乎解决了这一矛盾,但没有论述。杨时对"理一分殊"作了阐述,他说:"天下之物,理一而分殊,知其理一,所以为仁;知其分殊,所以为义。权其分之轻重,无铢分之差,则精矣。"(《龟山集·答胡康侯其一》卷20)又对其门人说:"河南先生言理一分殊,知其理一所以为仁,知其分殊所以为义。所谓分殊,犹孟子言亲亲而仁民,仁民而爱物。其分不同,故其所施不能无差等,或曰体用果离而为二矣。曰:未尝离体也。"(《龟山集·语录二》卷11)这两段论述,讲儒家的仁义道德同体用结合起来,把封建的仁义道德抬到本体论的高度,认为理是"仁之至,义之尽",又分别处在各个具体方面,这就比较具体地解决了理一和分殊的问题。程颐的"理一分殊"局限于道德范围之内。杨时提出的"天下之物,理一分殊",超出道德的藩篱在更广阔的范围之内来谈理一分殊,并通过"理一分殊"的过程,猜测到事物的统一性和多样性、一般和个别的关系。其次,杨时在注"四书"成书的过程中起了承上启下的作用。二程首先提出把《论语》《孟子》《大学》和《中庸》当作"四书"。程氏兄弟都做过《大学》《中庸》的修正工作。程颐还作过《论语解》《中庸解》和《孟子解》。他们认为这四部书是"圣人之完书,欲趋道舍此而不可也",但是二程过于注重《论语》和《孟子》。杨时虽然也对"四书"非常重视,他在经筵的讲义中专门写了《论语》,作了《孟子解》,还作了《论语义序》《孟子义序》《中庸义序》和《题肖欲仁大学篇后》,并给予很高的评价,但他特别重视《大学》和《中庸》,认为《大学》是入学之书,《中庸》是高明之书。他说:"高明即中庸也,高明者中庸之体,中庸者高明之用也。"(《龟山集·语录一》卷10)又说:"余以为圣学所传,具在此书。"(《龟山集·题中庸后示陈知献》卷26)并指出"《孟子》之书,其源盖出于此"(《龟山集·中庸序》卷25)。这些思想为后来朱熹作《四书集注》奠定了基础。

杨时的历史观无疑也是历史唯心主义的。在天理观的指导下,他把王抬到与天一样的高度。他说:"公乃王,王乃天。盖王与天无二道也。"(《龟山集·经筵讲义论语》卷5)他认为王有最高的道德,是人伦之至;王制定的法,是万世不变之法;王有过人的能力,能拯救天下之弊。杨时将天理绝对化,使自己陷入"天命论"。他说:"天理即所谓命,知命只是事事顺天理而已。"(《龟山集·语录三》卷12)他引用孟子的话说:"孟子曰:'天与贤则贤,天与子则子。'唐尧虞舜,夏商周皆天也。圣人何容用心哉?奉天而已。"(《龟山集·答学者其一》卷21)在这样的天命前,一切圣贤豪杰莫不听天由命,替天行道,无所作为。

在历史观方面,杨时也有一些合理的因素。首先,他认为圣人也是人,与一般人相同。他说:"夫圣人,人伦之至也。岂有异于人乎哉?尧舜之道曰孝弟,不过行止疾徐而已,皆人所日用……日出而作,日晦而息,无非道也……推是而求之,尧舜与人同,其可知也已。"(《龟山集·答李抗》卷18)这与把圣人比喻为"神人"而言,无疑是一个进步。其次,他提出不以成败论人物。因为人物的成长,有一个环境和机遇问题。历史上都承认刘邦之所以胜利,是因为他会用萧何、张良和韩信等人;项羽之所以失败,是因为他不会用人,就一个范增也不会用。杨时不同意这种观点。他认为项羽之所以失败,是因为他重蹈秦朝失败的故辙。他还认为人物成长有一个机遇问题。他说:"圣学不明士志于道者,往往汩于世俗而不知,虽英才异禀,卒能拔于流俗者无几。"(《龟山集·答胡康侯其七》卷20)有些英才没有被发现,照样被埋没。如姜太公钓鱼于渭水之滨,如果不遇到周文王,他只不过是个渔夫而已。杨时重民的思想也十分可贵,他继承了孟子的"君轻民重"的思想,提出"古之圣人以天下为心"(《龟山集·经筵讲义论语》卷5),"今日之事,当以收人心为先"(《龟山集·论金人侵边二》卷4)。杨时如此重民,与当时的形势有关。当时金人内侵,南宋小朝廷偏安于南方一隅。由于剥削加重,不少地方田地荒芜,无人无牛,虽敲骨吸髓,也无所供应。许多地方的力耕负耒之民不断地举行起义。在这样的情况下,当权者如不收买人心,将被推翻。所以他一再讲人心不服,虽有高城深池、坚甲利器也不顶用。

为此他提出"忧国如家,视民如赤子"(《龟山集·寄毛宪》卷18)。理财要以养民为先,坚持"取之有道,用之有节","量入以为出"的原则。他这些积极的主张对于减轻农民负担,缓和阶级矛盾有一定的益处。

在认识论方面,杨时也同二程一样,坚持格物致知的路线。他说的物,并不是客观的事物,而是抽象的理。程颐说:"格犹穷也,物犹理也,若曰穷其理云尔。穷理然后足以致知,不穷则不能致也。"(《二程集》第1197页)可见格物不是认识事物的发展规律,而是认识理的变化。杨时对此有进一步的发挥。

杨时提出的认识对象有三:一是理。他说:"致知格物,盖言致知当极尽物理也,理有不尽则天下之物足以乱吾之知。"(《龟山集·答胡康侯其一》卷20)这就是说,只有认识了理,才可以不为天下之物所惑。二是本心。他认为人是由阴阳二气变化而来,气本无善恶,人性也是善的,认识的目的就是复其本性,才不失本心。他说:"人而不学则失其本心,不足以为人。"(《龟山集·与杨仲远其二》卷16)这种本心,是生而有之的,不假于外的良知良能。三是仁。仁是封建等级制度和伦理道德的最高标准,也是认识的对象。他认为君臣、父子、兄弟、夫妇、朋友之间的道德就是中庸之道。因此君子之学就是求仁。总之,理、仁、本心等都是主观的东西。

在认识的程序上,他主张从自身开始又回到自身。他说:"致知必先格物,物格而后知之,知至斯知止矣,此其序也。"(《龟山集·答学者其一》卷21)又说:"夫至道之归,固非笔舌能尽,要以身体之,以心应之,雍容自尽于燕闲静一之中,默而识之,兼忘于书言意象之表,则庶乎其至也。"(《龟山集·寄翁好德其一》卷17)在他看来,按照致知—格物—知止这个顺序,最后达到忘记书言意象的程序。他说:"盖万物皆备于我,非自外得,反诸身而已。"(《龟山集·与杨仲远其三》卷16)这里讲的"万物皆备于我",不是说万物与我等同,而是说"物我一理"。他又说:"《诗》曰:'天生蒸民,有物有则。'凡形色具于吾身者无非物也,而各有则焉,反而求之则天下之理得矣。"(《龟山集·答李抗》卷18)他认为物理与自身的理都是一样的,故反求诸身可以得理。他认为读圣贤的书是求道的一种方法。他说:"夫学道者,舍先圣之书,何求哉?"(《龟山集·答胡康侯其一》卷20)正如一个人到九衢之道,不知向何处去的时候,读圣贤的书就可以知道了。他进一步提出读书也要入其堂奥,如果只过藩篱望望而去,是一辈子也学不成的。

他又提出认识的标准问题,不是客观实践,而是主观自身。他说:"孟子言,大人正己而物正,荆公却云,'正己不期于正物则无义,正己必期于正物则无命'。若如所论,孟子当言正己以正物,不应当言正己而物自正矣。物正物自正也,大人只是正己而已,若物之正何可必乎?唯能正己而物自然正,此乃笃恭天下平之意,荆公之学本不知此。"(《龟山集·语录三》卷13)他批评王安石不以孟子之言为标准,主张以大人之言为标准,是因为"大人之过人处,只是正己,正己则上可以正君子,下可以正人"(《龟山集·语录三》卷13)。除了以大人之言为标准,他还提出以"中"为标准,他说:"道至乎中而已矣,出乎中则过。未至则不及,故唯中为至,夫中也者,道之至极。"(《龟山集·问答》卷14)这里讲的中,与上面讲的圣人言论,从表面上看是两个标准,实际上是一个,因为大人之言,就是无过无不及的中,两者为一,都是主观标准。

至于认识目的,他认为要达到辨是非、审邪正的程度。他说:"夫贵乎知道者,谓其能辩是非、审邪正也。如是非邪正无所分辨,则亦乌在其知道哉?"(《龟山集·答吴国华》卷17)这是对王安石的批评,但他提出的认识要分辨是非、邪正的说法是正确的因素,应当予以肯定。总之,杨时的认识论,从总体看无疑是唯心主义的体系,但他提出的认识是一个过程的说法是对的,是合理的。

(原载《中州学刊》1986年第6期)

元代大儒许衡

许衡是元代的大儒,他继承了程朱理学,为中州洛学的发展做出了贡献。现将其生平、主要思想以及对后代的影响予以简要论述。

一、生平

许衡,字仲平,号鲁斋,怀之河内(今河南沁阳)人。许家世代为农,其父许通,在金朝末年为避战乱迁到新郑县居住。许衡于金大安元年(1209年)九月,生于新郑大隗山北的一个农家,卒于元世祖至元十八年(1281年),享年73岁。

许衡自幼聪慧颖悟,7岁入小学时,就问其师:"读书何为?"其师曰:"取科第耳。"他又问:"如斯而已乎?"其师大奇之,后来就对其父母曰:"儿颖悟不凡,他日必有大过人者,吾非其师也。"遂辞去(《元史·许衡传》卷158)。这样就换了三个老师。因世乱家贫无钱读书,就借书自学,一天他从日者(以占卜为生的人)那里借到了《尚书疏义》,一夜读完而归还。逃难到山东的泰安徂徕山,他得到王弼注的《周易》一部,昼诵夜读,并力行之。有一年夏末,许衡从洛阳过黄河回家,路过河阳(今河南孟州)时,路旁的梨树上有梨,过路人纷纷摘梨解渴,而许衡独坐不动,或问之,曰:"非其有而取之,不可也。"别人劝他说,战乱之时,此梨树已无主,吃个梨无妨。许衡曰:"梨无主,吾心独无主乎?"(《元史·许衡传》卷158)可见许衡是很注意自身修养的。

许衡从鲁转到魏,听说姚枢在辉州的苏门山办学,传程朱之理学,乃去拜姚枢为师。与窦默相讲习,凡经传、子史、礼乐、星历、名物、兵刑、水利、食货等,无所不讲。学后归之河内,谓其徒曰:"昔者授受,殊孟浪也,今始闻进学之序。若必欲相从,当率弃前日所学,从事《小学》之洒扫应对,以为进德之基。"(《宋元学案·鲁斋学案》卷90,第2995页)于是按姚枢的方法从头学起。

元宪宗蒙哥汗四年(1254年),忽必烈为关中王,姚枢为劝农师,许衡为京兆府提学,"秦人新脱于兵,欲学无师,闻衡来,人人莫不喜幸来学"(《元史·许衡传》卷158)。中统元年(1260年),忽必烈即帝位,史称元世祖。许衡为太子太保,后任国子祭酒。至元二年(1265年),在中书省议事。上疏陈修德、用贤、爱民、农桑、兴学等,以救时弊之策。至元六年(1269年),授命与太常卿徐世隆定朝仪,又诏许衡与刘秉中、左丞张文谦定官制。七年后完成。至元八年(1271年),许衡为集贤殿大学士兼国子祭酒,亲择蒙古族子弟以传授之。至元十三年(1276年),与王恂共定"授时历"。至元十八年(1281年)病逝于家。元成宗大德元年(1297年),诏赐荣禄大夫、司徒,谥文正公。元武宗至大二年(1309年),封许衡为魏国公。元仁宗皇庆二年(1313年),从祀孔子庙庭。元仁宗延祐元年(1314年),下诏令京兆府成立鲁斋书院,以纪念许衡。许衡的主要著作是《鲁斋遗书》。此书共有14卷,第1—2卷为语录,第3卷为小学大义,第4卷为大学直讲,第5卷为中庸直讲,第6卷为读易私言,第7卷为时务,第8卷为杂著,第9卷为书状,第10卷为编年歌括,第11卷为诗词,第12卷为谱传,第13卷为附录,第14卷为先儒议论。这些与《元史·许衡传》以及《宋元学案·鲁斋学案》等,都是研究许衡思想的重要资料。

二、政治思想

许衡从45岁开始就在元朝为官,从京兆府提学、国子祭酒到在中书省任职,从教育到行政,都在为元朝的统治者出谋划策。至元二年,他在给元世祖的上疏中提出修德、用贤、兴学、安民等主张,表现了他的政治思想。

首先,推行汉法。许衡认为在国家的管理中,法律最重要,他说:"北辰居中,众星共王者,法天总大纲。"[《鲁斋遗书》卷7(四库全书珍本),第17页。下引此书只注卷、页]就是说,在管理国家的众多事情中,法是大纲,像众星之王一样。在众多的法律中,首先要推行汉法。他说:"考之前代,北方奄有中夏,必行汉法可以长久。故魏、辽、金能用汉法,历年最多。其他不能实用汉法,皆乱亡相继,史册具载,昭昭可见也。国朝仍处远漠,无事论此。必若今日形势,非用汉法不可也。"(卷7,第2—3页)他认为实行法律要因地制宜,正像陆地行车、水上行舟一样,蒙古人从远漠到汉人居住的广大地区,也必须实行汉人的法律,才能得到汉人的拥护。这里说的汉法,就是孔子以来的历代各朝制定的法律。他说:"可以为万世法者,当学孔子,虽学不至,亦无弊也。"(卷2,第4页)孔子以来,秦、汉、魏、晋、隋、唐、宋等各朝的法律,都是汉法,都必须执行,而且实行汉人的法律,非有三十年不可成功。许衡认为法律是人制定的,遵守法律的也是人。法律约束人的行为,人也要遵守法律。人法相守,上安下顺,而宰执处于廊庙之上,不烦不劳,可省去日夜奔波之苦。就是说,只要按法律办事,作为上层的官吏,就可以优游于廊庙之上了。

其次,用人。许衡认为元朝的行政机构最重要的是用人。他说:"自古论治道者,必以用人为先务。用既得人,则其所谓善政者,始可得而行之。"(卷1,第24页)皇帝首先要懂得用人的重要性,他说:"大抵人君以知人为贵,以用人为急,用得其人,则无事于防矣。"(卷7,第10页)正像理发需要梳子,吃饭需要筷子一样,人君有人才,就是有了工具,就可以省去日夜繁忙之苦。他说:"古人谓得士者昌,自用则小意。正如此,夫贤者识事之体,知事之要,与庸人相悬盖十百而千万也。布之周行,百职具举,宰执总其要,而临之不烦不劳,此所谓省也。"(卷7,第4页)这里有分层管理的意思,宰职总其要,即抓住大事,而吏、户、礼、兵、刑、工等各部门,各管各的事。

如何识别人才的贤与不贤?孰为识大体、知大事的君子?孰为患得患失的小人?许衡提出通过考察来辨别人才。他说:"只于言行上考察,言忠信,行笃敬。此圣人取人法也。"(卷2,第30页)即在用人的实践中考察各级官吏的能力大小、品德好坏,贤者继续使用,奸邪者去之,而且用人不疑,疑人不用。只有这样会用人的人,才是真正的知人。

许衡明确提出用人方法的问题。首先,他提出要学习古人的用人方法。从古代以来,有丰富的用人经验,古人重视人才、运用人才的办法是"皆古人遗法,而不可违者"(卷7,第5页)。许衡提出宰执执其要,即抓住大事,各部门各管各的事。他还提出监督官吏的制度,他说:"外设监司,纠察污滥,内专吏部,考订资历。"(卷7,第5页)这样既做到了人尽其才,物尽其用,又不会造成浪费。

再次,修德。许衡认为,作为统治者的一言一行都要为下边的人做出榜样,自身的道德修养是非常重要的。他说:"德者本也,财者末也。"(卷4,第37页)他认为有了道德,就会有人,有了人就会有财。他提出从皇帝开始到各级官吏,都要以修德为本。他说:"大学之道,以修身为本,凡一事之来,一言之发,必求其所以然与所当然。不牵于爱,不蔽于憎,不偏于喜,不激于怒,虚心端意,熟思而审处之。"(卷7,第8页)所以统治者的一言一行,一举一动,一赏一罚,都会产生重大的影响。他说:"君子有显显之美德,在外合乎百姓的心,在内合乎百官的心,故能受天之禄,而为天下之主。"(卷5,第27页)他强调的道德,就是儒家的三纲五常,即"君知君道,臣知臣道,则君臣各得其所矣;父知父道,子知子道,则父子各得其所矣;夫知夫道,妇知妇道,则夫妇各得其所矣。三者既正,则他事皆可为之"(卷1,第12页)。因为他认为三纲与五常(仁、义、礼、智、信)都合乎天尊地卑的道理。许衡在苏门学习时,就认为"纲常不可一日而亡于天下,苟在上者无以任之,则在下之任也"(《元史·许衡传》卷158)。只要上下都按此执行,就可以巩固其统治了。

复次,劝君主慎行。许衡认为人君是一国之主,位高、势重、权大,君主的一言一行,对全国都有重大的影响。正因为如此,他认为君主应像所有的圣王明君一样,要慎重行动,兢兢业业,用人、奖罚、说话等都要慎之又慎,不能随便,处理事情要公正。用一贤人,天下的贤人都会聚集在你的周围;用一邪恶之人,天下的坏人就会趁机而入。只要做到了公正,就会赢得人心。汉高祖刘邦虽是布衣出身,但由于他得到人心,随从他的人就会云合影从。汉文帝劝农桑,减租税,赢得了四十年好年景,出现了"海内殷富,黎民乐业"的好局面。许衡希望元朝的皇帝也能像汉高祖与汉文帝一样,使天下得到安宁,出现"士安于为士,农安于为农,工商安于工商"(卷7,第17页)的平安局面。

最后,爱民。爱民就是通过行动取得庶民的信任。许衡劝元朝的统治者推行儒家的三纲五常的目的,就是要让广大的庶民都做顺民。他提倡爱民,是因为他看到了庶民的重要。他说:"天之树君,本为下民,故孟子谓民为重,君为轻。"(卷7,第14页)这里引孟子的话,说明民之重要。作为一国之君,如果不能处理君主与庶民的关系,就可能引起民变,影响其统治地位的巩固。那么怎样做到爱民呢?首先要公正。他说:"古今立国规模,虽各不同,然其大要在得天下心,得天下心无他,爱与公而已矣。爱则民心顺,公则民心服,既顺且服,于为治也。"(卷7,第2页)要使庶民顺且服就要像慈母爱护其儿子一样爱护他们。"周书说,为人上的爱养那百姓,每当如那慈母保爱小儿子一般,方尽得爱养的心。"(卷4,第26—27页)其次是重农桑,减租赋。他劝元朝的统治者,要像汉文帝那样,"继正统,专以养民为务,其忧也不以己之忧为忧,而以天下之忧为忧;其乐也不以己之乐为乐,而以天下之乐为乐。今年下诏劝农桑也,恐民生之不遂,明年下诏减租税也,虑民用之或乏。恳爱如此。宜其民心得而和气应也"(卷7,第14页)。这具体表现为劝农桑、减租税、兴学校、不误农时等,这些都是爱民的行动,劝那些游手好闲之人,归于农业。所谓公,就是执法要公,不能搞"刑不上大夫"那一套,公正执法,奖罚分明,才能取得庶民的信任。

三、哲学思想

在哲学上,许衡基本上继承了程朱以来的哲学思想,从他对天理观、理气关系和格物致知的论述中,可以看出他的哲学的基本思想。

天理观。许衡也像二程、朱熹一样,承认理或天理的绝对性。他认为天理都是脱离具体事物而存在的。他说:"天只一个理,到中间却散为万事。"(卷5,第2页)"问一心可以宰万物,一理可以统万事?先生曰:'是说一以贯之。'"(卷2,第9页)又说:"太极之前,此道独立。道生太极,函三为一,一气既分,天地定位。"(卷10,第6页)从这里可以看出,许衡说的天理或道,是在万物之前就已独立存在的精神实体。由这个精神实体产生太极,由太极又产生出天地万物。他说的天理或道,就是中庸之道,因为中庸是"不偏不倚,无过不及,平常的道理"(卷5,第6页)。这个无过无不及的中庸之道,就是产生天地万物的理。

在理气关系方面,许衡也继承了程颐、朱熹等人的思想。他说:"天即理也,有则一时有,本无先后,有是理而后有是物。譬如木生知其诚有是理,而后成木之一物","凡物之生,必得此理,而后有是形,无理则无形"(卷1,第3页)。从这里可以看出许衡处于矛盾状态:一方面,他承认理本无先后之言;另一方面,他又说有是理而后有是物。归根到底,还是承认理先物后。先有理而后有物,有理而后有形。形而上者为之理,形而下者为之器。这是程朱"理先气后"的再版。

继承程朱的理一分殊的观点。程颐在答杨时的信中提出"理一分殊"的思想,主要是针对道德领域而言。许衡却把它扩大到天地万物和仁义道德的范围。他说:"仁义礼智信是明德,人皆有之,是本然之性,求之在我者也,理一是也。贫富、贵贱、死生、修短、祸福,禀于气,是气禀之,命一定而不可易者也,分殊是也。又曰性者,即形而上者谓之道,理一是也;气者即形而下者,谓之器,分殊是也。"(卷2,第7页)从这段话中可以看出,在道德领域内,仁、义、礼、智、信是明德,是理一,而富贵、贫贱、死生等,是分殊;在物质领域内,形而上者谓之理,是理一,而气是形而下者,谓之器,是分殊。理一分殊的积极意义,说明一般事物和个别事物的关系。其消极的意义是为天命论辩护,认为人的命运是命定的、不可改变的。

格物致知。许衡认为《大学》是孔子的遗书,格物致知是它的要点之一。在认识论上,二程、朱熹继承了这个思想。许衡比其师进步的地方,在于他把格物与致知、闻见之知与思当作一个完整的过程。他说:"格物致知,圣人教人今日学一件,把那一件道理穷究到是处,明日再去为一件,又恁的穷究。今日明日只管穷究将去,或看文书,评论古人,是的不是的,或是眼前见的事,思量合做不合做的,这几般一件件分拣得是呵,便是格物。这般穷究了,多咱心里都理会得久,而闻天下事好的歹的,合做的不合做的,都省得了,心上明白,无些昏蔽,便是致知。"(卷3,第8页)这里讲的格物,就是通过感觉器官,去一件件地感受事物,初步分清是非好坏,然后在心上细思量,就会更进一步地分清是非好坏。他说:"视之所见,听之所闻,一切要个思字。君子有九思,思曰睿是也。要思无邪。"(卷1,第2—3页)这里说得更明白了,听与看是感性的认识,是不深刻的,只有通过思的思考,才能够明白每件事情的所以然与所当然,把事情的本源与末梢都搞明白了,才叫"思无邪"。许衡把闻见之知与思当作一个完整的过程,接近现代人的认识,这比其前人是一个大的进步,应当充分肯定。

许衡在认识上还有一个进步,就是把知与行联系起来,而且认为只有知得真,才能行得切。他说:"二程以格物致知为学,朱子亦然。此所以度越诸子。《大学》孔氏之遗书也,其要在此。凡行之所以不力,只为知之不真,果能真知,行之安有不力者乎?博学之,审问之,慎思之,明辩之,只是要个知得真,然后道笃行之。"(卷1,第6页)只有弄清道理,才可以行动。他说:"凡为学之道,必须一言一句,自求己事,如六经语孟中,我所未能当勉而行之,或我所行不合六经语孟中,便须改之,先务躬行,非止诵书作文而已。"(卷1,第5页)许衡在认识论上也有缺点,他仍承认有良知良能,他说:"圣人是因人心,固有良知良能。"(卷1,第9页)承认良知良能,就是承认有生而知之,到了元朝还有这种观点,是非常落后的。

在许衡的哲学思想中还有不少辩证法的因素。他认为天下的事物都有既对立又联系的两个方面,如阴阳、刚柔、治乱等。这两方面都是密不可分的,正像没有无阴之阳,也没有无阳之阴一样。他说:"天下古今,一治一乱,治无常治,乱无常乱,乱之中有治焉,治之中有乱焉,乱极而入于治,治极而入于乱。乱之终治之始也,治之终乱之始也。治乱相寻,天人交胜。"(卷9,第2页)这就说明治乱既相互联系又相互转化的关系。许衡的可贵之处,在于他认为事物的两个方面不是彼此都是一样的,而是有一个方面为主,另一方面为辅。他说:"两物相依附,必立一个做桩主,动也静也,圣人定之以中正。"(卷2,第34页)事物的两个方面,有一个为主,另一个为辅,似乎预测到了矛盾的两个方面中有一个主导面的问题,所以这一点很可贵。他还说:"一尺之棰,日取其半,万世不竭。其细微之极,非特不可取而得,亦不可视而见也。"(卷6,第14页)这就是说一尺长的东西,一天取一半,虽然眼睛看不见,也可永远继续取下去。这也说明了他的辩证思想。但他的辩证思想仍然是不彻底的,他说:"天下皆有对,惟一理无对。"(卷2,第9页)又说:"唯圣人言语,万世无弊。"(卷1,第5页)这都是他辩证思想的不彻底性的表现。

四、教育思想

许衡一生,大部分时间从事教育工作,不仅有教育的实践经验,而且也有教育理论,所以,他是元朝时杰出的教育家。

许衡继承了孔子以来的儒家教育思想,强调学校的重要性。他认为学校是培养人才的地方,他说:"先王设学校,养育人才,以济天下之用。"(卷1,第23页)又说:"学校废坏,坏却天下人才。"(卷1,第10页)由此可知,学校兴旺发达,人才就多;学校被破坏了,就失去培养人才的基地。"三代盛时,贤才辈出,风格醇厚,盖由尽此道也。"(卷3,第1页)正因为学校的重要,他希望从上到下都要设立学校,以满足培养人才的需要。

关于学校的教育制度,许衡提出小学与大学两种制度。他说,小学从8岁入学,不论是皇家子弟还是一般庶民的子弟,都可以入学。小学教育有三纲,即明伦、立教、敬身。明伦是人伦之理,是德行教育,主要是明白三纲五常。他认为,仁是温和慈爱,是天地生物之理;义是决断事务,无过无不及,是合宜的道理;智是分清是非;礼是敬重为长的道理;信是老实不说谎话。所以他说:"德行是学问中大节目,不可须臾离也。"(卷2,第35页)立教,就是明三代圣王教人之法,去掉学校教育的物欲之弊。敬身,就是不伤身,不伤身就是不伤亲,不伤亲就是不伤本。大学教育,从15岁开始,主要内容是穷理、正心、修身、齐家、治国、平天下。穷理,就是懂得齐家治国平天下的道理,无论文人或武人都要懂得这个道理。正心,心是一身之主,心正身就正,心正就能修身,身是一家之主,修身就能齐家,齐家就能治国平天下。

关于教育的内容,主要是德行和知识教育。他认为德行教育是三纲五常的教育,他说:"人有德则万人皆服,是万人共尊者,非一艺一能服其同类者也。"

(卷2,第33页)其次是文化知识的教育。至元三年(1266年)十月,他给其儿子师可的信中说:"《小学》、《四书》,吾敬信如神明,自汝孩提,便令讲习,望于此有得,他书虽不治无憾也。"(卷9,第5页)他说:"程子谓学者当以论、孟为本,论、孟既治,则六经可不治而明矣。"(卷2,第26页)就是说,在知识的教育中,要以《论语》《孟子》为主,而且认为《论语》《孟子》是判断诸子百家言论正确与否的标准。他说:"诸子百家之言,合于六经语孟者为是,不合于六经语孟者为非。"(卷1,第14页)可见他是儒家教育的忠实执行者。

五、许衡在理学史上的地位和影响

许衡起了承上启下的作用。许衡继承了程朱以来理学的成果,又为元朝理学的发展做出了重大贡献。刘经的题词曰:"上承邹鲁绪,下溯伊洛源。"(卷14,第14页)他的著作《鲁斋遗书》,就是这一成果的代表。南宋时的朱熹说:"过江来,中州文献欲尽。自左丞覃怀许公衡倡明公学,家诵其书,人尊其道。凡所以启沃君心,栽培相业,以开治平之原者,皆公余泽也。"(《宋元学案·晦翁学案下》卷49,第1586页)清朝人全祖望在《宋元学案·鲁斋学案》的按语中说:"河北之学,传自江汉先生,曰姚枢,曰窦默,曰郝经,而鲁斋其大宗也,元时实赖之。"(《宋元学案·鲁斋学案》卷90,第2994页)这里说的是元朝的理学家赵复(字江汉)、姚枢、窦默和郝经等在理学研究方面都有重大成就,而许衡是集大成者。胶东的邓中和诗曰:"昔读遗书今谒祠,中州文献系于斯。"(卷14,第10页)四川的冷宗元诗曰:"不有先生挑担子,中原文物竟沉湮。"(卷14,第11页)从这些赞语中就可以看出他的贡献。

许衡对元朝以及后来的影响巨大,明朝的薛文清说,"北有许衡,南有吴澄",又说许衡是"朱子之后,一人而已"(卷14,第4—5页)。吴澄是江西崇仁人,曾任元朝的国子司业、翰林学士、国史院编修等职,著有《五经纂言》一书,在南方有重大的影响,所以才有上述说法,与北方的许衡遥相呼应。还有人认为许衡是"真圣人之学","百世之师",由此可见其影响之大。

当然古人对许衡的评价中,也有不少溢美之词,如果除去溢美的成分,也不难看出许衡对元朝以及后来的影响是很大的,这一点是可以肯定的。

(原载《洛学及其中州后学》,河南大学出版社1999年5月出版)

明代儒学别派王廷相

王廷相是我国明朝时期杰出的政治家和思想家,他的政治、军事和哲学思想都很丰富。先秦儒学后期曾出现思孟学派和荀子学派,王廷相的宇宙观是元气论,这是对荀子儒学元气论的继承,又是对宋儒张载元气论的发扬,故王廷相既宗宋儒,又对宋儒理学派持批判态度,所以说他是儒学别派。

一、生平

王廷相(1474—1544),字子衡,号浚川、秉衡,别号平崖。河南仪封(今河南兰考)人。其先本潞州(今山西长治)人,从其父王增开始迁入河南居住。

明成化十年(1474年)生,7岁入私学读书,就有"日诵千言而不忘"的聪慧表现。明成化二十二年(1486年),被补邑第子员。明孝宗弘治八年(1495年),登河南乡试,明弘治十五年(1502年),登进士第,被选为翰林庶吉士。明弘治十七年(1504年),授予兵科给事中。明武宗正德六年(1511年),因受宦官刘瑾的迫害,被贬亳州(今安徽亳州)。不久升为御史。正德八年(1513年)督学北畿,正德十年(1515年)谪居赣榆(今江苏东北部),正德十一年(1516年)提为宁国(今安徽宣城)知县,正德十六年(1521年)为山东提学副使。明嘉靖二年至嘉靖二十年(1523—1541年)曾任湖广按察使,山东布政使,四川巡抚,副都御史,兵部左、右侍郎,南京兵部尚书,兵部尚书,太子太保和殿试读卷官等职。从王廷相的经历中,可以看出他一生过着仕宦的生活。明嘉靖二十年(1541年),皇帝下诏书给郭勋和兵部尚书王廷相查各单位的奸弊之事,郭勋不领旨,被下狱。王廷相也被罢官归乡,在故里关门读书三年,明嘉靖二十三年(1544年)病逝于家。其死后23年,明穆宗隆庆元年(1567年)下诏书恢复原职,赠少保,谥肃敏,并派河南布政使、右参议查志立前往墓地吊唁,并宣读祭文。

王廷相学识渊博,著作丰富,明嘉靖十五年(1536年)已有《王氏家藏集》和《王浚川著书》刊出。明嘉靖十八年(1539年)冬,由其学生整理的《内台集》刊出,与前两项著作并行于世。而后不断有人将他的著作整理出版。中华书局1989年9月出版《王廷相集》共四册,其中第一、二册收入《王氏家藏集》的文章,第三、四册收入《王浚川著书》的文章。其主要涉及政治、军事、哲学、文学、音乐、教育等方面的内容,是研究王廷相思想的重要资料。

二、军事思想

明弘治十七年(1504年),王廷相任兵科给事中,在巡视山西北部边境时,发现大同一带的军事训练很差,守备松懈。他在《拟经略边关事宜疏》一文中提出御戎、馈饷和选将等军事思想。明正德二年至正德六年(1507—1511年),各地的农民起义风起云涌。面对这种形势,作为统治阶级的一员,他在镇压农民起义方面,从理论到行动都出了不少力。在《论剿流贼用将及将权疏》和《复论诸将剿贼兵略事宜疏》两文中,除了军事思想,他还提出了"追尾、掩截"等镇压农民起义军的具体方法。明嘉靖七年至嘉靖十年(1528—1531年)他先后任南京兵部尚书,兵部左、右侍郎和兵部尚书,对明朝军队内部种种弊病有深刻的认识,所以,他在整理军队的过程中表现出杰出的军事思想。

加强边防。他提出"备边御戎,国之大事",认为边防建设要有深谋远虑,决不能当作权宜之计。他在《阅视陕西延宁边防题本》中说,到边塞之前,以为边防很牢固,人强马壮,但到了边境以后,发现守备松懈,敌人可以自由出入。所以他再一次强调要加强边防建设,要把边防建成"捍外卫内,奠国保民"的基地,同时也要注意边防建设与京畿建设的关系。他在《请更调辽东总兵马永疏》中说:"臣闻帝王御世,莫重于边防,尤莫重于畿辅,盖畿辅乃根本之地,四方治所依倚。"[《王廷相集》(四)第1349页]畿辅是京城管辖的地方,是根本,但畿辅的安全又离不开边防的牢固。他把边防和京畿的建设结合起来。他的这种思想很可贵。

选好将才。王廷相认为冲锋陷阵是士兵的事,但指挥打仗却是将帅们的事,所以将帅是立兵之本。明朝的许多将帅出身于纨绔子弟,只知道吃喝玩乐,根本不会打仗。他认为要选拔那些有智、仁、信、勇者为将帅,要打破论资排辈的旧框框,只要是有才能的人,"虽在行伍,简拔之以试其能;虽在下位,超擢之以尽其才"[《王廷相集》(四)第1227页]。"又安知草庐行伍之中,不有韩信、孔明之复出乎?"[《王廷相集》(四)第1228页]没有才能的人,即使出身于贵族官僚家庭,也不能选用。

储备粮草。要兴师动众,粮食草料必须先行。他在《拟边关京略事宜疏》中提出"欲治兵,当先馈粮"的思想。他在巡视延宁、宁夏、榆林等一带的仓库时,发现仓库储备的粮草普遍不足,最好的能坚持三四个月,一般只能坚持三个月的时间,还有的只能坚持一个月的时间。因此,他认为要巩固边防,必须储备足够的粮食和草料,只有这样才可以做到有备无患。

坚守军事阵地。王廷相认为潼关处于豫、晋、陕三省交界处,军事位置非常重要。明正德六年(1511年)他在《潼关添设兵备题本》中说:"潼关乃朝廷之户牖,川陕之咽喉地之要害,莫重于此。"[《王廷相集》(四)第1229页]因为潼关历来是兵家的必争之地,刘邦曾从潼关破秦,安禄山从潼关叛唐,黄巢从潼关打到长安。对于这些军事重地,要派重兵把守,才可以保证国家的安全。

寓兵于农。明嘉靖二年(1523年),他在《忧恤民状》中提出"寓兵于农"的思想。他说:"民以养兵,兵以卫民,祖宗立法,至善至美。"[《王廷相集》(四)第1143页]这说明兵民的紧密关系。他要求各州县的掌印之官都要把青壮年农民组织起来,一年分为两班,1—6月为一班,7—12月为一班,轮流训练。农忙时,兵皆为农。农闲时,农皆为兵。大体上是三时务农,一时训兵。敌人来时全民皆兵,这样既不误农时,又能在敌人来时,协助军队打败敌人。同时他还提出"兵贵精不贵多"的思想,这是很可贵的。

三、政治思想

从王廷相的经历中,可知他一生大部分时间是在明朝的中央或地方做官,他对明朝的政治弊病有深刻的了解,他的不少文章和奏疏都表现出整顿吏治、改革弊政的决心,所以他的政治思想是很丰富的。

提纲挈领,纲举目张。王廷相在《呈盛都宪公抚蜀七事》中说:"窃以衣有首领,举其领则众体顺;罟有大纲,提其纲则众目张。故论天下之事,当自其大且要者先治,虽无目前之益,而有悠久之效。"[《王廷相集》(二)第459页]也就是说,治理四川一个省,同治理一个国家一样,要抓住"大且要"的东西,就是提纲挈领。他在《慎言·御民篇》中说:"何为纲纪,居重以驭轻,督内以治外,柔夷以绥夏也。是故有六官率属焉,有省道敷政焉,有郡县分治焉,有王使廉察焉,边镇防御焉,有羁縻之夷捍弊焉。六者总之为纲,维之为纪。"[《王廷相集》(三)第782页]他把中央的总治与省、郡、县的分治,少数民族的治理和边防的防御等,作为治理国家的纲纪,只要抓住这个纲领,就可以治理国家了。

大权独揽,不可旁落。明嘉靖十九年(1540年)八月,他在《议太子监国事疏》中说:"夫天子者天下之主,必须总揽乾纲,万机独断,然后可以明通海宇,威慑华夷,而永享太平之盛治矣。"[《王廷相集》(四)第1355—1356页]在王廷相看来,权是关系到国家命运的大事,作为一国之主的皇帝,必须大权独揽。从历史上看,汉有吴荆之乱,唐有方镇割据之乱的教训,所以下权偏重不可不防。要防止"大权旁落""尾大不掉"的现象发生。

量才授职,取其所长。王廷相在《公荐举以备用疏》《灾变自陈疏》两文中说明了用人的重要、用人的标准和用人的方法等。他说:"自古人君行道致治,未有不以求贤为急务也。"[《王廷相集》(四)第1356页]"且方今之所最急者,在得众贤以共济也。"[《王廷相集》(四)第1367页]有了人才,就可以治理国家,消除灾害,打败内外敌人。他说:"亦谓贤者,要在心行纯正,经术疏达,能通乎治乱安危之机,不迁不阿而以时措之,又能诚心事主,不为身家,无患得患失之图,绝非道非义之取。斯人登于朝,必能尽忠辅世,以正率物,乃于治理有裨益。"[《王廷相集》(四)第1356—1357页]他在荐举吕江峰时指出:"诗文吾所素好,然须政事兼长,方是全才。"(葛荣晋:《王廷相学术编年谱》第255页)这里讲的文化标准,就是诗文好,经术疏达;道德标准就是诚心事主,不为身家,不患得患失,不义之财不取,从政能力强,通治乱安危之机。用人的方法,取其所长而用之。心有计虑,可使其去理财;有谋略、有胆量的,可使其管兵,有决断之明的,可使其管法律;精深明确、识微达变的,可使其当顾问;勤敏不懈者,可使其管理具体事务。不可以备用人,方是善政。

扶植农桑,不失民心。明嘉靖二年(1523年),在《齐民要术序》一文中提出"立政之本存乎农"[《王廷相集》(二)第407页]、"农困,国之疹也"[《王廷相集》(三)第793页]的重要思想。要想益国富民,就要以农业为主为先。只有农业搞好了,农民才能有衣穿有饭吃,国家仓库内才能有储备的粮食。为了不误农业生产,他多次提出减免赋税,不误农时,农忙之时要让农民及时耕种,凡是误了农时的农业官吏和地方官吏,要视其错误大小,给予惩罚。为了不失民心,要储粮备荒,设立义仓,吸取隋、唐、宋三代的经验,每20—30户设立义仓一个。禁止盐贩,但对那些肩挑背负的贫民,以卖盐换米度日的人,不以盐贩对待。

不畏权贵,反对贪污。明嘉靖年间,严嵩执政,贿赂公行。王廷相在《狮猫述》文中说,西域的狮猫好看好玩,不捉老鼠,有狮猫也有狮臣。他说:"吾观于狮猫,而知国有狮臣焉。容悦陷媚,色相之可爱也。贪贿嗜势,窃食之才也,沓沓怠缓,捕击无能也,嫉贤妒才,群筮非类也。有一于此,足以蠹国。人主知爱而不知恶,知恶而不知屏,则贤路关格,奸究蟠居。朝无君子,而国事日非矣。"[《王廷相集》(二)第452页]他认为狮猫就像唐朝的李林甫、卢杞一样,祸国殃民。明朝当时官邪风坏。一是贪污腐败,贿赂公行。明嘉靖八年(1529年)六月,他在《天变自陈疏》中说,明朝的贪污有几个特点:第一,数量越来越大,由数百两到数千两、数万两;第二,官吏的贪污普遍化,从外官到京官,从小官到大官,无不唯利是图;第三,贿赂公开化,明初的贿赂行为在夜间进行,还恐怕被人发现,到了明嘉靖年间贿赂公开化;第四,争名争利,跑官要官现象成风。他说:"奔竞者进,则恬静者必退。"[《王廷相集》(四)第1354页]这就是说,那些跑官要官的人,可以向上爬,而那些老实肯干的人,得不到重用。二是依附权势,肆无忌惮。他在《尊宪纲考察御史疏》中说:"巡盐即贩私盐,捕盗与盗通,入官有见面之钱,管事有长例之贿,假以公用而科敛任情,指称修理而罚金无度,吏典受贿而文书不行,豪富通财而差役得免,隐奸蓄匿,不可枚举。近年以来,御史出巡,唯务作威作富以纵人耳目,不事广取博采以察下情之隐微。况巡历所在,止二三日。飘风骤雨,一过不返。"[《王廷相集》(四)第1332页]就是说御史出行是走马观花,只讲形式,不干实事。

羁縻之术,改流归土。唐以来对边疆少数民族地区实行羁縻之术,即从少数民族的地方官中选出有能力、能服众的人当酋长,自己管理自己,这叫"以夷治夷",效果不错。这种官吏称为土官。明嘉靖年间,川贵地区少数民族常常闹事,兵部尚书胡静安主张派官吏去代替土官。嘉靖七年(1528年),王廷相在《与胡静安论芒部改流归土书》中提出不设流官的三条理由:一是芒部的龙寿、龙政争官印,非叛逆行为,如设流官主之,等于将龙家兄弟二人具弊于狱;二是百余年来,芒部早已为朝廷进贡纳税,并设驿站;三是设流官,必派官吏和军队,还要造城池,劳民伤财,芒部所以定而复乱,顺而复逆,不过是欲复土官。所以,王廷相改流归土的思想稳定了边疆。

四、哲学思想

王廷相的哲学著作大都在晚年完成。他的第一部哲学著作叫《慎言》,明嘉靖六年(1527年)公布于世时,他已54岁。他在序中说:"予自知道以来,仰观俯察,验幽核明,有会于心,即记于册,三十余年,言积数万,信阳无崖孟君见之曰:'义守中正,不惑非道此非慎其余乎!'"[《王廷相集》(三)第750页]可见《慎言》一书是他积三十余年的一部力作。他的第二部哲学著作是《雅述》,明嘉靖十七年(1538年)完成,当时他已65岁。另有他的《答薛君采论性书》《答何百斋造化论》等书信。虽是书信,却系统阐述了他的哲学思想。侯外庐先生编辑的《王廷相哲学选集》(中国科学院1959年出版)收集了他具有代表性的哲学著作。

王廷相的每一篇哲学著作,都有很强的针对性,大都是针对程朱理学和陆王心学而发的,那么,他们在哪些问题上争论最多呢？主要有:

关于理先气后的问题。王廷相继承气一元论的传统,认为气是万物之源。他说:"天地之先,元气而已矣。元气之上无物,故元气为道之本。"[《王廷相集》(三)第835页]元气是天地分开之前的混沌之气,也就是说气在理先。气是万物之源。而程朱理学却坚持"理在气先","理生万物",理是万物之源。王廷相认为"万理皆出于气,无悬空独立之理"[《王廷相集》(二)第596页]。

关于形神的争论。宋儒多把形神、阴阳分开,认为有形为阴,无形为阳,为神。王廷相在《答何百斋造化论》一文中说:"阴阳不测之谓神,是气者形之种,而形者气之化,一虚一实,皆气也。神者,行气之妙用,性之不得已者也。""夫神必借形气而有,无形气则神灭矣。"[《王廷相集》(三)第963—964页]就是说,形神、阴阳是不能分开的,形神的不同,是因为气的不断变化,离开形气,那么神就无处存在了。

关于性与理的争论。宋儒的继承人薛君采以理为性,认为"凡人之性,皆出于天理。天理无二,人性无二"。王廷相则认为人性与气分不开,他说:"余以为人物之性,无非气质所为,离气言性,性无处所。与虚同归,离性言气。则气非生动,与死同途。是性与气相资,而有不得相离者也。"[《王廷相集》(二)第518页]因此,他以气为性,反对程朱理学的"以理为性"的观点。以理为性,认为人性是善的,没有恶性。王廷相却认为人性有善有恶,反驳了孟子以来的性善论。

王廷相在与程朱理学和陆王心学的论争中,也坚持批判了迷信、灾异之说。北宋的邵雍认为天地之前,只有象数。王廷相在《数辩》一文中说:"天之开,尚未有地矣,安能有人？尚未有人矣,孰从而传以记之,书契之前之日,故不得而治矣。"[《王廷相集》(二)第614页]这就是说,数字是人们劳动的成果,没有人的时候,象数从何而来呢？他在《慎言》中说:"天的道化不齐,故数有奇偶之变,自然之则也。"[《王廷相集》(三)第804页]王廷相认为自然界的灾异变化,同人事无关系。如果君仁臣忠,父慈子孝,虽山崩水竭,也不可怕,如果君臣相离,父子相弃,即使有凤鸟庆贺,也挽救不了危机。

王廷相对自然界的万事万物都有正确的认识和了解,批判了有神论的迷信。他认为自然界的变化是自然的、非人为的。他在《慎言》中说:"天地之生物,势不得不然也。天何心哉?"[《王廷相集》(三)第806页]就是说,天有天之理,地有地之理,人有人之理,物有物之理,有长有短,有变有不变,都是按照事物的运动规律进行的,没有人为的作用。人们只有顺着这些规律行动,才可以前进,才可以人定胜天,不然就会出现天胜人的怪现象。

在认识论方面,王廷相承认闻见、知行的作用。他在《慎言》中说:"事物之实核于见,信传闻者惑;事理之精契于思,凭记问者粗;事机之妙得于行,徒讲说者浅。"[《王廷相集》(三)第771页]这段话说明他在认识论上看到闻见、思和行的三个阶段。

首先,强调闻见之知的重要作用,因为闻见之知是人们认识的基础。人们认识事物要借助于眼、耳、鼻和身体的各部分与事物的接触,"如耳之能听,目之能视,心之能想者。无耳,无心,则视听与思尚能存乎?"[《王廷相集》(三)第851页]这里不仅强调视听等感觉器官的作用,而且也说明了视听与思的关系。他在《石龙书院学辩》一文中说:"夫心固虚灵,而应有者必借视听聪明,会于人事,而后灵能长焉。"[《王廷相集》(二)第604页]心思果然聪慧,然而必须借助于视听得来的知识,才可以聪明起来。否则,心思就会失去了基础,就会成为无源之水。

其次,强调思的作用。王廷相认为要懂得事理之精,必须努力思考,凭闻见得来的知识是肤浅的。他说:"夫圣贤所以为知者,不过思与见闻之会而已。""内外相资之自然也。"[《王廷相集》(三)第836页]就是说,闻见之知与思结合起来,联系起来,人们的认识才会是深刻的,才会达到圣贤的地步。

最后,强调行的重要。他认为"徒讲说者浅"。他说:"讲的一事即行一事,行的一事即知一事,所谓真知矣。"[《王廷相集》(二)第478页]又说:"徒讲而不行,则遇事终有眩惑。如人知越在南,必亲至越而后知越之故,江山、风土、道路、城池可以指掌而说,与不至越以想象以言越者大不侔矣。"[《王廷相集》(二)第478页]要有知识就要亲自体验,才是真知。如知越在南一样,要亲自到越去看越的山川、道路、城池、风俗、人情等,才会对越有深刻的认识。他在《石龙书院学辩》一文中批评那些闭门学操舟的错误。要想学会操舟的技术,必须亲自到江河中去学习。

五、王廷相在儒学史上的地位和影响

王廷相是明朝的全才,他既有从政的能力,又会写诗和文章。明嘉靖十五年(1536年)六月,上党(今山西长治)人栗应宏在《王氏家藏集序》中说,明朝既无善治,又无全才。实际上王廷相就是一个全才。王廷相说:"时则有若仪封王公,当昌期之会,惟至善伟异,渐贲于三朝,历诸司万里,臣邻于廷,若鹏振凤骞,袤然备至,以辣动海内,岂非善治全才之验哉!"[《王廷相集》(一)第5页]同年五月,颍川人杜冉也在《王氏家藏集序》中说,李白、杜甫以写诗出名,韩愈、柳宗元以写文章出名,程颢、程颐和朱熹以理学出名,而王廷相兼而有之,所以王廷相应是全才。

王廷相作为明朝的一位儒学家,把孔子的言论看作衡量一切是非的标准。他说:"仲尼之教,万世之衡准。"[《王廷相集》(二)第604页]他将妨碍这一思想的老庄思想和佛教思想都视为异端。他认为"异端起而正义凿,斯道以之芜杂,其由来渐矣。非异端能杂之,诸儒自杂之也"[《王廷相集》(三)第750页]。《慎言》是王廷相下了三十年功夫写出的一部力作,主要目的是"义守中正",捍卫儒家正统思想统治地位,对于妨碍这一思想地位的异端思想,必须进行批判。首先,要批判的是老庄思想,他在《慎言·五行篇》中说:"天靡日,思时灭景,地靡海,百川大浸,人靡圣,万物大戾。夫奭宰而平之,故欲弃世而全形者,庄周、庚桑氏之流,大乱天下者也。"[《王廷相集》(三)第809页]又说:"以道生气者,虚实颠倒,老庄之谬谈也。"(同上引)这就是说,老庄的思想是妨碍儒家的正统思想地位的,是乱天下的祸首。其次,要批判佛教的思想。自东汉末年佛教思想传入中国大地以后,严重影响了儒家的正统思想地位,王廷相认为佛教思想是"谬幽诬怪之论"。他说:"谓理可离气而论,是形性不相待而立,即佛氏以山河大地为见病,而别有所谓真性矣,可乎?不可乎?由是本然之性超乎形气之外,太极为理,而生动静阴阳,谬幽诬怪之论作矣。"[《王廷相集》(三)第753页]最后,批判儒家内部的离经判道的思想。他虽然承认宋儒对儒家的思想发展有贡献,承认"伊川吾党之先师",但他对"理先气后"的思想不满。他在《雅述上篇》中说:"老庄谓道生天地,宋儒只谓天地之先只有此理。此乃改易面目而立论耳,与老庄之旨何殊?"[《王廷相集》(三)第841页]同时也批判了邵雍的象数学。他说:"天之道,茫茫无穷,安可以十二万九千六百年定其终始乎?跪僻无据,大观乎道者决不为之。谓邵子为仲尼之徒,吾不知也。"[《王廷相集》(二)第606页]又说他"足以乱仲尼之道,不可以日容之以惑世也"[《王廷相集》(二)第508页]。可见对邵雍的批判是严厉的。他通过对象数学家和理学家的批判,坚持了张载的"气一元论",对张载充分肯定,认为张载的"太虚即气"是"阐造化之密,明人性之源,开后学之功大矣"[《王廷相集》(二)第602页]。因为张载是"气一元论"的代表,肯定张载就等于坚持"气一元论",所以他是"气一元论"的继承者和发展者,他的一生是坚持唯物主义的一生。

(原载《中原文化大典·历史人物》,中州古籍出版社2008年4月出版)

吕坤思想研究

吕坤,字叔简、顺叔,号心吾、新吾,别号抱独居士。河南宁陵人。其先祖本是洛阳人,明洪武元年(1368年)迁入宁陵。生于明嘉靖十五年(1536年),卒于明万历四十六年(1618年),享年82岁。吕坤一生著作甚多,现有《吕新吾全集》,在其著作中政治思想和哲学思想十分丰富。

一、生平

吕坤一生大致经历了三个阶段:38岁以前属于早年,在家读书,过着耕读生活;39岁至61岁,在明朝的中央和地方做官,过着仕宦生活;62岁至82岁,属于晚年,致仕回家,过着著书的生活。

吕坤从6岁起,入乡里私塾读书、读史、读性理大全等书,撰写《夜气钞》和《招良心》诗。明嘉靖三十四年(1555年)入宁陵县学学习,与永城的李良知结为至交。23岁时,其父作《小儿语》上下卷,命吕坤撰《书小儿语后》,分上、中、下三卷,注意了童蒙教育。明嘉靖四十年(1561年),以《诗经》举河南乡试第三名。28岁开始撰写《呻吟语》一书。明嘉靖四十五年(1566年),参与《宁陵县志》的撰写,并担任执笔任务。明隆庆二年(1568年),因其父逝世,代其父整理《渔隐闲翁乐事》。明隆庆五年(1571年)赴京考试,中礼部试。因其母病逝,未参加殿试,在家撰写《四礼翼》,对传统的婚、丧、祭等礼进行论述。

明万历二年(1574年)吕坤赴京考试,以三甲第50名赐进士出身,授山西襄垣县知县,从此开始他的仕宦生活。他在襄垣县任职时有"异政"。他撰写了《襄垣乡约石碑》和《僚友约》等文。在《僚友约》一文中说:"为圣贤惜世道,为百姓惜生死。"孙奇逢在《洛学编》中说,邻境清浊而漳河堤溃,吕坤设法积谷,准备材料,修筑河堤。万历四年至万历五年(1576—1577年),任大同知县。万历六年至万历十六年(1578—1588年),任山东右布政使。万历十七年至万历二十年(1589—1592年)为山西按察使、陕西右布政使、山西巡抚。万历二十三年至万历二十五年(1595—1597年)任刑部左、右侍郎。万历四十六年病死于老家。死后葬于宁陵县东南。明熹宗天启元年(1621年)赐刑部尚书。

二、政治思想

吕坤在明朝的中央和地方任职二十三年之久,对于明朝的政治、经济和军事等有很深的了解。他把明朝的国内形势比喻为"溃瓜"和"漏船"。他在《忧危疏》中说:"今天下之势,乱象已形,而乱势未动。天下之人,乱心已萌,而乱人未倡。今日之政,皆播乱机使之动,助乱人使之倡者也。"(《明史·吕坤传》卷226,第5937页)他在《答孙月峰》一文中又说:"民心如实炮,捻一点而烈焰震天;国势如溃瓜,手一动而流液满地。"(《去伪斋文集·答孙月峰》卷4,第36页)面对即将崩溃的形势,作为统治阶级一员的吕坤,到处呼唤改革这一积贫积弱的形势,他的政治思想都是鉴于这种形势而形成的。

同情人民,爱惜民力。他说:"养政之道,孟子说,老者衣帛食肉,黎民不饥不寒,只有织妇织布,人们才有衣穿,所以第一生涯是务农。"如果没有农民种地、织妇织布,就会没衣穿没饭吃。可是没人重视这些人,这是"自戕其命"的行为。因此,他十分同情人民,爱惜民力。万历十六年当他任山东右参政时,山东连年灾荒,饥民遍野,连树皮、草根都吃光了。他在《毒草歌》中说,"柳头尽,榆皮少"。这并不是当地人为了学习神农尝百草,而是为了缓和腹内的饥肠。他到处设社仓、创冬生院,对鳏寡孤独者进行抚养。万历二十一年(1593年)四月,他在《忧危疏》中说:"今天下之苍生贫困可知矣。自万历十年以来,无岁不灾,催科如故。臣久为外吏,见陛下赤子冻骨无兼衣,饥肠不再食,垣舍弗蔽,苦藁未完,流移日众,弃地猥多,留者输去者之粮,生者承死者之役。君门万里,孰能仰诉?今国家之财用耗竭可知矣。数年以来,寿宫之费几百万,织造之费几百万,宁夏之变几百万,黄河之溃几百万,今大工、采木费,又各几百万矣。土不加广,民不加多,非有雨菽涌金,安能为计?"(《呻吟语》卷5,第41页)真是"朝廷得一金,郡县费几千"。在天灾不断的情况下,明朝的各种费用不断增加,如果不是天下粮食,地涌黄金,是不能解决这些问题的。吕坤致仕以后,还在《与总河曹嗣山论河》和《与总河曹嗣山拟派证》两文中声明"河南人民最苦",请求免去拟派河南的22万两夫银。同时也要求皇帝认识到"人心者国家之命脉",凡有利于民者悉举之,有害于民者悉扫之,只有如此,才能减轻人民负担,稳定人心。

刚正不阿,敢于犯颜直谏。在封建社会里,皇帝是至高无上的,皇帝说的话和下的诏书,都只能服从和执行,而不能申辩。吕坤则不同,无论是在职或致仕以后,他都不畏权贵,敢犯颜直谏。万历二十二年(1594年),吕坤任邢部侍郎时,前礼部尚书董份和前祭酒范应期在浙江乌程县居住时,专横跋扈,多有不法的行为。当时的右副都御史、浙江巡抚王汝训和巡按御史彭应参联合,对董、范二人进行制裁。范应期自杀,董唆使范妻上京告状。明神宗大怒,下令逮捕彭应参,罢免王汝训。吕坤和刑部尚书联名上奏,为王、彭二人鸣不平。万历四十一年(1613年),吕坤已致仕16年,这一年明神宗为第三子朱常洵在洛阳得封地4万顷,引起朝野不满。吕坤在《福王庄田疏》的奏文中据理力争:"福王封国河南,赐庄田四万顷。坤在籍,上言:'国初分封亲藩二十有四,赐田无至万顷者。河南已封周、赵、伊、徽、郑、唐、崇、潞八王,若皆取盈四万,占两河郡县且半,幸圣明裁减。'"(《明史·吕坤传》卷226,第5938页)同时还致书河南巡抚梁祖龄恳请减半,这些都表现出吕坤不畏权贵敢于犯颜直谏的精神。

要改革这些弊政,必须采取一些严厉的措施。首先,要选拔那些有学问又有道德、有远见、有能力的人,即他说的"治人"。如果没有治人,良法美意也会变成祸国殃民,只有治人,即使弊政陋规也会变成善政。所以要行文武之政,须有文武之君臣。其次,严法纪,明纲领。大小官吏一律五年一轮换。严惩贪官,甚至判处死刑。不许贪赃枉法,以权谋私。最后,针对明朝弄虚作假、华而不实的作风,提出"去伪""无伪",提倡"实用""实效"的作风。他说:"明君治天下,必先尽改霏文而除淫巧。"所谓霏文,就是无用之文;所谓淫巧,就是奇巧无益的花样。他说:"这淫巧耗了世上多少生成的财产,误了世上多少生成的工夫,夫淫巧不诛,而欲讲理财,皆苟且之谈也。"(《呻吟语·治道》卷5,第24页)

整顿军队,巩固国防。明朝时的边疆形势,主要是防御北虏和南倭的问题。所谓北虏,主要是指居住在北部边境外的少数民族和西部边境外的少数民族。由于边防的松弛,外来之敌常似入无人之境,随便地破坏。万历五年(1577年),吕坤任大同知县时,在佥都御史方逢时巡抚大同一带的边境时,与境外的少数民族的酋长巴汉拿吉和好,使北部边境出现了"九边生齿日繁,守备日固,田野日辟,商贾日通,边民始知有生之乐"的局面(《明史·方逢时传》卷222,第5846页)。吕坤在《送宫保大司马方公金湖入典本兵序》中说,北虏是我朝的主要寇仇,你使边境安宁,值得庆贺。万历二十一年(1593年),他又在《摘陈边计民艰疏》中提出,要兴武教以养将才,省兴作以养民力,精机械以求实用,练乡兵以备缓急等务边措施,同时还号召边民种树,既防止生态破坏,又利于边境建设,防御敌人。南倭,即指日本。万历二十年(1592年),日本的丰臣秀吉发动了侵朝战争,朝鲜国王李昖遣使向明朝求救。明军和朝军联合,打败日军,收回平壤。万历二十一年(1593年),日军再次侵朝,假意与明朝和好。在明朝内部发生了主和派与主战派的争论,兵部尚书石星是主和派,而吕坤反对议和,是主战派。万历二十五年(1597年),他在《忧危疏》一文中很有远见地指出,日军可以利用朝鲜为跳板,用朝鲜的人力与物力作为进攻明朝的准备。他说:"倭居大海之中,岂能航糗粮豕突中原。又岂能自浙闽蚕食上国哉,惟是朝鲜附在东陲,近吾左掖,平壤西邻鸭绿,晋州直对登、莱。倘倭奴取而有之,藉朝鲜之众为兵,就朝鲜之地为食,生聚教练,窥伺天朝,进则断漕运,据通仓而绝我饷道,退则营全庆,守平壤,而窥我辽东,不及一年,京师坐困,此国家之大忧也。"(《去伪斋文集·忧危疏》卷1,第26页)鉴于这种形势,吕坤认为在倭寇占领朝鲜以前,明军就和朝军联合,是"两我"打一倭,可以胜利;如果等朝鲜灭亡了,是两倭打一我,不可能胜利。因此,他主张立即出兵援助朝鲜抗倭,以保障明朝东部边境的安全。

由于明朝整个防御体系松弛,不仅九边之兵不能打仗,而且连保卫京师的三营之兵也是"马半羸弊,人半老弱",所以他向皇帝建议,要加强京师军队的建设,以保卫京师的安全。

三、哲学思想

吕坤的哲学著作大都是在晚年完成的。万历四年(1576年),吕坤在与好友邹尔瞻的书信往来中,说明了他的哲学思想。万历二十一年(1593年),他的《呻吟语》一书刊行。此书共6卷,前3卷是内篇,有性名、存心、伦理、谈道、修身、问学、应务和养生等;后3卷是外篇,有天地、世运、圣贤、品操、治道、人情、物理、广喻和词章。吕坤在序中说:"呻吟语,病时语也。""三十年来,所志《呻吟语》,凡若干卷,携以自药。司农大夫刘景泽,摄心缮性,平生无所呻吟,予甚爱之。顷共事雁门,各谈所苦,予出《呻吟语》视景泽。景泽曰:'吾亦有呻吟而未之志也。吾人之病,大都相同。子既志之矣,盍以公人?盖三益焉:医病者,见子呻吟,起将死病;同病者,见子呻吟,医各有病;未病者,见子呻吟,谨未然病。是子以一身示惩于天下,而所寿者众也。'"(《吕坤哲学著作选集》第12

页)可见此书名为治病防病之书,实为治世病之书也。万历四十四年(1616年),吕坤已80岁高龄了,其子吕知畏把他的著作整理成册,名曰《去伪斋文集》,全书共有10卷,18类,共收诗文405篇。同乡王印为之撰序曰:"《去伪斋集》者,我邑司寇吕新吾文集也。先生学务笃实,耻自欺欺人,故以去伪名斋。生平撰作甚丰,稿多散逸,冢嗣文学君仅搜得若干卷,欲刻于家塾,以垂永久。乃瞩余言弁简端。"(《去伪斋文集·去伪斋文集王序》)除专著外,吕坤的许多书信和文章也包含了不少哲学思想。侯外庐先生编的《吕坤哲学著作选集》(中华书局1962年出版)收集了吕坤不少具有代表性的哲学著作,可供我们学习时参考。

吕坤的哲学思想是由当时的形势决定的。万历三十五年(1607年)冬,他在《答姜养冲》的信中说:"近日学问,不归陆则归朱,不攻陆则攻朱。"可见当时学术争论之激烈。吕坤自称是"非儒非道非佛","我就是我"。但他毕竟难逃当时的学术氛围,在他的哲学思想中,除了坚持基本的唯物主义,也还夹杂不少理学和心学的东西,可见"我就是我"是难以做到的。

吕坤继承了我国古代唯物主义的传统,坚持气一元论。他说:"天地万物,只是一气聚散,更无别个。"又说:"自有天地之前,以至天地之后,一气流行,瞬息不续而乾坤毁矣。""元气亘万亿岁年不灭。"(《吕坤哲学著作选集》第26页)天地万物,不论是动物、植物还是人,从生到死,都是一气变化,瞬息万变而不息。如果停止变化,天地会毁灭,动植物会死亡。他从其变化不停,猜测到了物质运动变化的永恒性。气的变化不断,是气的变化规律所致,也是物质运动的规律所使,即他说的气的"恒故耳"。

宋儒以来的哲学家们,常把道器、理气分开,从而把理、道孤立起来,独立出来,代替气作为事物的本源。吕坤认为不能分开。他说:"道、器非两物,理、气非两件。成像、成形者器,所以然者道。生物、成物者气,所以然者理。道与理,视之无迹,扪之无物;必分道器和理气为两物,殊为未精。"(《吕坤哲学著作选集》第69页)就是说,道器与理气,本来是一物,道者气之理,理者气之自然。即道是器构成的道理或规律,气与器都是理和道的有形之物。而道和理都是器、气的所以然者,即无形之物。

吕坤坚持天地万物自然生成的思想,也批判各种封建迷信之说。他说,自汉儒以来,常常以某灾害或祥瑞应某政事,这是最迂腐的行为。他认为自然界的变化有规律,不论是必然或偶然的都是如此。久旱必雨,久阴必晴,物极必反,是自然规律。至于山崩、海啸、地震、星陨等都是偶然现象,也是事物变化规律的表现,并不是行善降祥,作恶降殃的结果。吕坤在《与讲学诸友书》一文中,批判了佛家的生死轮回的说法。他说:"呼吸一过,万古无轮回之理,形神一离,千年无再生之理。"(《吕坤哲学著作选集》第 7 页)佛家人认为天下众生无不在六道中生死轮回,像车轮一样,轮回不止。吕坤认为人一死,就没有轮回之事、再生之我。

吕坤认为客观的事物都是可以认识的。他说:"吾知天地之所生,观其所生而天地之性情,形体具见之。"(《吕坤哲学著作选集》第 70 页)就是说,观天地所生之变化,那么天地变化的具体情况就可以认识了。他认为人的认识能力是有限的。他说:"夫古今事变名物,宇宙人情物理,童而习之,白首不能尽。"(《吕坤哲学著作选集》第 21 页)就个人的认识能力而言,从儿童开始到白头老翁,认识能力是有限的,就整个人类的认识能力来说,又是无限的,当时人认识不了的,后来人可以认识。

他在《答孙立亭论格物第四书》和《别尔瞻书》中强调知行并重,而且行更重要。他说,知一寸,行一寸,知一尺,行一尺。例如到燕国去,光看线路图和宫阙图是不行的,只有去过燕国,并见过宫阙的人,才可以体会得更深。没有被老虎伤过的人,与从虎口脱险的人,对老虎的感觉是不一样的。没有去过泰山的人,无论如何也描绘不出泰山的具体情况。没有读过《三坟》和《五典》的人,是背不出书中的具体内容的。正因为强调行的重要,他将那些"是古非今"的人嗤为"俗儒"。

人定胜天,虽不是吕坤发明的,但他说"圣人学问,只是人定胜天"(《吕坤哲学著作选集》第 78 页)。这是大胆的、积极的。在他看来,世间的万事万物都是有规律的,他把这些规律叫"道"。他说:"道者,天下共公之理,人人都有份。道不自私,圣人私道,而儒者每私之。曰圣人之道,言必循经,事必稽古,曰卫道。嗟夫,此千古之大防也,谁敢决之。然道无尽涯,非圣人所能现。事有时势,非圣人所能尽。后世苟明者出,发圣人所未发,而默契圣人欲言之心,为圣人所为而吻合圣人必为之事,此固圣人之深幸而拘儒之大骇也。"(《吕坤哲学著作选集》第 65 页)这就是说,道是变化的规律,不是圣人的专利,也不是圣人的言论所能左右的,是事物之时势所决定的。所以人人都可以认识规律,做到人定胜天。有些植物冬天不会发芽开花,但老圃能在冬天培养出开花的植物。鸟师能教会鸟儿下棋。如果不懂得事物的发展规律,这都做不到。

从上述中,我们不难看出吕坤是一位唯物主义的哲学家,但在他的著作和思想中又夹杂不少心学和理学的东西。他过分夸大心的作用,他说"举世都是吾心",又把理学夸大到无以复加的程度,他说:"天下事皆实理所为,未有无实理而有事物者也。"(《吕坤哲学著作选集》第67页)在《明戒》一文中,他说:"夫诚何物也?实理也,实有此理。"这就使他不得不陷入矛盾之中。所以他的哲学思想是不彻底的唯物主义思想。

由于吕坤不满意道教、佛教和儒学的迂腐作风,当有人问他是哪家时,他说,非儒非道非佛,"我就是我"。这说明他想摆脱当时的学术氛围,不愿随波逐流,成为有一家之言的人,这是可以理解的,但在客观上只能是"亦儒亦道亦佛"了。

(原载《中原文化大典·历史人物》,中州古籍出版社2008年4月出版)

明朝晚期的洛学北方后人杨东明

杨东明是明朝晚期的一位儒学家,他的官职不大,学术地位也不高,但他的政治、哲学、教育等思想的影响并不比明朝的大儒们小。他是二程在中州大地上的洛学后人之一,是北方心学的传人,深得王阳明心学之肯綮。现介绍其生平及主要思想,以便于更深入地了解洛学的发展历史。

一、生平

杨东明,字启昧或启修,号晋庵,别号惜阴居士。河南虞城县人。生于明世宗嘉靖二十六年(1547年),卒于明熹宗天启四年(1624年),享年77岁。其祖父杨通被授予通议大夫,其父杨栋被授予征士郎中书舍人。

杨东明一生的道路坎坷多变,曾三次为官,又三次辞官归乡野谪居。总的来说他一生为官的时间较短,而谪居乡下的时间较长。

明神宗万历八年(1580年),杨东明中进士,被授予中书舍人。明万历十二年(1584年),因其父逝世,在家守孝三年。明万历十七年(1589年),被授予礼科给事中,他上《保安圣躬疏》《崇重孝经疏》,劝荒淫无度的明神宗保重身体,注重行孝。明万历十八年(1590年)他上《请立东宫疏》《预教皇储疏》,劝明神宗早立太子,并进行教育。明万历二十一年(1593年),他上《保全善类疏》《优处良吏疏》。五月连降大雨,在豫、皖、苏三省交界处形成一片汪洋大海,饥民遍野。明万历二十二年(1594年)二月,他又上《饥民图说疏》,引起明神宗的重视,并派人到河南等地救灾。明万历二十三年(1595年),为吏给事中,他上《荐贤为国疏》,提出不私立桃李的思想。后与吏部尚书孙怀扬力抵工部侍郎沈思孝升为右副都御史的事,被贬为陕西省布政司照磨(管文书的小官)。后即辞职归乡。明光宗泰昌元年(1620年),升为太常少卿。明熹宗天启元年至天启三年(1621—1623年),升为刑部左、右侍郎。他在任职期间,与代刑部尚书王纪正确地处理"红丸案件"。此案是说,明光宗得了痢疾,太监崔文昇给他吃了通痢药,病情加重,鸿胪寺丞李可灼提出给皇上吃红丸(仙丹),大学士方从哲同意,但明光宗吃了后,很快死亡,此案件不但没处理,有的人竟受到奖励。天启二年(1622年),代刑部尚书王纪和杨东明处理此案时,认为"方从哲知有贵妃,不知有君父。李可灼进药驾崩,反慰以恩谕,赉之银币,国典安在?不逮可灼,无以服天下;不逮崔文昇,无以服可灼;不削夺从哲官阶禄荫,无以泄天地神人之愤"(《明史·王纪传》卷241)。他还同邹同皋、冯少虚在北京同善书院讲学,后辞官。天启四年(1624年)病逝于家。明思宗崇祯元年(1628年)追封为刑部尚书。

从明万历二十三年至万历四十七年(1595—1619年),他谪居乡下二十余年。在乡下也没闲着,他积极从事各种公益活动,在杞县建立社仓,动员富户捐粮备荒。他看到乡下孩子没学上,捐地办学,形成"四方学生云集"的场面。他举办敬老会,邀请80岁以上老人赴宴。他组织民力,自带干粮和工具,修堤捍水,为庶民减少灾害。他为这些公益活动制定条约、写序言,或把研究学问所写文章都集中起来,自称是山居时自做的功课。他的主要著作有以下几种可以作为代表:

《论性臆言》。主要说明理气为一的思想,批评了宋儒以来的理学家的理气为二的观点,他从心学的角度出发,认为"理气断非二物也"。此文虽不长,但引起后来人重视。孙奇逢的《理学宗传》,黄宗羲的《明儒学案》都收入此文。黄宗羲认为杨东明作为北方王门学子,"此真得阳明之肯綮也"(《明儒学案·北方王门学案》卷28)。

《青琐荩言》。青琐,本是宫门上的装饰物;荩,是忠心、忠诚。这是他为官时为皇上写的奏疏,"青琐荩言者,晋庵杨公居谏腋时所上牍也"。此书分上、下两卷。他被贬官后在乡下居住时,整理成册。由其弟杨东光校对,其弟杨东琅刊刻成书,当地明儒乔胤作序。明万历四十年(1612年)成书传世。

《山居功课》。是他在乡下居住时,为举办的公益事业所制定的条约、序文,以及他研究学问写的文章,他说:"此吾山居课业也。"王梦凤、吕坤、焦竑为他写了序,吕坤称是杨晋庵文集,是有道理的。

《饥民图说疏》。也叫《河南饥民图》。他把河南的灾情绘成十四幅图,并加以简要的说明,写有序文和跋,反映了河南遭受水灾后饥民遍野、流离失所的情况。

这些著作都是研究杨东明思想的重要资料,要搞通杨东明的思想,就要认真地研究这些资料。

二、政治思想

杨东明虽是明朝统治集团中的一位小吏,但他忠于明王朝的决心和行动,不比明朝那些封疆大吏差。他劝君、安民和抗倭的事迹都很突出。

1.劝皇帝勤政。杨东明进入官场以后,遇到的皇帝是明神宗,这是一位荒淫无度的人,经常不上朝,也不立太子。他任礼科给事中时,上的《保安圣躬疏》《请立东宫疏》《预教皇储疏》《慎终疏》等,都是劝皇帝保重身体,早立太子,为明朝的长治久安设想的。为了让皇帝勤政,他提出设立经筵,请翰林侍读学士、翰林侍讲学士及崇政殿说书给皇帝讲课,吸取历史上的经验教训,以端正皇帝的思想。

善于用人,是帝王保持统治地位的重要方法。杨东明引用诸葛亮《出师表》中的话说,亲贤臣,远小人,是前汉兴隆的根本;亲小人,远贤臣,是后汉失败的重要原因。他希望明神宗也像汉高祖那样,善于用人,不是明朝当时没贤臣,没循吏,而是没有发现。只有善于发现人才,善于使用人才,才可以巩固自己的统治地位。

虚心纳谏,也是帝王巩固自己统治地位的重要手段。唐太宗之所以有贞观之治,与唐太宗虚心听取魏徵等人的建议有关系。杨东明希望明神宗也像唐太宗那样虚心纳谏,开纳谏之路,听谏臣的忠言。他说:"臣子之中有抱犬马之念,积岁月之诚,吐肺肝之语,建桑土之谋者,此明主当虚怀而听,改容而礼之者,或视如弁髦,嫉如仇雠,使忠肝义胆抑遏不伸,徒仰屋窃叹而坐视夫国事日非。"(《山居功课》卷6)对那些忠肝义胆之士,必须让他们把好的建议说出来,才能有利于社稷的巩固。不能像楚顷襄王那样,放逐屈原,楚国也走到了灭亡的下场。

2.抗倭援朝,也叫东征。日本的丰臣秀吉兼并国内60余个蕃邦,达到了统一。但他野心膨胀,大肆对外扩张。明万历二十年(1592年)五月出兵二十万侵略朝鲜,占领釜山,攻占京城。朝鲜国王李昖请求明朝出兵援助。明神宗派兵部侍郎宋应昌为经略使,李如松为东征提督,于明万历二十一年(1593年)一月出兵朝鲜,取得平壤大捷,并收复北方四道。由于求胜心切,在攻打汉城时,遭到失败,最后撤兵回国。

关于东征这个事,究竟是胜利还是失败,在明朝上层议论纷纷。主战派认为是胜利,主和派认为是失败,应当严惩宋、李二人。杨东明站到主战派的立场上,认为是胜利。他在《东事疏》一文中说:"东征之事,二臣有失利之罪,亦有克敌之功,而克敌之功大,失利之罪小。朝廷用人当存其大,略其小。录其功,赦其罪。此之谓持大体。"(《明史》卷238,第6195页)后来明神宗接受杨东明的建议,对李如松加太子太保,赠禄百石,提宋应昌为右都御史。

3.安民救民。杨东明虽是明朝统治集团中的一名小吏,但由于他山居乡下的时间较长,对黎民百姓熟悉。明万历十八年(1590年),他在建立杞县义仓时,就说,对啼饥号寒的黎民不能漠然视之,"夫重莫重于民命,急莫急于救民命"。最能体现他安民救民思想的是他的《饥民图说疏》。

明万历二十一年(1593年)五月,连续数旬的降雨,造成黄河、淮河决口,在豫、皖、苏三省的交界处形成一片汪洋大海,遭受水灾的黎民处于水深火热之中。明万历二十二年(1594年)二月,杨东明任刑科右给事中,他绘饥民图十四幅,在前言和跋语中都强调了灾情的严重性和黎民的痛苦,希望明神宗能立即救灾。

这十四幅图,首先,说明灾情的严重性。第1、2幅图分别是"水淹禾稼""河冲房屋",可以看到人在水中捞庄稼,水中漂浮着木料。他说:"粤唯去年五月,二麦已见垂成,忽经大雨数旬,平地水深三尺,麦禾既已朽烂,秋苗已惨伤。切河决堤溃,冲舍漂庐,沃野变江湖,陆地通行舟楫,水天之际,雨树含愁。"(《饥民图说疏》)其次,说明饥民流离失所的情况。从第3幅图到第12幅图,分别是"饥民逃荒""夫奔妻追""子丐母溺""卖儿活命""弃子逃生""人食草木""全家缢死""饿殍满路""刮食人肉"与"杀二岁女"。这说明了饥民在逃难途中的悲惨情况。杨东明在《饥民图说疏》中说:"民既无充腹之资,又鲜安身之地。于是扶老携幼,东走西奔,饥饿不前,流离万状,夫妻不能相顾,割爱分离,母子不能两全,绝裾抛弃,老羸方行而辄扑,顷刻身亡,弱婴在抱而忽遗,伶仃待毙。跋涉千里,苦旅舍之难容,匍匐归来,叹故园之无倚。投河者葬身鱼腹,自缢者弃命园林。凡此皆臣居乡时闻切见者也。"在《饥民图说疏》跋语中说:"近闻有子饥而食其父者,妻饿而食其夫者,是皆天理人伦之大变,臣不忍绘之于形容。"第13幅图是"盗贼夜火",是说饥民在无奈的情况下,为取得生路,只有起义,寻求逃生之路。自古天下变乱,不在夷狄外患,而在民穷盗起。这种岌岌可危之势,不能不引起统治者的重视。最后一幅图是"伏阙上疏",希望明神宗看到《饥民图说疏》后,能立即救济灾民。他在《饥民图说疏》跋语中说:"如蒙皇上俯览臣图,恻然动念,乞敕该部速议捐赈,以救危亡之民,以收离叛之心。更望皇上遇灾知惧,勤政发财,宁损所有以济灾民,无取外财以实内库。""今亿万生灵不得其命,何忍坐视而不救乎?事不大臣不敢言,变不迫臣不敢言。"正如救灾如救火,早一日救济则多活数千万生灵,迟一日救济则多损数千万人之命。

杨东明的《饥民图说疏》是二月十一日送到明神宗那里的,二月十五日,明神宗批示:"饥荒情况异常,朕心甚惊惶忧惧,就派钟化民领敕前去,多方便宜拯救,应发钱粮,着户、工二部便看了来说。"由于采取了得力措施,及时救济,半年的时间内,河南等地的灾民得到了救济,杨东明也实现了他的安民救民的思想。

三、心学思想

杨东明是心学的继承人,从他对理气、性气、心性等关系的理解方面来看,足以体现他的心学派的哲学思想。

1.太极是心之体。太极是什么?理学家和心学家各持一词,莫衷一是。理学家认为太极是理,这理是客观存在的观念,心学家认为太极是理,这个理是心之体,是主观意识。

杨东明在《山居功课·理气篇》中说:"盖天地间只是一个太和元气,而气之条理即是理,理即太极也。浑然一而已,一则无圣愚之分也。"在《谏宪副陈云麓公祖》一文中说:"夫学问之道有先天,有后天,故学不学者,圣凡之所以异,而先天与后天,则圣贤所以分也。故诚聚精会神,唯与其先天者图之,则吾心之固太极之所从出,而羲卦之所由起也,又何虑日用之间,有补得其中正者哉?年来师友之间乏人自修自悟,窃见孔子无意必固我,真是夫焉有所倚。即此之求之未发之中可见,故曰吾有知乎哉?无知也。此人心本来之体。千古圣神相传之脉,孔子发愤忘食,颜子苦孔之卓,一片精神唯求了当此件而已。"(《山居功课》卷7)

从这两段话可以看出杨东明肯定太极是理,这个理是孔子发愤忘食所追求的,也是千万个圣贤一脉相传的理;这个理是先天的主观意识,是"人心本来之体",也是"吾心所固太极所从出"。就是说太极是吾心所固从出,伏羲的八卦也是吾心所由起。至于圣人与凡人之分,不是先天就有的,而是学与不学的问题。凡是愿意学习的人,都可以成为圣人;凡是不愿学习的人,永远是愚人。

2.理气为一。关于理气关系的问题,历来也是理学家和心学家争论不休的问题。理学家认为理先气后,理气为二;心学家则认为理气为一,理即气,并以此来批判宋儒以来理气为二的观点。

杨东明在《山居功课·理气篇》中说:"天地间只是这些元气化生万物,这天地之气自然至巧至灵,千态万状,无所不有,不假安排,自然各足,是即所谓理也,气外无理也。""阴阳之气,灵气也,唯其灵,则自有条例,故曰理也。""气以成形,即形即理,如谷种既结而生意自存,非有二也。"(《山居功课》卷6)

在《柬杨春元湛如》一文中又说:"盖天地间,惟此一元浑沦之气,此气自有条理,故谓之理。这个物件费而不隐,其体不得不隐,微而显。其用不得不显。体用一原,显微无间,斯为一元之气之全能乎?故生聚者气也,即理生聚也。散灭者气也,即理之散灭也。夫理何有散灭?而谓之散灭者,就委形而见其散灭耳,其实委形有散灭,而二元之气无散灭,故理、气终是一个也。"(《山居功课》卷7)

从杨东明的这两段话可以看出,一是理气为一,气是自然而然的,非有安排,虽然千态万状,但是"气外无理","理、气终是一个"。二是用理气为一的思想,批判了宋儒以来的理本论,不要泥于文词,不要拘于形式,去追求理气关系,再次说明理即气,气即理。

3.性气为一。杨东明从孟子的性善论出发,认为性即气,气即性。没有不善的性,批评了宋儒以来的义理之性为善,气质之性为恶的观点。他在《柬宪副陈云麓公祖》一文中说:"理、气二名浑是一物,当初先儒只为识不透此气,故添个理字以尽其妙,其实不消得气即为理,而气有清浊,虽又生性有不同之疑……来谕谓人有圣贤、凡愚之等固有性同气异之说。夫圣愚之异,异于习,非异于气,归之习则可转移,归之气异则一定而难矣。古宋儒气质之说,实为后学大害不可不知。"(《山居功课》卷7)

此段话是针对宋儒的义理之性和气质之性而发的。宋儒认为圣人与凡人、上智与下愚的不同,是生来具有的,不可改变的。由义理之性而生的,生来就是圣人,是上智;由气质之性而生的,生来就是愚人,是下愚。杨东明从孟子的性善论出发,认为圣人与凡人的不同,是因于习惯,而不是气质之性。他特别强调环境的影响。他说:"诚使将驳浊之人自少至长,居于善人之中,所见无非正人,所闻无非正道,所行无非正事,耳提面命,涵育熏陶,即甚愚未有不可化而入者,故下愚不移,只为缺了修道之教,补一教字,而人性一矣。"(《山居功课》卷5)这就是说,环境可以改变人的好坏。在一个好的环境内,即使很坏的人,经过耳濡目染,也可以使他成为好人。杨东明人性善的积极意义是环境可以改变人的性格,批评了宋儒的命定论的错误。

4.心性为一。心性为一也是心学家与理学家争论不休的一个问题。杨东明从心学的思想出发,认为心性为一,批评了理学家心性为二的观点。

心性为一,也是心学家们的一贯思想。王阳明说:"心之体,性也。性即理者,只是理也。"(《传习录》中)即心性为一。杨东明继承了这一观点。他说:"盖性者,浑沦之体。而心则性之所出,以效灵明只用者也。故专以心言,则心自有体用,以性对心言,则性其体,而心其用也。性主静,心主动,心有出入,性无存亡。性者心之合,心者性之分。一而二,二而一者也。"(《山居功课》卷5)又说:"心者,性之浮廓。为浑然无为者,性也。惺然有为者,心也。性无心无以见,心非性无以灵。性其海乎?心其海水之波乎!此其体用、分合之间,当必有辨矣。盖心性理微,异同难析。"(《山居功课》卷8)杨东明的思想是心性为一,一而二,二而一者也。性为体,主静,心为用,主动,性是大海,心是大海之波,性生心。理学家则认为心为体,性为用。程颐与朱熹都认为"心统性情",统是兼的意思。即心兼性情,或曰心包括性情。心是性、情的总体,可见心大性小。

与此相连的还有一个道心与人心的问题,也是心学家与理学家争论不休的问题。理学家认为人心是由气质之性而生,是私心,故人心为危;道心是由义理之性而生,是公心,故曰道心唯微。就是说,人心与道心是二,而不是一。心学家杨东明认为道心与人心为一,但又有区别。他说:"问:人心、道心果二乎?曰:二之则不是。果一乎?曰:一之则无别也。道心者,属于人而不移于人者也,其枢纽造化纲维人物者乎!此个虽体物不遗,实闻睹具寂。故曰唯微。若为人心,即道心之著于形气者也,乘气出入,视夫寂然不动者殊矣。故称惟危也。"(《山居功课》卷5)杨东明认为人心与道心既是一又是有区别的。人心是道心之著于形气,有感觉。"有耳则思听,有目则思视,有口则思味,有四肢则思安逸。"人心只有在发而为意,或发而为流弊时,才惟危。并不是只要是人心都是惟危。道心属于人,而不移于人,是"枢纽造化纲维人物者",没有感觉,"实闻睹具寂"。所以他认为人心与道心的关系,正像澄浊水求清一样,都是水,只有清水与浊水之不同罢了。

5.认识论。杨东明是心学家,他的认识对象和认识方法,都是依据心学的角度形成的。

杨东明的认识对象不是客观的事物,而是主观意识"心之体"。他在《义塾条约》中说:"明读书之旨,盖圣贤垂世立教,只是欲人明善复初,学做好人。今之读书者,上借为梯,营谋利之具。此宇宙间一大舛也。"(《山居功课》卷2)不能把读书当作升官发财的阶梯和谋利的工具,无疑是对的,但读书的目的是"明善复初",就令人费解。认为人性本来是善的,只是后来由于私欲和环境的影响,善性被障碍物所蒙蔽。读书就是要去掉这些障碍物,使人心恢复原来的善性。他的善性,显然也是意识。他还说:"天下万事万化不外吾心之天则,天则,礼也,即所谓道也,圣人教人只是欲人复此礼。"(《山居功课》卷5)这里说的"天则""礼"与"道",与上边说的善性一样,都不是客观事物,而是主观意识。

杨东明的认识方法,以"尊德性"为主,以"道学问"为辅,把尊德性与道学问结合起来,就是他的认识方法。

所谓尊德性的方法,就是谋道的方法,也叫易简的方法,即明心与发明本心的方法。这是杨东明一生下功夫最大的方法。他说:"万古圣学正脉,只要立天下之大本,世儒不知务本,而唯末是图,闻见愈多,支离愈碎甚。象山所谓'易简功夫终久大,支离事业竟浮沉',阳明所谓'舍却自家无尽藏,枝枝叶叶外头寻',皆所以标揭本原,妨闲外务,可谓学问之正宗矣。"(《山居功课》卷5)这里肯定易简的方法是万古圣学的正脉,立天下大本的方法。批评闻见的方法是支离破碎的方法,闻见愈多,就愈支离破碎。

杨东明批判"闻见之知",是为他的"良知良能"作辩护。他说:"先儒曰生而可知者,义理耳。夫义理也安能尽知哉?故曰良知不资闻见,并不废闻见,植木者,不以天然生机而废灌溉之功,则学可知也。"(《山居功课》卷6)这里不难看出杨东明处于矛盾状态,一方面承认良知良能是生而知之,不依靠闻见之知,另一方面又说,良知良能不废闻见之知,正像种树需要灌溉水一样,适当的灌溉可以使植物更好地生长。这就是说,闻见之知对良知良能有辅助作用,可以促使良知良能的更好发展。

道学问的方法,就是多闻多见和读书的方法,也是格物的方法。他说:"举凡多闻多见,学、问、思、辩皆是格的功夫,皆是为这一个至善。如此为学是有头脑,方是学圣正道。不然即读尽五车书,曾何了得性分上的事。"(《山居功课》卷7)这里又承认闻见之知是学圣正道,是有头脑的好方法。由此可见,道学问的方法,乃是依靠感觉积累知识。

把尊德性与道学问结合起来,即把博闻和约礼结合起来。他说:"此礼变化无方,与时推移,所谓仰、钻、瞻、忽不可企及者,即此物也。故夫子教于文处求之。凡事之可见者为文,视、听、言、动皆是也。无往非事,无往非文,故谓之博。礼吾心之天则,节文万事唯此一个,故谓之约。无在非文,即无在不求归于礼。如视、听、言、动,文也。非礼勿视、听、言、动,即约礼也。可见者为文,不可见者为礼,无内外也。于此为博文,于此为约礼,无先后也。先儒有谓随处体认天理者,即善檃括博约之训者也。"(《山居功课》卷5)这段话是说,要具体认识"礼""天则"或曰"道",必须把博文与约礼结合起来。博文,是看得见的如视、听、言、动,往事往文,凡可见者为文。约礼,是看不见的事,非视、听、言、动之事。孔子的学生曾子和颜子,就是能用两个方法的代表,曾子自外求之,颜子的仰、钻、瞻、忽等,是自内求之。自外求之者,昏而无得;自内求之者,殆而不安。所以只有把博文与约礼结合起来,才是完善的认识方法,即"善檃括博约之训者也"。虽博文与约礼无先后、内外之分,但有主次之异。杨东明说:"学问以约礼为宗,博文为约礼实地耳。"(《山居功课》卷5)即以约礼为主,而博文辅之。就是说约礼为主,而博文是实现约礼的手段罢了。

四、教育思想

杨东明是晚明的一位教育家,所以他在政治上受到阻碍时,积极从事教育,培养社会上所需的人才。

首先,强调了教育的必要性。他在《义学记》一文中说:"天下何以太平?得其人而理矣。人才何以众多?得其教而兴矣。是故贤才,天下之司命,而教化,贤士之阶梯。此治理之要机。而忧世者恶可不汲汲讲也。万历丙申间,中州荐饥,闾阎子弟率放弃不学,余慨然念曰,此辈收之则有造有德,弃之则愈趋愈下。天生斯民,使先知觉后知,责在余乎?乃劈隙地为塾,延良士为师,郡邑子弟教之。"(《山居功课》卷3)从这段话可以看出三个意思:一是学校是培养人才的地方,有了学校就可以培养出大量的人才,天下就能得到治理;二是中州地区遭受灾害,许多孩子没有学上,如果把他们集中起来进行培养,国家就有了人才;三是杨东明感到人才的需要,于是乃辟地办学校,聘请良士为师,使郡邑子弟得到了教育。

杨东明的教育思想可以分为小学教育和大学教育两个部分。

小学教育以不懂事的孩子为对象,因为他们没有自理能力,以老师教学为主,在《义塾条约》中,要求他们懂得孝亲、尊师、处友,即懂得做人的基本道理,走上正确的人生道路。知识学习以《小学》为主,他说:"盖《小学》一书,乃为人样子,其言又显明易入,故养蒙莫此为善。"(《山居功课》卷3)可见,《小学》一书是培养他们的基本知识,使其走上学知识的道路。

　　大学教育以成人为主,自律为主。从道德方面,要培养他们懂得"学问之道,则唯还吾本有之性而已矣"。这是从心学出发,心学认为人性生来就是善的,只是后来被私欲蒙蔽,教育他们恢复本有之性,要他们懂得人性就是仁、义、礼、智、信。知识教育以《大学》《论语》《孟子》和《中庸》为主要教材,遵守程朱的教育思想。他们认为《大学》是孔子的遗书,是入德之门,要先学。《中庸》乃是传孔孟之心法的书,以求得微妙之处。《论语》是孔子教学生的根本。《孟子》是教人学会立圣之本。学习顺序是《大学》《中庸》《论语》和《孟子》。通过四书的学习,不仅可以增加知识,还可以向"人人可以为圣人"的目标前进。杨东明说:"人人宜圣矣,而何世之庸众之多也?圣好学而人不学耳。颜子好学则复圣矣,曾子好学则宗圣矣,思、孟好学则述圣、亚圣矣;人第不学耳,学之至则可以为圣人也。"(《山居功课》卷1)

　　(注:此文所引《山居功课》《青琐荩言》《饥民图说疏》的内文,均见于吴秀玉著《杨东明学行与其饥民图说疏研究》一书,由台湾师大书苑有限公司2003年4月出版发行,在此向作者致谢)

(2012年9月15日)

列子其人其书

现据有关的资料,简介列子其人其书以及他的基本思想。

一、列子其人

关于列子的生平资料,史书记载得较少,现只能根据《庄子》《列子》等书的零星记载作简单介绍,虽说不上系统,但也可以窥见列子的基本面目。

列子是一个有争议的人物,因为汉代司马迁的《史记》中没提到列子,于是就有人怀疑列子其人的存在。列子确有其人,他是郑顷公时人。南宋的理学家朱熹也这样认为,他说:"说列子是郑穆公时人,然郑穆公在孔子前,而《列子》中说孔子,则不是郑穆公时人,乃郑顷公时人。列子后有庄子,庄子模仿列子。殊无道理。他是战国时人。"[《朱子语类》(八)第3008页]列子是战国时的郑国圃田(今河南中牟)人。圃田是一个出人才的地方,据《列子·仲尼篇》所说,"郑之圃泽多贤,东里多才"(《列子》第45—46页)。圃泽即圃田,是列子生活的地方,东里出生的郑子产,曾是郑国的宰相。列子虽出生在一个有名的地方,但他却是一个隐士。在郑国生活四十多年,上自公卿大夫,下至一般的官吏,没人知道列子为何许人。有一年,郑国发生灾荒,列子穷得没饭吃,要到卫国去,他的弟子们要他留下教诲之言,他才把其师壶丘子林的话传给弟子。

《战国策·韩策》中说"列子贵正",正是正名,列子一生不争名,不争利,无所谓正名。但列子却是一个作风正派、品质高尚的人,主张正义,反对无道义。在《列子·说符篇》中说"人而无义,唯食而已,是鸡狗也"(《列子·说符篇》第90页)。这就是说,无论为君还是为民,都不能没有道义,像鸡狗一样生活。有一年郑国发生饥荒,"子列子穷,容貌有饥色"(《列子·说符篇》第90页)。在《庄子·天下篇》也有同样的记载,有人劝郑子阳救济一下列子这样的"有道之士",子阳为了落个"好士"之名,就派人送去十车粮食。列子却拒绝这些"嗟来之食"。他的妻子埋怨他不该不要粮,他劝妻子说,郑子阳听别人说送我粮食,也可以听别人说加罪于我。后来郑子阳被郑缪公杀害,相关人员也受到牵连,而列子却无事。列子到齐国去,在一家酒店吃饭时,他吃十碗酒,店家就优惠五碗。列子想,像这样有微薄收入的小店主都这样优惠我,那些富人官僚又该如何呢?所以他中途返了回来。可见列子是一个很正派的人。

列子的老师有壶丘子林、老商氏和关尹。列子拜壶丘子林为师,被授"先知之理",即只有先身后才能有身先的道理。他一心一意地向壶丘子林学习二十年,却不认识与他一墙之隔的南郭子,别人以为他与南郭子有仇,其实不是有仇,而是他专心致志的表现。但在学习过程中也发生过疑问,《列子·黄帝篇》记载了一个故事:有一个神巫叫季咸,从齐国来到郑国,自我宣扬说他可以预测人的生死、寿夭、祸福,对岁、月、日的推算也很准。别人见季咸躲而避之,只有列子迷上了季咸,他对其师说:"始吾以夫子之道为至矣,则又有至焉者矣。"(《列子·黄帝篇》第22页)也就是说列子认为季咸的技艺超过了其师的水平。其师让列子把季咸带来见他,通过"地文"(即木头土块一样不动)、"天壤"(天性柔顺)、"太冲莫朕"(即太虚均衡)三招,季咸的把戏被戳穿,季咸只好逃走。这时列子才认识到没学好,归家后闭门三年不出,终于学到其师的真正本事。

老商氏也是列子的老师,在《列子·黄帝篇》和《列子·仲尼篇》中都用差不多相似的文字记载了列子向老商氏学习的经过。三年之后,"始得夫子一眄而已"。五年以后,"夫子始一解颜而笑"。七年之后,"夫子始一引吾并席而坐"。九年以后,才"心凝形释,骨肉都融,不觉形之所倚,足之所履,随风东西,犹木叶干壳。竟不知风乘我邪,我乘风乎"(《列子·黄帝篇》第15页)。这就是说,通过九年的学习,他终于学道成功了。

二、《列子》其书

列子是先秦时人,《列子》一书是否真有,尚难断定。有人说有此书,秦始皇焚书时烧了。西汉司马迁的《史记》都没有提到此书。汉景帝时崇拜黄老之学,《列子》一书受到重视,这也说明有《列子》一书。从汉景帝到汉武帝只有七十多年,中间又没有战争,怎么会没有书呢?西汉末年刘向注《列子》,说明刘向看到了此书。他还认为《列子》一书多寓言,与《庄子》相类,所以史学家没提到《列子》,既然与《庄子》相似,为什么司马迁提到《庄子》,而没提到《列子》呢?没法说明原因。

现存的《列子》一书是魏晋时文人的托名之作。究竟是哪一位文人呢?也难说清。有人说是东晋时注《列子》的张湛。如是张湛作伪,怎么在《列子·仲尼篇》对"孤犊未尝有母,非孤犊也"作注时说"此语近于鄙,不可解"(《列子·仲尼篇》第49页),自己作伪又不知是什么意思,是不可能的。有人说王弼父子作伪,又拿不出可靠的证据。所以只能说是魏晋时文人作伪。其理由如下:

在《列子》一书中对老子、列子、孔子的称呼不一。据不完全统计,在《列子》一书中称"子列子"的有31处,称"列子"的有22处,称"列御寇"的有7处。如是列子自己所作,不可能称"子列子""列子"。如是列子的弟子所作,也不可能直呼其师之名"列御寇"。老子是道家的鼻祖,对老子应当尊重,在道家后人的书中也不能称"老聃",在《列子》一书中称"老聃"有7处。所以《列子》的作者也不可能全是道家的弟子。在《仲尼篇》中尊"孔子"的有27处,称"孔丘"的有24处,称"仲尼"的有12处。如是道家的弟子,为什么要尊孔子呢?若是儒家的弟子是可以理解的。从这些不同的称呼中,可以看出《列子》的作伪者,不是一人一时之作,而可能是多人多时之作,刘向在校对《列子》一书时曾说"不似一家之书",也说明了这个问题。

《列子》一书中有些文字前后重复。在《黄帝篇》和《仲尼篇》中都有关于列子拜老商氏为师的记载,文字基本相同,只有个别地方有些差别。列子拜老商氏为师,三年以后"始得夫子一眄而已",五年以后"夫子始一解颜而笑",七年以后"夫子始一引吾并席而坐",这种语气像是弟子对老师的称呼。但在《仲尼篇》中却把"夫子"变成了"老商氏",这不像是弟子对老师的称呼。不仅前后矛盾,而且称呼不一,这也说明作者的不同。

在《列子》一书中,有些文字前后矛盾。如在《汤问篇》中承认有仙人的存在,有不老不死之人的存在。他说在渤海以东几万里的地方有五座山,"其上台观皆金玉,其上禽兽皆纯缟,珠玕之树皆丛生,华实皆有滋味,食之皆不老不死。所居之人皆仙圣之种"(《列子·汤问篇》第53页)。这就是说,不仅承认长生不死的人存在,而且也是道家之徒修炼成仙的标准,也就是"真人""至人"的目标。这些人是吸风饮露、不食五谷的仙人。而在《杨朱篇》中当孟孙阳问杨朱有人祈求长生不死时,杨朱却说"理无不死""理无久生"(《列子·杨朱篇》第82页)。再如对圣人作用的看法,也是前后矛盾。一方面承认"圣人无所不知,无所不通"(《列子·黄帝篇》第27页),"唯圣人知所与,知所去"(《列子·天瑞篇》第8页),另一方面又说"天地无全功,圣人无全能"(《列子·天瑞篇》第2

页)。在《仲尼篇》中孔子不承认自己是圣人,只承认自己博学多识;也不承认三皇为圣人,只承认三皇"善任智勇者";不承认五帝为圣人,只承认五帝为"善任仁义者"。这些前后矛盾的地方,说明作者的认识不一致。

在《列子》一书中,有些段落与两汉时的某些文章的段落相同。在《列子·力命篇》中描写鲍叔与管子的友谊的文字,同《史记》中描写一样。"管仲曰:'吾始困时,尝与鲍叔贾,分财利多自与,鲍叔不以我为贪,知我贫也。吾尝为鲍叔谋事而更穷困,鲍叔不以我为愚,知时有利不利也。吾尝三仕三见逐于君,鲍叔不以我为不肖,知我不遭时也。吾尝三战三走,鲍叔不以我为怯,知我有老母也。公子纠败,召忽死之,吾幽囚受辱,鲍叔不以我为无耻,知我不羞小节而耻功名不显于天下也。生我者父母,知我者鲍子也。'"(《史记》评注本,岳麓出版社2004年5月出版,第943页)在《列子·力命篇》(第69—70页)也有同样的记载,这也说明《列子》一书成书较晚。

三、《列子》一书的主要思想

关于《列子》一书体现了什么思想,自古以来就有争议,有人说是道家思想,有人说是杂家思想。我个人认为以道家思想为主,同时兼有儒家、佛家的思想。

1.《列子》一书的道家思想

《列子》一书以道家思想为主,是两汉以来不少的古人也承认的。西汉末年的刘向为《列子》作注时就指出"其学本于黄帝、老子,号曰道家。道家者秉要执本,清虚无为,及其治身接物,务崇不竞,合于六经"(《列子》目录)。东晋时的张湛在《列子序》一文中说其书"大略明群有以至虚为宗,万品以终灭为验"。唐玄宗时的卢重玄在《列子叙论》一文中肯定了刘向、张湛的话,他说:"代人但约形为生,不知神者为生主,约气以为死,不知神者为气根。"(杨伯峻:《列子集释》,中华书局1979年出版,第282页)还认为只要知道以神为主的思想,就等于掌握了列子思想的一半。下面具体叙述《列子》一书中的道家思想。

(1)有生于无。《列子》一书体现了道家思想,《吕氏春秋·不二》提出列子贵虚,这一说法是对的。在《列子·天瑞篇》中列子作了解释,他说:"虚者无贵也","莫如静,莫如虚。静也虚也,得其居矣。取也与也,失其所矣"(《列子·天瑞篇》第8页)。可见列子的思想贵虚是对的,他认为虚无是万物之本,他说:"昔者圣人因阴阳以统天地。夫有形者生于无形,则天地安从生?故曰:'有太易,有太初,有太始,有太素。太易者,未见气也;太初者,气之始也;太始者,形之始也;太素者,质之始也。气形质具而未相离,故曰浑沦。浑沦者,言万物相浑沦而未相离也。'"(《列子·天瑞篇》第2页)这就非常具体地说明了万物从无开始,从无到有,从无气到有气,从无形到有形,从有气再到万物的过程,充分体现了老子的"有生于无"的思想。

(2)道法自然。在《列子》一书中,作者强调了道的客观性和不可变性。列子在《力命篇》中说:"天道自运。天地不能犯,圣智不能干,鬼魅不能欺。自然者,默之成,平之宁之,将之迎之。"(《列子·力命篇》第71页)这里强调了规律的自然性,"无时不生,无时不化"。道不能以情求得,也不以情去。道是客观的,不能改变的,鬼神与圣智都不能干涉的,即人的能力是无法改变的。人们只能适应它、遵守它。他在《仲尼篇》中说:"欲若道而用视听形智以求之,弗当矣。"(《列子·仲尼篇》第49页)如何才能做到按规律办事呢?列子提出三种办法:首先,要懂得规律。他在《天瑞篇》讲了宋国的向氏向齐国的国氏学习致富的经验。国氏说:"吾善为盗。"向氏只"喻其为盗之言,而不喻其为盗之道"(《列子·天瑞篇》第10页),于是就越墙攫屋,结果被抓。向氏埋怨国氏骗他。国氏就向他介绍了如何利用天时、地利取得庄稼的丰收,如何在河海里钓鱼虾。这就是说,致富要懂得规律才行。其次,要熟习规律。他在《黄帝篇》中说,孔子观水于吕梁,悬水几十丈高,流沫几十里长,鼋鼍鱼鳖都不能游,有一个男子却自由出入。孔子问他游水之道。他说:"吾生于陵而安于陵,故也;长于水而安于水,性也;不知吾所以然而然,命也。"(《列子·黄帝篇》第20页)就是说生于山区的人熟悉山区的规律,生于水边的人熟悉水的规律,所以鼋鼍鱼鳖不能游的地方,人可以自由游,知所以然而然的道理,所以可以自由地出入。最后,要掌握规律。在《汤问篇》中列子说,纪昌向飞卫学习射箭的技术,飞卫对纪昌说,要先学会"不瞬"的功夫,即不眨眼的功夫,于是他卧在妻子的织布机下三年,学会了不眨眼的功夫。飞卫教他以小为大,他把虱子吊在窗子上,观察了三年,他眼里的虱子像车轮那样大。在《说符篇》里列子讲了自己向关尹学习射箭的故事。关尹说,射箭要懂得为什么能射中靶心的道理,并说:"非独射也,为国与身亦皆如之。故圣人不察存亡,而察其所以然。"(《列子·说符篇》第90页)

(3)宣扬真人至人。在《列子》一书中,许多地方提到"真人""至人"和"神人"。实际上这三种人都是一个意思,即道家修身养性所要达到的标准。他在《黄帝篇》中说,列姑射山上,"山上有神人焉,吸风饮露,不食五谷,心如渊泉,形如处女"(《列子·黄帝篇》第14页)。又说:"夫至人者,上窥青天,下潜黄泉,挥斥八极,神气不变。"(《列子·黄帝篇》第17页)在同一篇中列子讲到自己拜老商氏为师,经过九年的修炼之后,达到了"心凝形释,骨肉都融,不觉形之所倚,足之所履,随风东西,犹木叶干壳。竟不知风乘我邪,我乘风乎"(《列子·黄帝篇》第15页)。从此可以看出,所谓的"神人""至人""真人",都是道家修身养性所要达到的最高标准,即达到道家的"坐忘"的程度。

(4)不以智力治国。老子的《道德经》提出"弃圣绝智"的思想,认为"智慧出,有大伪"。但在《列子》一书中没有明显地提出弃圣绝智,但列子主张无论是治国与治身,都不应运用智力,认为智力用得越多,天下越乱。列子在《黄帝篇》中说,黄帝治理国家十五年,天下大治,人民喜欢。后来担心天下不知,于是"竭聪明,进智力"(《列子·黄帝篇》第13页),反而天下大乱。于是三个月不亲政事,白天睡觉时梦见华胥氏之国,"其国无师长,自然而已。其民无嗜欲,自然而已"(《列子·黄帝篇》第13页),天下大治,于是黄帝认识到治身接物之道"不可以情求矣"。就是说,对于客观规律不能以人的意志而改变,是对的。但如果治理国家都不用智力,像黄帝所想象中的那样,无师长无政府,是不可能治理好国家的。

2.《列子》中的儒家思想

(1)治国先治身。治国先治身,是儒家修身齐家治国平天下的一贯思想。就是说治国先治身,"己不正不能正人"。在《列子·说符篇》中通过楚庄王与隐士的对话,说明了这个问题。"楚庄王问詹何曰:'治国奈何?'詹何对曰:'臣明于治身而不明于治国也。'楚庄王曰:'寡人得奉宗庙社稷,愿学所以守之。'詹何曰:'臣未尝闻身治而国乱者也,又未尝闻身乱而国治者也。'"(《列子·说符篇》第95页)这就强调治身的重要,只有身治好了,国家才能治理,才不会乱。在《杨朱篇》中讲了郑子产为郑国相,三年大治,人民喜欢,四周的各诸侯国也都怕他。但子产的兄长公子朝好喝酒,家内聚酒千钟,其弟公子穆好色,家内美女成群,受到邓析的批评,说子产不会治家,就反映了这种思想。

(2)重义轻利。重义轻利,好行仁义,也是儒家的重要思想。在《列子·说符篇》中,"子列子曰:'桀纣唯重利而轻道,是以亡。幸哉余未语汝也。人而无义,唯食而已,是鸡狗也。强食靡角,胜者为制,是禽兽也。为鸡狗禽兽矣,而欲人之尊己,不可得也。'"(《列子·说符篇》第89—90页)这一段话,不仅说明了仁义的重要,而且也告诉人们要重视仁义,不重视仁义的人,就同鸡狗禽兽一样,不但得不到人们的尊重,而且会像桀纣一样遭到灭亡的命运。

（3）重才任贤。治理国家需要人才,没有人才就没法治理国家。儒家重视人才的选拔,在《说符篇》中强调了人才的重要。列子说:"故治国之难在于知贤,而不在自贤。"(《列子·说符篇》第90页)就是说自己是人才还不行,必须知道人才的重要,发现人才,选拔人才。他在《力命篇》讲了鲍叔拼命荐管仲的故事。"鲍叔牙谓桓公曰:'管夷吾能,可以治国。'桓公曰:'我仇也,愿杀之。'鲍叔牙曰:'吾闻贤君无私怨,且人能为其主,亦必能为人君。如欲霸王,非夷吾其弗可。'"(《列子·力命篇》第69页)齐桓公接受鲍叔牙的建议,任命管仲为齐国的宰相,使其国得到治理,终于成为五霸之一。人才是重要的,但不只是需要个别的人才,而是需要一大批人才才行。晋国有一个人叫郄雍,他善于识别盗贼,晋国的国君很高兴,以为有了郄雍,晋国就可以无盗贼。但后来盗贼联合起来把郄雍杀了,于是盗贼重新出现。这时晋国的国君才认识到"君若欲无盗,莫若举贤而任之"(《列子·说符篇》第92页)。需要成批的人才,国家才可以得到治理,庶民才可以得到平安。

（4）以人为本。以人为本,是儒家的重要思想之一。列子在《天瑞篇》中说,孔子游泰山时,在郕之郊野发现一个人叫容启期的,他鼓琴而歌。孔子问他为什么这样高兴,他说:"吾乐甚多:天生万物,唯人为贵,而吾得为人,是一乐也;男女之别,男尊女卑,故以男为贵,吾既得为男矣,是二乐也;人生有不见日月、不免襁褓者,吾既已行年九十矣,是三乐也。"(《列子·天瑞篇》第6页)这里讲的三乐,不管对否,但他承认万物之中人为贵的思想却是可以肯定的,这是儒家的"君轻民贵"思想的反映。

（5）宿命论。宿命论,也叫命定论,作为中国的一种传统的保守思想,是儒家和道家都有的思想。他们认为人的命运好坏都是天定的,人的主观努力是没法改变的。在《论语》中有"死生有命,富贵在天"(《论语·颜渊》),"畏天命,畏大人,畏圣人之言"(《论语·季氏》)。在《庄子·人间世》有天命是天大戒之一,他说:"知其不可奈何,而安之若命。"(《庄子集解》第71页)这些言论充分说明了宿命论的重要内容。在《列子·力命篇》中也继承与发扬了这种保守的传统思想。列子说:"生生死死,非物非我,皆命也,智之所无奈何?"又说:"不知所以然而然,命也。今昏昏昧昧,纷纷若若,随所为,随所不为。日去日来,孰能知其故？皆命也夫。"(《列子·力命篇》第71、72页)这都是传统宿命论思想的充分反映。

3.《列子》一书中的佛家思想

张湛在《列子序》中说"所明往往与佛经相参"。这就是说《列子》一书中有佛家的思想。在《周穆王篇》中说："西极之国有化人来，入水火，贯金石；反山川，移城邑；乘虚不坠，触实不碍。千变万化，不可穷极。既已变物之形，又且易人之虑。"(《列子·周穆王篇》第31页)这神奇的、乘风不坠的"神人"能是谁呢？只能是有关佛教的创始人释迦摩尼的传说。在《仲尼篇》中说，孔子不承认自己是圣人，也不承认三皇五帝是圣人，但听说西方有圣人，他说："西方之人有圣者焉，不治而不乱，不言而自信，不化而自行。"(《列子·仲尼篇》第41页)孔子提出疑问：是真有圣人，还是假有圣人？可见孔子对圣人之说持怀疑态度。

在《天瑞篇》中，作者提出佛家的生死轮回的思想。列子说："死之与生，一往一反，故死于是者，安知不生于彼？故吾知其不相若矣。吾又安知营营而求生非惑乎？亦又安知吾今之死不愈昔之生乎？"(《列子·天瑞篇》第7页)接着就说人的死生是没有什么可怕的，不就是一来一往吗？今日之生，也就是昔日之死，今日之死，不就是后日之生吗？这是佛家生死轮回思想的体现。

总之，在《列子》一书中所反映的思想，不论是道家、儒家或佛家，都是中华民族的精神财富。《列子·汤问篇》中讲了愚公移山、女娲补天等动人的故事，这些故事都表现了中华民族的可贵精神，女娲补天说明我们民族有敢想敢干的伟大胸怀，愚公移山说明我们民族不仅敢想，而且具有脚踏实地，团结一致，不怕困难，一步一步前进的实干精神。千百年来，这些精神一直鼓舞着中华民族不断奋勇前进，并取得了一个又一个的胜利。

(原载《王屋山道学研究》2015年第4期)

中华文明史上一颗璀璨的明珠
——试论河洛文化

一

河洛文化是一种区域文化,是由古代各诸侯国的文化演变而来,也同其他区域文化一样有其特定的区域。就其区域而言,可以分为三个层次:一是以黄河流域的中段为主的河南中部文化,包括当今的郑州、洛阳、许昌等地的文化。二是以黄河流域的中段和洛河流域为主的中州文化,包括河南全境的文化,豫北的济水、淇水和洹水,豫东的开封和淮阳,豫西的三门峡一带,豫南的淮河流域,包括今天的南阳、信阳和驻马店等地的文化。我国古代有四渎,除长江外其余的黄河、淮河和济水都在河南境内。大禹分天下为九州,其中的豫州和兖州都在河南境内,豫州在河、洛、瀍、涧之间,即今天的洛阳地区,兖州在黄河和济水之间,即今天的豫北地区,也叫狭义的河洛文化。三是以黄河流域为主的中原文化,包括河南全境以及河南周边的地区,如燕赵、齐鲁、荆楚和秦晋等地的文化,也叫广义的河洛文化。

在这个区域范围之内,不仅包括地下出土的物质文明,也包括精神文明。发现于新郑裴李岗的裴李岗文化,距今9000—8000年,发现于渑池的仰韶文化,距今8000—5000年。在陕县庙底沟出土的文物,正是从仰韶文化向龙山文化的过渡。安阳后岗出土的文物,是龙山文化的代表。在这一地区出现许多名人和名家,他们创造了辉煌的精神产品。正如毛泽东同志所说:"在中华民族的开化史上,有素称发达的农业和手工业,有许多伟大的思想家、科学家、发明家、政治家、军事家、文学家和艺术家。"(《毛泽东选集》第2卷,第622页)名不虚传,在这里确有许多名家的出现,如政治家伊尹、傅说、商鞅、李斯、吕不韦、贾谊、桑弘羊、张苍、汲黯和吕蒙正等,大科学家张衡,地理学家桑钦,诗人杜甫、李贺、刘禹锡、李商隐和元好问等,文学家韩愈,思想家老子、墨子、庄子、韩非子、程颢、程颐等,大翻译家、佛学家玄奘,魏晋时期的玄学家王弼、何晏、郭象、向秀和阮籍等。这些名人名家创造的精神产品,同物质文明结合,共同构成了河洛文化的光辉篇章。

二

任何区域文化都有自己的特性,河洛文化也有自己固有的特点。

1. 帝王始兴之地

荀子说:"王者必居天下之中。"(《荀子·大略篇》,诸子集成本,第321页)传说中的炎黄二帝,还有尧舜都在这里兴起,并进行各种活动。"昔少典娶于有蟜氏,生黄帝、炎帝。"(《国语·晋语四》)黄帝经过几次战争,打败蚩尤,各路诸侯都归顺了黄帝,都轩辕之丘(今河南新郑)。黄帝的孙子颛顼都于帝丘(今河南濮阳),与此同时的伏羲氏在豫东大地活动,都于陈(今河南淮阳)。

司马迁说:"昔三代之居皆在河洛之间。"(《史记·封禅书》)这里说的三代,就是夏、商、周三个朝代。相传尧时洪水滔天,大禹治水有功,被封于夏伯,赐姓姒,始都于阳城(今河南登封),后都阳翟(今河南禹州),还认为"颍川、南阳,夏人之居也"(《史记·货殖列传》),因为阳城和阳翟都属于颍川郡。启的儿子居斟鄩(今河南巩义),仲康都于帝丘(今河南濮阳),少康都于有虞氏(今河南商丘),帝予居于原(今河南济源)。至夏桀灭亡,夏朝的活动都在河南境内。商朝数次迁徙,成汤先都于南亳(今河南商丘东南),后迁北亳(今商丘北),又迁都西亳(今河南偃师),至盘庚迁殷(今河南安阳),从此商朝改为殷朝。

周文王建立西周时,都于丰、镐二京(今陕西西安附近),周武王伐纣以后,认为丰、镐二京偏西,四方职贡不方便,于是就考虑迁都问题。周武王对周公旦说:"自洛汭延于伊汭,居易毋固,其有夏之居。我南望三涂,北望岳鄙,顾詹有河,粤詹洛伊,毋远天室。""营周居于洛邑而后去。"(《史记·周本纪》)周武王认为从洛河流域到伊河流域,在这块广大土地上,北边有黄河,有太行山,南有三涂山(在今河南嵩县陆浑),慎重考虑后,还是洛邑最合适。在《洛诰》一文中周公向成王报告说:"予惟乙卯,朝至洛师,我卜河逆黎水,我乃卜涧水东,瀍水西。惟洛食。我又卜瀍水东,亦惟洛食。"(《尚书译注》第192页)这就是周公在洛阳选地址的情况,先选黄河以北的黎水,觉着不合适,又选涧水东、瀍水西,也觉着不合适。最后选洛阳,因为"八方之中,周洛为中"(《帝王世纪》第58页),于是周成王派周公专门营建洛邑。从周成王七年春三月,到周成王十四年冬竣工,共花费七年多的时间,终于建成了东都洛阳。从东周开始,到汉、魏、晋、北魏、隋、唐等朝代,都在洛阳建都。所以全国八大古都中河南有四个,即安阳、洛阳、开封和郑州。

2.祭祀文化的开端

《左传·鲁成公十三年》说"国之大事,唯祀与戎"(《左传》卷7),这就是说,在古代,祭祀和战争是国家的两件大事。历代的帝王都非常重视祭祀。凡是遇到帝王即位或有重大的活动时,都要进行祭天、祭地、祭人的活动。祭天,即祭神;祭地,就是祭境内的名山大川,主要是五岳四渎;祭人,即祭祀自己的祖先。司马迁说:"自古受命帝王,曷尝不封禅?"(《史记·封禅书》)所以"封禅,帝王之盛礼也"(《路史》第52页)。封与禅有所不同,帝王在山顶上祭天叫封,在山下画地祭地叫禅。从传说中的黄帝、尧、舜、禹到夏、商、周等各代帝王都在河洛地区设坛祭天祭地。

《水经注》概括叙述了历代帝王在河洛交汇处祭祀的情况:"黄帝东巡河过洛,修坛沉璧,受《龙图》于河,《龟书》于洛,赤文绿字。尧帝又修坛河洛,择良议沉,荣光出河,休气四塞,白云起,回风逝,赤文绿色,广袤九尺,负理平上,有列星之分,七政之度,《帝王录》记兴亡之数,以授之尧。又东沉书于日稷,赤光起,玄龟负书,背甲赤文成字,遂禅于舜。舜又习尧礼,沉书于日稷,赤光起,玄龟负书至于稷下,荣光休至,黄龙卷甲,舒图坛畔,赤文绿错以授舜。舜以禅禹。殷汤东观于洛,习礼尧坛,降璧三沉,荣光不起,黄鱼双跃,出济于坛。黑鸟以浴,随鱼亦上,化为黑玉赤勒之书,黑龟赤文之题也。汤以伐桀,古《春秋说题辞》曰,河以道坤出天苞,洛以流川吐地符,王者沉礼焉。《竹书纪年》曰,洛伯用与河伯冯夷斗,盖洛水之神也。昔夏太康失政,为羿所逐,其昆弟五人,须于洛汭,作《五子之歌》,于是地矣。"(《水经注》第505页)

汉武帝元鼎四年(前113年),"东巡河洛,思周德,封姬嘉三千户,地方三十里,为周子南君以奉祀。元鼎三年(前114年),嘉弟昭进承休侯,在此成也"(《帝王世纪》第37页)。隋文帝开皇二年(582年)在洛汭建羲皇祠,以示敬仰。元代的雍国公曹铎在羲皇祠内建河洛书院,以培养人才。

由于祭祀的需要,带动祭祀文化的发展,如祭文、祭器、服饰、音乐和美术等事业的发展。祭祀文化从河洛地区开始,然后传播到全国各地。

3.姓氏之根

河洛地区既然是中华民族最早的生产和生活之地,那么这里自然就成了我国各民族姓氏的最早的发祥地。

姓氏最早起于何时,难以说清,但姓氏与氏族有密不可分的关系。当人们处在"只知其母,不知其父"的时代时,最早出现的姓氏都带女字旁,如姜、姚、姬、娓、瀛等,说明这些姓都与母系氏族有关系。《史记》中讲帝王的降生时,都强调其母生子的神秘性,如炎帝之母女登,"遇神龙所感"而生;禹的母亲,"神珠薏苡"而生;简狄吞"玄鸟之卵"而生;姜原履巨人之足迹而生。这说明帝王降生不同于一般人外,还带有母系氏族的痕迹。

姓氏在河洛地区的具体起源有以下几种:

以生为姓。《左传·隐公八年》说:"天子建德,因生以赐姓,胙之土而命之氏。"(《左传》卷1)胙,即赐也,这就是说,因生而给予土地和姓氏。传说黄帝有4个妻子,生子25个,其中12个有姓,如姬、酉、祁、己、滕、任、荀、僖、儇、衣等。舜的母亲生于姚墟,故赐姓姚。

以生地为姓。《帝王世纪》云,黄帝之母亲附宝,"见大电光绕北斗",有身孕25个月,生黄帝,长于姬水,因以姬为姓。炎帝生后长于姜水,故以姜为姓。

以封地为姓,这是姓氏起源的一个特点。夏禹姓姒,以封地为姓的有夏后氏、有扈氏、有男氏、斟郭氏、彤城氏、褒氏、费氏、杞氏、缯氏、辛氏、冥氏和斟戈氏。夏朝以封地为姓的有12个(《史记·夏本纪》)。商朝自成汤以后,以男为姓的有殷氏、来氏、宋氏、空桐氏、稚氏、北殷氏、目夷氏。北殷氏又分为时氏、萧氏和黎氏。周武王伐纣以后,分封许多个同姓或异姓王,以封地为姓的有焦、陈、管、蔡、殷、蓟、燕、鲁、祝等,在河南境内的有焦、陈、管、蔡、殷等姓。据《帝王世纪》载,周武王伐纣之后,"封诸侯四百个,兄弟之国十五个,同姓之国四十个"(《帝王世纪》第30—31页)。这455个诸侯王国就形成了后来的455个姓。

我国还有一些姓氏是由少数民族的姓转化而来的。如北魏的拓跋氏定都洛阳以后,拓跋氏改为元氏;普氏改为周氏;丘敦氏改为丘氏;丘穆氏改为穆氏;屠卢氏改为芦氏,后又去掉草字头;赖氏改为贺氏。

总之,大多数的姓氏来源于河洛地区,经过迁徙和民族融合而传播到全国各地,有的甚至传到国外。所以姓氏之根应在河洛地区,河南已成为多数姓氏的老家。

4.学派纷呈

"中国者,盖聪明徇智之所居也。"(《史记·赵世家》)这里讲的中国是中间的意思,即中部或曰中州、中原。就是说,中部地区是聪明徇智之人居住的地方。确实是名不虚传。从先秦到北宋末年,河洛地区确实是名人辈出,名著传世,学派纷呈。

首先,涌现出的学派是道家。道家的创始人老子,姓李,名耳,字聃。楚国苦县(今河南鹿邑)人。曾任东周的守藏史和柱下史,对周礼很有研究。孔子曾从鲁国到洛阳向老子学习周礼。孔子后来对其弟子们说:"吾今日见老子,其犹龙也。"(《史记·老子韩非列传》)就是说老子像一条龙。老子写下传世之作《道德经》,《道德经》成为后来道家和道教的理论基础。以老子为主的道家学派对后世产生巨大影响。庄周,蒙(今河南商丘)人,他的著作《庄子》,以审议的形式阐明了老子的思想,后称老庄学派。

墨子(前476—前390),姓墨,名翟,宋国(今河南商丘)人。曾任宋国大夫,是墨家学派的创始人。《墨子》一书是墨家思想的代表作。墨家思想又分为前期和后期。前期的墨家思想,以墨子为代表,如《尚同》《尚贤》《节用》《明鬼》《非乐》《非命》等篇,代表了墨子的主要思想;后期的墨家思想以墨子弟子的作品为代表,如《经上》《经下》《经说上》《经说下》等,也称《墨经》。《墨子》一书中,多数文章分上、中、下或上、下,代表墨家弟子相里氏、相夫氏和相陵氏等人的不同作品。墨家与儒家相对立,也相互出名,战国时的韩非子称"孔墨显学",可见当时的影响之大。

杨朱与墨翟齐名,战国时魏国人,字子居。后于墨子,早于孟子。他的思想见于《孟子》《庄子》《韩非子》和《吕氏春秋》等书,他主张"贵生""重己",反对儒家的仁政和墨家的兼爱。在《孟子》一书中,有一段描写杨墨影响之大的话:"杨朱、墨翟之言盈天下。天下之言不归于杨,则归墨。"可见杨墨影响之大。这对儒家来说是不利的。因此,孟子认为"杨墨之道不息,孔子之道不著。是邪说诬民,充塞仁义也。仁义充塞,则率兽食人,人将相食"(《孟子·滕文公下》卷3)。可见杨朱也是战国时期重要的一家了。

法家的代表人物是韩非子、李悝、商鞅、申不害和慎到等人。除慎到外,其余都是河南人。李悝把各诸侯国的法律汇集起来,编为《法经》一书,对后世有较大的影响。商鞅,本叫卫鞅,是魏国人,因帮助秦孝公变法有功,被封于商於之地,才叫商鞅。他除主张奖励耕战,实行郡县制外,还主张严刑重罚。韩非子和申不害都是郑国人,申不害在韩昭侯时为相15年,他重术,慎到重势,韩非子把法、术、势结合起来,主张以法为教。他的著作《韩非子》是他的代表作,集法家思想之大成。

儒家的代表人物孔子,虽不是河南人,但"其先宋人也"(《史记·孔子世家》)。宋国在豫东一带,其都城在商丘。至曾祖父孔防叔时才迁入鲁国。《易经》是儒家的代表作。《易经》成书于何时,出于何人之手,都不清楚。但"河出图,洛出书"的话,是说《易经》起源的,黄河和洛河确在河南,这是谁都承认的。《河图》最早出于《尚书》。周康王举行盛典时,有"大玉、夷玉、天球、河图在东序",把河图和各种玉器放在一起,可见是作为吉祥物来用的。在《论语》中,孔子说"凤鸟不至,河不出图,吾已矣夫"(《论语·子罕》),可见也是作为吉祥物来用的。在《易经》里没有《河图》《洛书》的话,对《易经》作出解释的《易传·系辞上》才有"河出图,洛出书,圣人则之"的话。《易经》是古人占卜吉凶的书,人们自然喜欢吉,不喜欢凶。关于《易经》成书于何时,《易·系辞下》有"易之兴也,其当于殷之末世,周之盛德邪,当文王与纣之事乎?"(《易经》第85、89页)这就是说成书于殷末周初。《易经·隋卦》有"枸羊之,乃从维之,王享于习山"(同上引)。这是周文王被殷纣王囚在羑里,后又被释放出来的事。还有"箕子明夷""帝王归妹"等故事,是讲殷末箕子和周文王娶归妹的事。故说《易经》成书于周初是成立的。《易经》虽是古人占卜的书,但除去神秘的外衣,还包括丰富的理论思维和哲学思想。《易传》是对《易经》的解释,共有《篆》上下、《象》上下、《文言》、《系辞》上下、《说卦》、《杂卦》和《序卦》等十篇,也叫十翼,翼有辅助之意。所以《易传》也有丰富的朴素的唯物主义和辩证法的因素。

除上述各学派外,还有杂家吕不韦和阴阳家邓析,也都是河南人。

魏晋时期的玄学,是中国思想上最有影响的学派。王弼、何晏、郭象、向秀、阮籍和乐广等人,开创了清谈崇无之风,被称为玄学。王弼,字辅嗣,魏国山阳

(河南焦作)人,著有《周易注》和《老子注》等书。何晏,字平叔,宛(今河南南阳)人,主要著作有《道德论》和《无为论》。郭象,洛阳人,著有《老子注》和《庄子注》。向秀,河内(河南沁阳)人,好老庄之学。阮籍,尉氏人,著有《咏怀诗》和《达庄论》。

宋代的程颢、程颐兄弟二人在洛阳收徒办学,形成洛学。与当时的关学、廉学、蜀学、新学等构成北宋的五大学派,对后世有较大影响。

5.佛教文化在中国的兴起

东汉明帝以后,洛阳成为佛教人士聚居和佛教文化的兴起之地。汉明帝永明十年(67年),派使者蔡愔等人到新疆等地请回佛教大师迦业摩腾和竺法蓝。他们是最早来华的佛教人士。在洛阳他们译出《四十二章经》。汤用彤先生认为《四十二章经》虽有争议,但它仍不愧为在中国最早译出的一部佛经。在这里建立了最早的寺院白马寺。汉桓帝建和二年(148年),安息国僧人安世高到洛阳,在这里居住二十年,翻译出佛经95部。北魏时洛阳有寺院1367所。据《高僧传》和《续高僧传》所载,从东汉到北宋末年,在河洛地区传播佛教文化的僧俗人士有120人之多,其中河南籍的有60人。东汉时出家的第一个僧人严佛调,三国时朱士行出家为僧。由此可知,河洛地区已成为佛教文化兴起和传播的中心了。

佛教传入中国内地以后,逐渐形成了七大学派,其中四个学派由河南籍的僧人创立和传播。禅宗最早在河南形成,梁武帝普通七年(526年),南印度僧人菩提达摩到建康(今江苏南京)。一年后北上到河南,在登封的少林寺定居。他聚徒讲学,把《楞伽经》四部传授给弟子慧可——河南荥阳人,创立了禅宗。从慧可、僧灿、道信到弘忍,弘忍的弟子神秀和慧能又把禅宗分为南北两大派。天台宗的创始人智𫖮,河南颍川人,姓陈名德安。据近年学者考证,天台宗最早是在河南的光山县大苏山的净居寺创立的。三祖在大苏山讲学,四祖智𫖮到浙江的天台山,依靠隋炀帝杨广的支持,建立国清寺,创立了天台宗。著有《四愿词》《佛说无量寿经疏》《净土十疑论》。慈恩宗的创始人玄奘,姓陈,名祎,河南偃师人,从唐太宗贞观二年到贞观十九年,历尽艰辛,游遍印度各大寺院,取回梵文佛经675部。回国后,唐太宗在西安建立慈恩寺,供他翻译佛经之用。他译出《成唯识论》。他创立的佛教宗派叫唯识宗,因居住在慈恩寺,也叫慈恩宗。唐开元四年(716年)印度密宗大师善无畏到西安,被唐玄宗封为国师。开元七年(719年)金刚智和不空大师也从洛阳到西安。这三人被称为"开元三大士"。后到洛阳翻译佛经。开元十四年(726年)善无畏译出《大昆卢庶那神变加持经》,又叫《大日经》。金刚智和不空译出《瑜伽念诵经》。僧人一行,河南南乐人,开始帮助译经,后来著有《大日经疏》,为密宗的传播起到了促进作用。

佛教文化传入中国后,经过与道教、儒家文化的碰撞和融汇,现已成为中华传统文化不可分割的一部分。

6.自强不息的精神

"自强不息"这四个字,出自《易经·象传上乾》,它是河洛文化的灵魂。自古以来,中华民族的先人们就是依靠这种精神,才创造了光辉灿烂的中华优秀文化。

最能说明自强不息精神的例子要数《列子·汤问》中愚公移山的故事。愚公要带动全家移山时,河曲智叟讽刺说:"甚矣,汝之不惠。以残年余力,曾不能毁山之一毛,其如土石何?"北山愚公长息曰:"汝心之固,固不可彻,曾不若孀妻弱子。虽我之死,有子存焉,子又生孙,孙又有子,子又有子,子又有孙,子子孙孙,无穷匮也。而山不加增,何苦而不平?"这件事感动了天帝,天帝派两个神仙下凡,把太行、王屋二山搬走了。

这种自强不息的精神,不仅表现在治山方面,还表现在治水领域。据《史记》所载,尧时十年九涝,洪水滔天。尧曾派共工、鲧和大禹去治水。大禹吸取了其父治水的经验,"劳身焦思,居外十三年,过家门不敢入"(《史记·夏本纪》)。大禹治水时从黄河的源头开始,向东经华山、龙门,在砥柱山(位于河南三门峡市陕州区东北的三门峡黄河中间)开神门、鬼门和人门,让河水通过,再经孟津、洛汭至大伾山(在今河南浚县),终于使黄河水不再泛滥。再说治理其他河流,在豫北"道沇水,东为济,入于河,泆为荥"(《史记·夏本纪》)。沇水是济水的上游,在济源境内,后入黄河,在黄河南溢出,形成荥泽。在豫西"道雒自熊耳,东北会于涧、瀍,又东会于伊,东北入于河"(《史记·夏本纪》)。这是在洛阳治理洛河、涧河和瀍水的情况。在豫南,"道淮自桐柏,东会于泗、沂,东入于海"(《史记·夏本纪》)。这是治理淮河的情况。古代有四渎,除长江外,其余的黄河、淮河和济水等都在河南境内。

自大禹治水以后,历代不少人继承了这种传统,不断地同洪水进行斗争。战国时西门豹为邺令,他曾引漳河的水灌溉豫北的广大地区。汉文帝十二年

(前168年),"河决酸枣,东溃金堤"。酸枣(今河南延津县)决口时,汉文帝率庶民堵住决口。汉武帝元光三年(前132年)黄河又决口瓠子(今河南濮阳西南),汉武帝派汲黯、郑当时两人率庶民堵住决口。汉武帝亲临现场视察,并作《瓠子歌》,在河堤上建宣房宫,以示庆贺。

总之,不论是治山还是治水,都表现了我国各民族的自强不息的精神。

三

河洛文化在中华文明史上的影响范围之广,时间之长,知名度之高,都堪称我国区域文化之最。

范围广,就是说河洛文化涉及的空间大。河洛文化居区域文化之首。周武王伐纣之后,就分封各个诸侯王国。"武王追思先圣王,乃褒封神农之后于焦,黄帝之后于祝,帝尧之后于蓟,帝舜之后于陈,大禹之后于杞。于是封功臣谋士,而师尚父为首封。封尚父于营丘,曰齐;封弟周公旦于曲阜,曰鲁。封召公奭于燕。封弟叔鲜于管,弟叔度于蔡。余各以次受封。"(《史记·周本纪》)这次分封11个诸侯国,其中6个在河南境内。这次分封虽同时,但营建洛阳居先,也说明河洛区域文化在其他文化之先。同时河洛地区处在中心的位置,其他区域都分别在河洛地区的周围。"洛阳街居在齐、秦、楚、赵之中"(《史记·货殖列传》),东边有齐、鲁,西边有秦,南边有楚,北边有燕、赵、晋。这都说明河洛地区处于中心位置。区域文化虽互有影响,但处于中心位置的影响会更大。这个位置影响了几千年,至今人们还称河南为中州,或曰中原,就是明证。

时间长,就是说河洛文化在中华文明史上占据的时间最长。传说中的炎黄、尧舜除外,从夏、商、周算起,到北宋末年为止,历经十三个朝代,共有三千余年,河洛文化都处于领先的地位。北宋以后的时间内河洛文化虽没有以前影响那么大,但也不是没有影响。北宋时的洛学,不仅在当时很有知名度,洛学传播到南方以后,出现了朱熹的理学和陆王的心学,清康熙初年,熊赐履还说:"非廉洛关闽之学不学。"(《中国历史年表》第481页)

知名度高,是说在中华文化史上有重大影响的事件都发生在河洛地区,或者说与河洛地区有关。我们是炎黄子孙,而炎黄二帝的故事就发生在河洛地区。从氏族部落到夏、商、周的社会变化,从原始社会、奴隶社会到封建社会的转变时期,而这一转化是中国社会转化的缩影。春秋时期的百家争鸣,虽非百家,但是道、法、儒、墨之争,还有阴阳家、名家和杂家的争论,都以河洛地区为舞台而展开。汉代的"无为而治",就是以道家的"无为而无不为"为源头。佛家文化传入中国以后就是首先在河洛地区扎根,而后发展到全国,而又传播域外的。魏晋时期的玄学文化,对中国文化史的影响更是人人皆知。唐朝的唐三彩和宋朝的钧瓷、汝瓷,至今还是世人公认的瑰宝。

总之,河洛文化是黄河文明的灵魂,中华文明的象征,它像一颗璀璨的明珠,不仅有辉煌的过去,还有更璀璨的明天。

(原载《根在河洛》上册,大象出版社 2004 年 9 月出版)

河洛文化在河内地区的发展

在古代,河内地区与河东和河南共同组成河洛地区,所以河内地区是河洛文化传播的重要组成部分,而且也有优秀的传播者。过去很少引起人们的注意,本文以此展开论述,以资引起人们对这一地区文化的兴趣和重视。

一、河洛文化在河内传播的主要地区

河洛文化在河内地区传播的主要地区,可以概括为一个中心和两河流域。

一个中心,就是以辉县的苏门山为中心。苏门山又叫百门山,是太行山支脉一个风景秀丽、环境优美的地区,素有"河朔丽境,中土之奇观"的美名。元朝的大儒许衡的学生白栋所写的《思亲亭记》中有生动的描述:"共城西北五里,有山曰苏门山,山下有泉,曰百泉。万脉珠涌,辉净澄澈,流而不浊,即是所谓泉水也。近可以溉秔稻,转碾硙于本境,远可漕粮饷,济商旅于海门。其旁则修竹茂密,翠如琅玕,其中莲芡芬芳,灿若云锦。岸花秀发,四时画图。林鸟和鸣,竟日佳唱。遗山所谓烟境独较苏门多者,即此地也。"(《鲁斋遗书》卷14,第19页)这里讲的共城,即辉县的古称。从这段话里可以看出苏门山有三个特点:一是山水俱佳的好地方;二是鱼米之乡,利用百泉的水可以灌溉种稻,使人们有饭吃,有衣穿;三是交通便利,依靠百泉的水,可以运粮饷济商旅,可以到海门。海门有多种说法,一说是江苏东南的海门镇,一说是浙江的台州地区。不论是什么地方,从辉县的百泉可以到我国的东南部,可见交通便利。

百泉历来是"明贤嘉遁之所",自古以来有名士在这里遁世隐居。苏门山上有孙登的啸台,据说是晋朝的孙登和阮籍在这里研究《易经》、吹箫的地方。北宋的数术家邵雍在这里居住过,留下安乐窝遗址,后迁洛阳,仍以安乐窝命其居住地名。元朝的大儒姚枢带家眷到这里收徒办学,传播程朱理学。许衡听说以后,到这里拜姚枢为师。明儒崔铣曾两次到此,明正德十五年(1520年)重修了百泉书院。《百泉书院重修记》中说:"百泉处苏门之麓,古之辟地者多居之,孙登以简,邵子以达,许氏以立,姚氏窦氏以让。吴公合而祀之。"(《洹词》卷3,第30页)他于明嘉靖十八年(1539年)第二次来到辉县,写了"百泉题名",在这里小憩吃了鱼,就下山去了。

在百泉讲学的还有明末清初的孙奇逢,"卜居百原山,康节之遗址也。其乡人皆从而化之","北方之学者,大概出于其门"(《明儒学案》卷57,第1371页)。这里讲的百原,也叫百源,就是百泉。他在这里居住25年,培养了不少学生。其居住地叫夏峰,不少著作在这里完成,他的《中州人物考》和《理学宗传》对二程及其弟子的思想作了介绍,并认为曹端(月川)是明儒的开创者,而后有何瑭和崔铣。

总之,从晋到明末清初的一千多年的时间内,百泉一直是河洛文化传播的中心,也是中国古代文化传播的一个重要地区,历时之久是罕见的。

两河流域,一条是沁河,另一条是洹水。在沁河流域传播河洛文化的有元朝大儒许衡和明儒何瑭。许衡(1209—1281),字仲平,号鲁斋,怀州河内(今河南沁阳)人。宋嘉熙二年(1238年)中进士第,曾任尚书左丞、集贤殿大学士兼国子祭酒。主要著作有《鲁斋遗书》。何瑭(1474—1544),字粹夫,号柏斋。原籍武陟何家营,后迁沁阳。明弘治十五年(1502年)中进士,曾任翰林院编修,工部、礼部和户部侍郎等职。著作有《儒学管见》《阴阳管见》和《柏斋集》等书。

洹河流域的安阳,是商朝的都城,是中国八大古都之一,史称殷墟。2006年被联合国教科文组织命名为世界文化遗产。这里有中国最早的文字——甲骨文,这是世界上最系统的文字。安阳之南的汤阴羑里是周文王被囚时演《周易》的地方。

在洹河流域也诞生了不少名人,如晁说之和崔铣等。晁说之(1058—1129),字义道,号景迂生,澶州清丰(今河南清丰)人。宋神宗元丰八年(1085年)中进士。先后在无极、郾县、成周、明州等地为地方官。后任徽猷阁待制兼侍读。一生致力于"五经",尤其是《易经》的研究。他的主要著作有《儒言》《晁氏客语》和《景迂生集》。明儒崔铣(1477—1541),字子中,号后渠,河南安阳人。明弘治十八年(1505年)为进士。曾任翰林院庶吉士、编修等职。他和好友何瑭因反对宦官刘瑾,被贬官后,在洹河畔建立后渠书屋,收徒办学。后复任京筵讲官,礼部侍郎,死后赐礼部尚书。他的主要著作有《洹词》《读易余言》《大学全文》和《政议十翼》。

由此可知,河内地区同其他地区一样,都是河洛文化传播的重要区域,也都有光辉灿烂的历史。

二、河洛文化在河内地区传播的相同点

在河内地区,无论是晁说之、许衡、何瑭,还是崔铣,传播儒学及程朱理学的过程中形成了一些很有特色的共同特点。

1.以孔子为师

晁说之说:"臣闻春秋尊一王之法,一正天下之本,与礼至尊无二上。其旨实同,盖国之于君,家之于父,学者之于孔子,皆当一而不可二者也。"(《景遇生集》卷3,第44页)这里明确表示"天无二日,国无二主"的思想要求。在传播儒家思想时,只能以孔子一人为师。崔铣也说:"圣人为天道,岂可一日无阳,世岂可一日无君子。"(《读易遗言》卷1,第35页)这是符合礼至上无二精神的。

以孔子为师,因为孔子是圣人。许衡说:"先贤言语皆格言,然亦有一时一事,有为而言者,故或不可为后世法,或行之便生弊。唯圣人言语万世无弊,虽有为而言,皆可通行而无弊。"(《鲁斋遗书》卷1,第5页)"可以为万世法者,当学孔子,虽学不至,亦无弊也。"(《鲁斋遗书》卷2,第4页)这就是说,只有孔子的言语是真理,是普遍有效的,按照孔子教导行事,就不会产生弊端。

以孔子为师,就是以儒家的著作为师。儒家的著作有很多,主要的是六经,或叫"六艺"。晁说之说:"圣人之意,具在载于经,天地万物之理管于是矣。后世有圣人上不能加毫发于轻重,况他人乎?"(《景遇生集》卷13,第23页)"昔之学者,辛苦昼夜,诵读思索,加之师友,博约一意与其绳墨之中,而不敢外以曲折也。"(《景遇生集》卷14,第14页)这就告诉人们,圣人的意思都记载在六经之中,只要认真地学习六经,就会学到圣人的本意。北宋以后,儒家提倡四书,即《论语》《孟子》《大学》《中庸》。何瑭说:"五经四书之所载,皆儒者之道也。于此而学之,则儒者之学也。"(《明儒学案》卷49,第1163页)崔铣说:"今之一切删削,专宗孔氏,若涉康庄之夷焉。"(《读易余言》卷2,第43页)

以孔子为师,就是以儒家的是非为标准来衡量是非。许衡说:"诸子百家之言,合于六经语孟者为是,不合于六经语孟者为非。以此夷考古之人而去取之,鲜有失矣。"(《鲁斋遗书》卷1,第14页)崔铣说:"古非圣人之志可勿存,非彝典之实可勿履,非孔子之传可勿问,非洙泗之教可勿施。"(《洹词》卷6,第2页)这就是说,一切都要以"六经语孟"为标准,一切都以孔孟的言论为标准。

2.恪守儒家道德

自孔子提出"为政以德"的思想之后,历来的儒家都强调道德的重要性,宋儒更是把道德当作根本大事来抓。他们把《大学》中的"自天子以至于庶人,壹是皆以修身为本"的话当作圣言,认为上自天子、三公六卿、诸侯大夫,下至庶民百姓,都要以修身为本,都要从道德的这个根本大事上做起。

儒家道德的核心内容是三纲五常。宋儒晁说之认为三纲五常是学问中大节目,从三纲五常可以达到治国平天下的目的。他在《中庸解》一文中说,君臣、父子、兄弟、夫妇和朋友这五者是天下之达道,而智仁勇是天下之达德。"好学近乎知,力行近乎仁,知耻近乎勇。知斯三者,则知所以修身也,知所以修身,则知所以治人。知所以治人,则知所以治天下国家者矣。"(《景遇生集》卷12,第10页)元儒许衡说:"自古及今,天下国家,惟有个三纲五常,君知君道,臣知臣道,则君臣各得其所矣;父知父道,子知子道,则父子各得其所矣;夫知夫道,妇知妇道,则夫妇各得其所矣。三者既正,则他事皆可为之,此或未正,则其变故有不可测知者,又奚暇他为也。"(《鲁斋遗书》卷1,第12页)三纲五常是大节目、大事情,而洒扫应对、饮食起居则是小事情,只有大小事情都做好了,才有完整的道德观念。明儒崔铣说:"君尊臣卑,夫尊妇卑,父尊子卑。国宗于君,家总于父,女制于男。三纲一正,万事理矣。"(《读易余言》卷1,第4页)崔铣特别强调孝,认为"万事之要,统于孝","大祀者,孝也"(《读易余言》卷2,第18页)。以孝为主,就会忠,强调孝正是为了忠。

3.民本思想

以民为本,是儒家的传统思想。从孔子的"爱人",孟子的"君轻民重",到宋儒各家都强调了以民为本的思想。宋儒晁说之说:"常以为政事,莫先于务农。"(《景遇生集》卷19,第36页)在古代,农民是国家的主体,而手工业工人和商人较少,所以重民就是重视农民。明儒崔铣说:"民者,国之永基也。国非民孰以为主?"(《洹词》卷12,第3页)又说:"盖君居民上,如山盘地上。山以地为基,君以民为本。厚其地则山保其高,厚其民则君安其宅。"(《读易余言》卷3,第12—13页)把一般的庶民百姓提高到国家基础的地位,如果失去庶民百姓,国家就失去了存在的基础。许衡劝元朝的统治者要像汉文帝、汉景帝那样爱护庶民百姓。他说:"君子在位,能体下民之心,如饱暖安乐,民心所好,便因其所好而好之,使他各得其所;如饥寒劳苦,人心所恶,便因其所恶而恶之,使他各适其情。以一己之心安众人之心,譬如父母爱养他儿子一般。"(《鲁斋遗书》卷4,第34页)崔铣说:"夫民以戴君,亦以叛君。得之如菑田以饱腹,失之如反裘而负薪于乎?难之哉?"(《读易余言》卷2,第13页)就是说失去民心就危险了。

4. 学以致用

学以致用是儒家的传统之一。孔子说:"诵诗三百,授之以政,不达;使之四方,不能专对。虽多,亦奚以为?"(《论语·子路》)尔后的儒家弟子多遵守孔子的这一教导,都强调学以致用。晁说之在《儒言》一书中说:"诵诗三百,而不能事父事君,亦非兴诗也。"(《景遇生集》卷13,第10页)他曾批评王安石的《字说》一书,"夫不明乎用字之意,而谨乎循字之名,学者之大患也"(《景遇生集》卷13,第27页)。晁说之也对汉儒进行批评,认为汉儒对儒家经典注释太烦琐,仅"尧典"二字的解释就达三千多字。"近世师儒,以谓昔之言无不善,今日之说无不可通。不复闻阙疑者,非所以尊经而慎思也。"(《景遇生集》卷13,第18页)许衡认为孔子教人只两个字,即知和行。崔铣在明嘉靖三年(1524年)曾上书劝皇帝"勤圣学,辨忠奸,以应天变",皇帝认为这是污蔑自己不会用人,于是就贬了崔铣的官。何瑭把用人、理财、刑罚、礼让等,与吏、礼、户、兵、刑、工等六部的功能联系起来。他说:"学与政非二道也,学以政为大,天下之政总于六部,以《大学》之传考之,平天下之用人,吏兵之政也;理财,户工之政也;治国兴仁让之善,则礼之政也;禁贪戾之恶,则刑之政也。吏兵之用人,能同天下之好恶,而不徇一己之偏,户工之理财,能节用爱人,而不为聚敛之计,礼刑能兴善而禁恶,则谓之贤公卿有司可也。"(《明儒学案》卷49,第1164页)

5. 儒佛融合论

佛教文化自东汉末年传入中国以后,到北宋时,已与中国的儒家、道家等文化互相吸收,互相渗透。佛教从道教文化中吸取"虚无""静修"和玄妙等观念。晁说之在《儒言》一书中说:"经言体而不及用,其言用而不及乎体。是今之人所急者,古之人所不缓也。究其所自乃本乎释氏体用事理之学。今儒迷于释氏而不自知,其一端哉?"(《景遇生集》卷13,第17页)晁说之还认为王弼注《周易》、何晏注《论语》都是从佛教的"无相无非为空"的观点学来的。崔铣认为二程的大弟子游定夫、杨简、张九成注经用的是禅学。许衡认为"惟天理善道,岂有差误,岂有误人者哉?政恐信之不笃,积之不实"(《鲁斋遗书》卷2,第22页)。这是把天理与佛教的"如意宝珠"等同。

三、河洛文化在河内地区传播的不同点

自孔子创立儒家学说以来,内部出现了不同的学派。正如许衡所说:"今者能文之士,道尧舜、周孔、曾孟之言,如出诸其口,由之以责其实,则霄壤矣。"(《鲁斋遗书》卷1,第15页)晁说之、许衡、何瑭、崔铣在这一问题上各有自己的见解。

1. 以孔、孟为师

孔、孟不能相提并论。把《论语》《孟子》两书与六经并列起来,当作入圣之门,衡量是非的标准。正如许衡所说:"学以孔孟为学,中外如出一喙。"(《鲁斋遗书》卷13,第9页)尔后弟子们都继承了这一观点。晁说之反对把孔、孟相提并论。他在《儒言》一书中说:"孔孟之称谁倡之者,汉儒犹未也。既不知尊孔子,是亦孟子之志欤? 其学卒杂于异端,而以孔子之俪者亦不一人也。其特孟子而可哉?"(《景遇生集》卷13,第20页)在《辩论》一文中又说:"门内妾妻姐且知尊无二上矣,予不知孔孟云者,孰自而得耶,其尊孔欤? 尊孟欤? 盖天下万世之尊师者,孔子一人而止耳? 容孰偶之也耶。"(《景遇生集》卷14,第7页)晁说之认为不能孔、孟并提的理由有三:一是"礼至尊无二上",儒家万世只能以孔子一人为师这是连一般人都知道的道理。二是把孟子提到与孔子等同的地位是不对的,孔子的弟子中颜回、曾子、子贡等资格都比孟子老,为什么不提孔颜、孔曾,而提孔孟呢? 这样既削弱了孔子的地位,也不是对孟子的尊重。三是孔、孟并论,不符合"罢黜百家,独尊儒术"的精神。晁说之在《奏审覆皇太子所读〈孝经〉、〈论语〉、〈尔雅〉札子》中说:"是以明王罢黜百家,表章六经,大儒推明孔氏,抑黜百家。今国家五十年来于孔子之道二而不一也。"(《景遇生集》卷3,第4页)既然要以孔子为师,就不应该孔、孟并提。因此他建议太子要读《论语》《孝经》《尔雅》,把《孟子》一书去掉。

2. 同尊六经,谁主沉浮?

六经是儒家学派的代表作,所有儒家学派的人都要学习六经,尊重六经。这已成为儒家学派不成文的规定。晁说之说:"盖知六经之意,广大无不备,而曲成无所待也。"(《景遇生集》卷13,第11页)又说:"圣人之意,具载于经,天地万物之理管于是也。"(《景遇生集》卷13,第23页)这就要求儒家学派的人都要学习六经,以六经为必读之书。

但六经之中谁为主呢? 晁说之认为应当以《春秋经》为主。他说:"儒者必

本诸六艺,而六艺之志在《春秋》,苟舍《春秋》以论六艺。以亦末矣。纷然杂于释老申韩,而不知其弊者,实不学《春秋》之过也。"(《景遇生集》卷13,第1页)"《春秋》,孔子笔削以惧万世乱臣贼子者也,有国者不知《春秋》,前有谗而不明,后有贼而不知。为人臣者而不知其义,则不知人伦之大教也。"(《景遇生集》卷1,第38页)这就是说,《春秋经》最重要,舍《春秋》则会陷入释老申韩异端之中。

许衡完全继承了程朱理学的观点,认为六经不够,另加《论语》和《孟子》两书,他认为应当以《论语》《孟子》为主。他说:"诸子百家之言,合于六经语孟者为是,不合于六经语孟者为非。"(《鲁斋遗书》卷1,第14页)又说:"凡为学之道,必须一言一句,自求己事如六经语孟中,我所未能当勉而行之,或我所行不合于六经语孟中,便须改之。"(《鲁斋遗书》卷1,第5页)这就是说,要以《论语》《孟子》为主,以孔孟的是非为标准来衡量其他事物。他还说:"唯圣人言语,万世无弊。"(《鲁斋遗书》卷1,第5页)而晁说之早就批评了这种观点,他说:"近世师儒,以谓昔之言无不善,今日之说无不可通。不复闻阙疑者,非所以尊经而慎思也。"(《景遇生集》卷13,第18页)晁说之反对盲目地崇拜古人,认为盲目地照抄照搬是不深思的表现。

3.共守儒家道德,忠孝能否两全

作为儒家的学者或儒家的后学,都必须遵守儒家的道德,如君臣之义、父子之亲、夫妇之别、兄弟之情、朋友之信等道德的要求。历来儒家把事父和事君分开,认为忠孝不能两全。宋儒晁说之在这方面有独到的见解。他认为事父和事君是一回事,忠孝可以两全。他说:"仁不遗亲,义不后君,又曰仁之于父子,义之于君臣,盖为一家户牖之言也,质诸孔子则戾也。吾孔子曰,事亲孝故忠可移于君,又曰以孝事君则忠,又资于事父以事君,而敬同焉云尔。则无分乎仁义也。""愚以是知君父无二体,忠孝非两端?仁义不可与君臣父子两分矣。"(《景遇生集》卷14,第10—11页)这就是说,把仁限于父子之间,把义限于君臣之间,这是门户之见,与孔子的教导相背离,应当把事父的孝移于事君的忠,像事父一样事君,像忠君一样对父孝。所以他得出君父一体,忠孝非两端的结论。按照修身、齐家、治国、平天下的逻辑推理,由事父孝到事君忠的逻辑可以成立。所以,晁说之的这种说法是符合儒家的道德思想的。

4.三代无弊,三代有弊

三代指夏、商、周。儒家历来都言必称三代,孔子做梦都是周公,向来不说儒家的缺点。晁说之不仅揭露夏、商、周三代都有弊病,而且指出儒家学派也有弊病。他说:"三代之政各有所弊,而其所谓弊者,可指一言,而求之之术易为功矣,齐鲁之治也各有弊,而纷然多故,善其后者难也。先儒之学,传数百年之久,而其弊如何,今之师说,十数年之间后弊复如何?学者亦已知所从矣。"(《景迂生集》卷13,第18页)他认为儒家学派也有弊病,应当说这是实事求是的表现,值得肯定。

5.晁许理学,何崔心学

晁说之、许衡、何瑭、崔铣虽然同为儒家学派,但他们的哲学观点不同,晁、许是理学派,何、崔是心学派。

晁说之的理学观点十分明确,许衡处处都要以程朱为师,理学观点也十分明确。许衡承认理先气后。他说:"天即理也,有则一时有,本无先后。有是理而后有是物,譬如木生,知其诚有是理而后成木之一物。"(《鲁斋遗书》卷1,第3页)他不仅承认理为先,而且把理放在绝对地位。他说:"惟天理善道,岂有差误,岂有误人者哉?"(《鲁斋遗书》卷2,第22页)晁说之提出"窒欲"的观点。他说:"曾子三思,窒欲之逆也,好胜者灭理,肆欲者乱常。"(《晁氏客语》第34页)在认识论上都承认格物致知的作用。晁说之说:"致知在格物,则所本也,始也;治天下国家,所谓则终也,末也。治天下国家必本诸身,其身不正而能治天下国家者则无之。格,犹穷也;物,犹理也。曰穷其理而已也。"(《晁氏客语》第34页)许衡也说:"二程以格物致知为学,朱子亦然,此所以度越诸子。""圣人教人只是两字,从学而时习为始,便只是说知与行两字,不惑,知命,耳顺是个知字。"(《鲁斋遗书》卷1,第6页)由此可知,他们在认识论上的共同点是格物致知。

何瑭和崔铣在哲学上是心学派。崔铣明确提出"心学"这个概念。他说:"德者得也,学者觉也。义者宜也,不善者过也。合而言之,皆心学也。心具天性能体而有之。"(《洹词》卷1,第27—28页)又说:"心者具万里而出命者也。""物之理即吾心之理也。"(《明儒学案》卷48,第1157页)何瑭是王阳明心学的徒弟,他说:"理出于心,心存则万理备,吾道以兴,圣人之极致也,奚事外求?"(《明儒学案》卷49,第1162页)

6.批佛赞佛,各言其理

自佛教传入中原大地以后,绝大数的儒家对佛教文化采取批判态度,认为佛家的出世出家之说,违反了儒家的伦理道德。但也有部分儒家学者赞成佛家的学说。晁说之和许衡对佛家学说持赞扬的态度,而何瑭和崔铣则对佛家文化持批判态度。

  总之,无论是河洛文化在河内传播的范围还是传播的内容,都可以肯定河洛文化在河内地区的传播是客观事实。无论在传播中出现的同点和异点,批佛和赞佛等,都说明河洛文化的传播是全面的,而不是局部的,都是对中华文化的发展和贡献。河内地区再也不会成为被人们遗忘的角落,它将像一颗璀璨的明珠一样永远照耀在河朔大地上。

(原载《河洛文化与殷商文化》一书,河南人民出版社 2007 年 10 月出版)

洛学向东南沿海传播的渠道

洛学产生于河洛地区,是河洛文化的核心,中原文明的象征,具有很强的辐射性和开放性。洛学产生以后,不仅在中原大地上传播,而且也通过多种渠道向全国各地传播。这里主要论述河洛文化通过移民、官吏和文人等渠道向东南沿海传播并发扬光大的情况。

一、移民的传播

时代的变迁、动乱和生活所迫使一部分人从不安全的地方向安全的地方转移,这是历史上常有的现象。我国历史上晋朝的"永嘉之乱"和唐末的"安史之乱",使一部分人向东南沿海的广大地区迁移。晋怀帝时"洛京倾覆,中州士女避乱江左者十六七"(《晋书·王导传》卷65)。唐朝初年,因为在福建发生了反对唐朝的叛乱,朝廷委派陈政、陈元光父子率领数万官兵,前往福建平乱。平乱以后,他们就在那里安家落户,娶妻生子。通过建郡县、兴学校等活动,这个地方从蛮荒之地向文明社会迈进。

北宋末年,由于北宋王朝腐败无能,当金兵大规模南侵时,无力抵抗金兵,中原大部分地区被金兵占领,连京都开封也被金兵占领。宋徽宗和宋钦宗两位皇帝也被金兵俘虏,史称"靖康之乱"。此后,皇亲国戚、各地的大臣以及庶民百姓纷纷南迁。这次迁徙的规模之大、人数之多、范围之广都大大超过前两次的迁移。康王赵构在应天府(今河南商丘)即位,史称宋高宗,随之南迁杭州,从此"直把杭州作汴州",从此北宋灭亡,南宋开始。

"高宗南渡,民之从者如归市。"(《宋史·食货志》卷178)这就是说,随着宋高宗的南迁,大批的官吏和庶民也随之南迁。建炎三年(1129年)六月,宋高宗下的诏书说"官吏士民家属南去者,官司毋得禁"(《续资治通鉴》卷150)。据说这次南迁的官民有数万人之多。在南宋的都城临安(今杭州)有76%的人来自河南的洛阳和开封,真是"西北之士多在钱塘"了。宋孝宗时临安城内的人口有

32万之多。

从中原迁来的移民,自然也带来先进的农业技术和水利技术,对南方经济的发展起到了促进作用。据史书所载,大抵南渡之后,水田之利富于中原。绍兴五年(1135年),江东帅臣李光说:"明、越之境,皆有陂湖,大抵湖高于田,田又高于江、海。旱则放湖水溉田,涝则决田水入海,故无水旱之灾。"(《宋史·食货志》卷173)

随着政治中心的南移,文化中心也随之南迁。许多文化人随之来到东南地区。这些文化人的南移,自然也给这个地方的文化发展带来新的生机。北宋理学家程颢、程颐的后代也迁来。程颢的儿子程端懿迁到吴门(今江苏苏州市吴中区),程颐的儿子程端中、程端辅、程端彦也迁到安徽和江苏一带居住。翁行简(1057—1123)其先京兆(今陕西西安)人,迁到福建之后,其父翁仲通"以文行为东南儒宗,学者咸师尊之"(《龟山集》卷3)。程迥,字可久,应天府宁陵(今河南宁陵)人。北宋末年迁到浙江余姚。年二十开外研究儒家文化。宋孝宗隆兴元年(1163年),登进士第,先后任江苏、江西、浙江的地方官吏。他一生著作丰富,有《古易考》《论语传》《孟子章句》《淳熙杂志》《南斋小集》。朱熹在给其子程绚的信中说:"释经订史,开悟后学","著书满家,足以传世,是也足以不朽"(《宋史·程迥传》卷437)。从这些不凡的评价中我们可以看出程迥的巨大影响力。

在北来文化的影响下,江南沿海出现了"闽中四先生",他们是陈襄、郑穆、陈烈和周希孟。他们都是侯官(今福建闽侯)人。当宋初的三先生孙复、石介、胡瑗在北方办学时,他们也在东南沿海收徒办学,其规模之大仅次于"宋初三先生"。他们大规模办学培养儒家人才,为后来儒学在东南沿海的发展和传播奠定了雄厚的思想基础。

二、官吏的传播

官吏传播文化,是文化发展的重要渠道。因为他们有权力,有财力,可以建郡县,兴学校,使文化传播渠道制度化、永久化。宋代的官吏在东南沿海传播文化,大抵采取了兴办学校,大臣和皇亲劝皇帝推行儒家文化,以及武臣的行动影响等来扩大儒家文化。

1.官吏办学校,推行儒家文化

随着宋王室的南渡,许多官吏也随之而来。除了政务,兴办学校也是他们的重要职责。向子韶,字和卿,河南开封人。宋哲宗元符三年(1100年)中进士,先后在保州、吴江县、虞州等地任地方官,在任职地都"兴办学教,延见儒士"(《龟山集》卷35)。吕祖谦,字伯恭,学者称"东莱先生",是宋高宗时的右丞相吕好问的孙子。从吕好问时开始从开封迁入浙江的婺州(今浙江金华),先以荫补官,后中进士第,复中博学宏词科太学博士,著作郎兼国史编修等职。当他为严州教授时,"居明指山,四方之士争趋之"(《宋史·吕祖谦传》卷434)。他向皇帝建议收复中原大地是皇帝的大业。他的著作有《东莱集》《吕氏家塾读书记》《东莱左传博议》等。他提倡明理尽性,经世致用。他以吴学洛学为基础,形成了婺学,与朱熹的理学、陆九渊的陆学,南宋时共同构成了东南三大学派,有很大影响力。

2.大臣劝皇帝推行儒家的学说

皇帝身边的大臣包括侍读、侍讲等人。程颐曾劝皇帝宋英宗要"崇儒重道"。他们的弟子们自然也学会了这一办法。翁行简,宋哲宗元符二年(1099年)上奏格言20篇。"上篇自祇命、元化、典学、崇俭以至审治,言所以立德;下篇自择术、因任、兼听、务和以至审势,言所以立政。"(《龟山集》卷32)邵伯温,邵雍之子,河南洛阳人。宋徽宗建中靖国元年(1101年),邵"上书累数千言,大要欲复祖宗制度"(《宋史·邵伯温传》卷433)。这里讲的恢复祖宗制度,即夏、商、周以来的制度,这是儒家的一贯主张。吕好问,河南开封人,北宋末年迁入婺州,他曾是宋高宗的右丞相、中书舍人,为宋高宗南迁立下汗马功劳。宋高宗曾表扬他说"宗庙获全,卿之力也"(《宋史·吕好问传》卷362)。尹焞,河南洛阳人,他是程颐晚年最得意的门生,推行儒家的理学,可以说是忠心耿耿。当他得知要到南宋王朝上任时,临行前在《告伊川词文》中说:"勉赴行期,有补于世则未也,不辱师门则有之。"(《尹和靖集》第5页)绍兴六年,他到了九江,再次传来"程颐之学惑乱天下"的话,他马上表示"焞实师颐垂二十年,学之既专,自信甚笃。使焞滥列经筵,其所敷绎,不过闻于师者"(《宋史·道学二》卷428),其意思是,我学的就是程颐的思想,要么不让我列入经筵之师,既已列入就只有传述老师的思想。宋高宗还是让他到任。尹焞上任虽然困难重重,但他仍未放弃宣传儒家的思想。正是这一年宋高宗下诏书"士大夫之学,宜以孔、孟为师"(《宋史·高宗纪》卷28)。这可能就是大臣们劝说的结果。

3.皇亲国戚劝皇帝推行儒家思想

随着宋高宗的南渡,许多皇亲国戚也随之南来。他们之中有的人把持朝政,强力推行自己的思想。韩侂胄就是其中一个代表。韩侂胄(1151—1201),字节夫,河南安阳人,他是宋仁宗、宋英宗时的宰相韩琦的孙子。其父韩诚以宋高宗皇后的妹妹为妻,而韩侂胄又是宋宁宗皇后的叔叔,可以说他是双料的皇亲国戚。他在宋宁宗时做了三件大事:一是赶走了宰相赵汝愚。宋孝宗在绍兴五年死了,而宋光宗不理丧事,韩侂胄和赵汝愚取得宪省皇后的支持,挟宋宁宗即位,韩侂胄以策立有功,应当晋升,而赵汝愚却说:"吾守臣也,汝外戚也,何以言功?"(《宋史·奸臣传》卷474)朱熹也劝赵汝愚给韩侂胄以重赏赶他出宫。但韩侂胄却以"同姓居相位,将不利于社稷"为由,通过宋宁宗把赵汝愚赶出皇宫,他把持朝政达十四年之久。二是设立伪学,把朱熹倡导的道学或理学统称为"伪学"。列朱熹等人倡伪学的十条罪状,从庆元元年到庆元三年(1195—1197年)为"庆元党禁",把朱熹等59人赶出皇宫。韩侂胄禁伪学的行为,遭到人们的反对,认为"道学不可禁","不弛党禁,后恐不免报复之祸"(《宋史·奸臣传》卷474)。宋宁宗庆元六年(1200年)下令破除党禁,恢复赵汝愚和朱熹的职位。韩侂胄禁伪学的行为,不仅没有禁止伪学,反而从反面宣扬了理学,扩大了理学。三是发动了抗金恢复中原的行动。本来金兵内部混乱可以取胜,反而遭到了失败,但是韩侂胄反金收复中原的思想和行动都是正确的。

4.武臣"不惜死"的精神,宣扬了儒家的自强不息精神

从北宋末年到南宋初年,在抗击金兵的行动中最出名的将领,要数抗金英雄岳飞。岳飞(1102—1141),字鹏举,相州汤阴(今河南汤阴)人。世代为农,家穷无书可读,自学成才。尤其喜欢《左氏春秋》和孙吴兵法。其母教子有方,曾在其背上刺"精忠报国"四字,奠定了他后来抗击金兵的思想基础。他于宋徽宗宣和四年(1122年)从军以后,认为"勇不足恃,用兵先计谋"(《宋史·岳飞传》卷365)。在用计谋的思想指导下,他在抗击金兵的行动中创造了多次以少胜多的战例。宋高宗建炎三年(1129年),他在南薰门以800人打败了金兵50万人的进攻。当岳飞为潭州知府、荆湖东路安抚都总管时,以500人打败金兵10万人的进攻。绍兴三年(1133年)宋高宗亲书"精忠岳飞"四个大字,绣成锦旗送给岳家军。绍兴四年(1134年)岳飞提出抗金收复中原的战略思想。正当岳家军抗金节节胜利之时,遭到奸臣的陷害,以莫须有的罪名,于绍兴十一年(1141年)被杀害。

岳飞抗金的行动虽然失败了,但他南征北战、"武臣不惜死"的精神,宣扬了

爱国主义的思想,受到后世人的崇敬。岳飞虽是北方人,但岳飞的庙却遍及大江南北,这足以说明他的影响之大。岳飞对皇帝尽忠,对父母尽孝的思想,符合儒家的忠孝观念。张俊说:"岳飞,忠孝人。"所以我们说岳飞的行动宣扬了儒家的思想。

三、文人的传播

文人是文化传播的承担者和完成者,传播文化是他们的主要职责,若没有文化人的辛勤努力和工作,文化传播的任务就无法完成。从北宋末年到南宋初年,从东南沿海到中原大地求学拜师的人络绎不绝,最出名的要数北宋末年的莫表深,后来有杨时、游酢等人。正是他们的不断努力,才把洛学传播到东南沿海,并发扬光大。

1.莫表深拜"宋初三先生"为师

莫表深(1052—1123),字智行,福建邵武人,宋神宗元丰二年(1079年)登进士第。曾任建阳县主簿、抚州宜黄县令、凤翔府好畤(今陕西乾县)县令等职。宋仁宗景祐、宝元年间(1034—1040年),士人多以声律决科,争名于时,而莫表深笃以"穷经为务"。他为了学习中原的儒家文化,不辞劳苦,千里迢迢,从福建来到河南开封,拜当时最有名的孙复和石介为师。孙复(992—1057),字明复,晋州平阳(今山西临汾)人。隐退后居住在泰山,号称"泰山先生"。历任宋仁宗时秘书省校书郎、国子监直讲、迩英殿祗侯说书等职。石介(1005—1041),字守道,兖州泰符(今山东泰安)人,因长期居住在徂徕山,又叫"徂徕先生"。宋仁宗天圣九年(1031年)登进士第,曾在郑州、南京、泰州等地任地方官。后任国子监直讲、太子中允(负责为太子给皇帝的奏疏及医药)。国子监是封建社会中管理教育的机关和最高学府,能在这里任职的人,学问是最高的,后来莫表深又拜见在浙江云溪任职的胡瑗(993—1059)。他是"为世儒宗"的名人,胡曾对莫说:"公有器识,以日所至未易量也。自是浸以名闻于时。"(《龟山集》卷33)。孙复、石介和胡瑗被称为"宋初三先生",都是理学萌芽阶段的代表人物,莫表深拜他们为师。其著有《如如集》,就等于把理学萌芽阶段的思想传播到东南沿海去了。

2.杨时、游酢拜洛学的创始人程颢、程颐为师

杨时和游酢不仅是同乡,而且是好朋友。他们二人千里迢迢,从福建来到河南洛阳拜程颢、程颐为师,他们是把洛学传播到东南沿海的功臣。

杨时(1053—1135),字中立,号龟山,南剑将乐(今福建将乐)人,年轻时曾在家乡教过书。"德望日重,四方之士不远千里从之游","河洛之士翕然师之"(《宋史·道学二》卷428)。宋神宗熙宁九年(1076年)中进士第,历任浏阳、萧山、余杭等地知县。宋徽宗时被召为秘书郎、迩英殿说书等职。后在颍昌(今河南许昌)拜程颢为师,师生关系十分密切,当杨时学成离去时,程颢曾对周围的人说:"吾道南矣。"(《二程集》第429页)宋神宗元丰八年(1085年),当程颢的讣告传到杨时那里时,他痛哭于寝门,并写了《哀明道先生》一文。在文中他承认程颢是孔孟之后传播儒家思想的人,是"万世师表"。宋哲宗元祐八年(1093年),年已四十的杨时又同游酢一块儿到洛阳拜程颐为师。至于学习效果如何,杨时在《与陆思仲》的信中说:"某自抵京师,与定夫从河南二先生游,朝夕粗文其绪言,虽未窥圣学之门墙,然不为异端牵惑矣。"(《龟山集》卷18)可见学习效果是不错的。此后,杨时就成了二程之后向东南沿海传播洛学的正宗。"东南学者推时为程氏正宗","其原委脉络皆出于时",杨时的著作后被收入《杨时集》一书。

游酢(1043—1123),字定夫,建州建阳(今福建建阳)人,与其兄游醇尽交天下之士,以文行著名于时。当程颢在扶沟办学时,他曾拜程颢为师,"尽弃异学而学矣"。宋神宗元丰八年(1085年),登进士第,召为太学录,改宣德郎、博士、河阳县令、颍州太守、州学教授等职。宋哲宗元祐元年(1086年),为监察御史。宋哲宗元祐八年(1093年),同杨时一同拜程颐为师。著有《中庸义》一卷、《诗二南议》、《论语杂记》一卷和《孟子杂记》一卷。

从杨时和游酢的通信中及杨时的《祭游定夫》一文中,我们不难看出在二程之后的主要任务是整理二程的著作。在《祭游定夫》一文中说:"念昔从师同志三人,今皆亡。耿于独存,而头童齿豁,茕然孤立而谁怜?嗟吾先生微言未泯。而学者所记,多失其真,赖公相与参顶,去其讹谬,以传后学。"(《龟山集》卷28)从这里可以看出杨时的主要任务,一是整理二程的著作,《二程粹言》就是在语论的基础上经过整理而成的,以便于理解二程的思想;二是培养学生,传播二程的洛学。

3.师生传递

理学从杨时开始,是如何传到朱熹那里的呢?全祖望在《海翁学案序录》一文中说:"自龟山而豫章为一传,自豫章而延平为再传,自延平而朱子为三传。"

(《宋元学案·海翁学案上》卷48,第1459页)这种说法基本可考,现按这个线索,叙述从杨时,经过罗从彦、李侗,再到朱熹的师生传递的过程。

罗从彦(1061—1135),字仲素,南剑州(今福建南平)人。他既拜见过程颐,又长期以杨时为师,故有"抠衣侍席二十余载"之说。宋徽宗崇宁元年(1102年),罗从彦"闻同郡杨时得程氏学,慨然慕之,及时为萧山令,遂徒步往学焉"(《宋史·道学二》卷428)。杨时也认为"惟从彦可与言道"。在弟子千余人中无及从彦者,被后人称为"独得杨时之传"的人。

李侗(1091—1163),字愿中,号延平。南剑州剑浦(今福建南平)人。"年二十四,闻郡人罗仲素传河洛之学于龟山,遂学焉。"(《宋元学案·豫章学案》卷39,第1278页)他在拜见罗从彦以前曾写了一封拜师信,其中谈到孔孟之后无真儒,程伊川得不传之学,1500年之后,杨时又是二程的得意门生,要想学到真儒,只有向杨时的得意学生罗从彦学习。后人又认为李侗"真得龟山法门"。

朱熹(1130—1201),字元晦、仲晦,号晦庵,晚称晦翁,徽州婺源(今江西婺源)人。5岁在其父朱松的教育下读《孝经》,读后认为世人应该如此。14岁,其父朱松逝世,朱松和李侗是同学,临终前,嘱咐其向李侗学习。朱熹也认为李侗"姿凛劲特,气节豪迈"。"及其酬酢事变,断以义理。"(《宋史·道学二》卷428)。另一种说法是朱松临终前嘱咐朱熹向刘正仲、胡原中和刘子翚学习。这三人都是二程之后,被囚禁之时自学理学成才的。不管向这四人中谁学习,都是学习理学是可以肯定的。朱熹后从父友刘子翚迁崇安、考亭居住,并向上述几位先生学习理学。朱熹是理学的集大成者,史有"程朱理学"之称,可见朱熹在理学中的重要地位。

4.思想传递

师生传递,不仅是老师向学生传道授业的问题,更重要的是学生能从老师的传授中领会精神实质,从思想上继承和传授,这才是真正的传承。从杨时起,经过罗从彦、李侗到朱熹等,都从思想上继承了老师的思想,我们从天理观、政治观及道德观等方面进行论述,就可以看出他们思想上的具体传承情况。

天理是二程理学中的核心观念,"吾学虽有所授,但天理二字却是自家体贴出来"(《二程集》第424页),这就是对天理重要性的最好说明。在他们看来,天理无时不在,无处不在,是放之四海而皆准的。天下万事万物,都从天理这里衍生出来。他们的弟子也继承了这一思想。第一,承认天理是最高概念。杨时说:"若天下只是一理,故其为必同。"(《龟山集》卷13)罗从彦说:"易简之理,大理也。"(《宋元学案·豫章学案》卷39,第1273页)第二,他们承认天理是万物之源。李侗说:"'太极动而生阳',至理之源。只是动静阖辟,至于终万物,始万物,亦只是此理一贯也。"(《宋元学案·豫章学案》卷39,第1280页)这个"终万物,始万物"的至理,也只能是天理的别名了。朱熹不仅承认天理的全部内容,而且认为先有理后有气,若没有理,就没有气。朱熹与其师的不同之点,在于他既看到天理与人欲对立的一面,又看到了天理与人欲的相对的另一面。他说:"天理本多,人欲也便是天理里面做出来。虽是人欲,人欲中自有天理。"(《宋元学案·晦翁学案上》卷48,第1533页)他看到了天理与人欲的相对性,应当说,比其师把天理与人欲看得绝对对立,要高明一些。

理一分殊,也是理学家的一个重要思想。杨时在与其师程颐的通信中,认为张载《西铭》中的思想与墨子的兼爱思想相同。程颐批评说,这不是兼爱,而是理一分殊。天理与具体事物之理,道德领域中的仁是总名,其他如义、礼、智、信等是分殊。利多与义一等,都是理一分殊,从而说明了一般事物与具体事物的关系。

政治观,是把天理的思想推行到政治领域,把封建王朝和封建等级制度等都看成天理,都是永恒不变的,这就是他们的政治观。杨时说:"朝廷作事,若要上下大小,同心同德,须是理明。盖天下只是一理,故其所为必同。若用智谋,则人人出其私意,私意万人万殊,安得同?"(《龟山集》卷13)这就是说,要用天理来统一上下大小的行动,才能一致;若用私意,万人万殊,就无法统一了。把封建王朝等级制度当作天理,否则就是私意。他还把孟子的"无君子莫治野人,无野人莫养君子"的话,解释为"天下之常分,古今之通义也"(《龟山集》卷15),从而把封建等级制度当作天理,使之永恒化。

从这种观点出发,他们提出"格君心之非"。这是其师最先提出来的。程颐向宋英宗的上疏中劝皇帝"格君心之非"。杨时说:"论事君,则欲格君心之非,正君而国定,千变万化,只说从心上来,人能正心则是无足为者矣。"(《龟山集》卷12)谁能格君心之非呢?只有大人,才可以"上可以正己,下可以正人"。罗从彦也认为"天下之变,不起于四方,而起于朝廷"(《宋元学案·豫章学案》卷39,第1273页)。朱熹在宋孝宗淳熙六年(1179年)的上疏中也认为"在人君正心术以立纪纲",要从人力和制度上保证皇帝心术正。

为了保证人君心术之正,必须反对王安石变法,从其师到其弟子们都认为宋神宗变更祖宗之法,是受到了王安石变法思想的诱惑。杨时说:"熙宁之初,贤能不容于朝,纷更祖宗之法,惟我所为而已。用此说也,其为害岂浅哉?使其说行,则祸天下后世,商君之法不如是烈矣。"(《龟山集》卷7)李侗说:"今日三纲不振,义利不分。三纲不振,故人心邪僻,不堪任用,是致上下之气间隔,而中国日衰。义利不分,故自王安石用事,陷溺人心,至今不自知觉。"(《宋史·道学二》卷428)他们都认为王安石用商鞅之术,迷惑皇帝心术,危害很大,如果人主不注意的话,恐怕会出现"吾有粟,将不得而食"的情况,反对变更祖宗之法是理学家的共同特点。

道德观,是理学家们把天理观运用于道德领域,对人们行为提出的共同要求,便形成了他们的道德观。朱熹说:"天理大,所包得亦大。且如五常之教,自家而言,只有个父子、兄弟、夫妇,才出外,便有朋友。朋友之中,事已杀多,及身有一官,君臣之分便定。"(《宋元学案·晦翁学案上》卷48,第1543页)在天理观的指导下,形成有关三纲五常的伦理道德。从杨时到朱熹等,他们对这种道德观的重要性、内容以及修养标准等都作了论述。

朱熹对封建伦理道德的重要性做了充分论证。他说:"凡天下之事,皆人之所当为。君臣、父子、夫妇、兄弟、朋友之际,人事之大者也。"(《宋元学案·晦翁学案上》卷48,第1551页)又说:"三纲五常,缺一不可。"(《宋元学案·晦翁学案下》卷49,第1559页)

道德修养的主要内容是三纲五常。朱熹为白鹿洞书院规定的教学内容中,就有"父子有亲,君臣有义,夫妇有别,长幼有序,朋友有信",并认为这是学校教学的内容,也是学习的顺序。但这三纲之中,并不是都一样的,而是有重点的。杨时说:"君臣者,人伦之大。"(《龟山集》卷6)朱熹说:"父子大伦,三纲所系。"(《宋元学案·晦翁学案上》卷48,第1501页)这就是说,君臣、父子应是三纲之中最重要的。父子关系的好坏,关系到君臣、夫妇之间的关系。

道德修养的标准,是以圣人为标准。杨时说:"圣人,人伦之至也。于君臣、父子、夫妇、兄弟、朋友之间,各尽其道,所谓至也。至以其身为天下用,岂为功名爵禄哉?盖君臣者,人伦之大。为臣义如此。故三代之学,皆所以明人伦。"(《龟山集》卷6)这里不仅告诉我们道德修养的标准,就是能在父子、君臣、夫妇、兄弟、朋友之间,各尽其道,而且认为三代之学所要学的,就是三纲五常。

从上述的简要论述中我们不难看出,从杨时起,经过罗从彦、李侗到朱熹,他们不仅从思想上继承了老师的思想,而且把其师的思想发扬光大,推动了理学的发展。从对这三种文化传播渠道的论述中,我们可以看出这三种渠道在文化传播中作用各不相同,又相互关联,缺一不可。移民传播是文化传播的基础,没有基础,根基就不牢;官吏传播是文化传播的主导,为传播者指明传播方向;文人传播是文化传播的承担者和完成者,没有文人的辛勤劳动和工作,文化传播就不可能完成。

(原载《河洛文化与闽台文化》,河南人民出版社 2008 年 9 月出版)

宋人对《河图》《洛书》的继承和发展

当《河图》《洛书》传播到了宋朝的时候,"进入了一个新的历史时期,出现了新的特点"(王永宽:《河图洛书探密》,河南人民出版社2006年版,第102页)。其表现为对《河图》《洛书》的继承和传播中出现了差异,形成了新的学派,即象数学派和义理学派。现将这两个派别对《河图》《洛书》的评说以及他们对《河图》《洛书》的发展作些论述。

一、象数学派对《河图》《洛书》的继承

象数学派以陈抟、李之才、邵雍、邵伯温等人为代表。《宋史·朱震传》中说:"陈抟以先天图传种放,放传穆修,穆修传李之才,之才传邵雍。"(《宋史·儒林五》卷435)这是象数学派传承的大致路线。现按这个路线来简述他们对《河图》《洛书》的观点。

(一)陈抟、李之才

陈抟(约871—989),字图南,亳州真源(今河南鹿邑)人。自幼喜欢读《易经》,大约到了手不释卷的程度,号称扶摇子。后唐长兴元年至三年(930—932年),曾举进士不第,隐居修道。与华阴道士李琪、关西逸人吕洞宾、终南山道士谭峭为友。后周显德三年(956年),周世宗召见,问其黄白之术。他说:"陛下为四海之至,奈何留恋黄白之术呢?"宋太宗太平兴国三年(978年),他曾两次入朝,建议宋太宗招贤纳士,去佞臣,轻赋税,重赏三军,受到重视。他精于《易学》,著有《指玄篇》81章、《三峰寓言》、《高阳集》和《钓潭集》等。

在他的《易龙图序》中承认《河图》出自伏羲时代,并指出《河图》主要数字的位置。陈抟在此文中只讲《河图》,没有讲《洛书》。他肯定《河图》在伏羲时代,在"太古之先",大约在距今15000—8000年以前。伏羲据《河图》以画八卦之后,孔子曾列出履、谦、复、恒、损、益、困、井、巽等九卦。这九卦都是乾坤变化而来,为什么只列九卦,而没有乾坤呢?是否列出这九卦自然也就知道乾坤了?

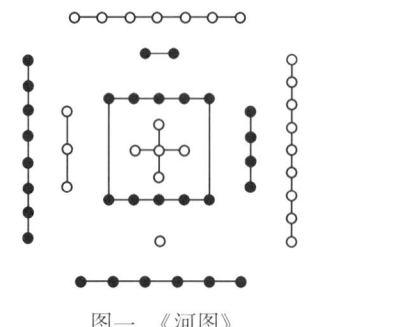
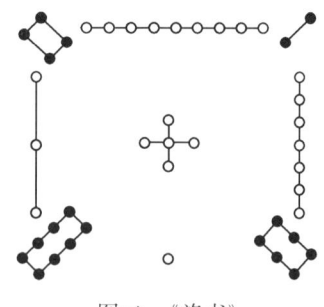

图一 《河图》　　　　　　图二 《洛书》

《河图》是天垂象,在《河图》之中的符号和数字结构严密,"的如贯珠","累累然如系之缕",好像天空中的星星一样,东、西、南、北、中有秩序地排列着,而且不能乱,如果乱了,就构不成图了。

李之才(?—1045),字挺才,青社(今山东益都)人。宋仁宗天圣八年(1030年)登进士第,曾任获嘉县主簿、共城(今河南辉县)令、孟州司户参军、泽川(今山西晋城)签书判官等职。他向穆修学习易学,继承了陈抟先天图的思想。在其任共城县令时,闻在百泉学习的邵雍好学,多次造访其庐。他对邵雍说:"子亦闻物理性命之学乎?"邵雍对曰:"幸受教。"(《宋史·道学一》卷427《邵雍传》)于是邵雍拜李之才为师,学习《河图》、《洛书》、八卦等思想。李之才在陈抟和邵雍之间起了承上启下的作用。

(二)邵雍

邵雍(1010—1077),继承了其师李之才的思想,继续传授《河图》、《洛书》、八卦、六十四卦的思想。他在《皇极经世书》中说:"盖圆者,《河图》之数。方者,《洛书》之文。故羲文因而造《易》。禹箕叙之而作范也。"(《皇极经世书》卷7下《观物外篇》)这就可以看出他继承了《河图》《洛书》的思想。邵雍的思想虽有端绪,但大部分是"其自学所自得"。

1.邵雍倡明伏羲八卦、六十四卦图

伏羲的八卦次序图、六十四卦次序图,伏羲的八卦方图和六十四卦方圆图,都是邵雍倡明并公布于世的。

在这个图中,我们可以看出太极生两仪,两仪生四象,四象生八卦。八卦的顺序是:乾一,兑二,离三,震四,巽五,坎六,艮七,坤八。八卦的符号,据前人传承,"━"为阳,"╍"为阴。邵雍说:"乾,奇也,阳也,健也;坤,偶也,阴也,顺也,震起也。一阳起也,坎,陷也。一阳陷二阴,艮,止也。巽入也,离丽也,兑,说也。"

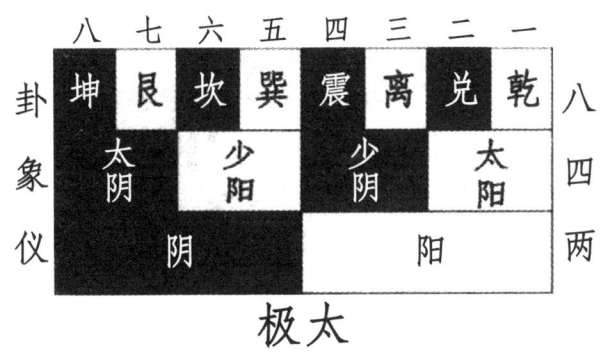

图三　伏羲八卦次序图

八卦的符号是：乾☰　兑☱　离☲　震☳　巽☴　坎☵　艮☶　坤☷

伏羲六十四卦的次序图，是在八卦基础上的扩展，按照加一倍的方法。邵雍说："是故一分为二，二分为四，四分为八，八分为十六，十六分为三十二，三十二分为六十四。故曰分阴分阳，迭用柔刚。故易六位而成章也。"（《皇极经世书》卷7上《观物外篇》）如图四：

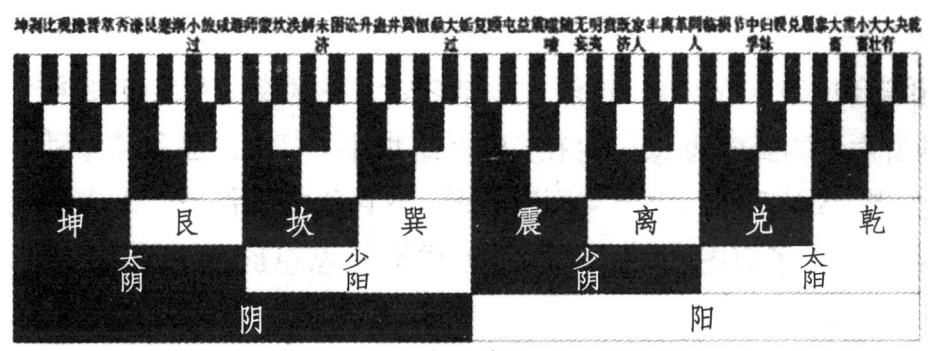

图四　六十四卦次序图

在伏羲的八卦方位图中，可以看到天南地北，离东坎西，巽在西南，震在东北，艮在西北，兑在东南。邵雍说："乾坤定上下之位，离坎列左右之门，天地之所阖辟，日月之所出入，是以春夏秋冬，晦朔弦望，昼夜长短，行度盈缩，莫不由乎此矣。"（《皇极经世书》卷7上《观物外篇》）由于乾坤定上下之位，离坎列左右之门，《易说卦》中说："天地定位，山泽通气，风雷相薄，水火不相射，八卦相错。"（《周易本义》卷4《说卦》）乾坤定位以后，以乾为主，从乾至复为顺转，自巽至坤为右转。

图五　伏羲八卦方位图

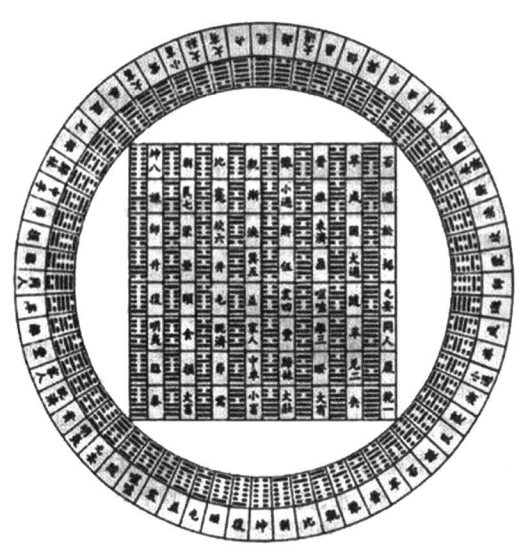

图六　伏羲六十四卦方圆图

这里的伏羲六十四卦图,邵雍说:"天地定位一节,明伏羲八卦也。八卦者,明交相错,而成六十四卦也。"(《皇极经世书》卷7上《观物外篇》)天地定位,也就是乾南坤北,从乾开始左转到复卦成三十二卦,再从姤开始右转至坤也形成三十二卦,共六十四卦。这个图外圆内方,圆者象星、象天,方者象地,说明此图也来自《河图》《洛书》。

2.邵雍认为六十四卦图的次序,方图和圆图可以互相转化

伏羲的八卦次序图,也叫小横图,在小横图的基础上采取加一倍方法,八变

十六,十六变三十二,三十二变六十四,形成大横图,即六十四卦次序图。在六十四卦次序图上,以乾坤为中心,把它分成两半,从乾至复,再自姤至坤,把这两段各变成半圆,形成六十四卦圆图;在圆图的基础上,再以乾为祖,从乾开始左转,从乾到泰,从履到临,从同人到明夷,从无妄到复,共四段;再从乾右边开始,也分成四段,从姤到升,从讼到师,从遁到谦,从否到坤。从上到下,把这八段摆成方形每边都是八卦,八八六十四卦。邵雍说:"方者八变,故八八而六十四矣。"(《皇极经世书》卷7下《观物外篇》)这种变化不是随意的,而是邵雍思想的体现。以乾坤为主的变化,认为"夫《易》根于乾坤",又说"不知乾,无以知性命之理"(《皇极经世书》卷7下《观物外篇》)。这就是以乾坤为主或以乾为祖,从乾的左边开始左转,从乾的右边开始右转,就可以形成八卦、六十四卦次序图。

二、义理学派对《河图》《洛书》的评说

义理学派的代表人物是周敦颐、朱熹以及欧阳修,他们承认《河图》《洛书》的存在,但在对《河图》《洛书》的解释中提出疑义,认为《河图》《洛书》不是神物,有它没它都可以画出八卦、六十四卦来。

(一)周敦颐的太极图

周敦颐(1017—1073),原名敦实,因避宋英宗的讳而改名,字茂叔,道州营道(今湖南道州)人。宋仁宗景祐三年(1036年),由其舅父郑珦推荐授洪州分宁(今江西)主簿,后任南安军(今江西大余)司理参军,知郴州桂阳(今湖南郴州)、南昌县令、永州(今湖南零陵)判官。宋神宗熙宁元年(1068年)由赵抃和吕公著推荐,任广东转运判官和提点刑狱。晚年因病求任南安军。后在庐山莲花峰的濂溪居住,又名"濂溪先生"。宋神宗熙宁六年(1073年)病逝于家,享年56岁。南宋淳熙元年(1174年)封汝阳伯,后改道国公,从祀于孔子庙庭。

周敦颐的主要著作是《太极图说》及《通书》等。《通书》是对《易经》的解释,又名《易通》,明天理之根源,究万物之始终。

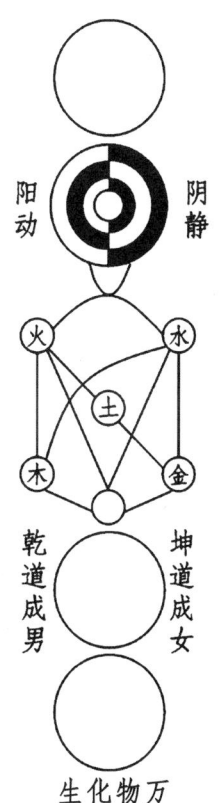

图七 周敦颐的太极图

图七为周敦颐的太极图。这个图的来源,有两种说法:一说来源于陈抟。

"穆修以太极图传周敦颐,敦颐传程颢、程颐。"(《宋史·儒林五》卷435)这说明通过陈抟把太极图传给周敦颐。另一种说法来源于老子。在《道德经》中有"天下万物生于有,有生于无","知其白,守其黑,为天下式。为天下式,常德不忒,复归于无极"(《老子》第28、40章)。这里老子讲的黑与白,有"无极",而周敦颐的太极图中也有黑和白,在太极图中有黑、白的半圆弧形可以为证。

周敦颐在《太极图说》一文中,说出太极图说的主要内容。他说:"无极而太极。太极动而生阳,阳极而静,静而生阴。静极复动。一动一静,互为其根。分阴分阳,两仪立焉。阳变阴合,而生水火木金土,五气顺布,四时行焉。五行一阴阳也,阴阳一太极也,太极本无极也。五行之生也,各以其性。无极之真,二五之精,妙合而凝,乾道成男,坤道成女。二气交感,化生万物,万物生生而变化无穷焉。"(《宋元学案·濂溪学案下》卷12,第497—498页)

现据上图可以说明太极图的主要内容:这个图最上边是一个圆圈,无注明,应是"无极而太极",太极本无极,这是形而上的无形的理或道,虽无形却是太极之源。第二个圆圈,应是太极,内有黑、白两个半圆的弧形,左右各一半。周敦颐说有阳动和阴静的问题,动极而静,静极复动,阴阳互动生出水火木金土。在他看来,五行和阴阳、太极都是相等的。"五行一阴阳,阴阳一太极。"由于阴阳不断地互动,而产生五行万物。人是由男女交感而生的。阴阳、雌雄、男女互相交感,而构成万物生生不息的图案。

(二)程颢、程颐对《河图》《洛书》的评说

程颢、程颐兄弟二人,在十五六岁时就拜周敦颐为师。《宋史·周敦颐传》中说,周敦颐在南安任职时,二程的父亲程珦与周敦颐为友,"程珦通判军事,视其气貌非常人,与语,知其为学知道,因与为友,使二子颢、颐往受业焉。敦颐每令寻孔、颜乐处,所乐何事,二程之学源流乎此矣"(《宋史·道学一·周敦颐传》卷427)。这就是说,二程通过其父的关系,拜周敦颐为师,但后来对其师很少论及。作为理学家,程颐对《易经》有很深的研究,对《易传》评价也很高。他对《易传》研究的成果迟迟不予公布,直到临终前,才把《易传》的研究成果交给晚年最得意的门生尹焞和张绎。宋哲宗元符三年(1100年),已67岁的程颐在《易传序》中说:"易,变易也,随时变易以从道也。其为书也,广大悉备,将以顺性命之理,通幽明之故,尽事物之情,而示开物成务之道也。圣人之忧患后世,可谓至矣。"(《二程集》第689页)由此可知,程颐对《易传》的研究所下的功夫

是很深的。

程颐在《易传序》一文中说:"太极者道也,两仪者阴阳也。阴阳,一道也。太极,无极也。万物之生,负阴而抱阳,莫不有太极,莫不有两仪,纲缊交感,变化不穷。"(《二程集》第690页)承认太极是道,道有阴阳,阴阳交感而产生万物。这一点与周敦颐在《太极图说》中的说法基本上是一致的。

程颐对《河图》《洛书》的评价很高,认为《河图》《洛书》是画八卦的依据,但作为画八卦的参照物,有《河图》《洛书》可以画八卦,没有《河图》《洛书》也可画八卦。有学生认为孔子写《春秋》一书,是因为有麒麟感动而作,程颐则认为不是这样。他说:"《春秋》不害感麟而作,然麟不出,《春秋》岂不作?孔子之意,盖亦有素,因此一事乃作,故其书之成,复以此终。大抵须有发端处,如画八卦,因见《河图》《洛书》。果无《河图》《洛书》,八卦亦须作。"(《二程集》第160页)有一次,程颐看到一个人卖兔子,便有感而发说:"圣人见《河图》《洛书》而画八卦。然何必《图》《书》,只看此兔,亦可作八卦,数便此中可起。古圣人只取神物之至著者耳。只如树木,亦可见数。"(《二程集》第222页)由此可知,程颐不否认圣人能以《河图》《洛书》而画八卦,但没有《河图》、洛书》,以兔子、树木为参照物,同样可以画八卦,这样就把《河图》《洛书》从神物降为同树木、兔子一样的物品。所以在他十分得意的《易传》一书中没有提及《河图》《洛书》一事。

(三)朱熹对《河图》《洛书》的肯定

朱熹是南宋的理学家,他继承了二程的思想,集理学之大成,人们常以"程朱理学"相称。朱熹对易学有很深的研究,著作也很多。但他不同意程颐对《河图》《洛书》的看法。在他的著作《周易本义》以及《易学启蒙》中对《河图》《洛书》都作了肯定,承认伏羲以《河图》《洛书》画八卦的做法。

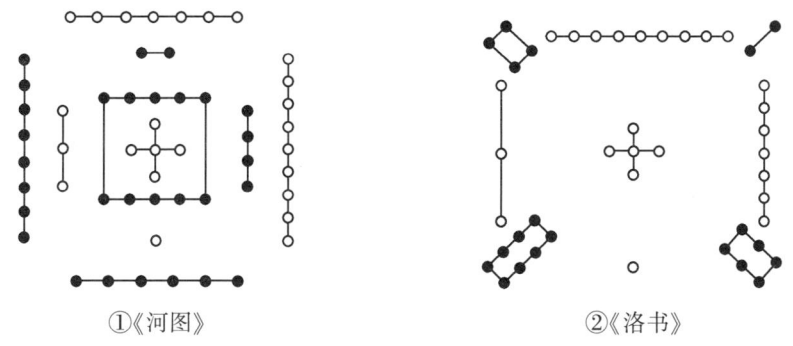

①《河图》　　　　②《洛书》

图八　朱子图说

第一辑　　　　　　　　　　　　　　　　　　　　　　　　197

朱熹对《河图》《洛书》作了很高的评价,朱熹在《易学启蒙序》中肯定了圣人画卦设爻的功劳。他说:"圣人观象以画八卦,揲蓍以命爻,使天下后世之人,皆有决嫌疑,定犹豫,而不迷于吉凶悔吝之途。其功可谓盛矣。"(朱熹:《周易本义》附录,第 205 页)这就肯定了伏羲是据《河图》《洛书》画八卦,有以揲蓍命爻,帮助人们趋利避害、趋吉避凶的功劳是不可磨灭的。在这篇序文中,他还批评了象数学派和义理学派的片面性,强调义理和象数都不可偏废。

朱熹在《易学启蒙序》中,首先对《河图》《洛书》的流变作了说明,自《易传》提出河出图、洛出书以后,西汉的孔安国、刘向、刘歆父子,班固以及北魏的关子明,北宋的邵雍等都承认伏羲据《河图》以画八卦,大禹据龟背之九纹而作九鼎(载九履一,左三右七,以二四为肩,六八为足,正指龟之象也)。关子明和邵雍都以十为《河图》,以九为《洛书》。而刘牧则以九为《河图》,十为《洛书》,并指出这种说法出于陈抟。他认为《河图》之数45,没中间五阳之数,说《河图》陈四象而不立五行,《洛书》之数 45,《洛书》演五行而不述四象。与诸儒之说法不同。

朱熹认为《河图》和《洛书》、八卦和九鼎可以互为表里。伏羲据《河图》以画八卦,不必预见《洛书》,但逆于《洛书》合。大禹据《洛书》以作九鼎,也不必追求《河图》,但暗与《河图》合。所以如此,皆因理而合,圣人据《河图》《洛书》作易作范,皆出于天意。而卜筮与蓍龟,不能只依卜和龟为标准,言其理一而无二。

朱熹考察《河图》《洛书》的流变之后,对《河图》作了解释。据《易·系辞上》曰:"天一地二,天三地四,天五地六,天七地八,天九地十。""天数五,地数五,五位相得而各有合。天数二十有五,地数三十,凡天地之数五十有五。此所以成变化而行鬼神也。"朱熹说:"此一节,夫子所以发明河图之数也。天地之间,一气而已,分而为二,则为阴阳,而五行造化,万物始终,无不管于是焉。故河图之位,一与六共宗而居乎北,二与七为朋而居乎南,三与八同道而居乎东,四与九为友而居乎西,五与十相守而居乎中。"(朱熹:《周易本义》附录,第208—209 页)在《河图》之中,天数一、三、五、七、九之和是二十五,地数二、四、六、八、十之和是三十。天地之数相加是五十五。

在《河图》中,还有与五行的关系:天一生水,地以六成之;地二生火,天以七成之。天三生木,地以八成之;地四生金,天以九成之;天五生土,地以十成之。

"天数地数各以类相求,所谓五行之位相得者然也。"

朱熹作《先天图》诗二首(《朱熹集·外集》卷1《诗书》):

不待安排自整齐,
只缘太极本如斯。
试将万事依图看,
先后乘除可理推。

——《先天图》

乾坤复姤互推移,
动静之端起至微。
终日敛襟看不足,
其中图处是真机。

——《先天图二》

三、宋人对《河图》《洛书》的发展

本文前两部分,分别就象数学派和义理学派对《河图》《洛书》的继承和评价作了论述,这两派在论述中虽有差异,但不论是象数学派强调象数,还是义理学派强调义理,他们从不同的角度解释了《河图》《洛书》,均对《河图》《洛书》做出了贡献,共同推动了《河图》《洛书》的发展。

1.使用黑、白两种颜色,表示《河图》《洛书》中阴、阳两种符号,使《河图》《洛书》具有直观的形象

陈抟在华山隐居时,曾把《河图》《洛书》刻在石壁上,用白圈表示奇数、阳数,用黑点表示阴数、偶数,对奇、偶二数作了明显的区别。周敦颐的太极圈内用黑、白两种半弧形,表示阴、阳两种不同的符号。这可以说是后来太极中阴阳鱼的雏形。邵雍在八卦图、八卦方位图、伏羲六十四卦次序图、伏羲六十四卦方圆图中继承了陈抟的做法,用白圈表示奇数、阳数,用黑点表示阴数、偶数,使人们更好认识这些图,辨认这些图。二程的学生杨时路过朋友家时,朋友问《易经》,他用笔画了一个圆圈,用黑、白两种颜色各涂其半,然后说,这就是易。朱熹在所画的《河图》、《洛书》、伏羲八卦图、伏羲六十四卦次序图中,用黑、白两块表示阴、阳两种符号。总之,宋人用黑、白两种颜色表示《河图》《洛书》以及伏羲、文王的八卦图,是宋人一大发明,使人们对《河图》《洛书》以及八卦有了直观的认识。

2.对图形的贡献

关于《河图》《洛书》以及八卦,在宋以前,只有文字的记载,没有图形表示。陈抟在石壁上把《河图》《洛书》画出来,说《河图》圆形象天,《洛书》方形象地,象龟形。邵雍把伏羲八卦图、八卦次序图、六十四卦次序图、六十四卦方圆图画出来,并标其位置,使人们有了明确的图形概念,一直流传至今。

3.揭开了《河图》《洛书》神秘的面纱

象数学派邵雍等人,不仅继承了《河图》《洛书》思想,而且一直把它当作神物保存下来,是神圣不可侵犯的。邵雍在他的《皇极经世书》中一直把它当神物供奉,但是义理学派程颐和朱熹揭开了《河图》《洛书》的神秘面纱。程颐承认《河图》《洛书》的存在,以《河图》《洛书》为参照物可以画出八卦,没有《河图》《洛书》,以别的参照物如树木、兔子为参照物也可以画出八卦。朱熹在其著作中认为依靠《易经》的卜筮来定吉凶是不可靠的。一些小的事情依靠卜筮来定吉凶是可靠的,而一些大的事情,如定国都、定君主等不能依靠卜筮。只有人先定,再以卜筮来协助。如周公欲定都洛阳,是人先卜筮,如卜黎水、卜涧水西、卜瀍水东等,才做出唯洛阳可以受纳的决定。"是人谋先定后,方以卜来决之。"(《朱子语类》卷66,第1626页)这也说明依靠卜筮来定吉凶是不可靠的,这就揭开了依靠卜筮定吉凶的神秘面纱。北宋的欧阳修在《易童子问》等文中,不仅否定了孔子作《系辞》《说卦》《文言》等说法,而且《系辞》的文字前后矛盾,一会儿说伏羲据《河图》《洛书》画八卦,一会儿又说伏羲通过天文地理等诸物来画八卦。有些文字如"元亨利贞"在孔子生前十五年就有了,怎么说是孔子的创作呢?"其失由于妄以《系辞》为圣人之言而不敢非,故不得不曲为之说也。"(《宋元学案·庐陵学案》卷4)妄以为是圣人所说而不敢非,造成了以讹传讹的错误,陷入了曲学(邪僻)之说,只有欧阳修揭开了圣人作《易传》的外衣,还其本来面貌。

朱熹除了揭开圣人作《易》的神秘面纱,还为《易经》的普及做了不少的事。例如他编的《八卦取象歌》中说:"乾三连,坤六断。震仰盂,艮覆碗。离中虚,坎中满。兑上缺,巽下断。"还有《上下经卦名次序歌》:"乾坤屯蒙需讼师,比小畜兮履泰否。同人大有谦豫随,蛊临观兮噬嗑贲。剥复无妄大畜颐,大过坎离三十备。咸恒遁兮及大壮,晋与明夷家人睽。蹇解损益夬姤萃,升困井革鼎震继。艮渐归妹丰旅巽,兑涣节兮中孚至。小过既济兼未济,是为下经三十四。"(朱熹:《周易本义》附录,第 188—189 页)这些朗朗上口的歌谣,易背易记,对于《易经》的普及起到了推动作用。

4.象数学派和义理学派对《河图》《洛书》的不同解释,推动《河图》《洛书》的发展

象数学派以邵雍为代表,强调象数,是因为他们认为数是《河图》《洛书》的数。邵雍说:"盖圆者,《河图》之数。方者,《洛书》之文。"(《皇极经世书》卷7下《观物外篇》)因为圆者,象天也,象星星,方者,象地之方。天地之数都由奇、偶二数变化而来。邵伯温说:"道生一,一为太极。""一者何也? 天地之心也,造化之原也。"(《皇极经世书》附录)邵博引邵雍的诗曰:"身在天地后,心在天地先。天地自我出,自余恶足言。"(《邵氏闻见后录》卷5)由此可知,象数学派虽强调数,虽有许多理由,但实际上是把数当作天地万物之源了。

义理学派以周敦颐、二程和朱熹为代表。他们强调义理的作用,认为"有理则有气,有气则有数"(《二程集》第1227页),不是象数学派说的"神则数,数则象,象则器"的顺序。程颐瞧不起象数学派,他说:"某与尧夫同里巷居三十年余,世间事无所不论,惟未尝一字及数耳。"(《二程集》第444页)他认为象数学派是"空中楼阁","根本不帖帖"等。但是朱熹对邵雍比较重视,在他的六十四卦方圆图中都常引邵雍的论述。这样看来,不论是强调数还是义理,他们都从不同方面推动了对《河图》《洛书》的理解,推动了《河图》《洛书》的发展,也对《河图》《洛书》的发展做出了贡献。

(原载《河洛文化与姓氏文化》一书,河南人民出版社 2009 年 10 月出版)

嵇 文 甫

嵇文甫(1895—1963),名明,字文甫。河南汲县人。我国著名的哲学家和思想家。1918年,北京大学哲学门毕业后,曾在开封第一师范和政法专门学校兼课,同冯友兰、韩席卿等人合办《心声》杂志,宣传进步思想。1926年冬加入中国共产党。1926—1928年曾在莫斯科中山大学学习。后因病回国,在北京大学任课。同时在清华大学、北平女子师范大学和中国大学兼课。1933年在河南大学任教,并兼文史系主任。新中国成立以后,曾任河南大学副校长、校长,河南师范学院院长,郑州大学校长,河南省副省长等职,还是全国人民代表大会代表、全国政协会议代表、中国科学院学部委员。

嵇文甫一生著作甚丰,他的主要著作已收入河南人民出版社出版的《嵇文甫文集》(上、中、下三册),共有160多万字。在这方面的代表著作是《左派王学》和《船山哲学》等。

一、《左派王学》

《左派王学》,1934年写成并出版,全文4.8万字。作者论述了王阳明的道学革新精神及左派王学领袖王龙溪、王心斋两人的思想,以及王心斋领导下的泰州学派,对左派王学做出了历史性的评价。

王阳明倡导道学革新精神,以"狂者"自命,自来自往,信手行去。无论是致良知还是知行合一,处处表现出与以朱熹为代表的训诂章句的八股化的道学不同,处处闪烁着"无前例可援,无成套可拘,随机应变"的自由解放精神。王阳明死后,王学分为左、右两派,以聂双江、罗念庵为代表的右派王学,力使王学返回到"未发"一路,而以王龙溪、王心斋为代表的左派王学,则把王学推向高峰。因为左派王学带有一种自由解放之色彩,左派王学还代表了下层社会的气氛。所谓"阳明之学,以教天下小人者",即有此意。他们主张"教不倦""学不厌"的教学相长的精神。因为左派王学有上述的特点,才能够风靡一时。作者认为左派王学中"最惊动人""最富有刺激性"的地方,是"讲王学而不讲龙溪、心斋领导的左倾一派,王学的精神至少失掉一半"(《嵇文甫文集》上册,第399页)。他还认为左派王学,像欧洲历史上的宗教改革派一样,虽然放出许多异彩,富有自由思想和反抗精神,但又有些怪诞,所以难逃失败之命运。

二、《船山哲学》

《船山哲学》分上、下两册,共有5.8万字。1936年由开明书店出版,1962年又由中华书局和三联书店联合作为《王船山学术论丛》之一部分出版。

嵇文甫是我国著名的研究王船山思想的专家。他年轻时,就接触王船山的著作,从20世纪20年代到40年代,先后发表《王船山的人道主义》《王船山的民族思想》《王船山的学术渊源》《王船山的易学方法论》《王船山的唯物主义思想及其唯心主义的杂质》等论著。而《船山哲学》是一部专著。

在上篇"性理哲学"中,嵇文甫论述了王船山的"命日受则性日生矣"的命题。作者认为王船山把性与命的关系,看成了人与天的关系。所以性与命,天与人,生生不息,变化日新。自初生至老死,一时一刻,一瞬一息,无不受天命,无不在成性。认为人与禽兽的区别,在于人道日新,而禽兽则终身用其初命。如果只用天,只用初命,那就近于禽兽了。嵇文甫认为王船山这个"命日受性日生"的命题是精卓独到的见解。他认为王船山继承了张横渠以来的唯物主义的气一元论,"宗师横渠,修正程朱,反抗陆王"。王船山在批评唯心主义,继承唯物主义的基础上,建立了理与势合、常与变合、体与用合、博与约合的唯物主义体系。这个体系的基本思想是天人合一,生生不息,王船山把我国古代朴素唯物主义的发展推向高峰。

在下篇"历史哲学"中,嵇文甫阐述了王船山的历史观。王船山作为我国伟大的唯物主义哲学家,在历史领域中表现了卓绝的见解。他的"古今因革"的思想,把历史当作一个发展过程来看,把封建制度当作一个从万国并立到统一的过渡阶段,从部落、封建到郡县统一有类似社会发展的思想。因为古今的阶段不同,所以治理的方法也不同,只能"因事论法,因其事而酌其宜",不可能千篇一律、墨守成规。他的"朝代兴亡论",认为历史上的朝代的兴衰与成败,必有其原因,是有其规律的,人们从极度的混乱中看到革故鼎新的时机。他的"华夷文野论",表现了历史演进的思想。他认为中国是华夏,是文明,中国以外是夷狄,是野蛮,但他又认为中国也是从野蛮发展过来的,他说:"中国之天下,轩辕以前,其犹夷狄乎？太昊以上,其犹禽兽乎？"这就是说,中国也是从野蛮发展过来的。所以王船山的新鲜见解,十分可贵。但因时代的限制,他始终跳不出唯心主义的藩篱。

嵇文甫的《王船山的唯物主义思想及其唯心主义的杂质》一文,是对王船山哲学做出的评价。从思想方面肯定了王船山的唯物主义思想,即反对封建迷信和天人感应,反对佛教的万法唯心和老庄的虚无主义,不离器而言道,不离气而言理,批判了程朱理学把理气、道器分开的唯心主义思想,对理欲、理势、体用、常变等一系列问题提出现实而灵活的看法。嵇文甫还指出王船山也像历史上伟大的哲学家一样,有他的不足之处。在他的哲学体系中有唯心主义的杂质。首先,他把气分为善气、恶气、活气和乱气。他虽有不足,仍不愧为伟大的唯物主义哲学家。

嵇文甫开创性的研究,受到各方面的好评。《人民日报》1984年8月4日在《一份珍贵的学术遗产》一文中指出:"特别引人注目的是他对陆(象山)王(阳明)学派和船山哲学的研究,见人所未见,道人所未道,成为开创性研究中最有成就的专家之一。"

嵇文甫还是我国最早从事马克思主义研究和宣传的优秀学者之一,他发表的一些论著,阐明了马克思主义的基本原理,他写的《辩证唯物主义讲稿》和《谈谈历史唯物主义》等文,对马克思主义的普及和推广起到了极大的促进作用。

附嵇文甫主要著作目录:
《十七世纪中国思想史概论》(1931年)
《先秦诸子政治社会思想述要》(1932年)
《左派王学》(1934年)
《船山哲学》(1936年)
《嵇文甫文集》(上、中、下三册,河南人民出版社1985年出版)

(原载《二十世纪中国哲学》第二卷《人物志上》,华夏出版社1994年8月出版)

嵇文甫先生的史学方法论

嵇文甫先生是我省最早的马克思主义者之一,他最早以马克思主义的立场、观点和方法对中国的古代史、政治史和哲学史进行研究,给我们留下一笔丰富的文化遗产。仅就河南人民出版社出版的《嵇文甫文集》而言,共收入论著175篇(部)。几乎每一篇(部)都运用了科学的史学方法论。其中专门论述史学方法论的有30余篇(部),如《关于历史评价的问题》《关于历史教学中几个重要问题》《怎样对待历史文化遗产》和《孔子的历史评价问题》等。我们这里不能全面地论及,只能就史学方法论的总原则和具体的方法作些简述,以期待同行们在这方面做出更大的成就。

一

嵇文甫的史学方法论的总原则和理论基础,就是历史唯物主义的理论和方法。他说:"研究历史就需要有研究历史的方法,就是历史唯物论和辩证唯物论的方法。"(《嵇文甫文集》下册,第741页,下引此书只注《文集》上、中或下和页码)这就是说,在历史领域内就要坚持历史唯物主义的理论和方法,通过具体的历史事件和人物的分析,揭示历史发展的本质和规律。以活的事实,总结过去,预示未来,给人们指出应走的道路。他常用王船山的"所贵乎史者,述往以为来者师"(《文集》下,第558页),还用鲁迅的话说:"读史是查陈帐,而查陈帐是为了照出现在,预示将来。"(《文集》下,第138页)

首先,在历史领域内用历史唯物主义的基本原理去研究历史和分析历史。他说:"研究思想史我有一个基本观念,就是:一切思想学说,都是当时社会实际生活的反映。和这个观念连带而起的,又是一个观念。就是:各种伟大的学说,当它被某几个学者造成体系以前,早已在不知姓名的群众间自然孕育着。从两个观念又引起第三个观念,就是:在某一个时代,某一个社会中,其群众因生活方式不同起了分化,则常有与之相应而起的思想上的分化,而思想上的各宗派,各有它自己所代表的社会集团,各有它自己的社会基础。"(《文集》上,第271页)这里是说,一切思想都是社会实际生活的反映,各种伟大学说在成为体系以前,总是先在群众中孕育着。思想的不同派别正是不同社会基础的反映,这是用社会存在决定社会意识的原理得出的结论。

历史是生产者的历史、人民群众的历史,而不是帝王将相的历史、才子佳人的历史。所以每当我们说个人在历史上的作用时,总不会忘记他的背后有无数的人民群众。无论多么了不起的英雄人物,一旦离开了人民群众,他就失去了个人的任何作用。早在1931年他在《北大学生》杂志上发表了《伟人领导群众呢?还是群众领导伟人?》一文。此文虽不长,却阐明了一个历史唯物主义的基本原理,即个别人物和人民群众关系的原理。因此,他说:"无论在政治上,在学术上,没有群众为之先驱,伟人是出不来。"(《文集》上,第56页)历史唯物主义讲个别人物和人民群众关系时,主要是从政治上说的。嵇先生除从政治上说明外,还从思想、学术上说明一个伟大学说形成以前,早已在群众中孕育着。

研究历史,就是要把一定的历史事件和历史人物,都放在一定的历史环境中去研究、去考察,才能得出正确的结论。他说:"我们研究中国政治思想史,对于某一种思潮,某一家的学说,都应该从它具体的历史环境中,找出它的来龙去脉,以秦汉还秦汉,以宋明还宋明,以儒还儒,以墨还墨。"(《文集》下,第712页)这里说的以秦汉还秦汉,以宋明还宋明,不是历史复古主义,而是尊重历史,研究秦汉史、宋明史,总是要把它放在秦汉、宋明那个历史环境之中去研究,而不是脱离当时的具体环境去指责它。

其次,评价历史事件和历史人物的价值尺度。就是说,我们要以什么样的标准来评价历史上的人和事呢?1951年2月18日,他在新史学会河南分会上讲了三个标准:"第一是对人民要有贡献,有利的;第二是在一定的历史上起过进步作用的;第三是可以表现我们民族高贵品质的。合乎这三个条件的就是好的吗,相反都是坏的。"(《文集》中,第553页)1956年他又在《关于历史评价问题》一文中提出以人民性和进步性为历史评价的基本尺度。他说,人民是历史的主体,"一切历史评价都得看符合人民利益与否为标准"(《文集》下,第114

页)。历史上凡是代表人民的利益,或为人民的利益奔走呼喊的人,都应当予以肯定。有些人虽不是劳动人民,但他做的事对人民有好处,如蒙恬造笔、蔡伦造纸,以及指南针、火药和印刷术等,符合人民利益,或者说对人民有好处,都应予以肯定。总之,"历史上许多军事家、政治家、思想家、科学家、文学家……只要对人民有贡献,都是应该表扬的"(《文集》下,第116页)。

历史上的人和事,是进步的或是反动的,不能以我们的主观而定,也不能以今天的标准去衡量,而只能以是否合乎历史发展规律为标准。他说:"合乎历史发展规律,推动历史前进的,就叫做好。违犯历史发展规律,阻碍历史前进的,就叫做坏。"(《文集》下,第118页)历史上的奴隶社会和封建社会,尽管今天看起来很反动落后,但它作为历史的一个发展阶段,是符合历史发展规律的,是起过进步作用的。若没有古代的奴隶社会,就不会有今天的现代社会。秦始皇创立了封建大帝国,结束了封建割据、各自为政的局面,是符合历史发展规律的,是进步的。汉武帝、唐太宗开疆拓土为中华民族的形成和发展做出了贡献,不能抹杀他们的贡献。正如列宁所说:"判断历史的功绩,不是根据历史活动家有没有提供现代所要求的东西,而是根据他们比他们的前辈提供了新的东西。"(《列宁全集》第2卷,第154页)

最后,关于评价历史的立场问题。立场问题是一个根本的问题,人们的立场不同,即使同一个问题也会得出不同的结论。所以在评价历史上的人和事时,一定要站到无产阶级的立场上来,替人民大众说话办事。他说:"我们在各个历史阶段上永远站在各进步阶级的最前列,一直把革命向前推进。"(《文集》下,第124页)所以,我们只有站到人民大众的立场上,各个时期进步人民的方面,才能对历史上的人和事做出客观的、公正的和科学的评价。反之,就不能做出客观的公正的评价。

二

嵇文甫先生把历史唯物主义的原理和方法,成功地运用到史学领域内,形成了一系列具体的史学方法论。

1.系统的方法。嵇先生认为历史是一个发展的过程,我们研究历史上的人和事,不能割断历史。只有按照历史的发展过程,进行系统的研究,才能把握历史发展的动力、本质和规律。他常引毛泽东的一句话:"从孔夫子到孙中山,我们应当加以总结,承继这一份珍贵的遗产。"(《毛泽东选集》第 2 卷,第 534 页)他不仅是这样说的,也是这样做的。历史是一个系统,我们应当从各个系统、各个方面去研究,政治史、思想史和哲学史等,一旦成为一门学科,就有系统性,又有其独立性。他说:"每种学科都有它一定的系统性。"(《文集》下,第 443 页)又说:"要系统地研究,而不要断章取义。"(《文集》下,第 710 页)以中国思想史为例,嵇先生对从先秦诸子、两汉魏晋到宋元明清的各个学派及其各方面都进行了研究,对明清之际的思想家王船山的研究时间最长,出的成果也最多。1931 年,他写了《船山哲学》一书,对其性理哲学和历史哲学都作了系统的研究。1962 年,他又把王船山的哲学思想集为《王船山学术论丛》,对其哲学、政治学、史学、易学和诗歌等作了全面的研究。在《嵇文甫文集》中共收入论著175 篇(部),共有 141.1 万字,其中王船山研究的论著 22 篇(部),有 29.76 万字之多。他的《仁的观念之社会史的观察》一文,从孔孟论仁一直到清末谭嗣同论仁,不能不谓之系统而深刻也。

2.具体分析的方法。嵇先生常说:"历史是错综复杂的,迂回曲折和充满矛盾。"此话概括地说明历史的复杂性、曲折性和矛盾性。所以,我们对历史上所发生的事件和人事,都不能简单地说好与坏、进步与反动,而是要用具体情况具体分析的方法,来区分是与非。在我国数千年的文明历史上,无数的对外战争,哪些是自卫性的战争,哪些是侵略性的战争呢?嵇先生认为汉武帝对匈奴的战争、唐太宗对东突厥的战争是自卫性的战争。因为当时匈奴和东突厥经常对汉、唐的边境进行干扰和破坏,所以对它发动战争是为了自卫。但汉武帝远征大宛,唐太宗远征高丽,唐玄宗远征云南各少数民族的战争则是侵略性的战争。

我国历史上有许多伟大的工程,如修长城和修运河,应如何评价呢?秦始皇修长城确实浪费了不少人力和物力,使许多劳动人民丧失了生命,至今还流传着孟姜女哭长城的故事。但修长城是防御性的工程,是劳动人民智慧的结晶,长城至今仍是世界上最伟大的工程之一,所以不能因为秦始皇是暴君,就否定它的历史价值。隋炀帝修了南北大运河,除了供他享乐,在客观上也便利于人民的交往,所以运河是交通发达的标志,不能因为隋炀帝的昏庸,就否定运河的历史价值。

我们常说,对于我们的传统文化遗产,要剔除其糟粕,吸收其精华。但精华和糟粕并不像黑与白那样明摆着,使我们容易辨认,正像黑格尔的辩证法常常被神秘的体系所包围那样,我们精确分辨,并非易事。他说:"民主性和封建性,精华和糟粕,纠结在一起。我们的分析批判工作,所以必须具体、深入而细致,其理由也就在这里。"(《文集》下,第38页)例如孟子讲仁,"仁也者,人也","仁,人心"。这里讲的人心、人性是封建贵族的人心、人性,当然是糟粕无疑。但他们毕竟把人的价值强调出来了,孔子又说"天地之性人为贵"(《孝经》),这又不能不说是民主性的精华。

再如大家都说爱国主义,但又不能一提爱国主义,就应当肯定,嵇先生认为爱国主义有各种各样的情况,有古代的、现代的,统治阶级的和人民的,似爱国而非爱国、似反动而爱国的事是存在的。如果不分析它们的特点和内容,拿着爱国主义这顶帽子到处乱戴是不合适的。因为爱国主义不是空洞的抽象的概念,而是包含着丰富的内容,"祖国现在如此伟大,乃是由历史的积累","这是经过几千年来列祖列宗艰难缔造而成啊"(《文集》中,第571页)。只有对祖国了解得越深,才能爱得越深。

3.通俗化的方法。通俗化不是简单化,也不是低俗化,更不是庸俗化,而是把古代那些难懂的语言文字用现代的简明的语言文字表达出来,接近社会,贴近生活,以便于对人民群众进行教育,特别是对青年人进行爱国主义教育的好方法。因此,把史学通俗化是社会进步的表现。嵇先生一生在这方面做了努力,并取得可喜的成果。他1958年写的《春秋战国史话》一书,1961年由中国青年出版社出版,就是这一方面的代表作。

嵇先生认为通俗化的条件有二:一是不能旁征博引和烦琐地考证,而应把他们的思想和所使用的一些概念剥烂揉碎,融会贯通,用现代明白的语言表达出来;二是善于用深入浅出的、通俗易懂的语言文字,以便于人们的学习理解。

嵇文甫先生认为通俗化的好处有三:一是可以使青年人认识和热爱祖国的文化遗产;二是可以使青年人受到一次生动的历史唯物主义的教育;三是可以揭露反动学者的一些神秘的说教,给青年人一个思想斗争的武器。

总之,嵇文甫先生已为史学的通俗化做出了努力,迈出了可喜的一步,让我们在前人已开辟道路的基础上继续前进吧!

(原载《郑州大学学报》1995年增刊)

司马承祯《坐忘论》考析

司马承祯是唐朝著名的道教宗师,他著的《坐忘论》,为道教徒的修炼提供了理论基础和方法,成为道教史上的名篇。司马承祯在唐朝被尊为全国道教的首座,他的著作《坐忘论》能成为唐朝的道教名篇,与唐朝的多位皇帝重视老子分不开。

从唐初到唐玄宗,正处于盛唐时期,唐朝的政治、经济和文化都有很大的发展。道教作为文化的一部分,当然也会发达起来。唐高祖李渊建立唐朝以后,为了提高自己家族的门望,就以老子姓李,与自己同姓为荣,唐武德七年(624年)他亲自到终南山参拜老子庙,武德八年(625年)下诏书把道教列在佛教和儒家的前面。唐太宗下诏说,老子是朕的祖宗,唐太宗贞观十一年(637年)曾到怀州(今河南沁阳),并到济源打猎。唐高宗咸亨五年(674年)十二月诏令"请王公臣僚皆习《老子》"(《旧唐书·纪》卷5,第99页),并规定明经考试要加试《老子》的题目。唐玄宗开元二十一年(733年)正月"制令士庶家藏《老子》一本,每年贡举人量减《尚书》《论语》两策,加试《老子》策"(《旧唐书·纪》卷8,第199页)。在这种背景下,就为司马承祯写《坐忘论》提供了很好的外部环境。

司马承祯在《坐忘论》一文中提出什么叫坐忘以及信敬、断缘、收心、简事、真观、泰定和得道七个层次的修炼方法。

首先,要明白什么是坐忘。司马承祯说:"庄周云,隳支体,黜聪明,离形去智,同于大通,是谓坐忘。夫坐忘者,何所不忘哉?内不觉其一身,外不知乎宇宙,与道冥一,万虑皆遗。"[《全唐文》(十)卷924,以下引文未注明书名者,均见此文]这段文字前面引《庄子·大宗师》一文中的话,用孔子与其得意门生颜回的对话。颜回说他忘了仁义,忘了礼乐,达到了坐忘。孔子惊奇地问,什么叫坐忘?接着司马承祯给的解释说,隳支体,黜聪明,内不觉有其身,外不觉有宇宙,与道合一,即达到了坐忘。

要完成坐忘的修炼过程,司马承祯提出两个要点:一是修炼有途,二是修炼要靠自身的努力。他说修炼有途,就是说要按照一定的道去修炼。这个道,就是道路或规律。他说:"夫人之贵者生,生之所贵者道也。人之有道,如鱼之有水。"这就是说人的修炼,要有一定的道路或规律,才能成功。人修炼的道,就像鱼离不开水一样重要。二是强调自身的努力,他引《西升经》的话说:"我命在我,不属于天","修短在我,得非于天"。这就是说,修炼坐忘这种功,要依靠自己,不能靠天赐予,也不能等待神的赐予,只有依靠自己才能成功。明白了坐忘的重要性之后,下边具体分析了修炼的七个阶梯。

信敬是修炼的前提。司马承祯在《坐忘论》一文中说:"夫信者道之根,敬者德之蒂,根深则道可长,蒂固则德可茂。"这就是说信敬特别重要,信是道之根,只有信道的人,才可以修道。只有对道坚信不疑的人,再加上勤快的修炼,才能得道。如果信心不足,不仅不能得道,还可能祸患及身。

断缘,就是断绝一切俗事和有为之事,这是修炼的第一步。他说:"弃事则形不劳,无为则心自安。恬简日就,尘累日落,迹弥远俗,心弥近道,至神至圣。"只有放弃有为的俗事,才能达到身心不老心自安的程度,他引用《老子》第52、56章的话"塞其兑,闭其门",即关闭对外的一切窗口。

司马承祯要断有为的俗事是什么意思呢?如夸耀自己的能力高,实际上是求人保护他;对于别人庆贺吊民,是希望别人也能一事返还;假装隐逸,实际上是升进;以酒食相邀,实际上是希望以后报恩。在他们看来,这些"巧蕴机心,以干时利,既非顺道,深妨正业。凡此之类,皆应绝之"。只有断了这些有为的俗事,才能清除有害的外部环境。但他认为这些有为的俗事,是经常发生的,不能一劳永逸,要"旧缘渐断,新缘莫结"。

收心是修炼的又一个重要的环节。收心是"净除心垢",即去欲。他首先强调心的重要。他说:"夫心者,一身之主,百神之师。静则生慧,动则生昏。"这就是说心是思维的器官,是身体的主宰,百神之帅。所以心只能静,才能生智慧,不能胡思乱想,不能乱,乱了心就会昏迷。

收心,就要除去心病。司马承祯认为"修道之要,急则出病"。他认为心本来是清净之物,是虚无物,不外人,也不逐外。心若有毛病,就像田地里的荆棘一样,荆棘不除,就会妨害庄稼的生长。而爱恶思虑,就像荆棘,不清除这些疾病,就不能收心。在他看来,心病有三:一是心神被污染,蒙蔽渐深,就会与道隔离,所以要清除心垢,开释神本。二是不能"任心所起",一无收制,与凡人无别。判断善恶,如果心无指归,就分别不出善与恶。三是心不能多思,"多思则以知害恬,为子伤本"。不能把烦邪乱思入于心。同时司马承祯也认为收心是一个逐步的过程,不能见卵就求鸡。要知道"蔽日之干,起于毫末。神凝之圣,积习而成"。

简事,是修炼的第三步。人的一生遇到的事物千千万万,这么多的事物,不能一齐接收,必须分清轻重缓急,这就叫简事。他说:"是以修道之人,要需断简事物,知其闲要,较量轻重,识其去取。"例如人们为了生存,必须吃饭穿衣,这是人生所必需的,但疏食敝衣,也可以延续生命,就没有必要去吃肉喝酒、穿绸缎了。司马承祯认为在人的一生中,名位与道法相比,当然是"名位假而贱,道德真而贵,能知贵贱,应须去取,不以名害身,不以位易道"。这就告诉我们,道德比名位重要。应当轻名位,重视道德的建设,没有必要去追求名位、金钱和荣华富贵。"触事皆为,则身老智昏"。

真观是善于观察,才能观本求末,寻求真理。司马承祯说:"夫真观者,智士之先鉴,能人之善察。究傥来之祸福,详动静之吉凶,得见机前,因之造适,深析卫定。功务全生,自始至末,行无遗累,理不违此,故谓之真观。"这是给真观下的定义。通俗些说,真观就是像智人和能人一样,有先见之明,善于观察,分清祸福、吉凶的情况,掌握变化的规律,达到避祸得福,避凶趋吉,不能舍本求末。

如何才能达到真观呢?一是无欲。他引用老子《道德经》第1章的话"常无欲,以观其妙",这里讲的无欲,不是一点欲望也没有,而是不要奢望。人的一生要有饭吃有衣穿,要有夫妻生活。他认为人生的衣食之需,正像过河要有船一样,衣食就是人们的船舫。衣食必须有,但不能贪多,不能积累。色情与衣食相比,他认为衣食是人体所需,但色情"非身心之切要"。例如人七天不吃饭,就会饿死。但百年无色,反而可以免去夭伤。所以色情是人生的仇敌,应当去掉。二是如何看待贫贱富贵的问题。他认为人生都是平等的,没有贫贱富贵之分。之所以有贫贱富贵的分别,乃是"业由我造,命由天赋"。不能怨父母,也不能怨鬼神,如果乐天知命,就没有贫贱富贵之苦了。三是正心。正心像勇士,而贫贱像仇敌。四是无身无心。他引用老子《道德经》第13章的话"及吾无身,吾有何患",有身就有邪恶,有心就会生妄念。如果"枯体灰心,则万病俱泯",如果嗜欲横流,怎么会知鲍肆之臭呢?

泰定是知道,而非得道,是致道之初基。关于泰定,司马承祯给下过定义,他说:"夫定者,尽俗之极地,致道之初基。习静之成功,持安之毕事。形如槁木,心若死灰。无感无求,寂泊之至,无心于定,而无所不定,故曰泰定。"泰定就是习静的结果,通过静的修炼,达到形槁心死,无感无求,寂静之至,无心于定,又无所不定的程度。

这里讲的泰定,即是心定。他引用《庄子·庚桑楚》中的话说:"宇泰定者,发乎天光。"(《庄子集解》第 344 页)宇是心,是道之器宇,虚静至极,天光是智慧,道居于虚静之中,就会发出智慧。

什么事物会妨碍泰定呢?司马承祯认为爱恶触乱,会使心昏乱。心能生慧,但不能生他慧。生他慧自以为多智,伤于定;生慧而不用,不能忘记自己的名位,富而奢,贵而骄,人之知道得慧之利,而不知道得慧之益;等等。这些有为的俗事,都妨碍泰定,皆应绝之。

怎样做到泰定呢?司马承祯认为应当恬知交相养。他引用庄周的话说:"古之治道者,以恬养知。知生而以知为也,谓之以知养恬。知与恬交相养,而和理出于性。"(《庄子集解》第 242 页)这里讲的以恬养知,即以静养知。智与恬交相养,就可以达到定慧和道德。这就是说遇到疾雷破山而不警,百刃交前而不惧。视名利如过隙,知生死如溃痈。

得道是修炼的最后一个环节,也是修炼所要达到的目标。这一部分要说明两个问题:一是道,二是怎样才能得道。

什么是道呢?司马承祯说:"夫道者,神异之物,灵而有性,虚而无象,随迎莫测,影响莫求,不知所以然而然。通生无匮,谓之道。"这就是说,道是一个神异的东西,看不见,听不见,也摸不着,但人们会感觉到它的存在,"循名求实,全然有实"。道是一个有规律性或是最高道德的东西。道是司马承祯修炼的最高目标,也是他们修炼所要达到的目的。

怎样才能得道呢?司马承祯讲了得道的三种方法:一是上士纯信,克己勤行。只要认真修炼,就可以"空心谷神,唯道来集"。达到形神合一,故能长久。二是神与道合,谓之取道。是大人舍光藏晖,以期全备。达到道与神合的时候,就可以有罪能免。"形体得之永固,资薰日久,变质同神,练神入微,与道冥一。"这样就可以无时不有,无法不通。三是假神丹以炼质,知识洞忘。借神丹以改变气质,在这里是一种辅助的方法,同样可以改变气质,"能蕴虚心一涤累,形骸得之绝影",同样可以达到无身无心的状态。

总之,这七个修炼的层次,名称虽不同,实际上是一个统一而又有联系的整体。信敬是修炼的前提,即信心要足才能修炼。断缘是清除俗事有为之事,即清理外部环境。收心是清除心垢,即清理内部环境。而简事和直观是选择轻重缓急,善于分辨是非、本末,只有这样,才可以抓住最重要、最本质的东西修炼。最后的泰定和得道是修炼所达到的目的。只有这样,才是"修道有途,习以成性,黜聪隳体,答焉坐忘"的最后状态。

司马承祯著的《坐忘论》为道士们修炼提供了理论和方法。在理论方面,他以老庄的思想为基础,同时吸收了佛教和儒家的有关部分形成了他的理论基础。在《坐忘论》这篇仅有5500字的文章里,引用老子《道德经》的有15处,引用《庄子》一书的有7处。他的主要概念如道、坐忘、无为、无欲、无身、谷神、修道、真人、真神和养生等,都出于老子和庄子的书。不仅如此,他的主要思想"守静去欲",也出于老庄的书。同时也吸收了儒家的一些观念。如信,出于《论语》一书中的"人而无信不知其可也"(《论语》卷1)。在《大学》一书中有"知止而后能定,定而后能静,静而后能安,安而后能虑,虑而后能得","自天子以至庶人壹是皆以修身为本",还有正心诚意等。在《中庸》一书中有"道也者不可须臾离也"。这里讲的道、信、知止、安静、正心诚意等,都被司马承祯所接受。同时,他还吸收了佛教的止观和禅定的思想。止观是止息妄念。要止息妄念,正是《坐忘论》中反复强调的问题。司马承祯说修炼是一个逐步渐悟的过程,借助于佛教的渐悟的思想。在《天隐子》一文中说:"《易》有渐卦,老氏有妙门,人之修真达性,不能顿悟,必须渐而进之,安而行之。"(《天隐子》第1页,载《丛书集成》0573册)这可以说是对渐悟的解释,所以叫渐门。修炼的七个层次都完成了,就升到了最高的台阶上,所以"胜造七级浮屠"了。

修炼的方法方面,是由外丹功向内丹功的过渡。司马承祯之所以强调内丹功的修炼,是因为外丹功要依靠造炉炼丹服药的方法,容易中毒,轻者受伤,重者丧失性命。司马承祯在《坐忘论》一文中强调内丹功,他提出的信敬、断缘、收心、简事、真观、泰定和得道七个层次,名义上不同,实际上是一个统一的过程的不同阶段,一环扣一环,是缺一不可的过程,是去欲守静,以静习性的过程。司马承祯所说的得道的人,不是神仙,是修炼成功的人。他说:"人生禀得虚气,精明通悟,学无滞塞,则谓之神。宅神于内,遗照于外,自然异于俗人,则谓之神仙。故神仙亦人也。"(《天隐子》第 1 页,载《丛书集成》0573 册)这足以说明他讲的修炼得道,就是修炼成功的人,而不是神。

(原载《王屋山道学研究》2010 年第 2 期)

《抱朴子》的道教理论简介

葛洪是我国东晋时的道教理论家,他的《抱朴子·内篇》对道的内涵、成仙的理论和成仙的方法等作了详细的论述。这里我们不能全面地论述,只能就其主要的理论观点作简要的介绍。

一、论道的内涵和作用

在葛洪的言论中,道有不同的名称,通常叫道,或叫玄,或叫一。他在《道意卷》中说:"道者,涵乾括坤,其本无名。论其无,则影响犹为有焉,论其有,则万物尚为无焉。"[《抱朴子·内篇》第37页,载《诸子集成》(八),中华书局1954年12月出版,下引此书只注页码]在《地真卷》中又说:"道起于一,其贵无偶,各居一处,以象天地人。故曰三一也。天得一以清,地得一以宁,人得一以生,神得一以灵。金沉羽浮,山峙川流,视之不见,听之不闻,存之则在,忽之则亡。向之则吉,背之则凶,保之则遐祚网极,失之则命雕气穷。老子曰:忽兮恍兮,其中有象,恍兮忽兮,其中有物。一之谓也。"(第92页)这个无所不在,无时不在,看不见,听不着的道,就是一。这里的一、道、玄,都是道的不同名称。

道是道士们修炼成仙的标准。葛洪在《黄白卷》中说:"长生之道。道之至也。"(第73页)凡是要求长生不死之道的人,就必须按照"苟有其道""学有其道"的方法去修炼。修道的人,有道德标准,不能贪财,俗话说"无有肥仙人、富道士"。同时,修道的人要有坚强的意志,不能犹豫不决,半途而废。具体的方法是行气与药物结合。他在《论仙卷》中说:"若夫仙人,以药物养身,以术数延命,使内疾不生,外患不入。虽久视不死,而旧身不改,苟有其道,无以为难也。"(第3—4页)在葛洪看来,按照这种方法去修炼,就会达到最高的标准。

葛洪强调道的作用,就是要达到"道家为本,儒家为末"的目的。他认为道家最优秀,其他各家都有缺点。他在《明本卷》中说:"儒者博而寡要,劳而少功;墨者俭而难遵,不可遍修;法者严而少恩,伤破仁义。唯道家之教,使人精神专一,动合无形,包儒墨之善,总名法之要,与时迁移,应无变化,指约而易明,事少而功多,务在大宗之朴,守真正之源者也。"(第41页)是否真的像葛洪说的那样,道家是最优,而其他各家都有缺点呢?实事求是地说,各家能在一定时期内存在,应当说都有优点,也都有缺点,不能说哪家都是缺点,哪家都是优点。葛洪属于道家,他强调道家的优点多,是可以理解的。

二、论成仙的理由

葛洪认为,各种书籍中都记载了神仙的存在,所以神仙是存在的。他在《论仙卷》中说:"况列仙之人,盈乎竹素矣。"(第2页)又说:"鬼神之事,著于竹帛,昭照如此,不可胜数。"(第7页)这里讲的竹,是竹简,素和帛都是白色的绢子,都是古人记载各种事情的书籍。葛洪的意思很明白,既然各种书籍都记载神仙的事就证明神仙是存在的,如果神仙不存在,古人为什么要记载呢?而且远古的事情,只能从各种书籍的记载中得知,人们不可能都看得见。他又说:"前哲所记,近将千人,皆有姓字,及有施为本末,非虚言也。"(第8页)"诚无其事,妄造何为乎?"(第4页)

葛洪认为承认神仙的存在,要有一个过程,从不认识到认识。例如曹操和曹丕父子。曹丕曾说过,世上没有切玉之刀、火浣之布。过了两年,这两样东西都有了,他们只好承认。魏武帝曹操曾把道士关起来,不让吃饭只让喝水。一个月后,这个道士的颜色依然如故。葛洪在《论仙卷》中说:"初皆谓无,而晚年乃有,穷理尽性。其叹息如此。不逮若人者,不信神仙不足怪也。"(第4页)既然名人都有一个认识的过程,那么一般人对神仙的认识当然更需要一个过程了。

葛洪认为儒家和道家的创始人,由于气禀的不同,所以对神仙的态度也不一样。道家的创始人,收气结胎是生星,命属生星,就相信神仙的存在。而儒家的创始人,受气结胎是死星,所以他们不相信神仙的存在。周公和孔子都不相信鬼神的存在,孔子虽到洛阳拜见过老子,但他仍然不相信鬼神的存在。道家的创始人追求的是幽深的理论,而儒家的创始人所追求的是事业和民间的事。由于他们的追求不同,所以他们对神仙的态度也不同。

三、论成仙的方法

葛洪在《抱朴子·内篇》中不仅论述了成仙的理论,而且对成仙的方法作了较为详细的论述。

成仙的方法很重要,而且要逐步地掌握。葛洪认为成仙有三大主要的方法。他在《释滞卷》中说:"欲求神仙,唯当得其至要。至要者,在于宝精、行气、服大药便足。也不用多也,然此三事,复有深浅,不值明师,不经勤苦,亦不可仓卒而尽知也。"(第33页)这里讲的三大主要方法,不是彼此孤立的,而是相互联系的,要经过名师的指点,要经过自己的艰苦努力,才可以学到。

宝精是房中术,是道教之徒修炼的主要方法之一。在道士中搞宝精研究的有十余家,其宝精的方法有近百种之多。总的原则是阴阳要适当相交,不能不交,不交会出现壅阏之病,出现幽男旷女,不仅不会长寿,还会伤害身体。但也不能纵情恣欲,为所欲为,这样也会伤害身体。"唯有得其节宣之和,可以不损。"俗话说"节欲者寿",是有道理的。宝精的主要方法是采阴补阳,还精补脑,更具体的方法要依靠老师亲口指点,口口相传,不见于文字。有的人错误地认为只要宝精就可以长寿,这是不可能的,"此皆巫书妖妄过差之言"(第29页),宝精要与行气等方法相结合,才会取得好的效果。

行气也叫服气、炼气,是一种以呼吸吐纳为主,并与导引、按摩等方法相结合的一种修炼方法。葛洪认为行气的方法有近千种,择其主要者,有辟谷、胎息等方法。辟谷是一种休粮的方法,即在一定的时间内只喝水,不吃饭。辟谷的大要是不欲多食,不吃生冷食物,冬天不吃过热的食物,夏天不吃过冷的食物,以清淡的食物为主。俗话说"欲得长生,肠中当清,欲得不死,肠中当无滓","食气者神明不死"(第65页)。胎息能不以鼻口嘘吸,如在胞胎之中,把鸡毛贴在鼻口之上,呼气、吸气时以鸡毛不动为原则,同时要以午夜至上午12点以前的气为生气,日中至夜里12点以前的气为死气,不能吸收。做胎息时要稳定,不能愤怒,愤怒则气混乱。善行气者,会达到"内以养身,外以却恶"之效果。

服药成仙是第三个主要方法。据葛洪考证,"余考览养生之书,纠集久视之法,曾所披涉,篇卷以千计矣,莫不皆以还丹金液为大要者焉"(第2页)。在《地真卷》中说:"夫长生仙法,则唯有金丹。守形却还,则独真一,故古人尤重也。"(第93页)这就是说,金液丹和九转丹是最主要的仙药。药分上、中、下三种,上药令人身安延命,升为神仙,中药养性,下药除病。但是服药要经过老师指点,药有上千种,没有老师指点,没法辨认。药名很多,同一药名,常常是名同药不同,而且治病之药和养生之药,不要在同一时间服用。服药也要与宝精、行气相结合,才能有好的效果。

宝精、行气和服药这三种方法，名称虽不同，但在成仙和养生的过程中，这三种方法要互相结合，才能收到好的效果。葛洪在《至理卷》中说："服药虽为长生之本，若能兼行气者，其益甚速，若不能得药，而行气尽其理者，亦得数百岁。然又宜知房中之术，所以尔者，不知阴阳之术，屡为劳损，则行气难得力也。"（第24页）只有这三种方法互相配合，才能起到健身、延年益寿的作用。

（原载《王屋山道学研究》2011年第2期）

卢姓的起源及其在祖国各地的拓展

卢姓是中华民族最古老的姓氏之一,至今已有两千多年的历史了。卢姓的起源及其发展不仅反映了我国姓氏的变化,而且也反映了中华各民族之间不断融合的历史,是姓氏研究中不可缺少的一部分。这里不能全面地论述卢姓的变化,只能就卢姓的起源及其在我国南北各地的拓展情况作简要介绍。

一、卢姓的起源

说到卢姓的起源,就不能不说到"卢"字的由来。据说在我国中部某省有个地方叫庐柳。晋国的公子重耳在外流浪时,曾在这个地方驻过军队。《国语·晋语》中说"军顿于庐柳",在注中说,"庐柳,晋地,军犹顿也"。这里说的晋地,就是现在的山西某地。当地出产一种柳枝,人们用当地的柳枝编成一种能盛食物的器具,叫卢器。在《说文解字》中说:"卢,饭器也。"当时的人们为了自身的安全,常常把某种动物或某种自然现象当作自己的崇拜物,也叫图腾崇拜。卢姓人崇拜老虎。所以繁体的"盧"字,以"虍"字为头,中间是个"田"字,下面是个"皿"字,就是说当时卢姓的人,以老虎为崇拜物,以种田为生,以器皿为用,这样就形成了一个完整的"盧"字。

卢姓的起源也同其他姓氏的起源一样,离不开以封地为姓、以国为姓、以官为姓或从其他姓演化而来。关于卢姓的起源有多种说法,我认为主要的有以下几种:

以封地为姓。在《通志略·氏族序》中说:"卿大夫立邑,故以邑为氏,崔、卢、鲍、晏、臧、费、杨、柳之类是也。"(《元和姓纂》卷3)这是我国姓氏起源中的普遍现象,卢姓自然也在其中了。吕尚是商朝末年人,始祖是伯夷,因助舜有功,被封于吕(今河南南阳),所以姓吕名尚。后来又助周文王灭殷纣王有功,被封于齐,又称姜太公。姜姓的十一世孙高傒助齐桓公称霸有功,升为齐国正卿,封于卢(今山东长清)。在《元和姓纂》中说:"卢,姜姓。齐太公之后文公高,高孙傒食采于卢,因姓卢氏。"在《新唐书·宰相世系三上》中说:"卢姓出自姜姓,齐文公子高,高孙傒为齐正卿,谥曰'敬仲',食采于卢,济北卢县是也。其后因其为氏。"(《新唐书》卷73)这就是说,因食采于卢,故有卢姓。《左传》记载,鲁隐公三年十二月,"冬,齐、郑盟于石门,寻卢之盟"(《左传》卷1)。石门,齐地,就是后来的卢县。

以国为姓。西周时有个庐子国,是庐戎王的封地。以国为姓,后改庐为卢。在《风俗通义》中有"古有庐子国,以庐为姓"。在《通志略·氏族序》中也说:"以国为姓,以庐为姓。"(《通志略》第二)但是庐子国在什么地方,说法不一。一说在安徽合肥,因合肥是古庐阳城,隋朝时叫庐州,是周武王封的诸侯国之一;一说在湖北的襄樊(今襄阳)附近。据说周武王灭纣之后,封于襄樊的有个庐姓部落。在《通志略》的《夷狄之国》中有:"庐也作卢,庐戢黎之后,此南蛮也。今襄州有庐,即此地也。"在《国语·楚语》中也说"庐戢黎杀二公子,复为王",注中说"庐,楚邑"。这两种说法虽各有理,但它们都承认以国为姓是肯定的。

以官为姓,也是我国姓氏中的普遍现象。如司马、司空和司寇等,就是古代的官职,后来变为了姓氏。卢姓也是这种现象。西周时有种官职叫若卢,是一种主管箭和弓的小官。《礼记·考工记》中说"庐人以庐为器",为弓和箭做木柄的小官,属少府管。在《汉书·百官公卿表第七上》中说:"少府,秦官。掌山海池泽之税,以给共养,有六丞。属官有尚书、符节、太医、太官、汤官、导官、乐府、若卢、考工室……"(《汉书·百官公卿表第七上》卷19)可见若卢是少府属下的一个小官。后来人们以若卢为姓,再变成卢姓。

由其他姓氏改为卢姓,这里包括有皇帝赐姓和其他姓改为卢姓的。古代以皇帝赐姓为荣,如舜因助大禹治水有功,被赐姓姒,封于夏国,被后人传为佳话。之后其他皇帝纷纷效仿。隋炀帝非常喜欢大臣章仇太翼,就对他说:"卿姓章仇,四岳之胄,与卢同源。""于是赐姓为卢氏。"(《隋书·卢太翼传》卷78)章仇本是鲜卑族中的一个姓,随着章仇太翼的改姓,在鲜卑族中也有不少姓改为汉族人的姓。北周孝武帝宇文觉认为雷与卢音近,就改雷为卢姓。唐高宗李治赐三原(今陕西三原)的仓部郎中昌文宝为卢姓。北魏的孝文帝本住在偏僻的北方,从代(今山西北部及内蒙古中部)迁到洛阳后,就下诏书曰:"魏氏本居朔壤,地远俗殊,赐姓命氏,其事不一。"(《魏书·官氏志》卷113)于是将鲜卑族中的

121个姓改为汉姓,把吐伏卢氏、莫卢氏改为芦姓,后来把草字头去掉,成为卢姓。清朝入关后把卢如火氏改为卢姓。

由复姓改单姓,也是常有的事。卢蒲氏就是其中之一。吕尚的后裔取复姓卢蒲氏。《左传》记载,鲁成公二年春,"齐侯伐我北鄙,围龙。顷公之嬖人卢蒲就魁门焉,龙人囚之。齐侯曰:'勿杀。吾与尔盟,无入而封。'"齐桓公把卢蒲氏改为卢姓。战国时期卢蒲氏主要活动于河北大兴一带。

以上有关卢姓起源的几种说法,以山东长清县的卢姓起源说流行最广,影响最大。之所以如此,原因一是名人效应。姜太公不仅是西周的名臣,而且有斩将封神的传说。他的十一世孙高傒,因助齐桓公称霸有很大的影响。二是汉唐以后名人很多,汉朝的卢绾被封为燕王后,连曹操路过此地时,都十分敬重他。唐朝的宰相中有十个姓卢,自然也扩大了卢姓的影响。但是,我个人认为卢姓起源可能不是一地兴起。周武王灭纣以后,把许多亲属及大臣分封为诸侯王国。除姜太公和周公封在齐、鲁以外,在江汉流域有卢戎国,卢戎即庐子国,这比姜太公的十一世孙在长清要早得多。

二、历史上的卢姓名人

卢姓作为中华民族的一个古老姓氏,在历史上曾出现过许多著名的政治家、文学家、诗人和画家,也同其他姓氏一样,为中华民族的发展做出过杰出的贡献。现在我们按照历史顺序撷取几个著名人物予以简介。

秦朝时有个博士卢敖,燕(今河北)人,据说曾在河南卢氏县的石城山成道,所以石城山也叫卢山,卢氏县名也由此而得。以为秦始皇取长生不老药而出名,后因没有成功,一说被秦始皇杀害,一说后在山东的卢山(今山东诸城)隐居。卢绾,江苏沛县人,与刘邦是同乡,因助刘邦建立汉朝有功,东击项羽以后,以太尉常从,封长安侯,汉高帝五年(前202年),刘邦欲封卢绾为王,令群臣议论,"太尉长安侯卢绾常从平定天下,功最多,可王燕"(《史记》卷93),于是刘邦就封卢绾为燕王。汉初刘邦所封七个王中,只有卢绾是非刘姓的王,使卢姓在北方的影响扩大。

卢芳,安定三水(今陕西邠县)人,王莽新政末年,卢芳自称是汉武帝的孙子刘文伯,联合三水地区的羌贵族起义,被推为上将军、西平王。后与匈奴和亲,匈奴单于派人迎卢芳、卢禽(其兄)、卢程(其弟)三人入匈奴。封卢芳为汉帝(汉地之王),都九原(今内蒙古包头西),封其弟卢程为中郎将。东汉建武十六年(40年),被匈奴单于封为代(今山西代县)王。建武十八年(42年)死于此地。

卢植,字子干,东汉涿郡涿县(今河北涿州)人,幼与郑玄俱师于马融,通古今之学,汉灵帝建宁元年(168年),为博士。熹平五年至六年,为侍中,迁尚书。董卓欲杀卢植,议郎彭伯谏议曰:"卢尚书,海内大儒,今先害之,天下震怖。"(《后汉书·卢植列传》卷64)于是董卓不敢杀卢植。建安年间,曹操路过涿州时,曾对卢植做出很高的评价。他说:"故北中郎将卢植,名著海内,学为儒宗,士之楷模,国之桢干也。"(《后汉书·卢植列传》卷64)

卢毓(183—257),字子象,卢植之子。三国魏文帝时迁黄门侍郎,魏明帝青龙二年(234年)入为侍中。上疏中说:"古今科律之义,以为法宜一正。"魏齐王正始元年(240年),迁卢毓为仆射、廷尉。正始三年(242年)退位,升司空。卢钦,字子若,卢毓之子。历任大司农、吏部尚书,后入尚书仆射,加侍中,奉车都尉。卢珽,任西晋的侍中、尚书。卢珽有三个儿子,名卢浮、卢皓、卢志。卢志为西晋中书监,卢志有三个儿子,名卢谌、卢谧、卢诜。卢谌为西晋侍中、中书监。卢谌有五个儿子,名卢勖、卢凝、卢融、卢偃和卢徵。卢偃侍慕容氏,为营丘(今河北昌乐)太守。卢偃的儿子卢貌、卢闸。卢貌为范阳太守。卢貌之子卢玄,为后魏中书侍郎。卢思道,字子升,范阳(今河北涿州)人,北周明帝武成二年(560年),明帝死时,大臣们作挽联,十有二三被收入,卢思道作挽联八首全收入,被称为"八米郎"。周武帝时为黄门侍郎。隋文帝开皇初年病死。所以魏晋隋唐时期,卢姓已与崔、王、谢构成四大姓氏,影响很大。唐太宗贞观十二年(638年),李世民令高士廉编《氏族志》,他把卢姓排在第一位,令唐太宗十分不满,让他重编。这不是疏忽,而是事实如此。

隋朝的隋炀帝特别喜欢大将章仇太翼,不仅赐姓,而且准他随驾远征。大业九年(613年)随驾征辽东,至黎阳(今河南浚县)他就对皇帝说"黎阳有兵气",后数日杨玄感起兵反隋。隋炀帝大惊,数加赏识。由于章仇是鲜卑族的姓,自然也影响其他鲜卑族的改姓。卢贲,今河北涿州人,曾任虢州、怀州刺史等。在任怀州刺史时,修了济源五龙口的枋口堰。它是秦朝修的古老水利工程。据《隋书》所载:"决沁水东注,名曰利民渠,又派入温县,名曰温润渠。以溉舄卤,民赖其利。"(《隋书·卢贲传》卷38)

唐朝时卢姓成为名门大族,前后有十个宰相是卢姓。卢承庆,幽州范阳(今河北涿州)人,隋朝时为武阳太守,唐高宗时为尚书、中书门下平章事。卢藏用,卢承庆之侄,今河北涿州人,唐中宗景龙二年(708年)为黄门侍郎。卢怀慎,河南滑县人,唐玄宗开元元年(713年)为同中书门下(正三品),开元三年(715年)升黄门侍郎。卢杞,卢怀慎之孙,唐德宗建中二年(781年)为宰相。卢杞是个奸相。同为宰相的卢翰说:"为相三年,矫诬阴贼,排斥忠良","反乱天常,疮痍天下"。卢迈,字玄本,河北范阳人,后迁入陕西蓝田。唐德宗贞元九年(793年)为中书门下平章事,贞元十年(794年)迁中书侍郎。卢商,今河北涿州人,唐宣宗大中元年(847年)为同平章事,封范阳公,食邑2000户。卢钧,字子和,唐宣宗大中元年为中书门下平章事。卢携,字子升,唐僖宗乾符五年(878年)和乾符六年(879年)两次为宰相。唐昭宗天复元年(901年)卢光歧权为总平章事兼判三司。

卢多逊,怀州河内(今河南沁阳)人,其父卢亿,五代时为弘文馆直学士。宋太祖开宝六年(973年),卢多逊为江南国信使,编《五代史》。开宝九年(976年)为中书侍郎。宋太宗太平兴国三年(978年)为中书侍郎同平章事。因涉及秦王赵廷美的营私案以及老宰相赵普的排挤等原因,于太平兴国七年(982年)被贬官,流放到崖州(今海南三亚)的水南村,并病死于此地。宋真宗大中祥符三年(1010年)平反,赐钱30万给其儿子以安葬卢多逊。

卢世荣,名懋,字世荣,大名(今河北大名)人,元朝时曾任江西榷茶运使,是个理财专家。总制院桑哥的推荐书中说:"荐卢世荣有才术,谓能救钞法,增课额,上可裕国,下不损民。"至元二十一年(1284年)十一月,元世祖召见,任尚书左丞,十二月提出四项理财的措施:解除百姓私自买卖金银之禁;怀孟路竹子系百姓自种不应禁止,但可收竹货税;江湖渔课有定例,官府不应禁捕获;铜铸至元之钞,通行中外。御史中丞崔彧在上疏中说"卢世荣不可居相职"(《元史·崔彧传》卷173)。由于卢世荣的经济政策触犯了贵族们的利益,至元二十二年(1285年)被停止(《元史·卢世荣传》卷205)。

除了上述政治家,在卢姓家族中还出现了不少抗击侵略的名将。明朝的卢镗(1506—1537),汝宁卫(今河南汝南)人。曾任浙江副总兵、总兵和江南总兵等职。其任职期间,积极反抗倭寇的侵略,在江北、台州打败倭寇,收缴倭船20余艘。当倭寇侵略浙东时,卢镗指挥大小20余仗,斩首1400个。他抗击侵略的名声仅次于抗倭明将戚继光。卢坤(1772—1829),顺天涿州人,清嘉庆四年

(1799年)进士,道光年间,曾任两广、湖广总督,当英军占领虎门,泊黄浦,卢坤设计堵住英军退路,迫使英军撤出虎门。道光十五年(1835年)赠太子太师、兵部尚书。

在卢姓家族中还出现了不少文学家、诗人和画家。卢照邻(约635—685),字昇之,号幽忧子,今河北涿州人。他长期在河南的洛阳生活,与王勃、骆宾王和杨炯为"唐初四杰"。他的著作有《五悲子》《长安古意》和《幽忧子集》。卢仝,唐朝诗人,本是河北涿州人,但他长期在河南的嵩山和济源的王屋山居住。他还是品茶专家。至今在济源思礼镇的九里沟还有卢仝的茶楼。《中国人名大辞典》说卢仝是济源人,著作有《玉川子集》。卢鸿,唐玄宗时的画家,隐居在嵩山,聚徒500人。卢楠,河南浚县人,明朝诗人,他常以不尊重官吏而受罚。有一次县令请客,县令没到,他先酒醉而卧,县令以不敬罪把他下狱。后被卢光祖救出。他的著作有《蠛蠓集》五卷,已收入《四库全书》。卢文弨(1716—1785),字召弓、经弓,号抱经,浙江余杭(今杭州)人,清朝的文字学家和经学家,他校订的有《孟子章义》《荀子》《吕氏春秋》《贾谊新书》等。他的著作有《抱经堂集》34卷、《钟山札记》、《龙城札记》等。他曾是江浙一带著名书院的讲席,江浙一带的士人多信之。《清史稿》有卢文弨传。

传播佛教的活动中也有卢姓名人。佛教自东汉末年传入中原大地洛阳,就以洛阳为中心,不断地向祖国各地和海外传播。经过千百年的演变和融合,佛教文化已成为中华优秀传统文化的一个组成部分,形成了禅宗、唯识宗和密宗等许多教派。禅宗在河南嵩山形成。慧能,俗姓卢,今河北涿州人。拜五祖弘忍为师,作偈一首:"菩提本无树,明镜亦非台。佛性自然净,何处有尘埃",取得了弘忍的信任,把法钵和《般若金刚经》传给了他。慧能在广东的韶关曹溪寺隐居十六年,最后成为顿悟成佛的代表。他的弟子们把他的语录编成《六祖坛经》传世。慧能在传播佛教文化的同时,自然也扩大了卢姓的影响力。

三、卢姓拓展的渠道

卢姓在山东卢县(今山东长清)兴起,到了公元前384年,齐国的田姓代替姜姓占据统治地位。在齐国生活的卢姓人感到自身不安全,于是纷纷向外迁移。迁移的渠道有大规模有组织的迁移,有自由迁移,有通过官吏的任职或被贬官的渠道而定居下来。

大规模有组织的迁移有两种情况:一是随着皇室的迁移而迁入,如西晋的八王之乱时,许多王室贵族迁移到江南,有部分官吏和庶民也随之迁去。北宋末年,由于金兵占领了宋的都城开封,皇室贵族迁移到浙江的杭州,"直把杭州作汴州",随之而来的不少人也迁到了江南。二是朝廷派出的人,如唐高宗总章二年(669年),派陈政、陈元光率5000人迁入福建,这次随迁的有58姓,其中也有卢姓。卢如金以司理教尉身份,迁入福建漳州以后,又生产又办教育,被称为"开漳卢"。唐朝末年随王政、王审知迁入福建的有卢班、卢铉。

随官吏的任职而在任职地安家落户。唐朝的卢惎,河北范阳人,其父卢子骞在颍州为咨议参军,卢惎以荫入官,授秘书郎,任阆州司户参军,后任福州刺史、福建观察使,唐贞元二年病死于福州,其子女都在福建安家落户。类似这样的例子还有很多,这里不再重述。

被贬官吏在被贬地安家落户,这也是卢姓迁移的一种渠道。唐朝的宰相卢杞被贬官湖南的澧州后,就在那里安家落户。宋朝的宰相卢多逊被贬官后迁到崖州(今海南三亚)以后,死在那里,成为"千里孤魂不归去"的人,至今那里的人还怀念他,为他修了纪念馆。

自由迁移的更多,卢姓由山东散居在燕秦之间,是自由迁移的,明清之际,居住在福建、江西的卢姓人,有的迁入广东,有的迁入台湾。自由迁移不带强制性。

除了上述渠道,还有一种渠道,就是宗教传播渠道。佛教的六世祖慧能,俗姓卢,今河北涿州人。唐初慧能拜禅宗的五世祖弘忍为师,弘忍把法钵和《般若金刚经》传给慧能,慧能就在广东韶关曹溪寺隐居十六年,成了顿悟成佛的禅宗的代表,与在湖北武当的神秀(俗姓李,河南尉氏人,渐悟成佛的代表),形成了"南能北秀"。慧能在传播佛教文化的同时,也扩大了卢姓的影响。

四、卢姓拓展的情况

在战国的后期,"田和篡齐,卢姓散居燕、秦之间"(《新唐书·宰相世系三上》卷73)。这里说的燕、秦之间,就是从河北到陕西这一广大地区,实际上卢姓不仅是在北方发展,而且也在南方拓展。下边我们具体说一下卢姓在我国各地的拓展情况。

(一)卢姓在北方各省的拓展情况

这里说的北方,是指长江以北的广大地区,主要是河北、河南、山西、陕西、内蒙古和辽宁等地区。在北方各省中卢姓名人最多的要数河北省。秦朝的卢敖,今河北涿州人,卢敖的后裔"散居在涿水之上"。汉朝的卢植是卢敖的后裔,卢植的儿子卢毓,魏国的司空。卢毓的儿子卢钦、卢简、卢珽。卢钦是西晋的尚书仆射,卢珽是西晋的侍中、尚书。卢珽的三个儿子卢浮、卢皓、卢志,卢志为晋中书监。卢志有儿子卢谌、卢谧、卢诜。卢谌为晋侍中、中书监。卢谌有儿子五个,即卢勖、卢凝、卢融、卢偃和卢徵。卢偃是慕容氏的侍中,营丘太守,后迁辽宁。卢偃有儿子卢貌、卢阐。卢貌为范阳太守。卢貌的儿子卢玄,为后魏的侍郎。卢玄的儿子卢度世为青州刺史。卢度世有四个儿子,即卢阳乌、卢敏、卢昶、卢尚之,号"四房卢氏"。唐朝有十个宰相,其中七个是河北人,著名的诗人卢照邻、画家卢鸿也都是河北人。所以,范阳成了继山东卢县以后又一个卢姓的中心。

卢姓在河南的人数仅次于河北,卢姓迁入河南以后,主要居住在洛阳、沁阳、滑县和信阳的固始等地。唐朝的宰相卢怀慎、卢杞都是河南滑县人。卢怀慎的祖父卢悊为灵昌县令时,从河北范阳迁入河南滑县。唐朝初年和末年,两次大规模的移民进入福建,卢如金、卢珽、卢铉都是从固始县迁出去的。诗人卢照邻、卢仝虽是河北人,但他们长期在河南活动。卢仝经常在嵩山的少室山和济源的王屋山一带活动,在济源思礼镇的九里沟还有卢仝的茶楼。《中国人名大辞典》说,卢仝是河南济源人。宋朝的宰相卢多逊,怀州河内人。因与秦王赵廷美的营私案有关系,被贬官,流放到崖州的水南村,并死在那里。宋真宗大中祥符三年卢多逊被平反。卢姓至今在海南还有很大的影响。

内蒙古也有不少卢姓名人。卢绾晚年降匈奴以后,被封为东胡卢王(内蒙古翁牛特旗一带)。东汉的卢芳降匈奴以后,被封为汉帝,都九原,在那里生活十多年并死在那里。宋朝的卢彦伦(1083—1157),临潢(今内蒙古东南的波阳城)人,金朝时任利涉军节度使,后任礼部尚书,封荀国(今山西临猗)公。死后其子卢玑以荫补官,任迁同知宣徽院事开远军节度使,其子卢廷嗣继续在金朝任职。

山西的代县,曾是卢芳任代王时的居住地。卢文纪,字子探,河中蒲(今山西永济县)人,祖父卢简求,后梁时任太原节度使,父亲卢嗣业为右补阙。卢文纪,后梁进士,历任礼部尚书,集贤殿学士。卢文亭,晋高祖时为黄门侍郎,后周任司空。卢纶,山西永济人,诗写得好,受到唐宪宗、唐文宗的赏识。唐文宗曾派人到他家取诗,得诗500首。在《新唐书》中有卢纶传记。

陕西的三水(今陕西邠县)是卢芳的家乡,卢芳以汉武帝的后人自居,得到羌族人拥护为上将军、西平王。唐朝的宰相卢钧,本是河北范阳人,后迁入陕西蓝田居住。历任山南府推官、监察御史、岭南节度使,唐宣宗大中九年(855年)卢钧为右仆射。

辽宁的锦西也是卢姓兴起最早的地方之一。卢鲁元,昌黎徒河(今辽宁锦州)人。曾祖父卢副鸿,为慕容氏的尚书令。北魏太武帝时为中书监兼秘书事,赐爵襄城侯。魏太武帝征赫连昌时,卢鲁元临危不惧,迁太保,录尚书事。死时魏太武帝亲自吊唁并建碑阙。卢克忠,贵德秦皇(今辽宁抚顺)人,因助金成宗有功,历任登州(今山东牟平)刺史、濮阳刺史,金海陵王天德年间(1149—1153年)同知节度使、陈州(今河南淮阳)防御使,后被金朝人尊为循吏。卢姓从辽宁又传入朝鲜。韩国卢武铉曾来中国拜过祖。

山东是卢姓最早兴起的地方,但从战国后期以后,这个本是卢姓发源地的山东却显得十分冷落,很少出现卢姓名人。卢士宗,字公彦,潍州昌乐(今山东昌乐)人,对儒学及形名之学很有研究,在延和殿上给宋仁宗讲过《易经》,授正章阁、龙图阁侍讲,宋神宗熙宁初年致仕。

(二)卢姓在南方拓展的情况

这里说的南方是指长江以南的广大地区,据史料所载,在江南最早出现卢姓的是江苏的沛县,出了一个卢绾。他是原住民,还是从别的地方迁入,尚难说清。但从北方迁到南方的卢姓不少,主要在江苏、安徽、福建、浙江、江西、广东以及海南等地,都有卢姓人在那里繁衍生息。

卢姓进入福建,有两次是大规模迁入。一次是唐高宗总章二年(669年)卢姓从光州固始县随陈政、陈元光迁入福建的漳州,卢如金在漳州积极开发,被称为"开漳卢"。另一次是唐朝末年随王政、王审知入闽。卢光、卢铉都是这次迁入的。他们的后裔在圃田繁衍生息。还有些卢姓是随任职的官吏迁入福建的。卢琚,河北范阳人,唐僖宗光启年间(885—888年)以御史身份入闽,任福州刺史、福建观察使,后在福建落户。唐末的卢趋也是以任官的方式在福建安家落户的。在福建厦门市同安区大同街古庄有卢氏宗祠,以卢趋为始祖。其楹联是"系出光州,地钟银色宗功远;支分卢岭,基肇古庄世泽长"。这里说的光州,就是信阳的固始,卢趋就是从信阳的固始迁到福建的。其后裔卢宗发迁到浯州(今金门)居住了。

进入广东的卢姓家族,要比迁入福建的早。南北朝时的卢循,今河北涿州人,晋安帝元兴二年(403年)从浙江的永嘉迁入广州,治所在番禺。晋安帝义熙元年(405年),任命卢循为广州刺史。他任职七年,对广州的发展做出贡献。唐朝初年的六祖慧能,在广东韶关的曹溪寺传播佛教的禅宗,有很大的影响力。卢奂,河南滑县人,唐玄宗天宝元年(742年)任命卢奂为南海(广州)刺史。他是开元以来的廉吏。据史载,"乃特授奂为南海太守。逖方之地,贪吏敛迹,人用安之。以为开元已来四十年,广府节用清白者有四,谓宋璟、裴伷先、李朝隐及奂"(《旧唐书·卢怀慎传》卷98)。卢钧,陕西蓝田人,唐文宗开成元年(836年)为御史,后为广州刺史。卢钧在任职期间,救济当地的灾民及外地迁入的灾民,还注意解决当地汉民与少数民族的贸易矛盾,受到当地庶民的欢迎。"华、蛮数千人诣阙,请立生祠,铭功颂德。"(《旧唐书·卢钧传》卷177)卢钧固辞,后卢钧升中书门下平章事。

卢多逊,怀州河内人,后周显德初年为进士。宋太祖时为翰林学士。宋太祖太平兴国四年(979年)为中书侍郎兼兵部尚书,后因与秦王赵廷美的营私案有关系,再加上老宰相赵普的排挤,被贬官流放到崖州的水南村,宋太宗雍熙二年(985年)死于流放地。宋真宗大中祥符三年(1010年)被平反,赐钱30万给其子以安葬卢多逊。他的儿子虽把他安葬在湖北的襄阳,但是卢多逊在海南仍然有很大的影响。直到2007年海南人民还为卢多逊修纪念馆,可见卢多逊在海南的影响之大。

江苏是长江以南发现卢姓最早的地方,秦朝末年随刘邦兴兵夺取天下时,卢绾就是江苏丰(今沛县)人。后有不少卢姓人在江苏任职。唐朝的卢承业,唐高宗总章二年任扬州大都督长史,并死于扬州。卢商,唐文宗开成二年(837年)任苏州刺史。庶民为盐法太乱而苦恼,卢商改为量力而行,无定量。卢商后任润州(今江苏镇江)刺史。卢见曾,山东德州人,清康熙六十年(1721年)进士,曾任两淮盐运使、扬州盐商提引。后因支销冒领被下狱。清乾隆三十五年(1770年)刘统勋为他平反。

江西的卢姓始于唐代宗大历八年(773年),卢宗泰任虔州(今赣州)刺史,后居赣州和吉安。据宁都麻田卢氏始祖碑及麻田族谱所载,唐玄宗开元年间卢宗泰率三个儿子卢明、卢达、卢显从河北的涿县迁入江西。卢明居南岭,卢达居麻田,卢显居下沽(今江西南康的唐江)。四世后,卢允立生九子,其长子卢光睦任御史中丞,卢光稠为百胜军防御使兼五岭开运使。卢光稠治理赣州三十年,是赣州客家人的代表。

进入浙江的卢姓人,应同迁入福建的卢姓人同时。北宋末年随着宋王室的南迁,许多卢姓人也随之南迁入浙江。卢琰,北宋初年为工部尚书、越国公。他有八个儿子,再加上他收养的柴熙海的儿子,共有九个儿子治理浙江,产生很大影响。卢革,浙江德清人。庆历年间(1041—1048年),知婺州、泉州,提点广东刑狱,后致仕。其子卢秉,王安石变法时奉使江、淮治盐法,提典两浙、淮刑狱,遇到灾荒时,以贡米救之,受到好评。卢知原,浙江德清人,宋徽宗时为江西转运使,梓州(四川)路转运副使。宋徽宗曾夸奖他说:"卿在蜀功效甚休。"赐三品朝服,升龙图阁为江、淮、荆、浙转运副使。南宋高宗时为龙图阁知温州,又知临安府。绍兴十一年(1141年)卒。其弟卢法原,曾任司农卿、吏部尚书,绍兴元年(1131年),提举临安洞霄宫、龙图阁直学士,后任川陕路宣抚副使。宋高宗说:"朕以川陕付法原。"卢鸿春,字思仁,浙江东阳人。其父卢仲田为广西布政使,明万历五年(1577年)进士,万历十四年(1586年)上疏批评明神宗荒淫无度不上朝的错误,被免职,死后赠太子少卿。卢文弨,浙江余姚人,清乾隆十七年(1752年)进士,授翰林院编修,上书房行走,他是我国的经学家、文字学家。他校对过许多古典名著,他的著作有《抱经堂集》30卷。

除上述几省外,在南方的湖北、湖南、四川、贵州等地也都有卢姓人生活。在台湾的卢姓人也有从福建迁入的。

总之,卢姓是我国的古老姓氏之一,从先秦到隋唐时期,卢姓与崔、王、谢为当时的四大姓氏。唐太宗让吏部尚书高士廉编的《氏族志》把李姓排在第一位,宋朝人编的《百家姓》把赵姓排在第一位,因为这与皇帝的姓有关系。卢姓在百家姓中排在第167位。在当代的数千姓氏中,卢姓排第55位。可见卢姓仍然是全国的大姓之一。

(2013年7月)

第二辑

学会科学分析方法,增强胜利信心
——学习毛泽东《星星之火,可以燎原》的一点体会

毛泽东同志在《星星之火,可以燎原》一文中指出:"我们看事情必须要看它的实质,而把它的现象只看作入门的向导,一进了门就要抓住它的实质,这才是可靠的科学的分析方法。"(《毛泽东选集》第1卷,第99页)毛泽东同志运用这种透过现象看本质的科学分析方法,分析了当时的形势,指出中国革命的星星之火必然要燃成燎原的革命烈火,极大地鼓舞了处于革命低潮下的革命人民的斗志,增强了胜利的信心。今天重温这一光辉的著作,对于振奋精神,鼓起干劲,促进四化建设,仍有重要的现实意义。

透过现象看本质是马克思主义者正确认识事物的重要途径。在资本主义社会的上升时期,马克思和恩格斯透过资本主义的表面繁荣现象,看到了资本主义社会必然要灭亡的本质,指出社会主义社会一定要代替资本主义社会。毛泽东同志在《星星之火,可以燎原》一文中运用这种方法,科学地分析了1927年革命失败后的形势,从表面上看,革命的力量是削弱了,只剩下小小的一片地方,反动派气势汹汹,不可一世。这时有些人被这一表面现象所迷惑,看不到革命必然要胜利的本质,产生了"红旗到底能打多久"的悲观论调。毛泽东同志认为,在半殖民地半封建的旧社会,革命的力量是弱小的,但反革命的力量也是弱小的,因而革命力量不仅有发展的可能性,而且有发展的必然性,引起革命高潮到来的条件是存在的。从客观上讲,帝国主义之间、帝国主义与殖民地之间、帝国主义与本国无产阶级之间存在矛盾。帝国主义之间的矛盾,引起了各军阀之间的矛盾、中国资产阶级与无产阶级之间的矛盾、地主阶级与农民阶级之间的矛盾,等等,都是客观存在和不可避免的。由于这些矛盾的存在和发展,革命的条件是成熟的,正如毛泽东同志所说"中国是全国都布满了干柴,很快就会燃成烈火"(《毛泽东选集》第1卷,第102页)。从主观条件看,由于中国共产党的领导和政策的正确,在白色政权的包围下,有若干片党领导的红色根据地的存

在和发展是可能的,这是事物的本质。看不到这种本质,被若干表面现象所迷惑,因此产生悲观论调是没有理由的。但同时毛泽东同志也批评了革命队伍中的急性病,犯这种毛病的人,从主观主义出发,过高地估计了自己的力量,把敌人看得一钱不值,认为敌人"十分动摇""恐慌万状"等等。其结果必然走上盲动主义的道路,给革命造成不应有的损失。

在我们的社会主义革命和建设中,也有一些人同样被表面现象所迷惑,产生"悲观论"和出现急于求成的情绪。新中国成立32年来我们曾有两次犯了急性病的错误:一次是1958年"大跃进"的错误,另一次是粉碎"四人帮"后,有同志想花钱买个现代化,重犯了1958年的错误。这两次错误都是主观脱离客观,夸大了主观意志的作用,被一些表面现象所迷惑,忘记了实事求是的一切从实际出发的原则,基本建设规模要与国力相适应的原则,在经济建设中犯了急躁冒进的错误,给我国经济建设造成了损失,这一沉重教训是应该永远记取的。

辩证唯物主义和历史唯物主义者既反对盲目乐观、急躁冒进,也反对丧失信心、悲观失望,不能正确认识形势。有些人闭目不看实际情况,犯了"悲观论"的毛病,这种"悲观论者"在当前最突出、最有代表性的观点,就是认为社会主义社会不如资本主义社会。应当指出,这种论调并非今日始。早在1957年毛泽东同志就批评过这种观点。他说:"我国现在的社会制度比较旧时代的社会制度要优胜得多。如果不优胜,旧制度就不会被推翻,新制度就不可能建立。"(《毛泽东著作选读》下册,第767页)社会主义的优越性主要表现是劳动人民当家作主,生产资料公有制,按劳分配,消灭了剥削阶级和剥削制度等。这是最基本的事实,也是对"悲观论者"最有力的驳斥。那么为什么至今还有"悲观论者"存在呢?无非是有些人只看到"文化大革命"给我们造成的困难,被困难所迷惑。当然这种困难是存在的,看不到这些困难就不是一个唯物主义者。但这只是事情的一个方面,还有另一方面,那就是只有社会主义能救中国,没有中国共产党就没有新中国,同样没有中国共产党就没有现代化的社会主义的中国。"文化大革命"虽然给我们造成了极大的困难,但经过困难和挫折的中国共产党和中国人民,从失败的教训中认识到社会主义不是比过去弱了,而是比过去更强了。社会主义制度促进了生产力的迅速发展,这一点甚至连国外的人们(包括敌视社会主义的人)也不能不承认了。这才是事情的本质、事情的真相。看不到这一点,就以资本主义国家人民的生活水平比我国人民的生活水平高为由，说什么社会主义不如资本主义，这是不全面的，甚至是荒唐的。就人民的生活水平来说，新中国成立 32 年来，我国人民的生活水平是在不断提高和改善的，粉碎"四人帮"后，在物质条件还很困难的情况下，仍然两次给职工调整工资，可以肯定地说，随着生产水平的提高，我国人民的生活水平会比现在更高、更好。当然，我们也应该正视和看到国家还有困难，但也要坚信在党和政府的领导下，我们一定能够克服这些困难。正如胡耀邦同志最近在看望沈阳部队四级党委书记座谈会全体同志时所指出，林彪、"四人帮"给我们带来了困难，遗留下的问题很多，我们的任务很重，困难不少。但我们有办法，希望很大。我们要树立对社会主义事业的坚强信心。

  现象与本质的关系是对立统一的关系。我们要学习毛泽东同志所说的透过现象看本质的科学方法，是为了正确观察与分析事物，把握社会主义事业的客观规律。我们相信，学会科学分析方法，在改造客观世界和从事社会主义四化建设的过程中，就一定会获得较多的自由和主动权，使我们的头脑更加清醒，增强胜利的信心，鼓起干劲，充分发挥主观能动性，把社会主义的物质文明和精神文明建设搞好，把安定团结搞好，把各项工作搞得更好。

（原载《河南日报》1981 年 11 月 17 日）

在一切工作中坚持党的群众路线

——学习《刘少奇选集》上卷的一点体会

伟大的马克思主义者刘少奇同志,是我们党和国家的卓越领导人之一。他在几十年的革命生涯中,一贯坚持党的群众路线。在《关于白区的党和群众工作》《论党》《关于减租减息的群众运动》《在全国土地会议上的结论》和《对华北记者团的谈话》等文章中,他对树立明确的群众观点、坚持群众路线的重要性和方法等问题,都作了深刻明白的阐述,提出了"一切工作都要走群众路线,都要有群众观点"的著名论断。这些论述,不仅对夺取战争和建设事业的胜利有重大作用,而且对于目前正在进行现代化建设的我国人民来说,同样具有现实的指导意义。

树立群众观点,是坚持群众路线的出发点。刘少奇同志在《论党》中指出:"一切为了人民群众的观点,一切向人民群众负责的观点,相信群众自己解放自己的观点,向人民群众学习的观点,这一切,就是我们的群众观点,就是人民群众的先进部队对人民群众的观点。我们同志有了这些观点,有了坚固的明确的这些群众观点,才能有明确的工作中的群众路线,才能实行正确的领导。"(《刘少奇选集》上卷,第354页,以下引此书的文字只注页码)这段话不仅指出了群众观点的具体内容,也说明了群众观点的四个方面内容的相互关系。

一切为了人民群众,是我们党的宗旨。刘少奇同志说:"我们革命,不是为老婆,为吃饭,为出风头,而是为了人民群众的解放。一切为了群众,否则,革命就毫无意义。"(第234页)我们的党员和干部要树立给人民当长工、当仆人的思想。我们党创立起来,就是为了全心全意为人民服务,共产党员的一切奋斗,流血牺牲,也完全是为了人民的福利和解放,而不是为个人或小集团的利益。这是我们党伟大和光荣之处,也是我们党区别于其他政党的根本标志之一。

一切向人民群众负责,是对人民群众的态度问题。向人民负责是我们党和每个党员的责任,我们的每句话,每个行动,每项政策,都要适合人民的利益。

我们制定的政策,提出的任务和口号,都要符合人民的要求,这就叫向人民负责。在为人民服务的过程中,我们难免会有这样那样的错误。世界上没有十全十美的领导者,也没有不犯错误的人,但我们要力求不犯或少犯错误,犯了错误则立即改正,这才是向人民负责的严肃态度。向人民负责和向党负责是一致的。有些人割裂两者的关系,专看领导人的眼色行事,把向人民负责理解为只是向某个领导人负责。他们不了解,党的利益就是人民的利益,除人民利益之外,共产党自己没有什么需要保护的特殊利益。

相信群众能够自己解放自己,这是马克思主义的一个原则问题,也是我们领导群众的一个方法问题。马克思说:"工人阶级的解放应该由工人阶级自己去争取。"(《马克思恩格斯全集》第17卷,第475页)刘少奇同志在他的革命生涯中,一贯相信群众,依靠群众。他在许多文章中多次引用《国际歌》的歌词,要我们的干部启发群众,不靠英雄豪杰,要完全靠自己救自己。群众是历史的主人,有无限的创造力,人民的解放要靠人民自己去争取,一切斗争的胜利也要靠人民自己去努力。我们党的纲领、方针、政策无论怎样正确,如果没有群众的积极参加,就无法实现。当群众还不觉悟的时候,要启发、教育、等待群众觉悟;当群众已经起来斗争的时候,要正确地进行引导。群众中有些"过火"行为也不要害怕,但对领导人思想上的"过火"想法,则要提高警惕,以防把群众斗争引入邪路。我们党在人民的事业中应起引导和向导的作用,不应做包打天下的"英雄好汉"。刘少奇同志说:"我们的一切,都依靠于、决定于人民群众的自觉与自动,不依靠于群众的自觉与自动,我们将一事无成,费力不讨好。"(第351页)

向人民群众学习,是我们走群众路线的一个途径。群众的知识、经验是丰富的,群众的创造力是无限的,只有把人民群众的经验、知识集中起来,上升为系统的、较高的知识,才能正确地指导群众的行动。这就是我们常说的从群众中来,到群众中去。

群众观点的这四个方面的内容,贯穿着一根红线,就是一切为了群众。我们不论是了解情况、制定政策,还是执行政策,都要明确这一切都是为了群众。这样,才能在一切工作中切实坚持党的群众路线。

群众路线问题,归根到底是党和群众的关系问题。这个问题处理得好坏,对于我们党的整个事业的成败关系极大。在几十年革命和建设过程中,我们党和人民群众建立了血肉相连的关系,人们把这种关系生动地比喻为鱼和水的关系、瓜和秧的关系。刘少奇同志在《对华北记者团的谈话》一文中曾引用希腊神话中安泰的故事,来说明这种关系的极端重要性。安泰是希腊神话中的英雄,是地神的儿子,他同任何敌人作斗争时,总是背靠大地,从大地母亲的身上吸取无穷无尽的力量,经常获得胜利。但是他有个致命的弱点,就是不能离开大地。这个弱点被对手赫拉克勒特发现,他就把他举在空中扼死了。这个故事告诉我们一个真理,就是共产党永远不能离开人民群众。正如刘少奇同志所说:"共产党什么都不怕,就怕脱离群众,只要共产党永远依靠群众,就是不可战胜的。""依靠群众,是马克思主义的革命原则,不可在行动中有任何违背。"(第234页)因此,我们的党员和干部,无论在什么时候,什么地方,都要时刻保持同群众的密切联系。要牢牢记住,一旦失去了同人民群众的联系,就会像安泰一样被人扼死。过去国民党破坏我们党的办法之一,就是挑拨党和群众的关系。但是,它的阴谋没有能够得逞,因为我们时刻都依靠着人民群众。

依靠群众,不是任何人主观随意提出来的,是由我们党的性质决定的。中国共产党是中国工人阶级的先锋队。这个先锋队的任务是在中国和全世界实现共产主义。要实现这个伟大而又艰巨的历史任务,没有亿万人民群众参加是不行的。列宁说:"我们需要的党,应该是真正同群众有经常联系的党,善于领导群众的党。"(《列宁全集》第31卷,第207页)我们党的伟大领袖毛泽东同志也说过,依靠千百万真心实意地拥护革命的群众,是什么力量也打不破的真正的铜墙铁壁。能否密切联系群众,是我们党同其他政党的另一个显著区别。历史上有不少资产阶级、小资产阶级政党,它们不能领导人民革命到胜利的根本原因之一,就是它们脱离了人民。孙中山先生是伟大的革命家,在他的前四十年革命生涯中,由于未能依靠广大人民群众,屡遭失败,在他的晚年,因为接受了共产党的主张,认识到民众的重要性,提出和实行"扶助农工""唤起民众"的政策,中国革命才大大前进了一步。

刘少奇同志正是联系群众、依靠群众的模范。无论是在战火纷飞的年代,还是在社会主义建设事业中,都是如此。1942年,他由华中局返回延安路经晋中地区时,对护送他的同志说:"敌占区的群众工作很重要,搞好了是插在敌人心脏里的一把刀子,能为革命做出很大贡献。"(《怀念刘少奇同志》第286页)刘少奇同志对白区工作做出杰出的贡献,被誉为"白区工作的模范"。解放以后,刘少奇同志身为国家主席仍然深深地扎根于群众之中。1961年他赴湖南调查研究,在纠正经济上的急躁冒进错误时,敢于实事求是。原来人们说公共食堂是新生事物,可以节省劳力,解放妇女。经过调查,他发现食堂要专人砍柴,专人做饭,专人担水,浪费很大,给群众造成了负担,提出应当解散食堂,以减轻人民的痛苦。1964年8月,刘少奇同志再次到湖南调查时,要求这个省的负责同志也要下去搞调查研究,哪怕是三个月也好。他指出,如果不调查研究,不掌握第一手材料,光靠听汇报、看表报、靠人家估计的数字来下决心、指导工作,是十分危险的。如果从中央、省委、县委到公社党委,"长期如此,不加以改变,就要脱离群众,脱离实际,我看我们就要灭亡!"(《怀念刘少奇同志》,第61页)正因为群众是我们的靠山,所以我们党历来重视同人民群众的联系。早在抗日战争时期,党中央就作出决定,以群众工作好坏作为判断一个党委或支部工作好坏的标准,也以此作为考验一个党员党性强弱的试金石。

要坚持党的群众路线,就要用正确的方法领导群众,即在政治上要代表大多数人民群众的愿望,要关心人民群众的生活,实行"从群众中来,到群众中去"的路线。

中国共产党是无产阶级的先锋队,在政治上代表最广大人民群众的最大利益,不仅代表群众暂时的、局部的利益,也代表群众长远的、全局的利益。在群众中,总有比较积极的、中间状态的和落后的三部分。我们考虑问题、制定政策,要站在大多数群众一边,反映群众的正确意见和呼声。当群众还不觉悟的时候,不能率领少数积极分子冒冒失失地前进,脱离多数群众,也不能跟着少数落后分子跑。陈独秀在多数群众迫切要求前进的时候,不能提出正确的任务,引导群众前进,失去前进的大好时机,给革命事业造成了损失,成为右倾投降主义者;王明凭主观想象,提出"左"的口号和过高的任务,使苏区工作损失百分之九十,白区工作损失百分之百,几乎除保留党的旗帜以外,什么也没有了。王明是"左"倾冒险主义者。这些不是"左"就是右的人,根本不能代表群众的多数,广大群众也不需要他们当代表。毛泽东、周恩来、刘少奇、朱德等老一辈无产阶级革命家,总是站在多数群众一边,是坚持群众路线的光辉典范。

关心群众的生活,是我们领导群众前进的必备条件之一。刘少奇同志就十分关心人民群众的物质生活。抗日战争时期,他在《给贺龙、关向应及华北各地党组织电》中提出,要实行减租减息、免税、增加工资,以改善人民的生活。1942年7月,刘少奇同志离开新四军返回延安途中写给中共中央华中局和新四军负责人陈毅等的信中说,如果根据地人民负担过重,超过人民的负担能力,足以破坏党和人民群众的关系,足以引起根据地以外人民对我们党的畏惧的话,我们就要减轻人民负担。减轻了以后,人民还养活不起我们的话,我们应当精兵简政,实行节约,反对浪费。只有群众,特别是农民群众从亲眼看到的、亲身体会到的事情上理解我们党的方针、政策的时候,群众才能自觉地跟党走。对群众物质生活的态度如何,不仅关系到我们党能否领导群众前进,而且也是检验我们是否沾染了官僚主义作风的标志。这些指示在今天也是多么中肯啊!

要领导群众前进,就要实行"从群众中来,到群众中去"的路线。刘少奇同志说:"领导者与领导机关的职责,就是要实行正确的领导,就是要正确地了解情况,正确地抓住中心,提出任务,决定问题,正确地动员与组织群众来实行自己的决定,正确地组织群众来审查自己决定之实行的情形。而为要使这些事情都做得好,就必须向群众学习,必须实行从群众中来,又到群众中去的路线。否则,任何一件领导工作都是做不好的。"(第354页)我们党提出"从群众中来,到群众中去"的路线,把认识路线同群众路线结合起来,把群众路线建立在更科学的基础之上。要集中群众的意见,正确地抓住中心,就必须深入群众,深入实际,做艰苦细致的工作,这绝不是一件轻而易举的事情。领导者要了解群众的真心话也很不容易,这要有很高的理论水平和政策水平。只有这样,才能从各方面详细地考察,找出带普遍性的规律,根据事物的发展规律,制定正确的政策,才能引导群众前进。

要用正确的方法引导群众前进,就要同脱离群众的命令主义、尾巴主义、官僚主义的错误倾向作斗争。命令主义超过了群众的觉悟程度,害了急性病,表面上积极,实际上不知道将党的政策变为群众的行动。当群众不觉悟的时候,不是启发、等待群众的觉悟,而是用简单的、生硬的、命令主义的办法,强迫群众依照他们主观意志办事,给党的事业造成损失。尾巴主义脱离了群众的觉悟程度,害了慢性病。群众迫切要求前进的时候,他们却认为时机不成熟,一拖再拖,一等再等,错过了前进的大好时机,自以为代表了群众的利益,实际只代表了一部分落后分子的意见。官僚主义者没有为人民服务和向人民负责的思想,饱食终日,无所用心,既不调查,又不研究,只知道发号施令,拒绝群众的批评,无视群众的意见,甚至要求群众为他服务。为了自己享受,不惜牺牲群众利益,劳民伤财,贪污腐化,在群众面前称王称霸,等等。刘少奇同志特别痛恨"雷厉风行"的官僚主义,指出这是最严重、妨碍群众最大的官僚主义。这种官僚主义者,站在群众之上,为"完成任务"而强迫命令。只看"完成任务"就奖励,而不问是如何完成的。这种奖励官僚主义的人,本身就是官僚主义者。以上这些错误倾向,是实行、坚持群众路线的绊脚石。克服官僚主义的方法,是批评教育,发动群众监督,必要时给以处分,以清除这些障碍物。这些东西大都是剥削阶级的意识形态在我们党内的反映,在党内还有一定的市场,在一定气候下,还会不断出现。正如刘少奇同志所说:"我们应经常和这些倾向作斗争,才能经常保持和巩固我们与广大人民群众的联系。"(第347页)

刘少奇同志对群众路线的论述,是我党在这方面几十年经验的科学总结,是对毛泽东思想形成和发展做出的一份杰出的贡献。在当前的现代化建设中,我们应当认真学习刘少奇同志有关群众路线的论述,在一切工作中始终坚持党的群众路线,使我们的物质文明建设和精神文明建设都取得更加辉煌的成就。

(原载《河南师大学报》1982年第2期)

同教条主义者斗争的光辉典范
——纪念毛泽东同志诞辰九十周年

毛泽东同志是伟大的马克思主义者、杰出的无产阶级革命家,我党、我军和我国的主要缔造人之一。他一生对中国革命和建设事业,对世界和平与人类的进步事业做出了卓越的贡献。把马克思列宁主义的普遍真理同我国革命的具体实践结合起来,就是他的伟大历史功绩之一。在纪念毛泽东同志诞辰九十周年的时候,重温毛泽东同志同教条主义者斗争的理论和实践,对于夺取社会主义现代化建设事业的胜利,有着重大的现实意义。

同教条主义者斗争是马克思主义理论发展的要求。马克思主义不是凭空产生的,而是在斗争的实践中,适应斗争形势的需要而产生的,它随着实践的发展而不断前进,永远不会停滞不前,如果停止了,老是那么一套,那它就丧失了生命力。马克思和恩格斯在建立他们理论体系的过程中,一再声明:他们的理论不是教条,而是行动的指南。这就告诉我们,要把马克思主义的理论当作科学来学习,当作世界观和方法论来学习,根据实际情况去运用它、发展它。马克思、恩格斯逝世以后,第二国际的理论家们以"正统的马克思主义者"自居,他们固守马克思、恩格斯关于共产主义革命将在一切文明国家里同时胜利的理论。列宁批判了第二国际领袖们这种错误的态度。他认真研究了帝国主义时代资本主义政治经济发展的绝对不平衡的规律,在《论欧洲联邦口号》和《无产阶级革命的军事纲领》等文章中得出了新的结论:社会主义革命不能在所有的国家内同时获得胜利。它将首先在一个或几个国家内获得胜利。列宁不仅批评了教条式的对待马克思主义的错误态度,而且在理论和实践上都发展了马克思主义,为马克思主义的理论宝库增添了新的财富。

毛泽东同志和其他老一辈的无产阶级革命家在领导我国革命的过程中,继承和发展了马克思列宁主义。毛泽东同志写的《关于纠正党内的错误思想》《反对本本主义》《中国革命战争的战略问题》《实践论》《矛盾论》《论持久战》《新民主主义论》《〈农村调查〉的序言和跋》《改造我们的学习》《整顿党的作风》和《反对党八股》等，都是同教条主义者斗争的光辉篇章。

首先，毛泽东同志指出了同教条主义者斗争的必要性和重要性。他说："如果'五四'时期反对老八股和老教条主义是革命的和必需的，那么，今天我们用马克思主义来批判新八股和新教条主义也是革命的和必需的。"（《毛泽东选集》第3卷，第832页）这就是说，如果"五四"时期不批判以孔子为代表的老八股和老教条主义，就不能走上新民主主义革命道路的话，那么，延安整风不批判以王明为代表的"左"倾教条主义者，就不能从主观主义、教条主义的蒙蔽下解放出来，就不能清除教条主义的恶习，使马克思主义得到广泛的传播和发展，为夺取抗日战争和解放战争的胜利奠定思想基础。其次，不批判教条主义，就不能清除我们工作中的主观主义，制定正确的政策，以指导工作。在《关于纠正党内的错误思想》一文中，毛泽东同志指出："主观主义，在某些党员中浓厚地存在，这对分析政治形势和指导工作，都非常不利。"（《毛泽东选集》第1卷，第91页）要克服主观主义的错误，就要认真调查研究，使主观符合客观，对政治形势和阶级力量作出正确的估计，制定出正确的政策，以指导革命达到胜利。再次，毛泽东同志进一步指出，主观主义是党性不纯的一种表现。这种主观主义"拿了律己，则害了自己；拿了教人，则害了别人；拿了指导革命，则害了革命。总之，这种反科学的反马克思列宁主义的主观主义的方法，是共产党的大敌，是工人阶级的大敌，是人民的大敌，是民族的大敌，是党性不纯的一种表现。大敌当前，我们有打倒它的必要。只有打倒了主观主义，马克思列宁主义的真理才会抬头，党性才会巩固，革命才会胜利。"（《毛泽东选集》第3卷，第800页）延安整风，集中反对了主观主义，大大提高了全党马克思列宁主义的理论水平。

在社会主义革命和建设的过程中也出现过主观主义的错误，毛泽东同志也批评过机械地照抄照搬别国经验的错误。他说："党内一些人有一个时期搞过教条主义，那时我们批评了这个东西。但是现在也还是有。学术界也好，经济界也好，都还有教条主义。"（《毛泽东著作选读》下册，第742页）这就告诉我们在社会主义建设中必须反对教条主义和经验主义，在今后的"四化"建设中也必然还会遇到主观主义的东西，不彻底清除主观主义的错误，就不能夺取社会主义四个现代化事业的胜利。

毛泽东同志以科学的态度对待马克思主义，正确地处理了"本本"与现实、政策与实际、外国经验同本国实际的关系,还从世界观的高度揭露了教条主义错误的思想根源。

第一,毛泽东同志是把马列主义当作一门科学来学习的。我们学习马克思列宁主义不是为了好看,也不是因为它有什么神秘,而是为着解决中国革命的实际问题,而去马克思主义那里去找立场、找观点、找方法。他提出了"有的放矢"和"理论联系实际"的科学态度。而教条主义的态度是"无的放矢""理论和实际脱离"。他们不是把马克思主义当作革命的科学来学习,而是当作宗教教义;不是去学习马、恩、列、斯观察问题的立场、观点和方法,而是寻章摘句,机械地照抄照转,割裂马列主义的完整性和系统性,阉割它的革命性,不能解决任何实际问题。像李白讽刺的鲁儒那样:"鲁叟谈五经,白发死章句。问以经济策,茫如坠烟雾。"(《李太白全集》第1157页)

第二,正确地处理了马克思主义的"本本"和我国现实的关系。在文化落后的旧中国,一些人以为上了"本本"的,就好似"圣经上载的"一样,就是绝对正确的。有些人研究问题,制定政策,总是张口闭口拿出"本本"来。他们不是从实际出发,而是从"本本"出发。我们党是重视马列主义理论的,在一个几亿人口的大国里进行伟大的革命,如果没有革命理论,要取得革命胜利是不可能的。马克思主义者看重理论,正是也仅仅是因为它能指导我国的革命。如果不能指导我国的革命,即便是马克思主义的理论,也是无用的。毛泽东同志一贯坚持把马列主义的普遍原理同我国的现实结合起来。他在《反对本本主义》一文中指出:"马克思主义的'本本'是要学习的,但是必须同我国的实际情况相结合。我们需要'本本',但是一定要纠正脱离实际情况的本本主义。"(《毛泽东选集》第1卷,第111—112页)毛泽东同志是正确地将马克思主义的"本本"同我国现实相结合的光辉榜样。

第三,把执行上级政策同本地的实际情况结合起来。我国是大国,情况十分复杂,要想取得革命胜利,就要依靠我们党坚定不移的政策和策略。正是在这个意义上,毛泽东同志指出,政策和策略是党的生命,每个党员、特别是党的干部要把自己锻炼成为懂得党的策略的战士。在对待党的政策的态度上有两种人的态度是错误的,一种人是不执行上级政策,不管上级如何说,我行我素;另一种人是追求表面上的一致,以为"凡是"上级来的,上了"本本"的,就表面地无异议地执行上级政策,正如毛泽东同志所批评的那样,这种单纯建立在上级观念上的形式主义的态度是很不对的,这不是执行上级政策,而是对上级政策怠工的一种表现,其结果和第一种人一样,同样是不执行上级政策。我们需要的是把上级政策同本地的实际情况结合起来。在执行党的政策时,要领会精神实质,从实际出发,能拿出切合实际的办法,这就不是盲目地执行上级政策,而是自觉地执行党的政策;这就不是表面上、口头上的一致,而是政治上、思想上和行动上的一致。全党只有形成这样的一致,才能形成坚强的战斗集体,攻无不克,战无不胜。

第四,正确地处理了外国经验同我国实际的关系,把外国经验同我国的实际情况结合起来。毛泽东同志说:"我们的方针是,一切民族、一切国家的长处都要学,政治、经济、科学、技术、文学、艺术的一切真正好的东西都要学。但是,必须有分析有批判地学,不能盲目地学,不能一切照抄,机械搬运。他们的短处、缺点,当然不要学。"(《毛泽东著作选读》下册,第740页)这就告诉我们一个正确的方法,无论是干革命或搞建设都要按照这个原则去办事。新民主主义革命时期,以王明为代表的"左"倾教条主义者,提出"百分之百地忠于共产国际的路线",把苏联的经验神圣化和教条化,提出"一省或数省首先胜利"的口号,去组织毫无胜利希望的城市起义,幻想有像法国的巴黎公社和俄国的圣彼得堡那样的城市起义,去带动全国的胜利,指责毛泽东同志提出"农村包围城市"的正确道路是"极错误的观点",是什么"农民意识的地方观念和保守观念"。机械搬运的结果,使中国革命遭受了极其严重的损失。

毛泽东同志不仅反对我们照搬别国经验,还奉劝其他国家也不要照抄中国的经验。1956年9月,他同拉丁美洲一些国家党的领导人谈话时,曾劝他们不要照搬中国的经验,中国的经验只能作参考,不可当教条,"一定要把马克思列宁主义的普遍真理和本国的具体情况这两方面结合起来"(《我们党的一些历史经验》)。同样,社会主义的经济建设也不能照套别国的模式。苏联是世界上第一个建立社会主义制度的国家,20世纪50年代我们曾学习苏联社会主义建设经验。但也有机械照搬的缺点,毛泽东同志在《论十大关系》一文中曾批评过我们这些缺点。列宁和斯大林都强调要学习资本主义国家的先进科学技术和管理经验,我们党的领导人也强调过。1956年社会主义改造胜利完成后,有些同志不知道学习资方人员的技术和管理经验,陈云同志曾批评这种人是"傻瓜",是不懂政治的一种表现。1980年,邓小平同志在同法国一位记者谈话时,强调要学习资本主义国家的先进的技术、先进的科学、先进的管理经验来为社会主义服务。这无疑是正确的和必要的。同时我们党和国家的领导人也强调学习国外的先进技术时,不能学习资产阶级的腐朽思想和生活方式,不能丧失民族自尊心和自豪感,要坚持独立自主为主、争取外援为辅的正确方针。

第五,从世界观上彻底地揭露了教条主义的思想根源。毛泽东同志的《实践论》和《矛盾论》等著作,就是这样的光辉篇章。首先,毛泽东同志指出教条主义者轻视实践的错误。教条主义者完全不懂以科学的实践为主要特征的马克思主义的认识论。认识从实践中来,并受实践所检验,所以,人的认识一点也离不开实践。教条主义以主观和客观相分裂,认识和实践相脱离为特征。他们片面地强调理性的重要,忘记了理性是从感性来的;他们只知道马克思主义的理论的重要,但是不知道用马克思主义的理论去指导行动,他们重复了哲学史上"唯理派"的错误。其次,教条主义者违反了人们认识的正常秩序。人们的认识过程,总是由特殊到一般,再由一般到特殊。教条主义是懒汉,"完全否认了并且颠倒了这个人类认识真理的正常秩序"(《毛泽东选集》第 1 卷,第 310 页)。毛泽东同志的这个揭露和批判真是一针见血,入木三分。教条主义者不仅违反了这个认识的正常秩序,而且割裂了一般和特殊的联系,只要一般,不要或者忘记特殊,只知生吞活剥地照抄国外的经验,从来不认真地调查我国的国情,在调查的基础上制定正确的政策,作为行动的向导。把马克思列宁主义当作"灵丹妙药",以为只要到处乱摸一气,就会包医百病,结果是什么病也不治的。再次,教条主义者违反人们认识的辩证法。毛泽东同志说:"中国的教条主义和经验主义的同志们所以犯错误,就是因为他们看事物的方法是主观的、片面的和表面的。"(《毛泽东选集》第 1 卷,第 313 页)世界上的事物,本来是复杂的,是互相联系和具有内部规律的,我们要客观地、全面地和深刻地认识世界上的客观事物,才能把握住事物的本质和联系,如果只凭主观想象片面地了解,就去作决定,就去做,是没有不失败的。

由上观之,毛泽东同志从各个方面对教条主义的揭露和批判,概括起来,就是正确地解决理论和实践、主观和客观的关系,在同教条主义的斗争中,把马克思主义的普遍真理同我国的具体实践结合起来,逐步形成了我们党的思想路线。毛泽东同志在从事革命活动的时候,总是强调实事求是,1929 年在《关于纠正党内的错误思想》一文中首先批评了主观主义的指导工作的方法,在《反对本本主义》一文中提出"共产党人从斗争中创造新局面的思想路线"(《毛泽东选集》第1卷,第116页),这是最先提出的思想路线。《实践论》和《矛盾论》为我们党的思想路线奠定了理论基础。在《中国共产党在民族战争中的地位》中说,要使马克思主义在中国具体化,使之在每一表现中都带着必须有的中国的特性,即是说,"按照中国的特点去应用它,成为全党亟待了解并亟须解决的问题"(《毛泽东选集》第2卷,第534页)。还提出要反对空洞的马克思主义,要代之新鲜活泼的为中国老百姓所喜闻乐见的中国作风和气魄。在《改造我们的学习》《整顿党的作风》和《反对党八股》等文章中,集中地反对了主观主义、宗派主义和党八股,并对实事求是作了科学的解释。实事求是就成了我党思想路线的通俗概括。粉碎"四人帮"以后,有些同志提出了"两个凡是"的错误主张,实质上就是继续坚持过去的"左"倾错误,坚持毛泽东同志晚年的错误,把毛泽东思想看成一成不变的、僵死的教条,阻碍研究社会主义现代化建设中出现的新问题、新情况。在这样的情况下,以邓小平同志为代表的老一辈无产阶级革命家,以大无畏的精神和气魄,同这种错误倾向作斗争。在纠正"左"的错误的同时,有的人又煽起了资产阶级自由化的歪风,邓小平同志提出坚持四项基本原则,正确地开展了两条战线上的斗争,把马克思列宁主义的普遍真理同我国社会主义四个现代化的实际结合起来,发展了毛泽东思想。邓小平同志指出:"'两个凡是'不是马列主义、毛泽东思想。因此,我提出要准确地完整地学习和运用毛泽东思想。"(《邓小平文选》第2卷,第175页)不论是马克思、恩格斯、列宁和斯大林,还是毛泽东同志,都没有说过,凡是他们说的话或写的文章是不准动的,如果像林彪那样"句句照办""字字照办",那就不得了了,毛泽东思想就不能发展了。邓小平同志重申了我党一贯的思想路线,完整地提出了实事求是,一切从实际出发,理论和实际相结合,在实践中发展真理和检验真理的思想路线。并认为思想路线是党的政治路线和组织路线的基础,只有党的思想路线端正,才能保证党的政治路线和组织路线的贯彻执行。在思想路线的基础上提出了走自己的路,建设有中国特色的社会主义。十一届三中全会以后,邓小平同志最先提出要走一条中国式的现代化道路。邓小平同志在党的十二大上指出:"我们的现代化建设,必须从中国的实际出发。无论是革命还是建设,都要注意学习和借鉴外国经验。但是,照抄照搬别国经验、别国模式,从来不能得到成功。这方面我们有过不少教训。把马克思主义的普遍真理同我国的具体实际结合起来,走自己的道路,建设有中国特色的社会主义,这就是我们总结长期历史经验得出的基本结论。"(《邓小平文选》第 2 卷,第 371—372 页)过去,我们党的老一辈革命家,把马列主义的普遍真理同我国的实际相结合,取得了新民主主义革命和社会主义革命与建设的伟大胜利;现在,邓小平同志提出把马列主义的普遍真理同我国四个现代化建设的伟大实践结合起来,指明了走中国式的现代化道路,可以预言,我们必将取得更伟大的胜利。

(原载《河南省社联纪念毛泽东同志诞辰 90 周年专辑》,1983 年 12 月)

我党实事求是思想路线的形成和发展

实事求是,就是一切从实际出发,理论联系实际,把马克思主义的普遍真理同中国的具体实际相结合。我党的这条思想路线从提出到形成,有一个发展过程。以毛泽东同志为代表的我党第一代领导人创立的这条思想路线,在指导我国革命和建设的伟大实践中得到了丰富和发展;以邓小平同志为代表的我党第二代领导人,继承和发展了这条思想路线,开创了社会主义现代化建设的新局面。坚持和贯彻这条思想路线,对于建设有中国特色的社会主义具有深远的历史意义和重大的现实意义。

一、党的实事求是思想路线的提出和形成

我党实事求是的思想路线,大约是在19世纪的30年代提出,40年代形成的。1930年前后,在红军内部出现了各种非无产阶级思想,妨碍正确路线的贯彻执行。此时,毛泽东同志为解决党内的思想路线问题,分别写了《关于纠正党内的错误思想》和《反对本本主义》两篇文章。他在前一篇文章中提出反对主观主义。"因为对于政治形势的主观主义的分析和对于工作的主观主义的指导,其必然的结果,不是机会主义,就是盲动主义。"(《毛泽东选集》第1卷,第91页)他在后一篇文章中提出"中国革命斗争的胜利要靠中国同志了解中国情况"的著名论断;反复强调"没有调查,就没有发言权","我们需要时时了解社会情况,时时进行实际调查"(《毛泽东选集》第1卷,第115页),调查问题的历史和现状,作出正确的阶级估量,制定正确的政策,从斗争中创造新局面。在这篇文章中毛泽东正确地论述了理论和实践的关系。他明确指出:"我们的斗争需要马克思主义""马克思主义的'本本'是要学习的,但是必须同我国的实际情况相结合。我们需要'本本',但是一定要纠正脱离实际情况的本本主义"(《毛泽东选集》第1卷,第111—112页)。毛泽东同志的这些正确主张,不但没有在党内贯彻执行,反而被占居党中央统治地位的王明"左"倾冒险主义者诬蔑为"否

认理论否认政治的狭隘的经验论的落后思想"。1935年的遵义会议,党从失败的惨痛教训中认识了王明"左"倾冒险主义的危害性,撤销了他在党中央的领导职务,确立了毛泽东在全党的领导地位,从而为实事求是思想路线的形成和发展扫除了障碍。

抗日战争时期,为了从思想理论上清除教条主义和经验主义,毛泽东同志写出了《实践论》和《矛盾论》等一系列重要著作。《实践论》以马克思主义认识论为武器揭露和批判了教条主义,指出其思想根源是"以主观和客观相分裂,以认识和实践相脱离为特征的"(《毛泽东选集》第1卷,第295页)。《矛盾论》则以唯物辩证法的基本观点深刻揭露和批判了主观主义的以主观性、片面性和表面性为特征的形而上学的思想方法,宣传了事物本来的辩证法。这两篇名著奠定了我党实事求是思想路线的理论基础。而后,毛泽东同志又撰写了《改造我们的学习》《整顿党的作风》《反对党八股》等整风文章,进一步丰富和完善了这一思想路线。1945年党的七大会议上正式确定了实事求是的思想路线,把马克思主义的普遍真理和中国的具体实际相结合的毛泽东思想作为全党的指导思想,标明党的思想路线的形成。根据毛泽东同志的有关论述,我们认为实事求是的思想路线的主要内容是:

第一,一切从实际出发,而不是一切从主观愿望出发

实际就是指客观实在和人们的实践活动。它既是实事求是的出发点,也是实事求是的前提。客观实在是具体的、历史的,就一个国家而言,是这个国家的历史和现状,包括政治、经济、军事和文化等。国有国情,省有省情,县有县情,乡有乡情,担任不同职务的各级领导,要对这些实际情况了如指掌,才能做到从实际出发。客观实际又是发展变化的,从实际出发,还必须注意把握不断发展变化的形势,否则,同样会脱离实际。

从实际出发,就是从客观事物及其规律性出发。毛泽东同志说:"'实事'就是客观存在着的一切事物,'是'就是客观事物的内部联系,即规律性,'求'就是我们去研究。我们要从国内外、省内外、县内外、区内外的实际情况出发,从其中引出其固有的而不是臆造的规律性,即找出周围事变的内部联系,作为我们行动的向导。"(《毛泽东选集》第3卷,第801页)这就是说,从实际出发,不能只看一时一事,而要从事物之间的内部联系中找到规律性的东西。

第二,坚持理论联系实际的原则

理论联系实际是马克思主义的一条重要原则,也是实事求是思想路线的生命力所在。毛泽东同志曾把理论和实际、马克思主义与中国情况的关系比喻为箭与靶的关系。放箭要对准靶子,叫作"有的放矢";如果无目标地乱放,叫作"无的放矢"。学习马克思主义的理论,不能搞教条主义,而要结合中国的实际,运用马克思主义的基本观点和方法,研究革命和建设中的实际问题,使二者紧密地结合起来,才能正确地理解和运用马克思主义,达到学以致用的目的。

理论联系实际是理论本身的要求。我们这里讲的理论,既包括马克思主义的理论,也包括中央制定的方针政策。这些理论和方针政策,都是从实践中产生又在客观实际中得到证明的。马克思主义的普遍真理只有同中国的具体实际相结合,方针、政策只有同本地区、本部门的实际情况相联系,才能在实践中发挥正确的指导作用,才能从中得到发展,得到检验。理论联系实际是理论本身应有之意。

理论虽有联系实际的要求,但它不会自然而然地联系,需要人们有目的有意识地去运用理论。毛泽东说:"中国共产党人只有在他们善于应用马克思列宁主义的立场、观点和方法,善于应用列宁斯大林关于中国革命的学说,进一步地从中国的历史实际和革命实际的认真研究中,在各方面作出合乎中国需要的理论性的创造,才叫做理论和实际相联系。"(《毛泽东选集》第3卷,第820页)由此可知,理论联系实际是一种理论性的创造,是用马克思主义的立场、观点和方法,去分析中国的历史和现状,去解决中国革命和建设问题。我党第一、二代领导人的著作以及第三代领导人的著作都是理论联系实际的典范,为丰富和发展马克思主义理论做出了杰出的贡献。马克思主义理论之所以"永不过时",战无不胜,其生命力就在于它不脱离实践,并且随着实践的发展而发展。理论联系实际,还要求按照实际的特点去应用它,使之具体化。毛泽东同志曾经说过,对于中国共产党员来说,就是要学会把马克思列宁主义的理论运用于中国的具体环境,"使马克思主义在中国具体化,使之在其每一表现中带着必须有的中国的特性,即是说,按照中国的特点去应用它,成为全党亟待了解并亟须解决的问题"(《毛泽东选集》第2卷,第534页)。毛泽东同志不仅是这样说的,而且也是这样做的。他领导革命和建设的几十年中,把马克思主义的普遍真理同中国的具体实际相结合,形成了关于新民主主义革命的理论,关于社会主义革命和建设的理论,关于革命军队的建设和军事战略,关于政策和策略,关于思想政治工作和文化工作,关于党的建设等。这些独创性的理论,都是马克思主义的普遍原理在中国的具体运用,也是马克思主义在中国的具体化。

理论同实际相联系,除注意解决理论和实际的关系外,还应当正确处理中国与外国、古与今的关系。1956年,毛泽东同志在《同音乐工作者的谈话》中曾提出一个原则:"向古人学习是为了现在的活人,向外国人学习是为了今天的中国人。"(《毛泽东著作选读》下册,第752页)学习古人,是为了弘扬优秀民族文化,吸收其民主性的精华,剔除其封建性的糟粕,推陈出新,创造我们现代所需要的东西;向外国人学习,是吸收一切民族、一切国家的优点,用来改造和发扬中国的东西,创造中国独特的新东西。不论是学习古人还是学习外国人的东西,都要用马克思主义的观点和方法,按照客观事物及其规律性办事,去分辨优点和缺点,不能机械地照抄照搬,也不能兼收并蓄。

第三,按照客观事物及其规律性办事

首先,要认识客观事物及其规律性,然后才能按照实际情况制定方针政策,去改造客观世界。对客观事物及其规律性的认识是不容易的,要有一个漫长的认识过程。1962年1月,毛泽东同志《在扩大的中央工作会议上的讲话》中曾讲到他对中国革命和建设规律的认识过程。从1921年中国共产党成立到1949年中华人民共和国的建立,整整过了28年,经过了胜利、失败、再胜利、再失败等无数次的经验教训,才认识了中国的国情、特点和革命规律,按照中国的国情和规律制定了中国革命的战略和策略,才取得了民主革命的胜利。"对于建设社会主义的规律的认识,必须有一个过程。必须从实践出发,从没有经验到有经验,从有较少的经验,到有较多的经验,从建设社会主义这个未被认识的必然王国,到逐步地克服盲目性、认识客观规律、从而获得自由,在认识上出现一个飞跃,到达自由王国。"(《毛泽东著作选读》下册,第826页)从新中国成立到1978年党的十一届三中全会,又过了29年,在建设社会主义的过程中,有胜利时的喜悦,也有失败时的苦恼,还有"土跃进""洋跃进""文化大革命"的教训,才对建设社会主义这个必然王国有所认识,把工作重点转移到经济建设的轨道上来,制定了一个中心、两个基本点的总路线,克服了几十年来急于求成的顽症,使我们的经济建设在稳步发展的轨道上前进。

第四,要有科学态度

我们共产党人不靠吓人吃饭,不靠骗人吃饭,而是靠科学、靠真理吃饭,靠实事求是吃饭。毛泽东同志说:"我们应该是老老实实地办事;在世界上要办成几件事,没有老实态度是根本不行的。"(《毛泽东选集》第3卷,第822页)所谓老实态度,就是理论和实践相统一的态度。"没有科学的态度,即没有马克思列宁主义的理论和实践统一的态度,就叫做没有党性,或者叫做党性不完全。"(《毛泽东选集》第3卷,第800页)实事求是思想路线的实现,要靠老老实实的科学态度来保证。

上述四点重要内容,并不是彼此孤立无援的,而是一个统一的有机联系的整体。一切从实际出发,是这个思想路线的出发点和前提;理论联系实际是这个思想路线的生命线和关键;按照客观事物及其规律办事,是这个思想路线的目的,而科学态度则是实施这个路线的保证。这四者都在理论和实际相联系的过程中统一。我党70年来的实践证明,这个思想路线是正确的、科学的。凡是坚持了实事求是思想路线的,革命和建设事业就前进、就发展;偏离或违背了这条思想路线的,革命和建设事业就会受到挫折和失败。

二、对实事求是思想路线的继承和发展

随着实践的不断发展变化,实事求是的思想路线也不断地得到丰富和发展。以邓小平同志为代表的我党第二代领导人,不仅继承了实事求是的思想路线,而且发展了这条思想路线。

1.进一步强调端正思想路线的必要性和重要性

从新中国成立到粉碎"四人帮"的20多年里,我党和我国人民已经吃够了弄虚作假、说大话、说空话和说瞎话的苦头,可是还有人推行"两个凡是",继续在这个错误道路上滑行。在这样的紧急关头,邓小平同志旗帜鲜明地坚持和发展了实事求是的思想路线。针对"两个凡是",他提出要解放思想,实事求是,支持开展真理标准问题的讨论。通过真理标准问题的讨论,冲破了"两个凡是"的框框,恢复和确立了实事求是的思想路线。他并且把能否坚持这条马克思主义的思想路线提到关系党和国家的命运问题的高度,指出:"一个党,一个国家,一个民族,如果一切从本本出发,思想僵化,迷信盛行,那它就不能前进,它的生机就停止了,就要亡党亡国。"(《邓小平文选》第2卷,第133页)

2.对实事求是的思想路线作了完整的准确的表述

毛泽东同志在领导我国人民进行革命和建设的几十年中,创立了实事求是的思想路线,依靠这条路线取得了革命和建设的伟大胜利。他在许多著作中分析论述了实事求是、理论联系实际、马克思主义的普遍真理同中国革命的具体实践相结合,却没有把这些内容联系起来,作完整的、准确的表述。1978年6月,邓小平同志在全军政治工作会议上的讲话中认为,解放思想,实事求是,一切从实际出发,理论联系实际是毛泽东思想的根本观点、根本方法。1980年3月,他在党的十一届五中全会的讲话中指出:"三中全会确立了,准确地说是重申了党的马克思主义的思想路线。马克思、恩格斯创立了辩证唯物主义和历史唯物主义的思想路线,毛泽东同志用中国语言概括为'实事求是'四个大字。实事求是,一切从实际出发,理论联系实际,坚持实践是检验真理的标准,这就是我们党的思想路线。"(《邓小平文选》第2卷,第242页)邓小平同志的这一完整准确的概括,被党的十一届六中全会通过的《关于建国以来党的若干问题的历史决议》所肯定。

邓小平同志还进一步明确了思想路线和政治路线的关系。思想路线是政治路线的基础,如果没有正确的思想路线,就制定不了正确的政治路线,即使制定了,也没法贯彻执行;政治路线又是思想路线的方向,坚持实事求是的思想路线,必须坚持四项基本原则。坚持实事求是与坚持四项基本原则在根本上是一致的。

3.确立实事求是在毛泽东思想中的地位和作用

邓小平同志说:"马克思、恩格斯创立了辩证唯物主义和历史唯物主义的思想路线,毛泽东同志用中国语言概括为'实事求是'四个大字。"(《邓小平文选》第2卷,第242页)1985年3月,他接见坦桑尼亚总统时说:"搞社会主义一定要遵循马克思主义的辩证唯物主义和历史唯物主义,也就是毛泽东同志概括的'实事求是',或者说一切从实际出发的原则。"(《邓小平文选》第3卷,第118页)这足以说明,实事求是是对马克思主义哲学的高度概括。

实事求是,是毛泽东哲学思想的根本点、出发点,是毛泽东思想的"灵魂"和"精髓"。1978年9月,邓小平同志在同中共吉林省委常委谈话时指出:"毛泽东思想的基本点就是实事求是,就是把马列主义的普遍原理同中国革命的具体实践相结合。毛泽东同志在延安为中央党校题了'实事求是'四个大字,毛泽东思想的精髓就是这四个字。毛泽东同志所以伟大、能把中国革命引导到胜利,归根到底,就是靠这个。"(《邓小平文选》第2卷,第121页)这段话精辟地说明了实事求是在毛泽东思想中的地位和作用。

4.把实事求是同解放思想结合起来

解放思想并非今日始。早在延安时,我党组织广大干部学习马克思主义哲学和党的整风文件,冲破了教条主义和经验主义的束缚,为党的七大胜利召开和夺取新民主主义革命的胜利奠定了思想基础,这同样是一次大的思想解放。1978年开展真理标准问题的讨论,是针对"两个凡是"的,也是针对思想僵化的。思想僵化,就是不顾国情,不顾客观情况的变化,照抄照搬过去的老经验和老套套,根本无实事求是之意。在这样情况之下,邓小平同志提出把解放思想同实事求是结合起来。只有实事求是同解放思想相结合,我们才能够把思想路线搞对头,顺利地进行社会主义建设。解放思想是实事求是的必要条件和重要环节,不解放思想,不在马克思主义指导下打破旧的习惯势力和主观偏见,确立符合实际情况的新思想、新观念,就根本无法实事求是,无法按客观事物及其规律性办事。实事求是又是解放思想的基础和必须遵循的原则,解放思想不是胡思乱想,而是尊重科学,追求真理,使思想认识和领导决策更符合客观规律。所以,解放思想必须遵守实事求是的原则。正如邓小平同志所说:"解放思想,就是使思想和实际相符合,使主观和客观相符合,就是实事求是。今后,在一切工作中要真正坚持实事求是,就必须继续解放思想。"(《邓小平文选》第2卷,第323页)我党实事求是的思想路线已经有了很大发展,今后随着实践的发展将会有更大的丰富和发展。

(原载《中州学刊》1991年增刊)

矛盾特殊性与中国特色的社会主义道路

毛泽东同志是中国各族人民的伟大领袖和导师,他一生给中国人民留下了丰富的精神财富,唯物辩证法就是其中之一。当他诞辰 100 周年之际,重新学习他有关矛盾特殊性的论述,对于重新认识中国国情,走建设有中国特色的社会主义道路是有重要意义的。

任何事物内部不但包含着矛盾的特殊性,而且也包含着矛盾的普遍性,矛盾的普遍性存在于矛盾的特殊性之中,若离开了矛盾的特殊性,也就没有矛盾的普遍性。我们这里强调矛盾的特殊性,并不是否认矛盾普遍性的重要,而是因为只有先认识特殊的具体事物,然后才能认识一般的普遍的事物。

对于世界各国来说,中国是一个特殊的个别事物,无论是搞革命或者是进行社会主义建设,都应当从中国这个特殊矛盾出发。中国人民在几十年的革命和建设过程中积累了一条宝贵经验,就是要充分认识中国的国情,才能领导革命和建设。

以毛泽东为代表的我党第一代领导人,把马列主义同中国实际相结合,找到了一条农村包围城市,武装夺取政权的道路,才使中国革命取得了胜利。在社会主义建设时期,我们有成功的经验,也有失败的教训。最主要经验是从中国社会主义建设的实际出发,实事求是;最主要的教训是脱离国情,从主观愿望出发,不是照搬我国民主革命时期的经验,就是照抄外国的模式,导致了"大跃进""文化大革命""两个凡是"的错误。直到 1978 年,我们才在我党第二代领导人邓小平为首的中央领导之下,从多次的成功和失败的比较中,找到了建设有中国特色的社会主义道路。由此可知,对于中国这个特殊矛盾的认识程度、认识水平如何,对于我们的革命和建设事业有极大的关系。

关于建设有中国特色的社会主义道路,邓小平同志曾作过多次表述和概括。1982 年 9 月,他在中国共产党第十二次全国代表大会的开幕词中说:"把马克思主义的普遍真理同我国的具体实际结合起来,走自己的道路,建设有中国特色的社会主义,这就是我们总结长期历史经验得出的基本结论。"(《邓小平文选》第 2 卷,第 372 页)据此,我们认为中国特色的社会主义道路,就是认清国情,理论联系实际,走自己的道路,抓住主要矛盾,大力发展社会生产力。

一、认清国情,一切从实际出发

国情是我们制定社会发展战略和方针、政策的基础和前提。如果对国情认识不清或者一知半解,就没法作出科学的决策。民主革命时期,毛泽东同志在《井冈山的斗争》《中国革命战争的战略问题》《论持久战》《新民主主义论》等光辉篇章中多次研究和分析中国国情,找到了中国革命胜利的道路;在社会主义建设时期,他又在《论十大关系》《关于正确处理人民内部矛盾的问题》《在扩大的中央工作会议上的讲话》等文中,再次对新中国成立以后的国情以及社会主义建设的规律问题提出了正确的设想,还对我国农、轻、重的比例,沿海工业与内地工业的布局以及对社会主义建设规律的认识要有一个过程等问题作了阐明。由于指导思想上的"左"倾错误,这些正确的设想并没有贯彻执行。

邓小平同志继承和发展了毛泽东同志的正确思想,重申了我党实事求是的思想路线,他进一步强调"真正摸准、摸清我们的国情和经济活动中各种因素的相互关系"。据此我们把邓小平同志关于国情分析的主要内容概括如下:

第一,底子薄。我们的经济基础落后,旧中国受帝、官、封的压迫和剥削,工业几乎等于零,农业不发达,耕作技术落后,粮食不够吃,没有什么积蓄和储备。新中国成立以后,虽然进行了四十多年的建设,取得了很大成绩,基本上解决了人民的温饱问题,但一些老、少、边、穷地区的温饱仍没解决。人均产值很低,从整体上看,现在中国仍然是世界上很贫穷的国家之一。

第二,人口多,耕地少。我国土地面积大,但耕地很少,人均耕地只在 1.2—1.5 亩之间,是世界人均耕地最少的国家之一。我国人口的 80% 是从事农业生产的农民。农业生产技术落后,基本上是牛耕地和手工劳动,机械化程度低。党的十一届三中全会以来,实行改革,推行家庭联产承包责任制,在农村首先打破了"吃大锅饭"的不合理现象,调动了亿万农民的积极性和创造性。

第三,科学技术落后。新中国成立以来,我国的科学技术虽然有很大发展,某些领域处于世界先进行列,但从整体上讲,与世界上科学技术发达国家相比,大约落后二三十年。文盲占总人口的 25%。这种落后状况不改变,是很难建成有中国特色的社会主义社会的。

第四,中国共产党的英明正确的领导,这也是我们的国情之一。在一个十一亿人口的大国,若没有中国共产党的领导,就会出现倒退和混乱,没法进行社会主义建设。总之,没有中国共产党的领导,"就没有现代中国的一切"。

第一、二、三点,说明中国现在经济上很穷,文化上很落后,所以进行社会主义建设的速度不可能很快,规模不可能太大。如果太快太大了,就会脱离中国实际,犯急性病的错误。第四点说明中国共产党的领导是建设社会主义的方向和希望。这就是我们目前的国情和实际,我们只有从这个特点出发,才能逐步建设有中国特色的社会主义。

二、理论结合实际,走自己的路

邓小平同志说:"马克思主义必须是同中国实际相结合的马克思主义,社会主义必须是切合中国实际的有中国特色的社会主义。"(《邓小平文选》第3卷,第63页)这两句话的实质,就是理论同实际相结合,走自己的道路。这有以下三个方面的内涵:

第一,按照中国特点去应用它。在中国生活、同中华民族血肉相连的中国共产党员必须结合中国的特点来运用马克思主义。毛泽东同志说:"使马克思主义在中国具体化,使之在其每一表现中带着必须有的中国的特点,即是说,按照中国特点去应用它。"(《毛泽东选集》第2卷,第534页)毛泽东同志过去提出民主革命的"三大法宝",就是中国特点的马克思主义,邓小平同志提出建设有中国特色的社会主义,也是按照中国特点去应用马克思主义的典范。

第二,理论结合实际是一种创造。理论联系实际,是理论本身的要求,只有结合实际,才能发展理论,指导行动。我们要运用马克思主义的立场、观点和方法,来分析和研究中国的实际,"在各方面作出合乎中国需要的理论性的创造,才叫理论和实际相联系"(《毛泽东选集》第3卷,第820页)。要做到这一点是很难的,既要熟悉马克思主义的理论,又要谙熟中国的全部实际,才能在各方面作出合乎中国实际的理论创造。

第三,理论联系实际,就是从客观事物内部引出固有的规律,作为我们行动的向导。要做到这一点,必须详细地占有材料,在科学分析和研究的基础上才能得出规律性的结论。邓小平同志在新的条件下作出的切合中国特点的理论性创造,也是中国社会主义建设的规律。中国特色的社会主义,有两个要点要把握好,一是社会主义,二是中国特色。社会主义是理论,是普遍真理,对于各国都适合,要坚持和发展社会主义道路,必须坚持社会主义方向,这是问题的本质。邓小平同志说:"中国除了走社会主义道路没有别的道路可走。一旦中国抛弃社会主义,就要回到半殖民地半封建社会,不要说实现'小康',就连温饱也没有保证。"(《邓小平文选》第3卷,第206页)但是社会主义又必须切合中国实际,邓小平同志关于建设有中国特色的社会主义的理论、道路、动力、阶段、任务、领导、保证和"一国两制"等,都是社会主义理论在中国的具体化。它既具有理论的共性,又有中国的个性。

三、抓住主要矛盾,大力发展生产力

走建设有中国特色的社会主义道路,也就是大力发展社会生产力的道路,因为社会主义社会也像其他社会一样,必须依靠生产力的不断发展才能前进。如果不发展生产力,就会停止不前,所以,邓小平同志多次强调,要把发展社会生产力当作社会主义的根本任务或中心任务来抓紧抓好。

什么是社会主义阶段的中心任务或者主要矛盾呢?1956年党的八大会议曾作了正确的分析。可是由于指导思想上"左"的错误,导致长达二十年之久没有抓住主要矛盾的深刻教训,使我们的经济建设遭受了重大损失,直到1978年以后,我们才重新认识和抓住了发展生产力这个主要矛盾。

鉴于过去的经验教训,那么,怎样才能始终抓住主要矛盾呢?

首先,要把发展生产力放在一切工作的首位,始终扭住不放松。生产力发展水平的高低,是衡量一个社会发展水平的标准。马克思主义的创始人在论述共产主义社会时,曾提出生产力的高度发展、物质产品的极大丰富是进入共产主义社会的条件之一,生产力不发展,就没法前进,更不要说进入共产主义社会了。我国目前正处在社会主义的初级阶段,经济文化都很落后,只有大力发展生产力,才能改变这种落后面貌。正如邓小平同志所说的那样,要始终扭住这个中心环节不放松。所谓始终扭住不放松,一是要围绕这个中心,服务于这个中心;二是不要干扰这个中心,有风吹草动不动摇,即使打起世界大战,打完仗后还要扭住不放松。

其次,通过不断改革来发展生产力。旧的经济体制和政治体制束缚生产力的发展,要通过改革,使束缚生产力发展的政治、经济体制变成促进生产力发展的体制。1991年春,小平同志到南方视察时,特别强调改革也是解放和发展生

产力。

最后,在发展生产力这个问题上,我们要有"持久战"的头脑。因为中国有底子薄、经济文化落后等特点,要改变这种面貌不是一朝一夕之功,也不能速战速决。邓小平同志说:"社会主义就是要发展生产力,这是一个很长的历史阶段。"(《邓小平文选》第3卷,第228页)1987年,他曾具体说要用五十年到七十年的时间来发展生产力,这同1962年毛泽东同志估计用五十年到一百年的时间来建设社会主义的时间是相一致的。因为他们说的时间,都是到下一世纪的中叶,使我们的经济文化能够上一个新台阶,达到中等发达国家的水平。树立这样的思想,不仅可以使我们头脑清醒、脚踏实地,一步一步地建设社会主义,而且对于克服"左"倾的顽症也是一服良药。

建设有中国特色的社会主义理论,是在中国这个特殊环境内形成和发展的,要坚持和实现这条道路,同样离不开中国这块地域。必须有一个安定团结的和平环境,才能进行四个现代化建设;若没有一个和平的环境,不仅我们自己没法建设,也不能吸引外国的企业家来华投资、经商。总之,"没有安定团结,就没有一切"(《邓小平文选》第2卷,第216页)。

环境既有国际环境,也有国内环境。在国际上,当今时代的主题是和平与发展,战争是可以避免的,使我们可以争取更长的时间,聚精会神地进行四化建设,但国内安定团结局面的实现要靠我们自己努力。我们要在政策、政局和组织等方面来保证这一环境的实现。

首先,政策稳定。政策对政局稳定有很大影响,政策稳,政局就稳;政策不稳,就会人心思变。现在城乡人民都有一种怕变心理,只要我们的基本政策长期稳定不变,如家庭联产承包责任制、大中型企业转换经营机制等,就等于给广大群众吃了"定心丸",使广大人民群众保持心理平衡,以充分发挥他们社会主义建设的积极性和创造性。

其次,政局稳定。政局稳定是中国政治、经济、文化发展的条件,没有这一条,就无法发展。要保持政局稳定有两方面必须注意:一、不要像过去那样搞大规模的群众运动,那样做不仅影响经济发展,而且也会影响人们的思想稳定;二、坚持人民民主专政,对各种反社会主义的分子及破坏分子也要严肃处理。这是保障人民民主专政和安定团结的大好局面所需要的。

最后,组织保证。因为政策要靠人制定,四个现代化也要靠人来实现,如果没有人,这一切都会落空。邓小平同志说:"中国的稳定,四个现代化的实现,要有正确的组织路线来保证,要有真正坚持马克思列宁主义、毛泽东思想和党性强的人来接班才能保证。"(《邓小平文选》第 2 卷,第 178 页)这里讲的组织保证,既包括组织路线,也包括按组织路线要求选好接班人的问题。我们的组织路线就是按照革命化、年轻化和专业化的标准,选拔那些年富力强的、党性强和坚持马克思主义的人进入各级领导班子,这样才能从根本上保证我党政治路线的实行,维护好、发展好安定团结的大好局面。

[原载《河南大学学报》(社会科学版)第 33 卷,1993 年 10 月]

关于经济发展要适度的哲学思考

进行社会主义现代化建设,经济发展的速度问题是一个最大最难解决的问题。邓小平总结了新中国成立四十多年来的经验教训,提出经济发展要适度的思想。这是他建设有中国特色社会主义理论的有机组成部分。因为经济发展的速度问题,不仅是经济问题,而且也是一个政治问题。一个国家不摆脱贫困,不以经济大国自立于世界民族之林,就不是一个真正的政治上的强国。他总是强调经济要上去是一个大局,我们要主动地服从和服务于这个大局。认真地掌握和运用这一思想武器,对于我国的现代化建设有着深远的意义。

一、适度思想的提出及内涵

经济发展要适度的思想,是邓小平总结新中国成立四十多年来的经验教训,特别是党的十一届三中全会以来的新鲜经验提出来的。新中国成立以后,我们既有"土跃进""洋跃进"的沉痛教训,也有缓慢发展、停滞不前的痛苦经历。这期间,虽有个别发展较好的阶段,但总的说来,经济发展是缓慢的。党的十一届三中全会以后,从1978年到1985年间,由于工作重心的转移,我们的经济发展有了较好的发展速度。我国经济发展又上了一个台阶,但也出现了通货膨胀、物价上涨过快的问题。于是邓小平正式提出了经济发展要适度的思想。

什么叫适度呢?邓小平有许多不同的表述,如:"要尽可能快一点。"(《邓小平文选》第3卷,第65页。以下凡引此书,只注页码)"保持生产有较好的发展,不要勉强追求太高的速度,当然太低了也不行。"(第268页)"要保持适当的发展速度。"(第277页)"要在今后的十一年半中争取一个比较满意的经济发展速度。"(第312页)"可能我们经济发展规律还是波浪式前进。"(第368页)"有条件的地方要尽可能搞快点。"(第375页)这些不同的表述,概括起来,有一个共同的特点,就是力求使我们的经济有一个尽可能快的、适当的发展速度。

关于经济发展适度思想的具体内涵,可以从以下几个方面来理解:

1.适度是持续的发展。适度不是"超高速",也不是低速度,而是根据我们的国力,在一个较长的时间内有一个持续的发展阶段。80年代初,邓小平在谈到我们的战略目标时说:"大体上分两步走,前十年打好基础,后十年高速发展。"(第9页)1990年3月又说:"适度的要求就是确实保证这十年能够再翻一番。"(第354页)由此可知,适度是一个持续的发展过程,不是短期行为。

2.适度是选择最佳的发展速度。新中国成立以来,我们的经济发展速度有"超高速"的阶段,也有低速度、停滞不前的阶段。根据我们的国情看来,太高不行,步子迈得太快、太急反而慢了,太慢也不行。适度的思想就在于选择一个最佳最合理的发展速度。邓小平说:"在具体事情上要小心,要及时总结经验。我们每走一步都要总结经验,哪些事进度要快一点,哪些要慢一点,哪些还要收一收,没有这条是不行的,不能蛮干。"(第219页)在经济的发展速度方面,吸取过去的经验教训,确立最佳最合理的速度,以保持经济的不断发展。

3.适度是讲效益的发展速度。经济发展必须讲究效益,如果不讲效益,不讲质量,片面地追求发展速度,那是没有效益的速度。邓小平说:经济"能发展就不要阻挡,有条件的地方要尽可能搞快点,只要是讲效益,讲质量,搞外向型经济,就没有什么可以担心的"(第375页)。这里讲的效益、质量、外向型经济,就是经济适度发展的条件,如果具备了这些条件,就可以尽快地发展,如果没有这些条件,就不要盲目地追求高速度。

4.适度是量力而行。俗话说,"量体裁衣""看菜吃饭"。这就是说,吃饭穿衣都要从自己家底出发。国家经济建设速度的快慢,同样要从自己的国情出发,经济建设的速度、规模等都要同自己的国力相适应。邓小平多次讲过,要量力而行。他说,生产建设、人民生活的改善"都要量力而行,量入为出","现在要发展经济,还是要靠自力更生、量力而行这个原则"(《邓小平文选》第2卷,第362页)。

5.适度是隔几年上个新台阶。经济发展的规律,总是波浪式或跳跃式前进的,邓小平把它归结为上台阶。他说:"可能我们经济发展规律还是波浪式前进。过几年有一个飞跃,跳一个台阶,跳了以后,发现问题及时调整一下,再前进。"(第368页)又说:"我国的经济发展,总要力争隔几年上一个台阶。"(第375页)这样的概括是科学的,合乎实际情况的,不仅中国是这样,世界上其他发达国家大都沿着这个规律前进。只要我们按照社会主义的经济规律办事,

"在今后的现代化建设长过程中,出现若干个发展速度比较快、效益比较好的阶段,是必要的,也是能够办到的"(第377页)。

总之,关于经济发展要适度,不是"超高速",也不是低速度,其实质是"争得较快的增长速度"(第356页),以保证我们的社会主义现代化建设事业持续、健康地发展。

二、适度思想的哲学思考

经济发展要适度的思想,之所以是科学的,是因为它是建立在实事求是的思想基础上的,是邓小平运用辩证唯物主义和历史唯物主义的立场、观点和方法,总结了新中国成立以来的经验教训而得出的科学结论。

1.适度是实事求是思想的具体运用。新中国成立以来,我国既有"左"的思潮,也有右的思潮。不论是哪种思潮,都违背了实事求是的原则,直接或间接地影响了我们经济建设的发展速度。邓小平一再声明他是"实事求是派",要有"左"反"左",有右纠右。他说:"二十年的历史教训告诉我们一条最重要的原则:搞社会主义一定要遵循马克思主义的辩证唯物主义和历史唯物主义,也就是毛泽东同志概括的实事求是,或者说一切从实际出发。"(第118页)

2.适度是按经济发展规律办事。长期以来我们对什么是社会主义和如何建设社会主义的问题,并不十分清楚。最大的问题是忽视了解放生产力、发展生产力这一本质特征。直到党的十一届三中全会以后,总结了以往的经验教训,提出要以经济建设为中心。邓小平一再指出,贫穷不是社会主义,社会主义是共产主义的初级阶段,而共产主义社会是生产力高度发展,物质产品极大丰富的社会。我国现在还处在社会主义初级阶段,我们只有把发展生产力放在一切工作的首位,当作中心环节,不论发生什么样的风浪,都始终扭住不放松,扎扎实实地干几十年,把我们的生产力、综合国力以及人民的生活水平都提高一步;要采取一切可以采用的手段,利用一切可以利用的资金和技术等,大力发展生产力。因为发展生产力,"这是民族的要求,人民的要求,时代的要求"(第357页)。按照经济规律办事,就是力争隔几年上一个新台阶。新中国成立之后,毛泽东曾指出经济的规律是波浪式前进。邓小平把它具体化为隔几年上一个新台阶,这就便于理解和操作。国外的经验以及我国十一届三中全会以来的实践证明,只要我们的政策和方法对头,隔几年上一个台阶是可以做到的。

3.适度是要正确处理经济发展中的各种关系。要保持经济适度发展,就要正确处理经济发展快与慢、质与量、开与关的关系。在我国四十多年的经济建设中,不仅有快与慢的种种议论,而且也有沉痛的教训。从我们主观愿望上说,总想越快越好。但经济发展受种种因素限制,不能仅凭热情蛮干,也不能爬行,必须"要紧紧抓住合乎自己的实际情况这一条"(第261页)在稳中求快。质和量是辩证的统一,在经济建设中要注意事物的数量,如每年递增的百分比等;同时也必须十分重视事物发展的质量,注意事物的效益。如果没有质量和效益,经济增长的数量再大也是空的。我们经济发展的效益好不好,应当以有利于生产力的发展,有利于综合国力的提高和人民生活水平的改善为标准,以此来衡量我们经济发展的速度。

世界本来是一个开放的世界,中国作为一个大国与世界各国就有一种割不断、隔不开的联系。在进行经济建设的时候,尤其需要开放,加强同世界各国的联系。邓小平说:"我们的方针不是收,而是继续放,也许今后要放得更大。"(第114页)但开放不是"全盘西化",对资本主义的腐朽思想和生活方式,不能开放,而是关。决不允许这些腐朽的东西来腐蚀我们的心灵,破坏社会主义的精神文明建设。

(原载中共河南省委党校《学习论坛》1994年第12期)

完善我国社会主义民主和法制

人民群众是社会主义国家的主体,我们进行政治体制改革的重要任务之一,就是发扬社会主义的民主,调动基层和广大人民群众建设社会主义的积极性。不仅要使广大人民群众享受最广泛的民主,而且要使民主制度化、法制化。

一、社会主义民主

我们说的民主,是指社会主义的民主制度和人民的民主,这是在中国共产党领导之下的广大的工人、农民、知识分子和其他劳动者享受的最广泛的民主。社会主义民主的性质、原则、目标以及实施的方法等,都不同于资产阶级个人主义的狭隘的民主。

民主作为一种国家制度,是无产阶级政党领导广大人民进行革命的目标之一。马克思和恩格斯在《共产党宣言》中指出:"共产党人的最近目的是和其他一切无产阶级政党的最近目的一样的:使无产阶级形成为阶级,推翻资产阶级的统治,由无产阶级夺取政权。"(《马克思恩格斯选集》第1卷,第264页)马克思在《法兰西内战》一文中说得更明确,无产阶级革命就是要摧毁和炸毁旧的国家机器,"以新的真正民主的国家政权来代替"(《马克思恩格斯选集》第2卷,第335页)。中国共产党领导的中国革命和其他国家的无产阶级革命一样,首先,率领广大人民群众进行革命,推翻压迫人民的帝、官、封三座大山,打碎旧的国家机器,建立以工人阶级领导的、以工农联盟为基础的人民民主专政的国家。只有政权掌握在人民手里,人民才可享受广泛的民主,进行社会主义建设。否则,就会一无所有。邓小平说:"没有民主,就没有社会主义,就没有社会主义的现代化。"(《邓小平文选》第2卷,第154页)

民主是有阶级性的,有了劳动人民的民主,就没有剥削者、压迫者的民主;有了剥削阶级的民主,就没有劳动人民的民主。列宁说:"只要有不同的阶级存在,就不可能说'纯粹民主',而只能说阶级的民主。"(《列宁选集》第3卷,第

629页)列宁批评"纯粹民主"的滥调,说他们既不了解阶级斗争,也不了解国家的实质,是一种幼稚的空谈病。前几年,那些鼓吹资产阶级自由化的人,不是也有人说民主不分东西方吗? 这正如列宁所说的,是骗人的空谈。自从建立资产阶级民主以来,资产阶级就没改变依靠金钱来维护少数人利益的实质。不论他们自我吹嘘得如何,在西方世界,也没改变谁的钱多谁的民主就多的事实。

由于民主有阶级性,所以,民主和专政是分不开的。毛泽东说:"对于人民内部,则实行民主制度,人民有言论集会结社等项的自由权。选举权,只给人民,不给反动派。这两方面,对人民内部的民主方面和对反动派的专政方面,互相结合起来,就是人民民主专政。"[《毛泽东选集》(二版)第4卷,第1475页]这是40多年前讲的话,现在是否过时呢? 没有。因为社会主义社会里还有阶级斗争,还有敌视和破坏社会主义的各种敌对分子,不对他们实行专政,就不能保证广大人民群众的民主。邓小平说:"对于这一切反社会主义的分子仍然必须实行专政。不对他们专政,就不可能有社会主义的民主。"(《邓小平文选》第2卷,第155页)人民的国家的常备军、法庭、监狱和公安局等是专政的机关和工具,不能削弱。他们正确有效的工作,是保证社会主义民主的需要。

社会主义民主原则是民主集中制,无论在党内,或是在国家的政治生活中都实行这一原则。民主基础上的集中和集中指导下的民主相互结合,就是民主集中制。民主和集中的关系,实际上是各种利益的反映,即个人利益与整体利益、局部利益与全局利益、暂时利益与长远利益的反映。民主的过程,实际上就是上述方方面面利益、意向互相协调和交换的过程。集中的过程是在民主协调的基础上,从全局的角度进行权衡、选择的过程。邓小平说:"民主和集中的关系,权利和义务的关系,归根结底,就是以上所说的各种利益的相互关系在政治上和法律上的表现。"(《邓小平文选》第2卷,第162页)

我们社会主义民主的目标也是明确的。毛泽东说:"我们的目标,是想造成一个又有集中又有民主,又有纪律又有自由,又有统一意志,又有个人心情舒畅、生动活泼那样一种政治局面,以利于社会主义革命和社会主义建设。"(《一九五七年夏季的形势》)邓小平继承和发扬了这一思想,多次重申了这一思想,并认为"这就是社会主义民主的政治局面,就是今天和今后所努力实现的政治局面"。党的十四大报告中指出:"我们的政治体制改革,目标是建设有中国特色的社会主义民主政治,绝不是搞西方的多党制和议会制。"总之,我们的目标是从中国的实际出发,建设人民当家作主的有中国特色的社会主义民主政治。

二、人民当家作主

社会主义民主的本质是人民当家作主,我们要充分认识人民的主体地位,以保证人民享受最广泛的民主权利。

1.人民是历史的主体

任何历史活动,总是由两部分组成,即个别的英雄人物和人民群众。个别英雄人物在历史中有不可忽视的作用,若不承认个别英雄人物的作用,就不是历史唯物主义者;同样,不承认人民群众的作用,也不是历史唯物主义者。只有既承认人民群众的作用,又承认个别人物的作用的人,才是真正的历史唯物主义者。

人民群众是历史的主体,历史的创造者。人们自觉或不自觉地承认人民群众的作用。我国古代的孟子说:"民为贵,社稷次之,君为轻。"(《孟子·尽心下》卷7)荀子说:"君者,舟也;庶人者,水也。水则载舟,水则覆舟。此之谓也。"(《荀子·王制篇》)这两位古代的思想家已经认识到民比君贵的问题,特别是荀子的思想对历来的君主有重大的影响。他们之所以要重民就是为了防止覆舟的危险,也在客观上承认了人民群众的作用。

真正自觉地认识到人民群众的历史地位和作用的是无产阶级的政党。中国共产党在中国这块土地上生长、壮大,与人民群众有血肉相连的关系,无论是革命或建设时期,每前进一步都离不开人民群众的支持。若离开了人民群众,就会寸步难行。正像希腊神话里的安泰一样,离不开大地一步。人民群众是中国共产党的力量的源泉和胜利之本。党的性质、宗旨和指导思想要求必须把人民群众的利益作为党的一切行动的出发点和归宿。我们党和各级政府的领导干部都是人民群众的公仆,必须勤勤恳恳地为人民群众服务,而没有脱离人民群众的权力。无论是执政或非执政的时期,都始终保持同人民群众的密切联系。一切为了人民群众,一切依靠人民群众,全心全意地支持人民群众当家作主,保证人民群众享有最广泛的民主权利。

2.民主政治

人民在政治上的民主,主要是民主选举、民主管理和民主监督。

我们的民主选举,规定年龄在18岁以上的正常公民都有选举权与被选举权,没有财产、地域、文化、民族、宗教信仰等方面的限制。凡是具有选举权的公民,99.9%以上的公民都可以享受民主选举的权利。县级或县级以上的人民代表大会实行间接选举,都要体现选举人的愿望和意志,代表选举人的利益。任何组织和个人,都不能违反民意,强迫选举某人或不选某人。总之,民主选举要体现各级、各阶层、各党派、各地方和各方面人的愿望和意志。

按照人民当家作主的要求,人民本应参与决策,管理国家事务,行使管理政治、经济和文化等各方面的权利,但由于国家太大,人口太多,事情杂和选民的文化、民主的素质差,在县级或县级以上机关只能实行间接管理,即通过人民代表大会进行管理。县以下实行直接选举和管理,所以,我国的民主管理是直接管理与间接管理相结合。

民主监督,就是人民代表接受原选区和原选举单位的监督。1992年4月,第七次全国人大五次会议通过的《中华人民共和国人民代表大会和地方各级人民代表大会代表法》规定,代表受原选举单位和原选区居民的监督。选民和选举单位有权罢免自己选出的代表。被罢免的代表有权出席罢免该代表的会议,申诉意见和书面申诉意见。列宁说:"任何由选举产生的机关或代表会议,只有承认和实行选举人对代表的罢免权,才能认为是真正民主的和确实代表人民意志的机关。"(《列宁全集》第20卷,第414页)

基层民主制度,就是基层人民依法直接管理国家事务和基层社会事务。基层组织是指乡、镇和城市街道的人民代表及政府,是我国基层政权的末端,是社会主义的基础。为了保证基层人民真正享受各种民主权利,应当采取各项有力措施,以保证人民当家作主的权利。首先,应从制度上保证,基层政权要依照法律、法规,保证上级政府的路线、方针和政策在本单位的贯彻执行。要从规章制度上保证基层人民的选举权、管理权和民主监督的权利。其次,基层人民代表和政府成员,是人民选出来的并为人民服务的公仆,他们应当体现人民的意志,代表人民利益,支持和保证人民当家作主的权利。最后,基层党的领导要支持人民当家作主,以保证人民民主权利。

乡以下的村民委员会和城市街道的居民委员会,是依法设置的自我管理、自我教育、自我服务的群众自治组织。管理本村(居)委会范围内的事务,开展村规民约、文明户等多种形式的管理活动,以促进基层社会主义的精神文明。

3.进一步完善人民代表大会制度

各级人民代表大会是我国根本的政治制度,是各级人民代表依法行使国家权力的机关。我们党和政府都十分重视人民代表大会制度。党的十四大报告中指出:"进一步完善人民代表大会制度,加强人民代表大会及其常委会的立法和监督等职能,更好地发挥人民代表的作用。"这就是说,党的十四大已把完善人民代表大会制度作为今后的一项任务提出来,各级人民代表大会一定会得到加强和完善。全国人民代表大会是最高的国家权力机关。地方各级人民代表大会是地方各级权力机关,是地方各级人民代表代表人民利益和意志行使国家权力的地方。自从1954年第一次全国人民代表大会以来,我国的人民代表大会制度不断地加强和完善。

1992年4月3日,第七次全国人民代表大会第五次全会通过《中华人民共和国全国人民代表大会和地方各级人民代表大会代表法》就是对各级代表大会制度的完善和加强。这个代表法共有六章,除总则外,规定人民代表在本级代表会议期间的工作,本级人民代表大会闭会期间的活动,代表执行职务的保障,停止代表职务和代表资格终止以及附则。该法不仅规定人民代表在本级代表会议期间的工作和应行使的权利,而且还规定了人民代表在闭会期间,代表可持代表证就地视察,县级以上的人大常委会要根据人民代表的要求,安排本级或上级代表的持证代表的视察问题。视察的人民代表可以向被视察地区及单位提出建议、批评和意见,但不能直接处理问题。县级以上的各级人民代表,非经本届大会主席团或人大常委会许可,不受逮捕、刑事审判。乡、民族乡或镇的人民代表,如果有被逮捕、刑事审判或依法限制人身自由的,要报告乡、民族乡及镇人民代表大会。

4.经济民主

经济建设是个大局,我们的一切工作都要服从这个大局。为了实现社会主义的四个现代化,除了发扬政治民主,还要实行经济民主,提高企业和地方的积极性,调动企业广大职工的积极性。

我国长期实行高度集权的体制,影响了地方和企业的积极性。1956年4月,毛泽东提出发挥地方积极性的问题,由于受到体制的限制,自然也行不通。党的十一届三中全会以后,邓小平再次强调下放权力,调动地方和企业积极性的问题,并批评了那种"你放权我收权"的错误做法。政企不分,政府对企业管得多,统得死,使企业失去经营自主权,严重影响了企业的积极性。我们一定要下放权力,实行政企分开,以调动企业和基层的积极性。

在企业内部要发扬民主,调动广大职工的积极性。在企业内部实行民主和集中管理相结合的方法。企业的车间主任、工段长和班组长可以由本单位的职工直接选举。企业的重大问题，要经过职工大会和职工代表大会通过，企业的领导人，要接受职工的监督。有失职或作风恶劣的领导人，职工代表大会有权向上级建议予以处分或更换。

三、民主的制度化、法制化

为了使我国的工人、农民、知识分子和其他劳动者都享有最广泛的社会主义的民主，必须使民主制度化、法制化。因为制度和法律具有相对的稳定性和长期性，不随个人意志为转移，只有使民主制度化、法制化，才能保证人民的民主权利。

我们国家有数千年的封建专制主义的历史，缺乏民主的传统，缺乏守法和执法的习惯，家长制和家长作风常会破坏民主集中制的原则，破坏集体领导制度。同时，由于法制观念的淡薄，一些属于法律范围内的事，本应由政府部门来解决的问题，而让党的纪律检查部门来处理。这样不仅党政不分，而且法律和纪律也不分，妨碍在人民群众中树立法制观念。有人往往把某些领导人讲的话当作"法"，赞成领导人的话就是执法，不赞成的叫违法。领导人的话变了，法也随之变化。遇到问题，不是用法律来解决，而是希望有"包青天""海青天"那样的人来解决，这从根本上说是"人治"，而不是法治。要通过改革来处理法治和人治的关系。由于社会主义社会里还有一定范围内的阶级斗争，一些敌视和破坏社会主义的敌对分子，或者照搬西方民主，或者鼓吹无政府主义，妄图破坏社会主义的民主和法制。邓小平说："从一九七八年党的十一届三中全会开始，我们就反对无政府主义，反对极端个人主义。而现在有些人却想把我们的社会引到无法无天的境地，这怎么行呢？连资本主义社会也不允许无法无天，何况我们坚持的是社会主义制度，我们要建设的是有中国特色的社会主义！"（《邓小平文选》第3卷，第199—200页）总之，社会主义的民主制度化、法制化，不是随心所欲，而是建设有中国特色的社会主义的形势所要求的。

四、社会主义民主制度化、法制化的措施

首先，要牢固树立法制观念。所谓法制观念，就是依法办事的观念。宪法和法律是我们行为的准则。我国1982年宪法规定："全国各族人民，一切国家机关和武装力量、各政党和各社会团体、各企业事业组织，都必须以宪法为根本的活动准则。"一切以宪法和法律为准绳，在法律面前人人平等，任何组织和个

人包括国务院、人大常委会、中国共产党、各民主党派和各人民团体以及党和国家的主要领导人在内,都只有遵守宪法和法律的义务,而没有超越法律的特权。凡有违法的组织和个人,公安机关有权依法侦查,司法机关有权依法审理。任何组织和个人都不得干涉依法办案。要养成有法必依、执法必严、违法必究的习惯。

为了使全体干部和人民尽快树立法制观念,要对全体干部和人民进行法制教育。邓小平说:"加强法制重要的是要进行教育,根本问题是教育人。法制教育要从娃娃开始,小学、中学都要进行这个教育。"(《邓小平文选》第3卷,第163页)法制观念淡薄,与我们的文化素质低有关系,应该不断提高人民的文化素质,以加强人们的发展观念。

其次,加强立法,使民主制度化和法制化。我们的民主制度不完善,主要是许多民主制度没有以法律、法令和条例的形式固定下来。所以,应当加强立法工作。1980年12月25日,邓小平说:"我们的民主制度还有不完善的地方,要制定一系列的法律、法令和条例,使民主制度化、法律化。"(《邓小平文选》第2卷,第318—319页)在经济领域内,把国家与企业、企业与企业、企业与个人之间的关系都要用法律的形式固定下来。1982年宪法规定:"中华人民共和国的国家机关实行民主集中制的原则。"民主集中制被宪法所肯定,任何组织和个人都不能用家长制和家长作风来破坏民主集中制的原则。1982年4月,第七次全国人民代表大会第五次会议通过《中华人民共和国全国代表大会和地方各级人民代表大会代表法》,用法律的形式肯定人民代表在本级人民代表大会期间或闭会期间的职权和活动办法,人民代表受法律保护,不经人民代表大会主席团或人大常委会批准,人民代表不能被逮捕或受审判。有些虽不是法律条令但具有条例性质。如1989年12月,《中共中央关于加强和改善党对工会、共青团、妇联工作领导的通知》《中共中央关于坚持和完善中国共产党领导的多党合作和政治协商的意见》,这些通知和意见,实际上是用条例把中共与各民主党派、各人民团体的关系固定下来,使其今后活动有了行为准则。

最后,要养成依法办事的习惯。任何组织和个人不仅要遵守宪法和法律,而且要学会用法律、法令办事,处理问题。要学会用法律这个武器同各种反党反社会主义的势力以及各种刑事犯罪分子进行斗争。按照宪法第89条第16款的规定,国务院有权"决定省、自治区、直辖市的范围内部分地区的戒严"。所以当有反党反社会主义的敌对分子出现时,发布戒严令,是合法的、正确的。

(原载《发展中国的必由之路——邓小平改革开放思想研究》,中国经济出版社1993年3月出版)

"一国两制"构想及其意义

党的十一届三中全会以后,党中央和邓小平根据实事求是的路线,为解决台湾、香港问题,提出了"一个国家,两种制度"(以下简称"一国两制")的创造性的构想。本节就"一国两制"构想的背景、主要内容及其意义作些论述。

一、"一国两制"构想的背景

实事求是是"一国两制"构想的思想基础。实事求是,是我们党在长期革命和建设过程中形成的一种正确的思想路线,但在"左"的错误思想指导下,很长一段时间偏离了这条路线,使革命和建设事业受到了重大损失。党的十一届三中全会以后,我们党重申了这条路线,这就是"实事求是,一切从实际出发,理论联系实际,坚持实践是检验真理的标准"的思想路线。无论四个现代化建设还是改革开放,都必须坚持这条思想路线。当时面临一个问题,就是用什么方式解决香港和台湾问题。是用和平方式解决,还是用非和平方式解决?如果用和平方式,就要考虑中国大陆的现实的历史,要找到一种双方都可以接受的方式,这就是"一个国家,两种制度"的构想。邓小平同志说:"如果说'一国两制'的构想是一个对国际上有意义的想法的话,要归功于马克思主义的辩证唯物主义和历史唯物主义。用毛泽东话来讲就是实事求是。"(《邓小平文选》第3卷,第101页)这是尊重历史、尊重实际的结果。

解决台湾问题,是"一国两制"构想的契机。我们党很早就有用和平方式解决台湾问题的思想。1956年1月和6月,周恩来总理在中国人民政治协商第二届全国委员会的工作报告和第一届全国人大第三次会议的政府工作报告中都提出用和平方式解决台湾问题。由于当时的时机不成熟,就没有解决。党的十一届三中全会以后,才有时机。"一国两制"的构想,就是从解决台湾问题开始的。1979年元旦,全国人大常委会发表了《告台湾同胞书》,宣布了实现祖国统一的大政方针。认为"统一祖国是历史赋予我们这一代人的神圣使命",统一是大势所趋,人心所向,应该早日统一,尽快统一。1981年9月30日,以全国人大常委会委员长叶剑英的名义发表了《关于台湾回归祖国实现和平统一的方针政策》一文,在这个文件中中共宣布了9条方针政策,其中第(三)至(五)条中规定:"国家实现统一后,台湾可作为特别行政区,享有高度的自治权,并可保留军队","台湾现行社会、经济制度不变,生活方式不变,同外国的经济、文化关系不变","台湾当局和各界代表人士,可担任全国性政治机构的领导职务,参与国家管理"。这三条说明大陆和台湾的社会制度可以不同,是"一国两制"构想的雏形。1983年6月,邓颖超在第六届中国人民政治协商会议第一次会议的开幕词中说:"祖国统一之后,中国共产党和中国国民党将持久合作,长期共存,互相监督。祖国统一之后,台湾作为特别行政区,可以实行同大陆不同的制度,互为补充,互相支援。"由此可知,"一国两制"的构想,是以解决台湾问题为契机逐步酝酿而成熟的。

二、"一国两制"构想的形成

"一国两制"思想的酝酿过程虽长,但正式提出"一国两制"的构想,是1984年10月,邓小平《在中央顾问委员会第三次全体会议上的讲话》中说:"今年做了两件事:一件是进一步开放沿海十四个城市,还有一件是用'一国两制'的方式解决香港问题。其他事都是别人做的。"(《邓小平文选》第3卷,第84页)1983年6月,邓小平同美国新泽西州西东大学杨力宇教授谈话时曾指出:"我们不赞成台湾'完全自治'的提法……'完全自治'就是'两个中国',而不是一个中国。制度可以不同,但在国际上代表中国的,只能是中华人民共和国。"(《邓小平文选》第3卷,第30页)这已说明有"一国两制"的构想了。在中华人民共和国这个前提下,台湾可以保留军队,实行同大陆不同的社会制度。这里只说了制度可以不同,没说明是什么样的社会制度。1984年2月邓小平会见美国乔治城大学战略与国际问题研究中心代表团时说:"我们提出的大陆与台湾统一的方式是合情合理的。统一后,台湾仍搞它的资本主义,大陆搞社会主义,但是是一个统一的中国。一个中国,两种制度。香港问题也是这样,一个中国,两种制度。"(《邓小平文选》第3卷,第49页)这就是说,在一个中国的前提下,大陆搞社会主义,香港、台湾搞资本主义。1984年6月,邓小平会见香港工商界访京团和香港知名人士钟士元时宣布了"一国两制"的构想。他说:"我们的政策是实行'一个国家,两种制度',具体说,就是在中华人民共和国内,十亿人口的大陆实行社会主义制度,香港、台湾实行资本主义制度。"(《邓小平文选》第3卷,第58页)后来会见英国外交大臣杰佛里·豪和英国首相撒切尔夫人时都重申了"一国两制"的构想。

"一国两制"的构想,有两个要点必须把握好,首先,是一个国家,是这个构想的基础和前提,国家主权不能分割,必须是统一的中华人民共和国,不是两个中国,也不是"一台一中"和"一国两府"。国家主权由中央政府统一行使,而地方特别行政区没有行使国家主权的资格,在行动上不能制造混乱,不能把所在区域变成反社会主义的前沿阵地。若有违犯国家整体利益的行为,中央政府要出面干预,不干预就会损害国家的整体利益。邓小平说:"我们坚持谋求用和平的方式解决台湾问题,但是始终没有放弃用非和平方式统一的可能性。"(《邓小平文选》第3卷,第59页)其次,两种制度不是平分秋色,各占一半,而是有主有副,这两种制度必须以社会主义为主,以资本主义为副。邓小平说:"中国的主体必须是社会主义,但允许国内某些区域实行资本主义制度,比如香港、台湾。"1984年12月,邓小平会见英国首相撒切尔夫人时还说:"主体是很大的主体,社会主义是在十亿人口地区的社会主义……在这些个前提下,可以容许在自己身边,在小地区和小范围内实行资本主义。"(《邓小平文选》第3卷,第103页)这就是说,在国家主体是社会主义的前提下,允许小范围地区实行资本主义可以长期不变。党的十四大报告中在讲到祖国统一问题时曾说:"在一个中国的前提下,国家的主体坚持社会主义制度,香港、澳门、台湾实行资本主义制度,长期不变,按照这个原则来推进祖国和平统一大业的完成。"这是对邓小平"一国两制"构想的肯定和发展。如果不坚持社会主义这个前提,那就不会有两种制度。

"一国两制"还有一个意思,就是共同开发。在国际上有些有领土争端的地方,可以先不讲主权,先进行共同开发,待到将来条件成熟了,再来解决这个地方的主权问题。这也是从尊重历史、尊重事实出发,对有争议的地方提出一个解决争议问题的新思路和新方法。

三、"一国两制"构想的现实意义和历史意义

邓小平的"一国两制"创造性的构想有重大的现实意义和深远的历史意义。

"一国两制"的构想是建设有中国特色社会主义的具体体现。所谓中国特色,就是从中国的历史和实际出发,解决我们所面临的问题。用"一国两制"的构想去解决香港、台湾、澳门的问题,是从中国的实际出发的。邓小平说:"我们

的社会主义制度是有中国特色的社会主义制度,这个特色,很重要的一个内容就是对香港、澳门、台湾问题的处理,就是'一国两制'。这是个新事物。这个新事物不是美国提出来的,不是日本提出来的,不是欧洲提出来的,也不是苏联提出来的,而是中国提出来的,这就叫做中国特色。"(《邓小平文选》第3卷,第218页)没有中国共产党和中国共产党领导的社会主义制度,谁也没有这个胆略,中国之所以有勇气和胆略提出"一国两制",是建立在人民拥护这个基础之上的。

用和平共处的原则来处理国内的问题,是从实际出发,也是邓小平的一个创造。新中国成立以来,我们一直把和平共处五项原则当作处理国与国关系问题的原则,而且郑重声明不能用这个原则来处理国内的问题。邓小平从中国和世界的实际出发,用和平共处的原则来处理国内的问题。1984年10月,邓小平在同缅甸总统吴山友谈话时指出:"现在进一步考虑,和平共处的原则用之于解决一个国家内部的某些问题,恐怕也是一个好办法。根据中国自己的实践,我们提出'一个国家,两种制度'的办法来解决中国的统一问题,这也是一种和平共处。"(《邓小平文选》第3卷,第96—97页)我们解决香港问题,允许香港保留资本主义制度,长期不变,解决台湾和澳门问题,也允许其保留资本主义制度。这是在一个国家内,在社会主义占绝对优势的情况下,允许一部分地区实行资本主义的一种和平共处。

"一国两制"的构想,为解决国际争端提供了一个有益的方法。虽然"一国两制"是从中国的历史和现实出发的,是为解决香港、澳门和台湾问题而提出的新思路和新方法,但是这种新思路、新方法,对有领土争端、有历史遗留问题、有两种制度的国家来说,也可以用"一国两制"的办法解决历史上的遗留问题。这是邓小平为解决国际争端而做出的新贡献。

总之,我们认为邓小平关于"一国两制"的构想是对马列主义的一个发展,是马列主义中国化的具体表现,它的作用和影响将会越来越大。

(原载《发展中国的必由之路——邓小平改革开放思想研究》,中国经济出版社1993年3月出版)

自由及其界限

自由,这个美好的字眼,在我国几乎是妇孺皆知。但是,要正确地理解自由的科学含义,并按正确的规范去行动,却不是人人都能做到的。有人认为自由就是无拘无束,随心所欲,想说什么就说什么,想干什么就干什么,否则,就不是自由了。在这种错误论调的指引下,做出一些令亲者痛、仇者快的事情来。

我们平常所说的自由有两种含义:在哲学上是指人们对客观必然性的认识,在政治上是指人们所应当享受的某些权利。

从政治上讲,自由意味着摆脱束缚、控制和羁绊,享有选举权、被选举权,有言论、出版、结社、集会、游行和示威的自由,以及人身自由和人格的尊严不受侵犯的权利等。但自由是有限制的,在阶级社会里,有统治者的自由,就没有被统治者的自由。所以,历来处于被压迫、被统治的人们,无不在争取自由,将能真正享有上述的民主权利作为自己的奋斗目标。"生命诚可贵,爱情价更高。若为自由故,两者皆可抛。"裴多菲这铿锵有力的诗句,曾激励多少人为反抗阶级压迫、为争取自由而英勇奋斗,流血牺牲。

那么,自由是否像人们想象的那样,可以不受任何限制,为所欲为呢?当然不是。我国旧民主主义思想家严复曾经说过,就自由的字义而言,"本为最宽,自由者,凡所欲为,理无不可。此如有人独居世外,其自由界域,岂有限制?……但自入群而后,我自由者人亦自由,使无限制约束,便入强权世界,而相冲突。故曰:人得自由,而必以他人之自由为界"(《群己权界论》)。普列汉诺夫也曾说过:"一个人的无条件的自由就意味着他对周围一切人的无条件的奴役,即是说把自由变成自由本身的对立物。"如果摆脱任何限制,像脱缰的野马一样,放荡无羁,那就不可避免地会出现人人都想自由,结果是大家都得不到自由的悲剧。在阶级社会中,被压迫阶级受剥削、受压迫,自由很少,而统治阶级却享受着劳动人民无可比拟的自由,但他们也不是绝对的、无限制的自由,他们的自由受统治阶级内部利害矛盾、相互制约的限制,也受劳动人民不断反抗的威胁,使他们感到有"覆舟"的危险。我国有一位女作家说得好,自由和限制同时存在,没有限制,就没有自由。

自由受到哪些限制?或者换句话说,自由的界限是什么?

在政治领域内,自由受到法律的限制。马克思说:"自由就是从事一切对别人没有害处的活动的权利。每个人所能进行的对别人没有害处的活动的界限是法律决定的,正像地界是由界标确定的一样。"(《马克思恩格斯全集》第1卷,第437页)在那些鼓吹资产阶级自由化的人看来,在国外自由是不受限制的。这不仅缺乏常识,而且也违反历史事实。无论是资本主义国家,还是社会主义国家,自由都是以法律为界限,只是自由的内容有本质的区别。举世闻名的法国的《人权宣言》规定:"各个公民都有言论、著述和出版的自由,但在法律规定的情况下,应对滥用此项自由负担责任。"[《世界历史资料选辑》(近代)上册,第124页]资产阶级的思想家孟德斯鸠在《论法的精神》一书中指出:"自由是做法律所许可的一切事情的权利。"即使当今自诩为"自由世界"的资本主义各国所规定的各项自由,也都有种种限制。《日本东京都集会、集体游行和集体示威条例》规定:公民有集会、游行的自由,但在集体集会前的72小时必须向当地的警察署提出申请,把主办人的姓名、地址、参加集会的组织、人数、经过的路线、时间和目的等项写清楚,待当地的公安委员会批准后,方可进行。否则被视为非法集会。美国宪法规定公民有言论、出版和集会的自由,但也有种种限制。在美国的首都举行集会和游行示威,就有许多具体的规定。在白宫的人行道上游行,人数不得超过750人,不准使用音响设备。在拉菲特广场游行,人数不准超过3000人。在国会前的东广场游行、示威、静坐或发表演说,人数不得超过300人,但在西广场可以。在使馆区游行、示威,不得在离使馆区500英尺以内举行。所有的游行、示威和集会都必须在两周或十天前向警察局提出书面申请,不批准不得进行,不听劝阻,警察有权制止或逮捕组织者。1954年美国颁布了《共产党管制法》,其中规定"共产党不能享有根据美国法律成立的合法团体应享有的任何权利、特权和豁免权"。1980年美国一地方法院还规定,对参加罢工的人要罚款,每个工人参加罢工一天,要罚两天的工资,国家职工参加罢工的立即开除并禁止三年内担任国家的行政职务。由此可见,说资本主义国家自由不受任何限制,是完全没有根据的。

社会主义国家和资本主义国家的社会制度不同,享受自由的多寡也不同。但有一点是相同的,就是承认自由不是绝对的,而是受法律限制的,应以法律为准绳。罗马尼亚宪法规定,公民有言论、出版、集会、结社、游行和示威的自由,但接着规定公民在享受这些自由时,不能敌视社会主义制度、劳动人民的利益,法律禁止任何法西斯或反民主性质的组织,参加这些协会或反民主性质的宣传应当受到法律的制裁。我国宪法也规定,公民有选举权、被选举权,有劳动、休息和受教育的权利,还规定公民有言论、出版、集会、结社、游行、示威的自由,有人身自由,有从事科学研究、文艺创作和其他文化活动等自由。这些自由都是社会主义民主的重要内容。同时又规定公民在享受这些自由和权利时,不能损害国家的、社会的、集体的利益和其他公民的合法的自由和权利。我国宪法规定了公民应当享受各项自由的权利,体现了社会主义制度的优越性,同时又受到法律的制裁。不然的话,如果听任某些人为所欲为,甚至无法无天地煽动捣乱,那就无法保证大多数人的民主权利,就无法维持安定团结的局面。

在日常的工作和生产中,自由又受到纪律的约束。自由和纪律是互相矛盾的,同时又是互相制约和统一的。毛泽东同志说:"人民为了有效地进行生产、进行学习和有秩序地过生活,要求自己的政府、生产的领导者、文化教育机关的领导者发布各种适当的带强制性的行政命令。没有这种行政命令,社会秩序就无法维持。"(《毛泽东著作选读》下册,第762页)为了大多人民能够正常进行生产、生活和工作,制定一些必要的规章制度,统一多数人的行动,限制少数人的不规矩的行动,正是为了保证绝大多数人的行动的自由。这同说服教育、做好思想政治工作是相辅相成的。在日常的生活中,人们的行动又受到社会公德和公共秩序的约束。有人把法律当作"框框""绳索",企图突破必要的限制是不行的。"不以规矩,不能成方圆",这已是人们的常识了,大至一个国家,小至一个工厂、一个学校、一个村庄,如果没有统一的纪律,随心所欲,各行其是,那就什么事情都办不成了。

自由受到客观必然性的限制,客观世界的必然性就是自然界和人类社会的规律性。人们对客观规律性的认识越充分,就越主动,就会成为掌握规律的人,否则就会成为客观规律的奴隶。恩格斯说,自由是对必然性的认识。毛泽东进一步发挥了恩格斯的思想,指出"自由是对必然的认识和对客观世界的改造"。这就是说,只有认识和掌握了必然,才能获得自由。认识得越深刻,掌握得越熟练,获得的自由就越多,自由的程度就越大。人们掌握了游泳的规律,就可以畅游大江大海;认识和掌握了航天的必然性,就可以遨游太空,实现千百年来人们希望的梦想;掌握了生物遗传的奥秘,就可以改变农作物的品种,提高作物产量,使其符合人们的愿望……反之,如果不顾客观规律,硬着头皮去办那些根本办不到的事,是没有不碰壁的,这方面的教训够多了。孔子说,"七十从心所欲,不逾矩"。他认为人活到七十,就可以从心所欲,其实如果不尊重规律,要达到从心所欲的程度,也是不可能的。

政治上的自由,是上层建筑的一部分,是受经济基础和上层建筑制约的。我国还处在社会主义的初级阶段,经济和文化的发展程度都不高,各地经济和文化的发展都有较大的不平衡性,城乡之间的差别比较明显。我国公民虽有劳动权,但还不能完全解决就业问题;居民虽有迁徙的自由,但目前还不能完全从法律上固定下来。社会主义民主的充分实现还有一个过程,这方面公民能够享受的自由还是有限的。

明白了这些道理,就会懂得要享受自由的各种权利,就会遵守法律,就会养成遵守各种纪律和各项规章制度的习惯,就会有按客观规律办事的态度。火车按着轨道和时刻表行驶,它就获得最大的自由,否则,就会出事故,失去自由。任何一个公民,只要严格遵守宪法和各种法律制度,坚持四项基本原则,他就能畅所欲言,直抒胸怀。只有那些反对四项基本原则,企图让中国走资本主义道路的人,才会处处感到受限制和不自由,而且这种限制是完全必要的、不可少的。

(原载《同青年朋友谈民主自由问题》,河南大学出版社 1987 年 12 月出版)

自由的阶级性

自由是一个历史的范畴,人类历史每前进一步就意味着自由向前发展了一步。随着生产的发展,自由的内容也在不断地丰富和发展。在无阶级社会里,自由没有阶级性;进入阶级社会以后,在阶级社会发展的每个阶段,政治方面的自由都带有阶级性。人们在同自然和敌对力量的斗争中获得了越来越多的自由。

自由不是从来就有的,而是人类社会一定的发展阶段上的产物。最初的人类,由于刚从动物界分离出来不久,本质上和动物一样,自由是微乎其微的。在原始社会里,大家共同劳动,共同生活,没有剥削和压迫,大家都是自由的平等的,然而由于人们抵抗自然的能力很低,自由也是非常有限的。但是,人们渴望自由,憧憬自由,在中外的历史上都有许多人们争取自由的传说就是证明。古希腊有普罗米修斯盗火的故事,在古代我国有盘古开天辟地、女娲补天、羿射九日、有巢氏构木为巢、伏羲氏结网捕鱼、神农氏教人稼穑的传说。这些故事和传说,都表现了人们不屈服于自然的压力,追求自由的朴素的信念。

原始社会的末期,生产有了剩余,于是就出现了分化,一部分人成为剩余物的占有者,他们不再从事体力劳动;另一部分人,即大多数的劳动者,不得不从事繁重的体力劳动,这种变化为阶级社会少数人有自由,而多数人没有自由奠定了基础。恩格斯说:"由于文明时代的基础是一个阶级对另一个阶级的剥削,所以它的全部发展都是在经常的矛盾中进行的。生产的每一进步,同时也就是被压迫阶级即大多数人的生活状况的一个退步。对一些人是好事,对另一些人必然是坏事,一个阶级任何新的解放,必然是对另一个阶级的新的压迫。"(《马克思恩格斯选集》第4卷,第173页)这就说明,自由表现出阶级性,不仅同一定阶段的生产发展有联系,而且也是阶级压迫和阶级剥削的产物。

奴隶社会的生产虽比原始社会的生产有所进步,但它毕竟是一个阶级的社会。奴隶主阶级是统治者、压迫者和剥削者,他们不仅占有全部生产资料,而且还占有奴隶本身。他们可以拷打和虐杀奴隶。奴隶只不过是他们会说话的牲畜,只有任人宰割的自由。奴隶的价值不如一头牲畜,在古罗马卖出一匹骏马要比卖一个奴隶高出数百倍的价钱。在我国古代奴隶主的墓葬中发现无数的奴隶成为殉葬品。奴隶主阶级的思想家们还为这种不合理的、灭绝人性的制度进行辩护。古希腊的哲学家德谟克利特认为,对奴隶来说,"奴役既属有益,而且也是正当的"。柏拉图还把这种不平等的、不自由的制度说成是天经地义的。他认为奴隶和奴隶主之所以有不同自由,是因为他们的身体构成材料不同。奴隶主的身体是由金银构成的,而奴隶的身体是由破铜碎铁构成的,所以他们应当受到不同的待遇。这种残酷的压迫和剥削,迫使奴隶们起来反抗,为争取自由而斗争,奴隶起义的领袖斯巴达克提出"宁为自由而死,决不给主人卖命"的口号。他们幻想一个"太阳国",在那里既没有富人和穷人,也没有主人和奴仆,人人都可以自由。

在封建社会里,地主和农民的关系已不同于奴隶和奴隶主的关系,不是人身的占有与被占有的关系,而是一种人身的依附关系。与奴隶相比,农民有相对的人身自由,可以经营少量自己的土地,也可以选择不同的地主,但是这种自由仍然少得可怜。为了对农民进行欺骗和镇压,封建统治者制造了"君权神授"、皇帝是"真龙天子"的传说,把君权与神权结合起来,把自由从人推到神,从尘世推到天堂,引导人们去追求死后的自由和幸福。在我国以农民为主的广大人民,为了生存和自由,曾举行过大小数百次的起义,提出"均贫富""有田同耕,有饭同吃,有衣同穿"的口号,表达了广大农民对自由的向往和追求。

资产阶级革命推翻了封建专制统治,建立了资本主义的政治制度和经济制度,从而丰富了自由的内容,推动了自由的发展。资产阶级的革命家和思想家,最先系统地提出了自由的问题。法国资产阶级革命时的口号是"不自由毋宁死"。针对封建专制主义,他们提出"人是生而自由的""人人生而平等"的思想。他们认为人是有生也有死的动物,不应当把自由和幸福放在死后,而应当是现实人的自由和幸福。这样就把自由从天堂降到了人世间,把自由还给了人。资产阶级的思想家还给自由作了新的论证和概括。英国的哲学家培根认为要用知识去争取自由,他提出"知识就是力量"。斯宾诺莎认为自由和必然之间不应是绝对对立的,自由是承认和认识必然性。黑格尔在唯心主义的基础上第一个正确地解决了自由与必然之间的关系,认为自由是对必然的认识,从而把两者统一起来。同时不少资本主义国家实行了共和制度,在宪法上规定了选举权、言论、出版、集会、结社等自由。

资产阶级虽对自由做出重要贡献,但他们把资本主义的自由说成是全人类的、最高的、终结的自由。这是不符合事实的。马克思说:"在自由竞争的情况下,自由的并不是个人,而是资本。"(《马克思恩格斯全集》第46卷下册,第159页)这是对资本主义自由实质的深刻的揭露。资本主义自由的基础是商品价值的等价交换。资产阶级垄断了全部生产资料,而工人则一贫如洗,只要他们不饿死、不冻死,就得向资本家出卖自己的劳动力。资本家有竞争自由、贸易自由,而工人却只有出卖劳动力的自由。而他们劳动的结果,不是自己得到幸福和自由,而是无穷的灾难和痛苦,他们事实上已成为资本家的"奴隶"。他们与古代奴隶的不同,在于他们有表面上的自由。他们不是一次被卖掉,而是按周、按月、按年被卖掉。他们不是从主人卖给另一个主人,而是自己出卖自己。在资本主义制度下,所谓的集会自由是无法实现的,资产阶级占有公共建筑和私人的建筑,他们不仅有足够的时间去开会,而且还受法律保护。劳动人民既无开会场所,也没有空闲的时间去开会,怎么能享受集会的自由呢?所说的出版自由,同样是骗人的把戏。只要最好的印刷所和大量的纸张被资本家所垄断,劳动人民就没有出版的自由。因为出版需要钱,买出版物也需要钱,劳动人民连饭都难以吃饱,哪里有钱去出版呢?可见出版自由和集会自由都是资产阶级的特权。所以,资产阶级把他们所享受的自由当作全体人民的自由是骗人的,其目的不过是以此来掩盖资产阶级自由的阶级实质。

劳动人民真正能够享受到自由的是社会主义社会。因为在社会主义社会里已经没有剥削阶级,没有阶级压迫和阶级剥削,消灭了资产阶级的私有制,实现了公有制,劳动人民能够享受到自己的劳动成果。在这种情况下,劳动人民才能真正享受到有史以来梦寐以求的最广泛的、真正的自由。不仅在政治领域内,而且在日常生活和社会生活的其他领域也可以享受这种自由。在社会主义制度下,劳动人民享受到言论、出版、集会、结社、游行和示威的自由。社会主义法律是劳动人民享受自由的保证。尽管我们的自由还要受到经济不够发展的限制,民主制度的实行还不够充分。有的人生活在社会主义社会里,却热衷于资产阶级的民主自由,鼓吹资产阶级的自由化,不能不说是历史的一种倒退。

社会主义的自由虽是供大多数劳动人民享用的自由,但社会主义社会里的自由也有阶级性。在我们的社会里还有阶级和阶级斗争,国内外都有敌视和破坏社会主义的各种敌对分子。所以,我们的自由只能给劳动人民,而不能给那些反对党和反对社会主义的各种敌对分子。如果让少数的反革命分子有了这种自由,那么多数人就会失去自由。

在这里,我们集中地论述了自由的阶级性,但在阶级社会中并非一切都带有阶级性。人们争取自由的斗争除政治领域以外,还主要表现在从事生产斗争的领域,即同自然界的斗争。从古到今,人们的生产经验不断地丰富和积累,自然科学以及应用科学的发展,人们生产工具的改进,从石器、铜器、铁器到当代的机械和电子技术等,这些工具从简单到复杂、从粗糙到精致的过程,就是人们在向自然开战中不断争取自由的过程。人们争得的自由越多,就会越主动。在未来的社会中由于生产力的高度发展,科学技术高度发展,人们将会自觉地改造客观世界和支配自己的行动,将从必然王国进入自由王国,那时将实现《共产党宣言》中所预言的"每个人的自由发展是一切人自由发展的条件"(《马克思恩格斯选集》第1卷,第273页)。

(原载《同青年朋友谈民主自由问题》,河南大学出版社 1987 年 12 月出版)

领导者的素质

领导者的素质,包括自然素质和社会修养两个方面的内容。自然素质是指先天和心理方面的特征,社会修养主要是后天的教育和实际锻炼。在领导活动中,领导处于矛盾的主导方面,其素质好坏对领导工作的关系极大。从一定意义上讲,这关系到国家兴盛衰亡的大问题。本章着重探讨领导者素质的几个主要方面,这就是领导者的政治思想品质、统帅才能、知识结构和自然素质。

一、领导者的政治思想品质

(一)领导者的政治品质

社会主义社会的领导者,必须努力学习马克思主义、毛泽东思想,贯彻执行党的路线、方针和政策,坚持社会主义道路,这是他们必须具备的基本的政治品质。

1.具备坚实的马克思主义理论基础,完全准确地掌握马克思列宁主义、毛泽东思想,是社会主义社会的领导者政治品质的首要方面。党的十一届三中全会以来,一大批中青年领导干部走上领导岗位,这些同志的文化水平普遍较高,锐意创新,为党和人民做了不少工作。但是不可否认,这些同志之中不少人没有系统地学习过马克思主义理论,这与新时期的领导者应当具备的政治素质有一定的距离。因此,迅速提高他们的理论水平,对于这代青年干部来说,显得尤为重要。因为缺乏马克思主义理论素质的领导者,不可能成为党的合格的领导干部。只有把马克思主义当作科学,系统地而不是零碎地、实际地而不是空洞地学习中国化马克思列宁主义的同志,才能融会贯通地掌握马克思列宁主义的立场、观点和方法,才能增强工作中的原则性、系统性、创造性,才能使自己始终坚持正确的政治方向。

2.自觉贯彻执行党的路线、方针和政策。党的路线、方针和政策代表了广大人民的切身利益,各级领导干部都是社会主义事业的核心力量,是联系党和群众的桥梁,党的各项方针和政策,必须通过广大干部的模范行动来贯彻执行。自觉地执行党的路线、方针和政策,各级领导干部必须认真地学习党的路线、方针和政策,领会其精神实质,才能正确地向群众宣传和解释,才能真正地贯彻执行。至于那种像"收发室"一样,照收照发,似乎是原原本本地传达给群众了,实际上是懒惰的表现。其次,领导者要善于把党的政策和本地、本单位的实际结合起来,一切从实际出发,切忌"一刀切"和"一哄而起"。脱离实际,仅凭良好的愿望不行;落实党的政策,因循守旧、墨守成规也不行。为了贯彻落实党的方针和政策,各级领导干部必须按照客观事物的规律,对事物的发展趋势进行分析,进行科学的预测,考虑事物的变化,采取相应的措施,总之,在贯彻执行党的政策时,领导者要有革命胆略、敢想敢干的精神,又要有实事求是的态度。

3. 坚持用马克思主义、毛泽东思想研究新情况,解决新问题。马克思主义、毛泽东思想作为科学的世界观和方法论,是我们各级领导干部的行动指南。因此,在实际工作中所有领导者必须用马克思主义、毛泽东思想的立场、观点和方法去分析新情况,解决新问题。当前以城市为重点的经济体制改革中,出现许多新问题、新情况、新矛盾,需要我们从理论和实践上认真地加以解决。如社会主义的经济是有计划的商品经济,马克思没说过这句话,这是社会主义初级阶段所遇到的新问题,而我们有些同志还停留在"重农抑商"和"单一的公有制"的模式上,远远落后于现实的发展,这是一个很大的矛盾,党的十一届三中全会以来,党中央一再要求各级领导干部要适应新的情况,自觉地适应形势发展的要求。

4. 全心全意地为人民服务。为大多数的人民服务还是为少数的人服务,这是社会主义社会的领导者和其他剥削阶级的领导者的本质区别。毛泽东同志说:"我们一切工作干部,不论职位高低,都是人民的勤务员,我们所做的一切,都是为人民服务"(《1945年的任务》,载《解放日报》1945年12月26日),用"勤务员"形象地说明社会主义社会领导者的本质特征。在革命战争年代,我们的各级干部,不论是党员或非党员,都是冲锋在前,吃苦在前,而退却在后,享受在后,甚至为了人民的事业献出自己宝贵的生命。在社会主义社会的建设时期,我们的各级干部要继续保持这种光荣的传统。

要做到全心全意地为人民服务,就要热爱人民,关心人民的疾苦,如人民的好儿子焦裕禄那样,心里装着几十万兰考人民,唯独没有他自己。这种精神至今还鼓舞着亿万人民。在现实的生活中,由于受到"十年内乱"时林彪和江青两个反革命集团的影响,极少数的干部忘记了为人民服务的宗旨,利用党和人民给予的权力,千方百计地向党伸手,争名誉,争地位,跑官要官,为自己及其家属谋利益,甚至违法乱纪,腐败堕落。这种歪风严重损害了我们党的光辉形象,损害了我们党和群众的关系,必须引起我们的高度警惕。每一个领导干部都要严格要求自己,防止由人民的"公仆"变为人民的"老爷"。此外,现在还有不少不正常的现象,不是领导机关为基层和群众服务,而是基层和企业为领导机关和领导者服务。因此,"要改变那种长期形成的领导机关不为基层和企业服务,而是让基层和企业围绕着领导机关转的局面,扫除机构重叠、人浮于事、职责不明、互相扯皮的官僚主义积弊,使各级领导机关把自己的全部工作切实转移到为发展生产服务,为基层和企业服务,为国家的繁荣富强和人民的富裕幸福服务的轨道上来"(《中共中央关于经济体制改革的决定》)。

5.社会主义事业的高度的责任感。这种责任感是各级领导干部对自己肩负责任的自觉认识,以及勇于负责和善于负责的精神。刘少奇同志说:"我们的责任,就是要遵循人类社会的发展规律,推动社会主义和共产主义事业不断地前进,使社会主义和共产主义社会更快的实现。"(《刘少奇选集》上卷,第123页)伟大的目的产生伟大的动力和责任感,共产主义的理想永远激励着我们战胜前进道路上的种种困难。当前,这种责任感首先表现为认真贯彻党的十二大提出的宏伟目标,切实做好自己所担负的领导工作,我们把目前的努力同共产主义的伟大目标联系起来,不能放弃今日的努力。若放弃了当前的行动,为共产主义奋斗就成了空话;若失去将来的大目标,就会迷失方向。只有把二者结合起来,才能有真正的高度的责任感。

(二)领导者的思想作风

领导者的思想作风,是领导者的精神面貌、思想品质、道德和文化的修养与工作、生活方式的集中反映,全面体现了领导者的世界观。社会主义社会领导者的思想作风主要内容包括:

1.坚持实事求是的思想路线。一切工作都要从实际出发,理论联系实际,不唯上,不唯书,实事求是,在实践中检验真理和发展真理。这就是我们的思想路线,也是我们党一贯倡导的优良作风。在领导工作中坚持实事求是的思想路线,就是要认真地调查研究,摸清情况,作出正确的估量,才能制定正确的政策。

当前,我国人民正在进行以城市为重点的经济体制改革,各行各业的领导干部都要保持清醒的头脑,一切从实际出发,防止主观臆断,看准一条改一条,看不准的可以先试验,不要搞"一刀切"和"齐步走"。

2.发扬艰苦奋斗的苦干精神。艰苦奋斗,勤俭建国是我们在革命和建设中形成的优良传统,是一种不怕困难,顽强拼搏的精神。我们现在的条件比过去好多了,物质基础也雄厚了,但是我们国家并不富裕,各级领导干部都要十分注意节约,反对铺张浪费。即使国家富裕了,也要力争用最少的人力、物力和财力,去办最大的事,争取最好的效果。

3.密切联系群众的作风。在过去几十年的革命和建设过程中,我们各级干部同群众形成了一种鱼水相依、水乳交融的关系。这就给了我们各级干部取之不尽,用之不竭的力量源泉,保证了革命和建设事业不断取得伟大胜利。正如邓小平同志所说:"群众是我们力量的源泉,群众路线和群众观点是我们的传家宝。"(《邓小平文选》第2卷,第327页)现在有一种看法,认为现代化主要依靠科学技术,不需要依靠群众了,这是一种糊涂思想。科学技术是实现现代化的关键,这只是问题的一个方面,仅有先进的科学技术,没有广大人民群众的积极性,同样形不成生产力,各级领导干部制定方针和政策时,需要认真地听取群众的意见和呼声,一切同群众商量。总之,只有相信群众,依靠群众,才能搞好领导工作。

4.认真地开展批评与自我批评。各级领导干部要随时坚持真理,修正错误,去掉不良的作风,保持优良的作风,唯一有效的办法,就是开展批评与自我批评。当前,我们面临端正党风和社会风气的艰巨任务,更需要批评与自我批评这种扶正祛邪的武器。开展批评与自我批评,首先要实事求是,这是开展批评与自我批评的基础,一切从实际出发,力求言之有据,不弄虚作假,不栽赃陷害,不搞没根据的批评。其次,批评与自我批评要旗帜鲜明,提倡什么,反对什么,在重大原则问题上不模棱两可,闪烁其词。为了惩前毖后,治病救人,总结经验,纠正错误,对于来自各方面的批评,只要是善意的都要采取欢迎态度,不论态度如何,方式好坏,不要否定别人批评,不能老虎屁股摸不得,不能打击报复、堵塞言路,特别是那些反对的意见,即使是错误的也要虚心听取,有则改之,无则加勉。

(三)领导者的道德品质

各级领导者是革命和建设事业的组织者,是广大人民群众的带路人,他们的道德品质的好坏,对群众影响很大。凡是要求群众遵守的制度,各级领导干部要带头遵守;凡是要求群众不能做的事,各级领导干部要带头不做;要求下级干部不以权谋私,各级的领导者也要带头不以权谋私。"上梁不正下梁歪""己不正不能正人"的话是有道理的。各级领导者在遵守道德方面,要从自己做起,从头做起,从现在做起,以身作则,言传身教,给广大的群众树立榜样,做自觉遵守道德的模范。

各级领导者要履行自己的职业道德,恩格斯说:"实际上,每一个阶级,甚至每一个行业,都各有各的道德。"(《马克思恩格斯选集》第4卷,第236页)职业道德是随着社会分工发展起来的。领导者的职业道德是领导者在工作中处理人与人关系时应当遵循的行为规则和准则,这是领导品质的重要方面,主要内容如下:

1.忠于职守,热爱本职工作。作为领导干部总是肩负重大责任,不论职务高低,还是工作好坏,所从事的工作都是革命和建设事业的组成部分,因此,各级领导干部都要尽职尽责,干一行爱一行,坚持反对消极怠工、擅离职守等错误行为。

2.大公无私,不以权谋私。在我们的社会里,每一个领导者都有一定的职务和权力,这种权力都是人民给的,领导者应当利用这种权力为人民服务,而不应当利用这种权力为自己和家属谋取私利。

3.勇于承担责任,不上推下卸。在日常工作中,各级领导者都经常同下级打交道,一旦下级出了问题,领导者要实事求是,查清原因,勇于承担责任,使下级大胆地工作。如果领导干部把成绩都记在自己头上,把责任都推给下级,批评不得,听到不同意见就打击报复,这就缺乏起码的职业道德。

4.遵守纪律,严守机密。任何一级的领导干部都要遵守纪律,并成为遵守纪律的模范。任何一级的领导干部都不应当把党和国家的机密随意地泄露给下级、熟人和亲人。凡是不该问的不问,不该说的不说,不该做的不做。这是领导者的职业道德所要求的。

5.文明礼貌,平等待人。在我们的国家里,领导者和群众只有工作分工的不同,没有高低贵贱之分。所以,作为领导干部都要以平等的态度待人,反对官气十足,动辄骂人训人和专横跋扈等恶习。

二、领导者的统帅才能

一个领导者无论职务高低,总要负责一个部门的工作,需要组织一定的人力、物力和财力,为达到一定的目标而努力。因此,作为一个领导者必须有统帅的才能。这种才能主要表现在以下几个方面:

(一)统帅全局的战略头脑

古今中外杰出的领导者大凡都是战略家。战略本是军事学上的术语,现广泛应用于社会政治、经济生活的各个方面,在一定时间内,凡带有照顾全局的各阶段和各方面的问题,通称战略问题。由于领导者居于统帅全局的统帅地位,要求他们要有战略头脑,即具有广阔的视野,统筹全局的能力,善于掌握和驾驭全局的发展规律。从空间上说,能照顾各方面,有整体观念,从时间上说,能照顾整个过程的各个发展阶段。中央领导同志一再强调这个问题。早在1956年,陈云同志就提出:"过去旧商人中,有一种头戴瓜皮帽,手拿水烟袋的人,他们专门考虑战略性问题,我们也应该有踱方步,专门考虑战略性问题的人。"[《陈云文选》(1949—1956),第332—333页]1982年春节,他在同国家计委负责人的谈话中,再次强调我们的上层机构要有专心考虑大问题的人,也就是我们所需要的战略家。

从历史上看,凡是卓越的领导人,都非常重视战略问题。据《史记》记载,刘邦攻下秦朝的首都咸阳以后,诸位将领都到府库中抢夺金银财宝,唯独萧何先到秦的丞相府中将御史律令和图书等收藏起来,使刘邦知道天下的户口多少、要塞和庶民的情况。萧何此举对西汉王朝的建立是有战略意义的。三国时的诸葛亮帮助刘备分析当时的天下形势之后,认为"今曹已拥百万之众,挟天子而令诸侯,此诚不可与争锋。孙权据有江东,已历三世,国险而民附,贤能为之用,此可以为援而不可图也。荆州北据汉、沔,利尽南海,东连吴会,西通巴蜀,此用武之国,而其主不能守,此殆天所以资将军,将军岂有意乎?"(《三国志·蜀书》卷35,第912页)诸葛亮分析了形势之后,帮助刘备制定了联吴攻魏的战略计划,确定了三国鼎立的形势。许多资产阶级的政治家、军事家也都有战略眼光。美国总统尼克松在20世纪70年代作出访华的决定,打开了中美关系的大门,不能不说是一个战略性的决策。

各级领导者要把自己养成战略家,需要纠正战略问题与己无关的思想。那种认为"战略是中央的事"的看法,是不对的。党中央无疑要考虑全国战略的大局,但是,中央制定的战略要通过各省、市、自治区和各部门的领导人贯彻执行,这些人如果没有战略的头脑,就不能很好地贯彻执行中央的各项方针和政策。同时战略问题是相对的,对于全国来说,省、市是局部,但对于各地、市来说,省又是一个全局。所以,无论是哪一个部门的领导人,都会有一个战略全局的问题。所以战略问题,并没有固定的模式,要依具体的情况而定。总之,各级领导者要辩证地认识和掌握这个问题,使自己逐步成为战略家。

领导者要想成为战略家,就要掌握事物的发展规律,按照事物发展的连续性、因果性的联系,根据事物的过去和现状,预见它明天的发展趋势,这就要比一般人站得更高一些,"不畏浮云遮望眼,自缘身在最高层"(《王临川全集》卷34,第194页)。领导者要想成为战略家,就要把自己的注意力放在对全局来说最关键的问题上,而不是那些局部性的、技术性的问题。毛泽东同志说:"任何一级的首长,应当把自己注意的重心,放在那些对于他所指挥的全局说来最重要最有决定意义的问题或动作上,而不应当放在其他的问题或动作上。"(《毛泽东选集》第1卷,第176页)例如,20世纪60年代,许多人看不起非洲,认为是"落后的黑非洲",当时的周恩来总理冒着风险访问非洲大陆,无私地援助非洲人民,赢得了非洲人民对中国人民的信赖。后来非洲的国家都支持中国恢复在联合国的合法席位。当前有一个战略意义的问题是人才问题。第二次世界大战中,美国组织一个突击队,深入到战火纷飞的第一线,保护和运走德国第一流的火箭专家。后来,又把这些人安排到大学里当教授,为美国培养出一代最有影响的科学家。我们正在进行社会主义现代化建设,进行以城市为中心的经济体制改革,最重要的仍然是人才问题。邓小平在谈到关于经济体制改革的决定问题时说:"这个文件共有十条,最重要是第九条,当然其他各条也都是非常重要的。第九条,概括地说就是'尊重知识,尊重人才'八个字,事情成败的关键就是能不能发现人才,能不能用人才。"(《邓小平文选》第3卷,第91—92页)

为了多出人才,快出人才,科技体制和教育体制的改革就成为各级领导者迫切需要解决的战略问题。中央已就这两个问题分别做出决定,各级领导者要把眼光放远些,考虑十年以后人才培养问题。采取切实有效的措施和办法,努力培养一大批科技和管理人才。

(二)多谋善断的决策魄力

领导者的决策水平高低取决于自身的修养,为了提高决策的水平,领导者要树立不断创新的思想,要有渊博的学识,不仅要有哲学、经济学、政治学、科学管理学和法学方面的知识,还要努力掌握现代科学的方法论,如系统论、信息论和控制论等,当然现代的领导者需要更多依靠智囊团,但是专家们的意见不能代替领导者的决策,因为正确的决策不但要依靠智囊团的多谋,而且还需要领导者的善断。领导者要做到多谋善断,就必须具备:

1.选择最佳方案的能力。决策就是方案选优。不过,这个选择不是二者之间的选择,而是在一种方案不一定优于其他方案的情况下进行。科学决策必须建立在多种方案选优的基础上,这就要求各级领导者要具有多种方案选优的能力。例如我国著名的引滦入津工程,在实施以前,曾提出北线方案和南线方案,这两个方案各有优缺点,究竟选择哪一种方案呢?有两种意见,争论不休。1981年天津市委经过对比选优,权衡利弊,采纳了北线方案。实践证明,这个方案的选择是成功的。

2.风险决策的精神。客观情况是复杂多变的,在科学技术日新月异的情况下,领导者的常规型、确定型的决策少,而多数是不确定型的决策。而风险决策就是不确定型决策中的一种。从事社会主义事业建设的各级领导者,要走出新路子,开创新局面,必须有敢想敢干、敢冒风险的精神。那种四平八稳、因循守旧的思想是不行的。但是,风险决策不是毫无根据地冒险,而是根据事物的可行性和现实性,选择最有希望的方案,并在执行中留有余地,并准备好应变的措施。

3.当机立断的魄力。决策是在一定范围内作出的,在一定的时间和空间内可能是最佳的方案,过了一定的时间和空间,最佳的方案可能变成最差的方案。所以,在很多情况下对于领导者来说,最重要的是不要错过时机,当断不断,反受其乱。十月革命的头一天晚上,列宁讲到当机立断的重要性,他说:"我写这几行字是在24日的晚上,情况已经十分危急。非常清楚,现在拖延起义确实等于自取灭亡。""不能等待了!!等待会丧失一切!!"(《列宁选集》第3卷,第350页)领导者要善于当机立断,能够敏捷地思维,才能在复杂情况下措置裕如。

4.缜密新颖的思考方式。从一定的意义上讲,领导者的水平取决于领导者的理论思维方式,而理论思维方式是随着时代的发展而发展的。社会主义现代化建设要以创造性思维方式来指导。创造性思维方式是在一定基础上创造和发展起来的辩证思维。具有一般思维的全部的优点,但又不受一般思维的限制,能提出新思维、新判断和新观念,开辟新领域,贡献新方法,创造新价值。对每一位领导者来说,只有认真地学习马克思主义的辩证法,自觉地运用辩证唯物主义的思维来指导自己的工作,才能逐步掌握辩证唯物主义的创造性思维方法。

(三)不断创新的进取精神

领导工作是种创造性的活动,因为领导工作具有综合性、复杂性和多变性的特点。如一个县长,不仅要管政治、经济,还要管理科技、教育、卫生等方面的工作。综合不是简单地相加和重复,而要求各级领导者要从互相联系的诸多因素中概括出新的东西来,因而是一种创造性的活动。在现代社会生产和科技条件下,工作多变性和动态性更加显著,形势甚至瞬息万变。领导者如果不善于提出新问题,开拓新领域,就无法跟上新的形势变化,就只能使自己处于被动地位。

我国古代有创业与守业的争论,认为创业难,守业更难。实际上必须以创业为基础,才可以守业。在古代小生产的情况下,发展缓慢,守业还不容易,在现代大生产的条件下守业就更不容易了。

不断创新要有永不衰竭的进取心,这是社会主义的领导者必须具备的。时代在前进,处在这个潮流中的各级领导者,如果没有旺盛的进取心,就会被时代抛弃。伟大的目标产生伟大的动力,进取心只有建立在为共产主义奋斗这个基础上,才能有长久性和不衰性。有了永不衰竭的进取心,任何艰难困苦和落后保守势力都不能阻挡我们进取的步伐。正如伟大的革命家和文学家鲁迅所说:"苟有阻碍这前途者,无论是古是今,是人是鬼,是《三坟》、《五典》,百宋千元,天球河图,金人玉佛,祖传丸散,秘制膏丹,全都踏倒他。"(《鲁迅全集》第3卷,第45页)

创新就要有不怕艰难和曲折的毅力。领导活动作为一个过程,也和其他事物一样,会受到守旧势力的阻挡,从而形成新与旧的斗争。从主观方面来看,首先要和自己的旧习惯、旧传统和旧思想作斗争。从客观方面来说,既与反对我们目标的各种敌人作斗争,又要与我们内部的各种旧思想和旧势力作斗争。所以,社会主义的领导者要有战胜各种困难的思想准备,从最困难最坏处着想,准备一切应变的措施,要有战胜各种困难的勇气和毅力,有百折不挠的精神,不能"一触即发",也不能一触即折。

在这方面,许多老一辈的无产阶级革命家为我们树立了光辉的典范。1935

年红军长征后,陈毅同志身负重伤留在江西。在敌人疯狂搜山、烧山、移民和兜剿的情况下,他和战友们风餐露宿,昼伏夜行,坚持三年游击战争。有一次在梅山被围,他在生命安危系于一发之际,毅然写下了"断头今日意如何? 创业艰难百战多。此去泉台招旧部,旌旗十万斩阎罗"的豪迈诗句,表现了共产党人的矢志不移、坚忍不拔的精神,这种精神永远值得我们学习。社会主义现代化的建设事业,是前无古人的事业。振奋精神,开拓前进,坚忍不拔,奋斗不息,应该是各级领导者应有的革命品格。

(四)知人善任的组织才能

1.善于识别人才的慧眼。我们中华民族历来有重视人才的传统和习惯,鲍叔牙荐管仲、萧何月下追韩信、刘备三顾茅庐拜见诸葛亮、宗泽荐岳飞等动人事例,至今还在人们中间流传,宋朝的政治家和改革家王安石把人才称为国家的栋梁,他说:"夫材之用,国之栋梁也。得之则安以荣,失之则亡以辱。"(《王临川全集》卷64,第402页)社会主义事业所需人才之多,质量之高,远远超过以往的任何时代,各级领导者都要有爱才如命、求才若渴的思想。要养成尊重人才的习惯,要有计划、有步骤地发现和培养一大批现代化的建设人才,并当作自己的重大责任。发现和培养人才,不能求全责备,因为"人无完人,金无足赤"。美国南北战争时的总统林肯任命格兰特将军为总司令,只看见他运筹帷幄,决战千里之外的能力,并不注意他那嗜酒如命的毛病。现实生活中的人,总是有缺点的,倘要所有人"样样都是",其必然是"一无是处","有大略者不问其短,有厚德者不非小疵",这是识别人才的重要的原则。要做到这一点,就必须有大公无私的精神,从党和国家的大局出发,坚持任人唯贤的原则。

不仅要善于发现人才,还要善于用人。要用其所长,避其所短,一个人是学术权威,善于科学研究,应分配到科研单位才能发挥作用。而如果让他去当什么领导,就发挥不了他的作用。如果一个人有管理才能,就应当让他去从事具体的管理工作。学非所用,用非所学,势必造成人才的浪费。因此,领导者要做到知人善任,才能使人的聪明才智发挥出来。王安石说:"唯圣贤能轻重人,不能铢两为千钧。"(《王临川全集》卷10,第52页)这话很有道理,不知人才的轻重而乱用人才,是领导者的失职。

2.容纳各种人才的宽阔胸怀。宽容大度是领导者的一种美德。俗语"宰相肚里能撑船"就形象地说明领导者的度量要大。明朝的朱元璋做皇帝以后,深知容纳各种人才的重要性,他曾给他出家当和尚的安徽凤阳县龙兴寺的大肚弥勒佛像的两旁送来一副对联:"大肚能容,容天下难容之士;慈颜常笑,笑天下可笑之人。"朱元璋本是元末农民起义的领袖,但他做了皇帝之后,仍然起用元朝有才能的官吏和人才。他提出"不以前过为过"的政策。我国历史上有许多卓越的人物也都表现了用人的度量。曹操任用曾写檄文骂他祖宗三代的陈琳,魏征曾经帮助太子李建成反对唐太宗,但唐太宗仍然任用他为大臣。这些历史经验至今仍值得我们借鉴。

我们是无产阶级的革命者,社会主义的领导者,更应具有罗织各种人才的宽宏的度量。在延安时期,陈云曾提出"了解人,气量大,用得好,爱护人"[《陈云文选》(1926—1949),第44页]的十二字方针。这里"气量大",就是无产阶级革命家的宽大的胸怀,毛泽东同志曾号召我们要团结一切可以团结的人,对我党历史上曾犯过"左"倾、右倾错误的人,采用团结的方针,使他们能够心情舒畅地工作。周恩来同志在新中国成立以前就提出我们应当画一个大的圈子把亿万人民团结起来。在精神上要有这样的气概,把能够争取的人都争取过来,不搞小圈子主义,把自己孤立起来。作为社会主义的领导者,要豁达大度,宽宏大量,敢于用比自己强的人,正确处理领导与群众的关系,赢得群众的信任。新中国成立以后,刘伯承同志曾任军事学院的院长,敢于起用那些懂得军事理论的专家给我们的高级将领上课。有些人不服气,说败战将军给常胜的将军上课是不对的,甚至罢课。刘伯承知道后认真地进行了批评教育,提出我们要尊重科学,尊重人才,更要尊重老师。现在,我们进行社会主义的现代化建设,要向那些懂科学、会管理的专家学习,要有不耻下问的精神,老老实实地学习,恭恭敬敬地学习,要尽量吸收国外的先进科学技术。

3.广泛的社会活动能力。各级领导者应当成为有广泛社会活动能力的活动家,而不是"书生型"的领导人。只有通过广泛的社会活动,才能获得各种信息,团结各方面的人才,搞好本单位与外单位的协作关系。

三、领导者的知识结构

社会主义的现代化建设,要求各级领导者要有高度的科学修养、丰富的知识和较强的能力,要求各级领导者有科学的知识结构。

(一)知识化和专业化是现代领导者必备的条件

各级领导者要成为懂专业的干部。知识化和现代化是现代化建设事业向各级领导者提出的新要求。苏联在进行社会主义建设时,斯大林指出:"要建设,就必须有知识,必须掌握科学。而要有知识,就必须学习,顽强地、耐心地学习,向所有的人学习。"(《斯大林全集》第 11 卷,第 65 页)不是学习一些一般的知识,而是要成为内行和专家。列宁说:"要管理就要内行,就要精通生产的一切条件,就要懂得现代高度的生产技术,就要有一定的科学修养。"[《列宁全集》(中文版)第 30 卷,第 394 页]我们国家也面临这种情况,党要对各方面的工作和各项事业进行领导,要使这种领导充分有效,就必须学习业务。我们党历来反对空头政治家,主张各级领导干部都要懂得各项业务。既要做好政治工作,也要懂得业务,才能把思想政治工作做到家。管理业务的干部也要懂政治,才不会迷失方向。那种学不学都可以当领导,那种"外行可以领导内行"的思想,已经落后于时代了。今后谁不学,谁不懂业务工作的特点和规律,谁就不能成为真正的领导者。

我国现有各类干部 3205 万,就其总数来说不能算少,但他们的知识结构不合理,他们的文化水平和业务水平不能适应现代化建设的需要。近几年来,党对各级领导干部进行调整,使一批有知识、有文化、会管理的人进入各级领导班子。据中共中央组织部的统计,到 1984 年,各省、自治区、直辖市的常委、正副省级干部,有大专以上文化程度的从 20% 提高到 43%,地、市、州和部、委、厅、局一级的干部由 14% 提高到 44%,而县级的各类班子的干部调整后,大专以上文化程度从 10.8% 提高到 45%。全国各级干部中有一半以上达到了高中文化程度,初中以下文化程度的占 40% 左右。1985 年 6 月第六届全国人大常委会第十一次会议任命 9 名部长和主任都是大学毕业,并且是本行业的专家。据新华社 1985 年 9 月 8 日的报道,全国 29 个省、市、自治区和直辖市的领导班子已调整完毕,有 126 名优秀干部进入省级领导班子,他们之中具有大专以上文化程度的占 80% 以上。从以上数字可以看出,改革开放以来,我们干部的知识水平和专业水平提高了。这里要指出的是领导者的文化专业程度不等于学历,通过锻炼自学成才的只要达到专业水平就予以承认。只讲学历,否认自学成才是片面的。

为了达到知识化和专业化的要求,有关部门正在制定近期和长期的规划,有计划、有步骤地培养和提高各类领导干部知识化和专业化的水平,通过各种渠道进行培训。据新华社报道,到 1984 年底,全国有党校、干校 8677 所,高等和中等专业学校18454所,共培训干部145万人,其中两年制以上的39万人。又据统计,截至1985年10月,全国242个城市的261名市长和副市长在市长研究班学习过,占全国市长和主管城市建设的副市长的三分之一。除了离职学习,还提倡在职干部的自学,鼓励他们走自学成才的道路。学习就要有强烈的求知愿望,无产阶级要解放全人类,就需要用人类所创造的一切知识来武装自己的头脑,如果不能像海绵吸水一样不断地吸收新知识,就不能适应领导工作的要求。邓小平同志1980年告诫全党同志说:"在不断出现的新问题面前,我们党总是要学,我们共产党人总是要学,我们中国人民总是要学,谁也不能安于落后,落后就不能生存。"(《邓小平文选》第2卷,第234页)可见学习是长期的事,是一辈子的事,正如周恩来所说,要"活到老,学到老"。

总之,我们要通过各种渠道和各种方法逐步建立一支门类齐全、成龙配套的有专业知识和专业能力的领导干部和管理干部的队伍。

(二)领导工作的专业知识要求

社会主义的现代化建设,要求各级领导干部必须掌握领导工作和经济建设方面的专业知识。有一种传统的看法,不承认领导工作是一门专业科学。人们把学过文、史、哲、经、数、理、化的人称为有专业知识的人,不错,这些都是专业的知识,不过,不承认领导工作是一门学问,是一门专业,同样是不对的。实际上,领导工作是一门综合性的科学,不仅涉及自然科学、社会科学,还涉及管理学、人才学、未来学、科学学等方面的知识,并且有自身的特点和规律,这本身就是一门很大的学问。各级领导干部,除了掌握自己所从事的专业知识,都应当把领导科学作为必修课,并切实将其学好。

在社会主义现代化建设时期,中国共产党还要求各级干部都要懂得经济建设。早在1955年毛泽东同志就要求所有省委书记、市委书记和地委书记以及中央各部门的负责人等都要努力学习,"成为精通政治工作和经济工作的专家"(《在中国共产党全国代表会议上的讲话》1955.3)。由于受到"左"倾错误的影响,长期以来没有把经济建设作为重点,长期地搞政治运动,也无法培养经济方面的专家。党的十一届三中全会以后,才把经济建设作为重点,突出地强调要培养经济建设方面的干部。邓小平同志说:"我们需要建立一支坚持社会主义道路的、具有专业知识和能力的干部队伍,而且是一支宏大的队伍。"(《邓小平文选》第2卷,第228页)党的十二届三中全会通过的《关于经济体制改革的决定》中再次强调要建立一支门类齐全、成龙配套的经济管理干部队伍和技术干部队伍。领导干部要懂经济建设,但对处在不同层次、不同系统和不同部门的干部的作用要求又有区别。对于从事思想政治工作的干部,要求他们要精通政治,坚持四项基本原则,尤其要坚持社会主义方向,在经济建设方面不要求他们成为经济专家,但一定要懂得经济建设;从事经济管理工作的领导干部,要求他们熟悉业务和精通业务,在政治方面不要求他们成为政治家。对同一层次的干部,要求也不一样。"基层管理工作需要的主要是技术技能和人事技能,在较高级的管理工作中,对技术技能相对地减少,而概念技能的需要急剧增长。""最高一级的管理人员虽然是毫无技术技能的,但只要有高度发展的人事技能和概念技能,仍然能有效地履行职责。"[《管理成功要诀》(美国哈佛管理名著选编),第12—13、10页]所谓概念技能和人事技能,即领导才能和用人才能,如军队中的最高统帅,不必懂得火炮的拖卸方法,但他必须善于制订整个军队的战略计划。对处于同一层次的干部专业要求也不同,即使同一系统同一层次干部要求也不同。同属部、委、厅、局的干部,因所在系统的不同,要求也不一样。如同在一个工厂,要求厂长有指挥和组织全厂的生产能力,对总工程师则要求他必须懂得技术,总经济师要求他会经营管理,总会计师要求他维护财经纪律,有开辟财源的能力。总之,只能根据领导者所处工作岗位,对他们提出具体的专业要求,这样可以使他们学有方向,赶有目标,不断提高专业化的程度。

(三)领导班子合理的知识结构和群体结构

我们不但要强调领导者个人的知识水平,而且十分重视整个领导班子的知识结构。这就是说,领导成员中要有不同知识水平的人,有懂得不同专业的人,既有理论家,又有实践经验丰富的人,组成一个能够互相配合,互相取长补短、各尽所能的合理的最佳的知识结构。这种知识应当是立体型的,而不应当是平面型的;应当是动态的,而不应该是静态的。所谓动态,就是整个领导班子的文化专业程度在整个智力发展中始终保持较高的水平。这是因为整个社会的文化水平都提高了。领导人的智力低于或等于一般人的水平就会失去做领导人的资格。所谓立体,是领导成员之间的知识能够交叉配合,以适应工作的需要。联邦德国曾对政府几个部门的领导成员进行调查,其中40%的人是法律专业毕业的,有30%的人是学理工的,还有30%的人是学行为科学和心理学的。美国中西部有一个中型的销售组织,总经理有管理企业的能力,但缺少人事才能,他的副经理有人事方面的能力,他们三人组成一个管理委员会,几个"偏才"组织到一起,就形成一个全才的班子。一个企业中即使有两个负责人,也要有一个负责行政工作,另一个负责业务工作,他们互相配合,才能做好工作。总之,组建领导班子一定考虑到合理结构,分解开来,各有所长,聚合在一起,能配合默契,协调工作。

过去,我们的许多领导班子的知识结构不合理,重经验、轻知识,重实践、轻理论。党的十一届三中全会以后,我们注意了各级领导班子知识结构问题。在配备县政府班子时,强调县长要有全面的管理能力和领导经验,其中副县长要由懂农业、工业、交通、财贸、卫生科学、文化、教育等方面的干部组成。一个科研单位的领导班子,要由懂业务和会管理的院(所)长、会管理后勤的副院(副所)长以及会做思想政治工作的党委书记组成。在一个工厂或公司的领导班子里,也要有合理的知识结构。鞍山钢铁公司经过调整后领导班子由10人组成,经理和书记都是工程师,整个班子已达到专业化的要求。据统计,全国3000个大中型企业的领导班子,经过调整后有大专以上或相当于大专以上文化的已达到一半以上。随着社会经济和科学技术的进步,对各级领导班子的知识结构要求也越来越高,只有形成最佳的合理的知识结构,才能适应四化建设的需要,推动四化建设事业的发展。

我们不但要重视领导班子的知识结构,而且要重视领导班子的群体结构。我们知道,由于领导班子群体中的每一位成员的认识、经验、年龄以及个性心理特征的不同,因此配备班子时,必须充分考虑其内部的年龄结构、心理素质结构以及在一定任期内的稳定性。必须指出,领导班子群体结构的科学化,是发挥领导班子整体功能的必要条件,也是新的领导班子建设的重要内容。

目前,各级党政的领导机关,特别是人事部门为建设科学的领导班子群体结构作了大量的工作,进行了有益的探索。这些探索包括:在调整班子时,不仅要选拔最佳的个体,而且更要重视最佳的群体;不仅考虑班子的知识结构,还要考虑年龄结构,使领导班子中逐步形成老、中、青干部的一定比例;不仅考虑班子成员的个体心理素质,还要考虑班子的整体心理素质结构的合理性,采取多种措施,保证领导班子的优化结构和相对稳定性。这些做法,对于领导班子的建设有积极的推动作用。

四、领导者的自然素质

领导者的自然素质,主要是指身体是否健康,思维是否敏捷和精力是否旺盛。领导者的自然素质主要包括以下几个方面:

(一)健康的身体和旺盛的精力

领导工作的任务艰巨而繁重,没有健康的身体和旺盛的精力是无法胜任的。周恩来同志在《我的修养要则》中指出:"健全自己身体,保持合理的规律生活,这是自我修养的物质基础。"(《周恩来选集》上卷,第 125 页)老一辈的无产阶级革命家在极端艰苦环境中也能坚持锻炼身体,现在领导者比过去的环境好得多了,不仅有一个和平安静的环境,而且也有较好的物质生活和文化生活条件,更应该坚持锻炼,提高身体素质以适应现代化建设的需要。各级领导干部应当根据自己的条件和爱好,参加力所能及的活动和运动。

只有身体健康,才能精力旺盛。一个人要保持旺盛的精力,一要身体好,这是物质基础;二要注意营养,在自己物质条件许可的范围内,尽可能把自己的生活安排得好一些;三是劳逸适度,有规律地安排生活和工作,使脑子经常处于最佳的状态。

(二)敏捷的思维和良好的记忆

一个人的头脑是否敏捷,有先天条件,也有后天锻炼的问题。先天条件是基础,如挑选一个演员,首先,要看五官是否端正,嗓音素质如何等,然后经过舞台实践才可以逐步成为一个表演艺术家。领导干部的思维是否敏捷,要看他头脑反应的速度和动作的快慢,一般说来,敏捷的思维有待于自觉的训练。在当今开放的时代,领导者要特别注意以下几个方面的思维训练:整体思维训练、动态思维训练和理性思维训练。

一个人的记忆,同年龄有很大的关系。不同年龄的人记忆力和理解力也会发生相应的变化,一般说来,随着年龄的增长,记忆力会逐渐地下降。当然也有例外,如我们敬爱的周总理在世时,虽年事已高,但他有非凡的记忆力。他见过的人,几年后再见面时他还能叫出名字。这是长期锻炼的结果。在领导工作中大事小事甚多,我们不能要求领导者事无巨细地全部记下来,只能要求他们在大事上清楚,小事不一定都清楚。如果小事清楚,大事糊涂或大小事都糊涂,那就糟糕了。为了提高记忆力,每个领导者都要有备忘录,把大事、要事、急事记下来,以备查办。有条件的领导者还可以借助于秘书和电脑的帮忙,以提高工作效率。

(三)合理的年龄结构

党的十一届三中全会以后,针对干部队伍老化、年龄偏大的问题,邓小平同志指出,选拔培养中青年干部是个战略问题,是决定我们命运的大问题。干部队伍年轻化,不是要求一个班子里都是年轻人,而是有一个合理的年龄结构。在一个领导班子里,要有老年、中年和青年的参加,因为年龄不同、经历不同和知识水平的高低不同,以及他们的性格的不同,可以弥补彼此的不足。一般说来,老年人经验丰富,深谋远虑,属于多虑型的性格;中年人有韧性,不会一触即发或一触即折,属于顽强型的性格;而青年人奋发有为,好胜心强,善于创新,属于果断型的性格,但毅力较差,考虑问题不周到。这样不同年龄的人组合在一起,就可以形成一个坚定、沉着、顽强、果断的领导班子。这里讲的老、中、青也是相对而言,对高层、中层、基层的不同领导班子,对他们的年龄要求也不同。一般说来,对高层领导干部的年龄要求要高一些,而中层和基层的领导干部的年龄要求相对低一些。

领导班子要保持梯形的年龄结构。这几年,从中央到地方都着重抓了这项工作,一大批优秀的中青年干部充实到各级领导班子里。据新华社报道,从1984年4月到1985年9月党中央对29个省、自治区、直辖市的领导班子进行了调整,调整后的省、自治区、直辖市的常委和正、副省长的平均年龄由原来的57岁下降到53岁,绝大多数省、自治区、直辖市的领导班子的年龄,初步形成了一个梯形的年龄结构。

1985年9月召开了中国共产党全国代表会议,进一步实现了中央领导机关成员的新老交替。很多久经考验的、深受全党和全国人民爱戴的老同志,高瞻远瞩,深明大义,以党、国家和民族的利益为重,为实现中央领导机关成员的进一步的年轻化,主动退了下来。会议经过充分地讨论,民主选举增选了56名中央委员(其中47名是从原中央候补委员中增选的),35名中央候补委员,一批德才兼备、年富力强的同志担任了中央党、政、军和各部委以及省、自治区、直辖市的领导职务。这样,中央领导机关在十二大开始的新老交替之后,又在年轻化的程度上迈进了一大步。这是我们党后继有人、大有希望、兴旺发达的重要标志。

按照干部"四化"的方针,实现干部队伍的不断更新,废除领导职务终身制,这是我们党的战略决策。采取新老交替和合作,保持领导班子的梯形结构,并把它作为领导机构的一种体制,是实现这一战略目标的途径和形式。它的建立可以说是我们党的一个创举。

(原载《领导科学》一书,红旗出版社 1986 年 4 月出版)

党和群众团体的关系

群众团体是指非国家政权性质的团体,这里主要指工会、共青团、妇联等全国性的群众组织。执政的中国共产党与这些群众团体的关系如何,不仅关系到党的执政方式,而且也是政治体制改革的一个重要内容。

过去,在"左"的错误思想指导下,我们党在一定程度上忽视了群众团体特点和自身建设,党和群众团体的关系处于不正常的状态。党的十一届三中全会以后,随着"左"的错误思想的纠正,党和群众关系正逐渐理顺,群众团体的职能得到了较好的发挥。但是,真正的理顺并不是一朝一夕之功,需要有大量的建设性的工作,党的十三大报告在论述政治体制改革的同时,曾对党和群众团体工作作了原则性的论述。根据党的十三大报告的精神,本章将着重阐述在改革开放条件下群众团体的性质、特点和作用,如何理顺党群关系和搞好群众团体的自身建设问题。

一、群众团体的性质、特点和作用

在改革开放的条件下,各群众团体的性质、特点和作用有什么变化,这是执政党必须注意的。党的十三大报告指出:"要理顺党和行政组织同群众团体的关系,使各种群众团体能够按照各自的特点独立自主地开展工作,能够在维护全国人民总体利益的同时,更好地表达和维护各自所代表的群众的具体利益。"可见,掌握各群众团体的特点,是理顺党和群众团体关系的前提和出发点。

(一)群众团体的性质

工会、共青团、妇联是在中国共产党领导下的群众组织,是重要的社会政治团体。

1988年10月28日,中国工会第十一次全国代表大会通过的《中国工会章程修正案》中指出:"中国工会是中国共产党领导的职工自愿结合的工人阶级群众组织,是重要的社会政治团体。"这就清楚表明,中国工会是工人阶级的群众组织,是阶级性和群众性的统一。群众性以阶级性为前提,阶级性以群众性为基础。工会是工人阶级的初级组织,是工人阶级初步站起来为自己利益而斗争的组织。我们既不能过分强调工会的先进性,以无产阶级政党的条件来要求工会,也不能只注意群众性,忘记了阶级性,脱离广大的工人群众。

中国共产主义青年团是中国共产党领导下的先进青年的群众性组织。团的十一大章程规定:"中国共产主义青年团是中国共产党领导的先进青年的群众性组织,是广大青年在实践中学习共产主义的学校,是中国共产党的助手和后备军。"所谓先进性,就是以马列主义、毛泽东思想为指导,把建设社会主义和最终实现共产主义作为奋斗目标。在政治上接受共产党的领导,贯彻执行党的各项方针、政策;在组织上按照民主集中制的原则建立起来,接受同级党委和上级团委的领导;它有严格的纪律性和组织生活,以生动活泼、丰富多彩的活动把广大的青年吸引到自己的周围,是团结广大青年的核心。团的群众性表现为团的基础是青年群众,入团虽有严格的条件,但不像入党要求那么严格,只要是青年中的先进分子就可以加入。团的先进性和群众性结合起来,只强调先进性就会形成关门主义,只强调群众性,就会忘记团的先进性,用"拉夫"的方法吸收团员,就会使共青团丧失吸引力和凝聚力,起不到团结教育青年的作用。

妇女联合会是以女性为特征建立起来的组织。1988年9月6日,中国妇女第六次全国代表大会通过的章程规定:"中华全国妇女联合会是全国各族各界妇女在中国共产党领导下为争取进一步解放而联合起来的社会群众团体,是党和政府联系妇女的桥梁和纽带。"这就是说,妇女联合会是在中国共产党领导下的妇女群众性组织。它与工会、共青团相比,人数最多,因而也更有广泛的群众基础。

(二)群众团体的特点

工会、共青团和妇联既然都是群众团体,便有其共同的特点和各自的特点。若没有共同的特点,就构不成群众团体;若没有各自的特点,就失去独立存在的理由。

1.共同的特点:第一,群众性。工会、共青团和妇联都是群众性组织,有广泛的群众基础。据统计,中国工会有会员9000多万人,它联系的职工有1.3亿人。《中国工会章程》规定吸收会员的条件是:"凡是在企业、事业、机关团体中从事体力和脑力劳动,以工资收入为主要生活来源的职工,不论性别、民族、职业、宗教信仰，承认工会章程，都可以加入工会为会员。"妇女联合会联系的群众更多，据新中国成立以来三次人口普查登记，1963年全国人口5.6亿人，女性2.7亿人，占48%；1964年全国总人口6.9亿人，女性3.3亿人，占48.7%；1982年全国总人口10.31亿人，女性4.88亿人，占48.5%。可见妇女约占人口的一半，所以有"半边天"之称。这里去掉未成年的女性，人数仍是最多的。共青团的入团条件比工会、妇联严格，全国有共青团员5600万人，联系城乡男女青年2.7亿人。由此可见它们联系群众之广。

第二，社会性。由于工人、青年和妇女都是社会成员，在社会上生活和工作，涉及工人、青年和妇女问题必然带有社会的属性。要完成对工人、青年和妇女的教育工作，除本组织外，还要有社会上其他组织的配合，不仅各级党组织和政府要管，而且其他社会组织也要积极参与，采取切实可行的措施，共同完成对工人、青年和妇女的教育工作。

第三，民主性。工会、共青团和妇联都是按民主集中制的原则建立起来的组织，从基层、地方到全国的各级领导人（除派出机关）一律由会员大会或会员代表大会选举产生。选举要体现选举人的意志，候选人要经过充分的酝酿讨论，采用无记名投票和差额选举办法产生。重大问题要经过会员大会或会员代表大会的执行机构讨论决定，领导机关实行集体领导和个人分工负责相结合的制度。

第四，服务性。这里说的服务性有两层意思：一是为党的中心工作服务。因为工会、共青团和妇联都是党领导下的群众组织，它们必须积极动员和组织所代表的广大群众，为完成党的中心任务而奋斗。若离开党的中心工作，另搞一套，不仅会迷失前进的方向，而且也失去其为党和群众之间的桥梁和纽带的作用。二是为基层服务，即为其单位自己的群众服务。因为工会、共青团和妇联都是群众组织，是各自所联系群众的代表，它们只能反映群众的利益、呼声，以积极、热情、可靠、有效和丰富多彩的形式为群众服务，才能赢得群众的信任和支持，才有存在的价值和发展的基础。

第五，国际性。中国的工会、共青团和妇联是中国的群众团体，又与世界各国的工会、共青团和妇联有广泛的联系，它们的活动有国际性。中国工会本着独立自主、广泛联系的方针，与世界上130多个国家和地区建立了广泛的联系，开展经济、科技、文化和工会经验交流活动，参与当代重大国际问题的讨论。中华妇女联合会已与 130 多个国家和地区的妇女组织建立了多种形式的联系,还配合联合国"妇女 10 年"和"国际和平年"开展了活动。以共青团为核心的中华全国青年联合会,本着"和平友好,独立自主,平等合作"的精神,也与世界各国青年组织进行广泛的联系和交流互动。

2.各自的特点:中国工会与其他群众团体相比,具有明显的产业性。凡是一个产业,不论其性别、族别、先进或落后,也不论是从事体力或脑力劳动,甚至连一部分行政管理人员等,都可以加入同一产业工会。工会还有鲜明的阶级性,它是工人阶级的集体队伍,不论是先进的、一般的或落后的都可以加入工会。在我国资产阶级虽然消灭了,但工人阶级依然存在,工人阶级作为大机器工业的产物,是社会生产力的主要代表、新生活的建设者,还有消灭阶级差别、脑力与体力劳动的差别以及城乡之间的差别的任务。

共青团的最大特点是年龄的限制,因为共青团以年龄为标志,团员的年龄在 14—28 岁之间,未达到这个年龄段的,不能入团,超过这个年龄段,又不兼任团内职务的要退团。早在 20 世纪 50 年代,毛泽东曾说:"青年人与成年人不同,女青年与男青年也不同,不照顾这些特点,就会脱离群众。"(《毛泽东著作选读》下册,第 701 页)共青团还有一个特点,就是它的先进性,不仅在政治上接受中国共产党的领导,还把实现共产主义作为自己的奋斗目标,在组织上接受同级党委的领导。

妇女联合会是以女性特征建立起来的组织,这是它的最大的特点。自母系社会以后,人类就进入阶级社会。随着妇女在生产中地位的下降,在政治上、家庭中的地位也下降了。在社会主义国家里承认男女在政治上、经济上的平等地位,但由于种种条件的限制,许多妇女还没有取得事实上的平等权利。有的女同志说,我们背着繁衍后代和操持家务的沉重包袱,在同一起跑线上同男同志比赛,怎么能取得同样成绩呢?所以妇女联合会这样的组织必须为妇女撑腰说话。妇女联合会还有一个特点,它具有统战性,通过民主党派和宗教界的妇女工作,可以加强同香港、澳门、台湾以及海外华侨妇女的广泛联系,在爱国主义的旗帜下共同合作。

(三)群众团体的作用

工会、共青团和妇联等群众团体,历来是党和政府联系广大群众的桥梁和纽带。在社会主义的建设事业中具有重要的作用。具体来讲,主要有:

1.桥梁和纽带的作用。工会、共青团和妇联等群众团体,是党和政府联系广大群众的桥梁和纽带。列宁说到工会作用时曾说:工会"保证中央国家管理机关、国民经济和广大劳动群众之间的密切联系"(《列宁选集》第4卷,第483页)。这话同样适合于共青团和妇联。所谓桥梁和纽带的作用有四点:一是通过各群众团体自上而下地有组织、有系统地宣传党的方针、政策,使党的方针、政策变成广大群众的自觉的行动,同时又把贯彻当中出现的情况和问题,及时地反映到各级党和政府的机关,为党和政府完善党的各项方针、政策提供依据。二是通过群众团体可以把广大的工人、青年和妇女团结起来,发挥凝聚和吸引的作用。三是通过众多群众团体的耳目,形成广泛的监督网络,它能够像社会的"晴雨表"和"气象站"一样,把党和政府机关的官僚主义、以权谋私、贪赃枉法等腐败现象及时反映出来,以加强对党政机关的监督作用。四是及时地向党组织和政府反映群众的意见和呼声,沟通党同群众的联系,使党的政策更符合群众的愿望和利益。

2.维护所代表群众的利益。工会、共青团和妇联作为独立的群众团体,自然各代表一部分群众的利益,这是它们的重要职能。失去了这些职能,也就失去了存在的价值。工会代表和维护广大工人阶级的具体利益,共青团代表广大青年的利益,他们的学习、工作、生活、婚姻、家庭等具体的要求和愿望,应由团组织来反映,并加以解决。妇联代表广大妇女的利益,要维护男女平等的权利,维护妇女和儿童的合法权利,要同那些重男轻女、歧视妇女的言论和行为作斗争。过去,我们比较强调全体人民的总体利益,而对各群众团体所代表的具体利益有所忽视,因而带来了不良的后果。应当看到,从各自不同的性质和职能上讲,党和政府应当代表和维护国家和全体人民的整体利益,而各群众团体则是所代表群众利益的维护者。只有维护所代表群众的具体利益,才能赢得所代表群众的信任和支持。当然,这具体的、局部的利益要服从整体的、国家的利益,并且不应妨碍另一部分群众的具体利益。

3.社会主义建设的重要力量。工会是工人阶级的群众组织,要保证工人阶级在政治上的主人翁地位,并发挥在两个文明建设中主力军的作用。新中国成立以后,工人阶级的地位发生变化,已成为国家的领导阶级,工会的主要作用之一是组织广大工人参政议政,在企业管理乃至其他社会事务的劳动中发挥主力军的作用。广大工人赞成改革,积极投身于改革,把改革精神贯彻到工会的各项工作中去,在经济建设中,工人阶级是主力军,1978年以来,我国国民生产总值的70%以上,国家财政收入的90%以上,都来自劳动职工的创造。由此可见,工人阶级不愧为现代化建设的主力军。

共青团作为先进青年的群众性组织,是一支最有生气、最积极、最活跃的力量,是四化建设的突击队。这支队伍在生产第一线上的劳动力占60%以上,农业战线上的青年和团员在治穷致富、多种经营、科学种田等方面都发挥了很好的作用。工业战线上的团员和青年,通过岗位练兵,技术培训,在优质、高产、低耗等方面发挥了重要作用;文教、政法、财贸、卫生、体育等战线上的青年和团员也都起到了突击队的作用。广大团员和青年是向科学进军的生力军,要造就第一流的科学家、工程技术专家,必须寄希望于青年。"科学的未来是属于青年的。"广大的团员和青年也是改革的拥护者和突击力量。正如列宁所说:"我们是革新者的党,而青年总是更乐意跟着革新者走的。"(《列宁全集》第11卷,第338页)

妇女占人口的一半,在社会中有"酵母"的作用,然而只有把广大妇女组织起来,动员起来,才能使她们在社会主义建设中发挥"半边天"的作用。妇女中曾出现一大批有胆有识、精明强干、出类拔萃的巾帼英雄,有的还进入各级领导班子,在参政议政方面发挥了重要作用,有的成了企业家、科学家。在广大农村以妇女为主体的专业户占三分之一,进入乡镇企业的妇女有3500万人,占乡镇就业人数的40%,在城镇全民和集体就业的有4800万人之多,占36.8%。总之,妇女在四化建设中的作用越来越大,显示了巾帼英雄的丰姿和时代的丰采。作为她们代表的妇联,在社会生活各方面也都发挥了不可替代的作用。

二、理顺党和群众团体的关系

理顺党组织与工会、共青团和妇联等群众团体的关系,是完善党的领导方式的重要内容之一,为此,应当充分认识解决这个问题的重要性,搞清楚理顺党和群众团体关系应当坚持的原则和采取的措施。

(一)理顺党和群众团体关系的重要性

新中国成立以后,中国共产党成了掌握全国政权的执政党,是全体人民利益的代表者和体现者。而要代表人民的根本利益和体现人民的意志,就必须理顺党与各群众团体的关系,充分认识和发挥工、青、妇的作用。因为人民群众是由各部分的群众组成的,只有各部分的具体利益都得到反映,他们的意见受到尊重,他们的主人翁的责任感和创造性才能得到充分的发挥。工会、共青团、妇联正是代表各部分群众利益的组织。党和各群众团体关系的实质,就是党与这些团体所代表群众的关系。关系理顺了,就能通过这些组织充分了解广大的工人、青年、妇女的利益和要求,从而制定出更符合他们心愿的方针和政策,否则,就不能体现这部分群众的利益和意志。再者,社会主义建设是极其艰巨伟大的事业,团结的人越多越好。工会、共青团和妇联作为各部分群众组织,对于广大工人、青年和妇女有巨大的吸引力和凝聚力。理顺党同这些群众团体的关系,就可以充分调动这部分群众的积极性,使其齐心协力,同心同德,共同完成建设社会主义强国的伟业。

我们党对工会、共青团和妇联等群众团体的工作历来是重视的,始终把做好群众团体的工作当作自己的一项重要任务。在党的历史上,曾做过不少有关职工运动、农民运动、青年运动和妇女运动的决议,派出许多优秀的共产党员和无产阶级革命家到工会、共青团和妇联去工作。随着工会、共青团和妇联等群众运动的发展和在社会生活中作用的增强,党也进一步加强了对群众团体的领导,提高了这些群众团体的地位,从中央到基层,层层建立了群众团体的组织,工作中也积累了不少宝贵经验。如我们强调各群众团体要围绕党的中心工作,在党组织的领导下开展工作。工会应当成为教育工人阶级的共产主义的大学校,共青团应成为党的助手和后备军,妇联应成为党联系妇女的纽带,从而避免了在某些国家出现的脱离党领导的工团主义和资产阶级自由化倾向,使各部分群众紧密团结在党的周围。

但是党执政以来,在处理党同群众团体关系上,也有不少值得引以为鉴的教训,这些教训在不同的时期又有不同的表现,主要有:

过分强调共性,而对各群众团体的个性照顾不够。这些群众团体作为联系群众的桥梁和纽带,有共性是不可否认的,正如前边所说,他们有各自联系的群众和所代表的群众,又有自己的特点。在我们党过去的文件和报告中也提到要照顾各群众团体的特点,但是具体措施少,这就形成了只讲共同利益多,而讲特殊利益少的情况。在工作中共同联合行动多,而各具特色的独立活动少。

党组织对各群众团体的具体事务干预过多。党组织加强对各群众团体的领导是一条经验,必须坚持。但不应对具体事务管得过多过细,一些纯属群众团体的日常工作,也要向党委报告和请示,使这些群众团体失去独立性。这样表面上看来是加强党的领导,实际上是包办代替群众团体的工作,影响了群众团体组织的作用发挥。

崇拜自发性让群众组织凌驾于党组织之上,这是党群关系的一种畸形状态,在"文化大革命"中表现最为突出。当时的工人宣传队(简称工宣队),可以驻进各级党委机关内,代替党委,指挥一切,决定一切。非党组织可以开除党员的党籍,完全颠倒了党与群众组织的关系。

党的十一届三中全会以后,党在完善自己执政方式的过程中,在理顺党和群众团体的关系方面采取了一些具体措施,党和群众团体的关系已得到了改善。但仍然存在着党群不分的问题,以党代替群众团体的工作的现象还存在着,群众团体在参政议政、监督等方面没有得到充分的发挥。这些都是政治体制改革中要解决的问题。

(二)理顺党和群众团体的关系应当坚持的原则

第一,党群分开的原则。进行政治体制改革,不仅要实行党政分开,而且要党群分开。所谓党群分开,首先,是职能上的分开。关于党的职能前文已论及。党组织和群众团体从某种意义上说,虽都是群众组织,但是中国共产党是代表全国人民的意志、执掌全国政权的政党,而工会、共青团和妇联等群众组织是一部分群众的组织,所以职能是不同的。因此,实行党群分开,就应当明确分清各自不同的职能。党组织的职能是根据全国人民的利益和意志,制定符合国情和社会发展规律的路线、方针和政策,并组织和动员全国人民共同完成社会主义现代化的伟大事业。各群众团体的职能是在党的路线、方针、政策指导下反映和维护所代表那部分群众的利益和愿望,并组织和动员所代表群众积极参政议政,完成本职工作,促进社会主义事业的发展。各级党组织对于各群众团体应当充分信任,放手让他们独立开展工作,对其所履行职能开展的业务工作不应干预,更不应当代替他们的工作。其次,在组织上也应当分开,各群众团体的组织从基层、地方到全国的领导机关,都有自己的组织系统,它的最高领导机关是全国代表大会和地方的各级代表大会,它的执行机关是由代表大会所产生的各委员会和执委会等常设机构。以往有些党组织把群众团体当作自己的工作部门或附属物,应当坚决纠正。

第二,政治领导的原则。我们说党和各群众团体不是直接的领导与被领导的关系,并不是说其间不存在任何领导关系。如同政权机关、各民主党派要接受中国共产党的政治领导一样,各群众团体也要接受党的政治上的领导。脱离党的领导,各群众团体就不能坚持正确的政治方向,就不能在社会主义建设事业中充分履行自己的职能,发挥自己的作用。党的十三大报告中指出,所谓政治领导,就是政治原则、政治方向、重大决策的领导。遵循这一原则,党组织应当在一定时期内,对各群众团体的工作、任务提出明确的要求,对政治方向性的问题和重大原则问题,认真地讨论研究。各群众团体中的党组遇到这类问题,要及时地通过党的系统向党委请示报告,认真听取党委指示和意见,不应借口相对独立性,而在重大问题上自作主张,拒绝党的政治领导。

第三,依法办事的原则。各群众团体是依法建立起来的、独立的组织,因此,各群众团体的事也应当依法由他们去办。党的十三大报告指出:"在党和政府同群众的关系上,要充分发挥群众团体和基层群众性自治组织的作用。逐步做到群众的事情由群众组织自己依法去办。"这里说的法,包括群众团体的章程和条例。宪法和各种法律是依据人民的根本利益和愿望制定的,体现了人民的意志,是建设社会主义和巩固人民民主专政的根本保证。各群众团体只要是在宪法和法律范围内活动,自觉地遵纪守法,就应当支持和鼓励。各群众团体的章程和条例,如《中国工会章程》、共青团的团章、妇联的《中华妇女联合会章程》,都是在党的路线、方针、政策指导下,根据所代表群众的具体利益制定的,是他们工作和行为的规范。各群众团体要按照自己的章程和条例开展工作,完全是他们自己职责范围内的事情,党组织不必加以干涉。

(三)转变党对群众团体的领导方式

为了理顺党和各群众团体的关系,在对各群众团体的领导方式上也实行相应的转变。

第一,变具体干预为宏观指导。过去对各群众团体的领导工作中,具体干预太多,事无巨细都要经过党组织讨论研究,结果影响了各群众团体独立自主地开展工作。实行政治领导是一个基本要求,就是要变具体领导为宏观控制,党的组织只在政治方向上和重大原则问题上予以指导,提出建设性的意见;对涉及群众组织之间关系和群众团体与政权机关的关系问题,出面加以协调,对各群众团体是否正确地贯彻党的路线、方针、政策进行必要的监督。除此以外,对群众团体的日常事务工作,完全不加干预,放手让这些组织根据自己的实际情况和上级指示去办。群众性、自主性是群众团体的特点,不像政权机关那样具有强制性。因此,即使是宏观指导,也应赋予较多的灵活性。党组织只应提出原则性的指示和建议,而让各群众团体根据各自的具体情况,灵活地加以贯彻执行。

第二,变直接领导为间接领导。既然各群众团体是独立的组织,与党的各级组织不是上下级的隶属关系,那么,党组织不应当直接向他们下命令、发指示。党组织对各群众团体的领导只是一种间接的领导。党的有关指示应当通过各群众团体中的党组来贯彻执行。

党组是党的派出机关,它只对批准它成立的党委负责并报告工作。党组的主要职责是实施党对群众团体的领导,保证党的方针、政策的贯彻执行。但是,党组不是群众团体的领导机构,党组的建议只能通过各群众团体的常委会和书记处才能实施。所以说,群众团体中的党组,是党对群众团体实行领导的中介。因此,在政治体制的改革中,各群众团体中的党组,不仅不能撤销,而且应当更好地发挥其作用。

第三,通过各群众团体中的共产党员的先锋模范行动来带动党外群众,贯彻党的路线、方针、政策。一般来说,党对各群众团体所发的指示和决议,只对群众团体的党组和党员有约束力,对非党群众则没有约束力。因此,党的指示、决议的贯彻执行,除了要靠群众团体中的党组,还要靠共产党员的模范行动,这也是党对群众团体领导的一种方式。群众团体中的共产党员应该时刻认识到自己是党员,对党的有关指示、决议和政策,有责任贯彻执行。如果对党的方针、政策、指示有意见,可以通过党内的组织系统提出,不允许在党外群众中散布对党的不同意见。

第四,变干部的统一管理为分类管理。过去,由于片面地理解"党管干部"的原则,党委组织部门对各群众团体的干部管得过宽过细,使群众团体在干部的管理和使用上缺乏主动权,常常出现管人与管事脱节的现象。为了克服这种弊端,党的十三大报告提出分类管理的原则。"群众团体的领导人员和工作人员、企事业单位的管理人员,原则上由所在组织或单位依照各自章程和条例进行管理。"这就是说,工会、共青团和妇联的干部可以按照自己的章程和条例管理自己的干部。除主要人选需要经党组织推荐外,还要经群团代表大会的选举,其余干部由群众团体自己管理。只要是按照党的干部路线、方针和政策,符合革命化、年轻化、知识化和专业化的要求,并根据自己的特点和性质来选拔使用的,党的组织都应当给予大力支持。

三、加强群众团体自身的建设

在党和群众团体的关系中,党组织居于主导地位,所以要理顺党群的关系。首先,要从改善党的领导、转变党的领导方式做起。然而理顺关系是相互的、双向的,只从一个方面努力是收不到效果的。因此,从群众团体方面来讲,也要加强自身建设和改革,正如党的十三大报告中所讲:"群众团体也要改革组织制度,转变活动方式,积极参与社会协商对话、民主管理和民主监督,把工作重点放在基层,克服'官'气和行政化倾向,赢得群众特别是基层群众的信任。"

第一,改革目标。党的十三大以后,工会、共青团和妇联根据党的十三大精神,对自身建设和改革的问题分别提出设想,提出了各自的改革目标。工会改革的目标是:"把中国工会建设成为中国共产党领导的、独立自主、充分民主、职工信赖的工人阶级群众组织,在国家和社会生活中发挥重要作用的社会政治团体。"共青团改革的目标是:"把共青团建设成为社会职能和法律地位明确,民主生活健全,基层充满活力,能够代表青年利益,真正赢得青年信任的先进青年的群众组织。"妇女联合会改革的目标是:"把妇联建设成为社会职能明确,充满活力,能够代表和维护妇女利益,对广大妇女具有吸引力和凝聚力,带领广大妇女在两个文明建设和民主政治建设中发挥重要作用的妇女群众团体。"这些目标的实现,将为理顺党和群众团体的关系,充分发挥各群众团体在社会主义现代化建设中的作用打下基础。

第二,克服官气和行政化倾向,实现群众团体组织的民主化和群众化。工会、共青团和妇联等群众团体本来就是非国家政权性的组织,不应有什么官气和行政化倾向。但受党群不分的影响,在群众团体中这种官气和行政化倾向相当突出,工作机构像行政机关一样臃肿重叠,有些基层组织也设常委会、主席、常务副主席等职,或设书记处、书记、常务副书记等职。一些群众团体的领导机关也染上衙门习气,不能很好地为基层服务。把主要的精力都用于为上级服务,为领导服务,颠倒了服务的方向,助长了脱离群众的倾向。

为了克服官气和行政化倾向,使群众团体的组织实现群众化和民主化。首先,必须重新树立群众观点这一常常被人们忘记的历史唯物主义观点。群众化是群众团体的生命,若离开了群众,就无所谓群众团体,群众团体就成了无源之水,无本之木,非枯死不可。所以密切联系群众是群众团体做好工作的前提。

正如列宁所说:"联系群众,也就是联系大多数工人以至全体劳动者,这是工会无论做什么工作取得成绩的最重要最基本的条件。"工会如此,其他群众团体也必须这样办。其次,要把工作放在基层,群众团体的基础也在基层。所以,各群众团体的领导机关,必须面向基层,立足基层,为基层服务。最后,各群众团体的基层组织,应成为联系群众、团结群众的核心。工会应成为真正的"职工之家",使职工群众敢于向自己说真话,说心里话。共青团应成为"青年之家",有吸引和凝聚青年的能力。妇联应成为"妇女的娘家",只有这样,各群众团体才能赢得所代表群众的信任和支持。

第三,改革机构设置,增强活力。增强群众团体的活力,是工会、共青团和妇联改革的关键。各群众团体缺乏活力和朝气,与庞大的机构设置有密切的关系。为了增强群众团体的活力,就要从机构设置的总体性和科学性出发,本着精简、统一和效能的原则,建立精干的办事机构,做到人员精明强干,职责分明。本着这些原则,各群众团体应设置决策系统、执行系统以及为决策服务的信息机构、智囊机构。

为了增强领导机关的活力,各群众团体还应进行组织体制改革。工会组织制度的改革方向应向联合制、代表制过渡,即各级工会的领导机关由所属的基层工会或下级工会的联合代表组成。做到工会代表职工,上级代表下级,各级工会都为基层服务,为职工服务。全国总工会的执委会和经费审查委员会可试行替补制。这两个委员会的职务变动时,由省级总工会和全国产业委员会提名,经全总执委会确认,可由适当的人替补。全国产业工会的领导体制应根据经济体制改革和行政管理体制的变化而采取相应的改革。

共青团中央委员会要做到班子精干,职能明确,健全各种议事制度和工作秩序。重大问题由团中央全体委员会讨论通过,并作出决定。团中央委员会和书记处要执行全会的决议并向全会报告工作。城市团组织按属地原则建立。在农村随着劳动组合方式的变化和管理形式的变化,应在团员相对集中的地方建立组织,逐步建立以"团员证"为媒介的管理制度。

妇联的各级领导机关也应进一步增强活力,全国妇联和省级妇联的执委会本着改革的精神,精简机构,发挥集体领导的作用,进一步完善代表群众的制度。在代表大会闭会期间,妇女代表要采取适当的形式联系本地区、本部门的妇女群众,把她们的意见和要求及时地向妇联的领导机关反映,各级妇联组织应立足于基层,面向广大的妇女,做好保护妇女、儿童合法权益的工作。

增强活力应以基层组织为中心,各基层组织活力的标志是能根据本单位群众的意见和要求,独立自主地开展工作,敢于维护所代表群众的利益,吸引和团结广大群众为推动本单位的改革工作而奋斗。

第四,明确社会职能,独立自主地开展工作。工会、共青团和妇联之所以有存在的必要性,是因为它们都有自己的使命和社会职能,如果没有这些社会的职能,就失去了存在的必要性。

在社会主义的初级阶段,工会的职能是维护职工的合法权益和民主权利,吸引职工参与改革,代表职工群众参与国家和社会事务管理,参与企业、事业单位的民主管理,引导和教育职工提高自身的思想道德和文化技术素质。这里讲的维护、参与、建设和教育等都是互相联系的整体。应在维护全国人民整体利益的同时,切实注意维护职工的具体利益。教育也是工会的重要职能之一。列宁说:工会"是一个教育的组织……它是一个学校,是学习管理的学校,是学习主持经济的学校,是共产主义的学校"(《列宁选集》第4卷,第403页)。教育的主要内容是四项基本原则的教育,社会主义、爱国主义、艰苦奋斗的教育。

共青团的社会职能是团结、教育和引导青年在建设有中国特色的社会主义实践中建功成才。为了履行这些职能,团的各级组织要围绕社会主义初级阶段的基本路线,对广大的团员和青年进行教育,使他们成为有理想、有道德、有文化、有纪律的青年,在社会主义建设事业中起到突击队作用和模范作用。团组织要成为青年的知心朋友。关心和维护青年的具体利益,如青年的学习问题、工作问题、娱乐问题,以及恋爱、婚姻等问题。

妇联的主要社会职能是代表和维护妇女的利益,促进男女平等。妇联要成为教育和维护妇女、儿童的合法权利的权威性的团体。在政治上代表妇女参与国家和社会事务的管理,参与有关妇女、儿童合法权利的讨论,有提出建议的权利。对各种轻视妇女的传统观念和偏见进行批评和斗争。

第五,提高群众团体的干部的素质。提高干部的素质,是增强活力,完成历史使命的关键,是一个战略性的任务。新的历史时期,在改革开放和发展商品经济的条件下,各部分群众的利益关系和思想状况都在发展着和急剧变化着,为了适应这一新的形势要求,必须提高群众团体干部队伍的素质。

政治素质,即一个干部的政治立场、政治品质和政治态度等。各群众团体的干部在政治上要拥护党的领导,认真地、自觉地执行党的路线、方针、政策。在新的形势下,既能坚持四项基本原则,拥护改革开放的总政策,又能自觉地抵制资产阶级自由化和形形色色的错误思潮。有高尚的道德品质、良好的职业道德和扎实的工作作风,有做好本职工作的使命感和历史责任感。

文化素质,就是一个干部要做好工作必须具备的科学文化知识,这首先是做好工作的基础。群众团体工作涉及面广,广大的工人、青年接受新知识、新思想快,这就要求群众团体的干部要有较高的文化水平和较宽的知识面。不仅应有哲学、文学、历史、经济、法学等社会科学方面的知识,而且还要懂得自然科学方面的知识。对于交叉学科、边缘学科等新兴科学方面的知识也应注意学习。单靠以往掌握的知识老本,是很难适应新形势下各群众团体工作的需要的。

业务素质,是指做好本职工作的业务知识、专业知识和专业工作的能力。工会、共青团和妇联的干部处于领导岗位上,他们应有组织、指挥、管理的能力。因此,他们也应学习与此有关的领导科学、行政管理学和行政法学等方面的知识。所有的群众团体的干部都要学习与本职工作有关的专业知识。工会干部要懂得劳动经济学、劳动伦理学和劳动法学及工运学、工会理论和方法。妇联的干部应懂得妇女学、妇女心理学以及妇女运动的理论和方法。共青团的干部应懂得青年学、青年心理学以及共青团工作的理论和方法。此外,还要不断地积累经验,增长才干。

身体素质,主要是要求各群众团体的干部要有敏捷的思维、健康的身体,这是做好本职工作的保证。各级班子的年龄结构要合理,要有一个梯形的年龄结构。共青团的干部应更年轻些,形成一个精干、果断、熟虑、远谋的领导集体。干部的年龄结构,总的趋势是逐渐年轻化,只有年轻化,才能够充满活力,提高工作效率。

四、农民是否也有自己的群众组织

在我国历史上曾有不同形式的农会。第一次国内革命战争时期,在湖南各地成立农会。抗日战争时期,各抗日根据地曾建有各界抗日救国联合会(简称各救会),它包括职工抗日救国会、农民抗日救国会、青年抗日救国会、妇女抗日救国会、文化界抗日救国协会等。在土地改革期间重建农民协会。新中国成立以后,全国各地都建立了各级工会、共青团、妇女联合会等组织,唯独没有农民的团体组织。在对群众团体工作进行研究时,我们感到这是一个很难理解的问题。我国有11亿人口,农民占80%以上。在一个农民占优势的国家内,农民的状况如何,关系到国家的命运和前途。无论是战争年代或社会主义建设时期,农民都是国家的支柱之一和骨干力量。农业是国民经济的基础,人们的吃饭穿衣问题解决了,才可以从事做工、经商和办教育等。农业的好坏影响工业建设。从已经建立的群众团体来看,工会是全国工人阶级的组织,共青团是广大青年的群众性组织,妇女联合会是广大妇女的群众性的组织。唯独没有代表和维护农民利益的群众性组织,农民的呼声和意见,不能通过自己的组织向各级党和政府反映,他们的具体利益得不到自己组织的维护。这对于调动广大农民的积极性是不利的。在商品经济大发展,各部分群众利益呈现多元化的今天,建立一个代表农民利益的群众组织是必要的。这个组织的名称可以叫"中华全国农民协会",简称"农会"。它同工会、共青团、妇联一样,是在中国共产党领导下的一个群众性团体组织,是党和各级政府联系农民的桥梁。

(原载《共产党执政方式探讨》,河南大学出版社1989年8月出版)

正确的组织路线是实现正确的政治路线的可靠保证

"正确的政治路线要靠正确的组织路线来保证。"这句话是我们党几十年革命和建设经验的总结和概括,它不仅说明了组织路线的重要性,而且也说明了如何完善组织路线来保证政治路线的实现。

一

邓小平说:"组织路线问题,这是一个很重要的问题。"(《邓小平文选》第2卷,第176页)这里讲的组织路线的重要性,除组织路线起保证作用外,多数是从选拔和培养接班人的角度讲的,所以,我们在讲组织路线的重要性时,也离不开这一思想。

组织路线是实现政治路线的保证。这在我党历来的文件和决议以及我党领导人的言论中都有论及。早在五十多年前,毛泽东就说:"政治路线确定之后,干部就是决定的因素。因此,有计划地培养大批的新干部,就是我们的战斗任务。"(《毛泽东选集》第2卷,第526页)在新民主主义革命时期,毛泽东论述了组织路线是实现政治路线的可靠保证。新中国成立以后,我党领导人继承和发扬了这一思想。党的十一届三中全会决定了我党的政治路线。为了保证这条政治路线的实现,邓小平多次强调组织路线的重要性。1979年7月29日,他在接见海军党委扩大会议全体同志的讲话中指出:"政治路线确立了,要由人来具体地执行。由什么样的人来执行,是由赞成党的政治路线的人,还是由不赞成的人,或者是由持中间态度的人来执行,结果不一样。"(《邓小平文选》第2卷,第176页)同年11月2日,他又在《高级干部要带头发扬党的优良传统》一文中说:"现在我们国家面临的一个严重问题,不是四个现代化的路线、方针对不对,而是缺少一大批实现这个路线、方针的人才。"(《邓小平文选》第 2 卷,第 193 页)这就告诉我们要实现党的政治路线,没有一大批人才是不行的。有了人才,他们的态度是积极、消极或中间状态,结果自然也有差别。所以,有正确的政治路线之后,还必须有一大批真心实干"四化"的人来保证,社会主义的四个现代化才不会落空。

众多人才,从组织上显示了社会主义的优越性。衡量一个社会制度好坏有三个标准:经济上能迅速发展生产力,不断改善人民的物质文化生活水平;政治上发扬民主,能调动亿万人民的积极性;组织上培养、选拔、使用一大批人才。社会主义社会是人类历史上迄今为止最进步的社会,有比其他社会优越的人才成长的环境和条件,因而也应当比其他社会涌现出更多的人才。如果有一大批坚持四项基本原则的、年轻的、有专业知识和专业能力的、作风正派的建设人才,不仅从组织上保证社会主义四个现代化的实现,而且也从组织上显示了社会主义制度的优越性。

正确的组织路线是国家长治久安的保证。为了使我国老一辈的革命家所开创的革命事业千秋万代永不变色,使我们的子孙后代永远沿着有中国特色社会主义道路继续走下去,只靠老一辈的革命家是不够的,必须有第二代、第三代的革命家接上来。这就要努力培养和选拔革命事业的接班人,我们党历来非常重视这个问题。1964 年,毛泽东就说过:"培养无产阶级革命事业接班人的问题,从根本上来说,就是老一代无产阶级革命家所开创的马克思列宁主义的革命事业是否后继有人的问题,就是将来我们党和国家的领导是否掌握在无产阶级革命家手中的问题,就是我们的子孙后代能不能沿着马克思列宁主义的正确道路继续前进的问题。"(《人民日报》1964 年 7 月 14 日)毛泽东这一关于选拔和培养接班人的思想是深刻的,有远见的。

党的十一届三中全会以后,邓小平继承和发展了这一思想,他特别就如何选拔和培养接班人的问题、如何教育后代的问题,作了很重要的论述。

邓小平首先论述了培养和选拔接班人的重要性。他反复强调培养和选拔接班人是个"战略问题,是决定我们命运的问题"(《邓小平文选》第 2 卷,第 339 页),是"第一位的问题","是事关大局的问题"。1979 年 11 月 2 日,他在《高级干部要带头发扬党的优良传统》一文中指出:"我们一定要认识到,认真选好接班人,这是一个战略问题。是关系到我们党和国家长远利益的大问题。"(《邓小平文选》第 2 卷,第 194 页)要求我们党的各级领导人,要从战略上考虑接班人的问题。其次,选拔接班人是老干部的职责,老干部第一位的庄严的职责是选拔和培养接班人,"其他的日常工作,是第二位、第三位、第四位、第五位、第六位的事情。第一位的事情是要认真选拔好接班人"(《邓小平文选》第 2 卷,第 199 页)。老干部第一位的任务不是终身制,该退休的退休,把位置让出来。如果不把位置让出来,让老人、病人挡住比较年轻的、有干劲的、有能力的人的路,不只是四个现代化没希望,甚至涉及亡党亡国的问题,可能要亡党亡国。最后,在革命化、政治条件第一的前提下,要突出抓干部年轻化的问题。干部队伍是否年轻化,是关系到我们党和政府机关是否有活力的问题,是否朝气蓬勃的问题。因此,要把干部队伍年轻化"当作体制改革的一个中心目标"(《邓小平文选》第 2 卷,第 365—366 页)。只有大批的年轻干部涌现出来,才能从组织上保证我们党的政策的连续性。

教育后代,是培养接班人的重要内容之一。教育,包括学校教育和政治思想教育。学校教育是教育后代的一个重要的阵地,要从小就给孩子树立正确的思想,"不抓科学、教育,四个现代化就没有希望"(《邓小平文选》第 2 卷,第 65 页)。要把我们的党员教育好,把我们的人民和青年教育好。在政治上,要进行马克思列宁主义的教育,使他们树立正确的世界观和人生观,有共产主义的远大理想。邓小平说:"要特别教育我们的下一代下两代,一定要树立共产主义的远大理想。一定不能让我们的青少年作资本主义腐朽思想的俘虏,那绝对不行。"(《邓小平文选》第 3 卷,第 111 页)要进行文化知识的教育,有专业知识和专业能力;要进行纪律教育,而纪律教育的最高标准,是真正维护和执行党和国家的政策,不能搞"上有政策,下有对策"那一套办法。通过教育,我国的人民和青年逐步成为有理想、有道德、有文化、守纪律的人,教育普及了,搞好了,也就为广泛地选拔和培养接班人打下了基础。

二

从我国当前的情况来看,组织路线应从以下几个方面来保证政治路线的实现。

首先,正确的组织路线是实现党的基本路线的保证。党的十一届三中全会后确立并形成了我党的"一个中心,两个基本点"的总路线。一个中心,就是以经济建设为中心,两个基本点,就是坚持四项基本原则和改革开放。党的十一届三中全会以来,十几年的实践已经证明这条基本路线是正确的。基本路线要管一百年。为了一百年内保持不变,并逐步实现这一条总路线,必须有一大批坚持四项基本原则、坚持改革开放的、年轻的、在政治上同党中央保持一致的领导干部,带领全国人民艰苦奋斗,以保证这条总路线的实施。邓小平说:"我们有正确的思想路线,有正确的政治路线,如果组织问题不解决好,正确的政治路线的实行就无法保证。"(《邓小平文选》第 2 卷,第 195 页)

其次,正确的组织路线是实现四个现代化的保证。实现四个现代化,是我国当前最迫切的任务,也是党的政治路线的核心。我们共产党人最高的奋斗目标是实现共产主义,而共产主义的实现是建立在生产力高度发展、物质财富极大丰富的基础上的。而我国目前还处在社会主义的初级阶段,我国是个大国,又是一个穷国,同世界上发达国家相比,还有相当长的一段距离。这种状况要求我们必须发展生产力。邓小平不仅提出发展生产力的意义,而且也指出了发展生产力的方法。他认为发展生产力是"马克思主义的基本原则",是"社会主义的首要任务"(《邓小平文选》第 3 卷,第 116 页),"社会主义初级阶段的最根本的任务就是发展生产力。"(《邓小平文选》第 3 卷,第 63 页)为了发展生产力,他提出了许多深刻的指导思想。如科学技术是生产力,实现四化的关键是科学技术,是掌握科学技术的专家和专业人才,要抓住机遇,利用一切可以利用的手段发展生产力,通过改革发展生产力,调整不适应生产力发展的经济体制等。总之,要提高领导者和广大人民的认识水平,加强管理,尽快发展社会生产力,"正确的政治领导的成果,归根结底要表现在社会生产力的发展上,人民物质文化生活的改善上"(《邓小平文选》第 2 卷,第 123 页)。

最后,正确的组织路线是实现改革开放的保证。改革开放是我们的总方针,必须长期坚持不变。党的十一届三中全会以来的十余年的实践,沿海的经济特区和十几个开放城市的实践,都证明了改革开放的方针是正确的。必须坚持改革开放的方针,我们的国家才能不断地发展壮大。1987 年 6 月 12 日,邓小平同南斯拉夫共产主义联盟领导人谈话时指出:"不改革就没出路。"(《邓小平文选》第 3 卷,第 237 页)1992 年 1 月,他在深圳特区视察时又说:"不坚持社会主义,不改革开放,不发展经济,不改善人民生活,只能是死路一条。"(《邓小平文选》第3卷,第370页)再次强调了改革开放的重要性,而且认为"改革是全面的改革,包括经济体制、政治体制和相应的其他领域的改革"(《邓小平文选》第3卷,第237页)。要实行改革开放,就必须选拔那些坚持改革开放路线并有政绩的人,把他们充实到各级领导机关和管理部门去,让他们领导改革开放的工作,这样才能使我们的事业万古长青。

三

为了保证我党思想路线、政治路线的实现,必须加强党的组织建设。根据我党的经验和当前形势的需要,应从思想、方针和制度等方面进一步完善我党的组织路线。

思想再解放一点。组织部门的干部是管干部的人,是管人的人,要求其他人的思想解放一点,首先自己的思想应更解放一点。要清除"左"的干扰,"左"的错误思想在我们党内几十年根深蒂固的影响。表面上是"尊重知识,尊重人才",行动上不落实。对干部队伍的知识化和专业化重视不够,是"过去在知识分子问题上长期存在的'左'倾思想的一种恶果"(《邓小平文选》第2卷,第286页)。所以,要清除"左"的错误思想的影响,非狠下一番功夫不可。要打破条条框框、论资排辈的不正确思想的束缚,克服重重障碍,坚决同一切压制人才、摧残人才的现象作斗争。组织部门的干部要钻研业务,要懂得马克思主义的组织学、人才学、管理学、心理学等,虽不能样样精通,成为"百事通""万能博士",但一定要懂些业务,对发现人才、使用人才都会是有益的。要坚持选拔人才的标准和方法,要善于辨别真假人才,自荐的人,如果确实是人才,应当欢迎,真正做到"不拘一格降人才"。但对那些"跑官""要官"的人一定要拒之门外,决不能让这些人钻"自荐"的空子,决不能让他们占到便宜。

进一步完善党的路线、方针和政策。我们党一贯坚持德才兼备、唯才是举和任人唯贤的选人标准。无论是战争年代还是在和平建设时期,都为党选拔了大量的人才,为党的事业的发展起了重要作用。党的十一届三中全会以后,又把人才的选拔标准具体化为革命化、年轻化、知识化和专业化。革命化,就是德,是党性强,关心群众,联系群众,敢于开拓创新的人,有实事求是作风的人。"选拔人,第一个是政治条件。"(《邓小平文选》第 2 卷,第 366 页)在政治合格的条件下,再考虑其他"三化"。凡是政治条件不合格的,如有严重的经济犯罪和其他犯罪行为的人,以权谋私,严重妨碍党和群众联系的人,长期在政治上与党不一致,或者表面上一致,实际上另搞一套的人,坚决不能选用。年轻化是当前最迫切、最大最难的问题之一,干部队伍年轻化不是个人的问题,而是关系我们党和国家机关是否有生气、有朝气的问题,也是关系到党的方针、政策的连续性的问题。只有干部队伍年轻化,才能使我们的党和国家机关有活力,也只有干部队伍年轻化,才能赶上时代的步伐。所以干部队伍年轻化的问题,是政治改革所达到的目标之一。当然并不是说年轻化就是一切,而是在革命化前提下的年轻化。知识化和专业化是指一个干部应具备的文化知识。从事建设有中国特色社会主义事业的各类干部都应有真才实学,有专业知识和专业能力。列宁说:"任何管理都需要特殊的本领。""要有专长,没有专长,没有充分的知识,没有管理的科学知识,你们又怎么能够从事管理呢?"(《列宁全集》第 30 卷,第 394 页)干部的"四化"是一个统一的有联系的整体,革命化是方向,知识化和专业化是主体,而年轻化是保证。所以,干部队伍的"四化"是一个统一的整体,缺一不可。只有坚持干部队伍的"四化"标准,大量的人才才能涌现出来,我们的事业才能真正有希望。

完善组织路线,选拔和培养更多的革命事业接班人,是我们党的重要任务之一,各级党委特别是组织部门的负责人,更应该适应时代的潮流,思想再解放一些,胆子再大一些,步子再快一点,制定出适合年轻干部成长的制度出来,努力培养和造就一大批建设有中国特色的社会主义事业的人才,使我们的事业蓬勃发展,后继有人,沿着有中国特色的社会主义的道路前进,为建设小康社会而奋斗。

(原载《中州纵横》1992 年第 2 期)

社会主义社会具有高度的精神文明

具有高度的精神文明是社会主义制度优越性的一个突出的表现。新中国成立以后,我国人民在党的领导下,用血汗浇灌的社会主义精神文明之花在祖国大地上竞相开放,曾赢得了全世界的高度赞扬。今天,在努力建设社会主义物质文明的同时,进一步搞好社会主义的精神文明建设,必将大力促进四个现代化的进程。

一、人类文明史上的新阶段

恩格斯曾把人类社会的发展史分为三个时代,即蒙昧时代、野蛮时代和文明时代。什么是文明呢?文明是人们逐步摆脱蒙昧和野蛮状态而进步的过程,是人类不断从必然王国向自由王国的进程。它包括物质文明和精神文明两个方面。物质文明表现为劳动工具的改进、技术的进步和物质财富的增加。精神文明是人类智慧和道德的进步状态,主要指科学、教育、文化和道德等内容。物质文明决定精神文明。随着生产力的发展和财富的增加,人们的精神文明也在不断地提高。精神文明又反作用于物质文明,促进物质文明的发展。从整个社会来说,它们像车之两轮,鸟之两翼,相辅相成,缺一不可。

文明是一个历史的范畴,不同的历史阶段有不同的内容和发展水平。人类社会自从脱离了原始社会的蒙昧和野蛮之后,"并由于文字的发明及其应用于文献记录而过渡到文明时代"(《马克思恩格斯选集》第4卷,第21页)。迄今为止,它已经历了奴隶时代的文明、封建时代的文明和资本主义时代的文明。这些文明在历史上都曾放出时代的光芒。我国在漫长的封建社会中曾创造出光辉灿烂的古代文化,素以文明古国、礼仪之邦著称于世。

资本主义生产力的高度发展,为教育的普及、科学的昌明、文化的繁荣奠定了基础。资本主义的上升时期,曾涌现出一大批思想家、诗人和作家,他们宣扬资产阶级的个性解放,反对封建主义的种种清规戒律,提出了"自由、平等、博爱"的口号。正像马克思、恩格斯所说,资产阶级的精神文明,"把一切封建的、宗法的和田园诗般的关系都破坏了。它无情地斩断了把人们束缚于天然首长的形形色色的封建羁绊,它使人和人之间除了赤裸裸的利害关系,除了冷酷无情的'现金交易',就再也没有任何别的联系了"(《马克思恩格斯选集》第1卷,第253页)。无疑它比封建时代的精神文明是前进了一大步。

然而,随着资本主义进入腐朽垂死的阶段,资本主义的精神也日趋没落,漫延着无法遏止的精神危机和道德危机。高度发展的科学技术成了剥削劳动人民的工具,"自由、平等、博爱"的口号成了麻痹无产阶级的腐蚀剂,文明礼貌成了掩盖资产阶级虚伪奸诈的装饰品。"人不为己,天诛地灭"是他们的道德准则。"金钱万能,金钱高于一切"是他们恪守的信条。马克思指出:"每当资产阶级制度的奴隶和被压迫者起来反抗主子的时候,这种制度的文明和正义就显示出自己真正的凶残面目。那时,这种文明和这种正义就是赤裸裸的野蛮行为和无法无天的报复行为。"(《马克思恩格斯选集》第2卷,第392页)如今在所谓资本主义的文明世界里,意识形态落后,宗教迷信盛行,青年思想混乱,精神世界空虚,酗酒凶杀成风,腐化堕落现象层出不穷。这是人类精神文明的一种倒退。

社会主义的精神文明,是人类历史上的崭新阶段。它是在生产资料公有制和人与人之间平等关系的基础上形成和发展起来的。它继承了人类文明史上最优秀的成果,为绝大多数人所享用。它以最科学的世界观——马列主义、毛泽东思想为指导,体现了社会主义的优越性,体现了共产主义理想的先进性。这种文明一旦与亿万人民群众相结合,就能成为改造自然,建设社会主义物质文明的强大力量。因而它比之前的任何时代的精神文明都具有不可比拟的价值。

二、社会主义精神文明之花盛开

社会主义精神文明的主要内容,不但包括先进的科学文化,而且也包括共产主义的理想信念、高尚的道德、严格的纪律和革命的立场、原则等。早在民主革命时期,毛泽东就指出,我们不但要建立政治上民主、经济上繁荣的中国,"而且要把一个被旧文化统治因而愚昧落后的中国,变为一个被新文化统治因而文明先进的中国"(《毛泽东选集》第2卷,第663页)。新中国成立初期,他又宣告中国人民被认为不文明的时代已经过去了,我们将以一个具有高度文化的民族出现于世界。事实证明,到了20世纪50年代和60年代初,在党的关怀培育下,社会主义精神文明之花经历了黄金般的季节,放出了奇香异彩,博得了全世界的称赞。在遭受了"十年内乱"的摧残之后,现在正在恢复和发展,并将放出更加灿烂的光辉。这里,我们仅撷取几朵。

崇高的革命理想。共同的理想,是社会主义精神文明的重要表现。在社会主义社会里,人民群众基于根本利益的一致,形成了共同的理想,这就是为建设社会主义现代化的强国,实现共产主义而奋斗。为了实现这个最美好的理想,数十年来,无数中华民族的优秀儿女、英雄豪杰、革命前辈,抛头颅,洒热血,前仆后继,用鲜血和生命谱写了可歌可泣的壮丽诗篇。然而在那风雨如磐的旧社会,这种崇高的革命理想,毕竟还是闪烁在少数的先进分子身上的光芒。在社会主义的制度下,它已经成为大多数人的共同理想。无论是在战火纷飞的抗美援朝、对越自卫反击战的战场上,还是在农业的生产岗位上,无论是在科研阵地,还是在服务性的行业内,人们都自觉地做好本职工作,把平凡的劳动同共产主义的远大理想结合起来,把能为共产主义的大厦添砖加瓦当作自己的最大幸福。雷锋、王杰、焦裕禄、黄继光、邱少云、李成文、吕士才等伟大的共产主义战士,就是千千万万怀有崇高理想和实干精神的杰出代表。就是在人妖颠倒、是非混乱的"十年内乱"时期,还涌现出为真理而献身的共产主义战士张志新等。他们为实现共产主义的理想无私贡献自己的一切直至宝贵的生命。他们的名字像一面光辉的旗帜,在激励着千百万继续为共产主义事业而奋斗的人。有人说,在我们国家不是也有人把"找一个好工作,住一套好房子,娶一个好老婆,生一个好孩子"当作自己的最高理想吗?不是也有人把追求金钱作为自己的奋斗目标,为了金钱甚至不惜做出损害国家的事情吗?是的,在现实的生活中确实有这样的人,但我们应当看到这样的人毕竟是少数,这样的思想在我们的社会里受到批判和鄙视。随着社会主义事业的发展和人们觉悟的提高,这种专为个人打算的人将会越来越少。为实现共产主义而奋斗的人,必将成为越来越多人的自觉的行动。

高尚的道德情操。在社会主义制度下,人们有高尚的道德品质。集体主义是这个道德的核心。爱祖国,爱人民,爱科学,爱劳动,爱公共财物,遵守公共秩序,尊老爱幼,讲究卫生,讲礼貌等是它的基本要求。大公无私,舍己救人,全心全意为人民服务,毫不利己,专门利人,这些有益的格言已成为社会主义道德修养的基本准则。在集体主义的原则下,许多人都能正确地处理个人与集体的关系,坚持个人利益和集体利益的结合。集体利益高于个人利益。当个人利益与集体利益发生矛盾时,应自觉地放弃个人利益,服从和维护集体利益。邱少云为完成掩护任务,保护540名战友的生命,宁肯被烈火活活烧死而不肯稍微动一下自己的身子;向秀丽为抢救国家财产勇敢地跳入火海;平顶山市化肥厂工人范奇为保护国家财产和人民的生命安全,英勇排险,光荣地献出自己的宝贵生命。这样感人肺腑的英雄事迹,在我们国家里并非罕见。在对待同志的关系上,助人为乐,舍己救人,一方有难,八方支援的事情是随处可见的。有的人为救落水者,献出自己的生命;有的人在遭遇不幸的时候,能遇到许多素不相识的人的慷慨援助;还有多少人向遇到困难的人伸出友谊之手,寄钱、赠物、慰问而不愿留下姓名……所有这些,在信奉"人不为己,天诛地灭"的尔虞我诈,以邻为壑的资本主义社会里是不可想象的,但在我们的国家却完全是理所当然的事情。这样说,是不是在我们国家就完全不承认或者完全抹杀个人利益呢?当然不是。我们党和政府总是在尽可能的条件下,尽量关心、顾全以至保护人们不可缺少的个人利益,例如给予教育和学习的机会,解决有疾病家庭的困难,帮助人们依据社会主义的需要去发展个性和特长,等等。党和政府越是这样做,人们的集体主义精神就会越是发扬光大。

  高度的爱国主义精神。热爱伟大的祖国是我们中华民族的光荣传统。在中华民族历史发展的各个阶段上,中国人民的爱国精神从来就是一种巨大的精神力量。自从我国建立了社会主义制度以后,我们的爱国主义又增添了新的内容,成为人类历史上最高类型的爱国主义,在今天,我们的社会主义祖国之所以可爱,不仅由于她有悠久的历史和文化,不仅山川秀丽、国土辽阔和拥有无尽的宝藏,不仅由于她是世世代代哺育我们成长的母亲,更重要的是她真正属于人民。千百万人民群众为了她的繁荣昌盛而辛勤劳动,为了她不受恶势力侵略而献身,许许多多的海外赤子毅然放弃海外的优越生活条件,回到祖国的怀抱,以能为祖国四化建设贡献力量而引以为光荣和幸福,更有多少正直的爱国人士、多少共产党员和非党的同志与朋友,虽在"文化大革命"中受到重重磨难,依然是一片丹心,竭尽全力为祖国服务。还有更多人并不嫌弃祖国的贫穷落后,为了祖国尽快地摆脱落后局面,怀着"国家兴亡,匹夫有责"的强烈责任感,更加奋发地工作。上海牙膏厂的退休老工人胡阿素临终前,把省吃俭用节约下来的价值一万元的黄金首饰全部献给国家,给祖国留下一颗"金子般的心"。我国一位有才华的年轻学者在参加一次重要的国际学术会议时,拒绝几位教授动员他留在国外工作的要求,披肝沥胆地说:"我生为中国人,死为中国鬼!为了祖国的荣誉我愿奋斗终生。"这种事例真是举不胜举,它生动地说明了爱国主义已经成为建设社会主义的巨大精神力量。

严格的组织纪律。这是社会主义精神文明的主要内容。纪律是达到思想和行动统一的保证。在社会主义社会里,人民为了有效地生产和工作,有秩序地进行工作、学习和生活,自觉地遵守各种必要的行政命令和纪律,人与人、部门与部门、单位与单位之间能够协调一致地行动,构成了社会主义在人类历史上没有别的社会制度可比的强大的威力,决定了社会主义事业能够比资本主义以更快的步伐前进。这么说,是否在社会主义社会里就缺乏自由了呢?不是的。在社会主义社会里,人们既有严格的纪律,又有言论、通信、结社、游行、示威、宗教信仰、科学研究、文艺创作等自由。不过,我们所说的自由,不是自由散漫,更不是谁想干什么就干什么。我们正在努力造就一个既有自由又有纪律,既有民主又有集中,既有统一意志又有心情舒畅、生动活泼的政治局面,这是以往任何社会都无法做到的。

三、把社会主义精神文明建设得更好

新中国成立三十二年来,我们的社会主义精神文明有了很大发展,但它是不是已经到了尽善尽美的地步了呢?当然不是。应当看到我们的精神文明还处在发展阶段,还有许多不完善和不足的地方。特别是林彪、江青反革命集团在"文化大革命"中的破坏,使社会主义精神文明受到了严重的摧残,以致达到美丑混淆、是非颠倒、善恶不分、荣辱易位的地步,把文明礼貌斥为"修正主义的货色",把"打砸抢"的野蛮行为戴上"英雄"的桂冠,有的人把吃喝玩乐、追求金钱当作最高的理想,还有的人精神颓废,思想空虚,羡慕资产阶级的纸醉金迷的生活方式,有的人出言不逊,恶语伤人,不以为耻,反以为荣。随着社会主义建设事业的发展,国际交往的增多,在吸引国外先进技术的同时,也不免带来资产阶级的腐朽的东西。有极个别的人,为了自己的私欲甚至做出有辱人格、有辱国格的事来,等等。凡此种种,与我们伟大社会主义的光荣称号是不相称的,与四化建设也是很有害的。粉碎"四人帮"后,经过党的十一届三中全会,纠正了在指导思想上的"左"的错误,我们的社会主义精神文明得到了恢复和发展。现

在，我们正处在拨乱反正、继往开来的重要的历史时期，面临新的历史任务，对建设精神文明的要求比以往更高。因此，在进行四化建设的同时，大力加强社会主义精神文明建设，已经是摆在我们面前的一项光荣的而又紧迫的任务。

对于党中央发出的建设社会主义精神文明的伟大号召，广大人民群众无不欢欣鼓舞，热烈拥护。可是，也有少数同志持怀疑态度，对实现这样的任务缺乏信心。他们灰心丧气地说，经过"十年动乱"，人们的道德水平下降了，社会风气败坏了，恢复起来太难了。这种看法是不全面的。因为我们不但要看到困难的一面，看到道德受破坏的一面，还要看到我们党六十年来的光荣传统在人民群众中是生了根的，新中国成立三十多年来的精神文明的花朵在人们心坎上的开放不是一阵风就可以吹掉的。在党的领导下，我们不但把一个贫穷落后的旧中国改造成为初步繁荣昌盛的文明的社会主义的新中国，而且我们有信心，有能力在不太长的时间内，恢复我党和我国人民的光荣传统，把我国建设成为高度文明的社会主义强国。自从党号召建设社会主义精神文明以来，党风、民风、社会风气都在变好，舍己为公，助人为乐的事迹不断出现。"毫不利己，专门利人""一不怕苦，二不怕死"的精神得到了发扬。人们情不自禁地高呼："雷锋又回来了""焦裕禄又回来了""我国精神文明的黄金时代又回来了"。面对这样的大好形势，我们没有理由悲观失望，而应该信心百倍地去创造未来。

怎样建设社会主义的精神文明呢？党的十一届六中全会通过的《关于建国以来党的若干历史问题的决议》指出：一是努力提高教育、科学、文化在现代化建设中的地位和作用，明确肯定知识分子同工人、农民一样是建设社会主义的可靠力量，扫除轻视教育、科学文化和知识分子的错误观念；二是全党要大力加强对马克思主义理论的研究；三是加强和改善思想政治工作，清除腐朽的资产阶级思想、封建残余思想，克服小资产阶级的思想影响，等等。我们应当根据这些要求来建设社会主义的精神文明。

教育、科学、文化是人类文明的标志和象征。人类社会正因为有了文字发明并用于文献记录而进入文明时代。如果不学习前人积累的科学文化知识，不仅建设不了社会主义的精神文明，而且还会退到茹毛饮血的野蛮时代。这是人们所共知的道理。革命导师马克思、恩格斯、列宁和毛泽东都十分重视科学文化和知识分子的作用。早在民主革命时期，毛泽东就号召我们要学习科学文化，学习马克思列宁主义的理论，学习革命和建设的知识，要团结广大的知识分子,并强调如果离开知识分子,革命事业就会一事无成。在社会主义建设时期,毛泽东提出向科学技术进军,要有自己的马克思主义的理论家、科学家、文学家和艺术家。在"文化大革命"时期,林彪、江青反革命集团出于反革命的目的,竭力否认科学文化的作用,否认知识分子的作用,诬蔑他们为"臭老九",把他们当作"革命"对象,挫伤了他们的积极性,影响了我们向现代化进军的速度。党的十一届三中全会以后,恢复了党的传统,重视了科学文化和知识分子的作用。这对于现代化建设是十分有益的。为了社会主义的现代化强国,我们要努力学习,加强自然科学和社会科学的研究,坚持又红又专和知识分子同工农相结合的道路,把我国的科学文化提高到一个新的水平。

马列主义、毛泽东思想是我们的指导思想,也是我们建设社会主义精神文明的指导方针。马列主义、毛泽东思想的来源之一,就是吸收前人的科学文化成果,是人类文明的继承和发展,马列主义、毛泽东思想本身也是精神文明的重要体现。如果不学习马列主义和毛泽东思想,离开了马列主义和毛泽东思想的指导,就建设不成社会主义的精神文明。

切实做好思想政治工作,是建设社会主义精神文明的可靠保证。先进的思想不会自发地产生,社会主义的精神文明也不会自发地形成,那种认为物质生活提高了,精神文明就会自然而然地产生的想法是天真的。精神文明是人类艰苦劳动的结果。不付出辛勤的劳动,精神文明就产生不出来。"文化大革命"遗留下来的无政府主义、资产阶级个人主义倾向仍在漫延滋长,封建主义的家长制、等级观念、宗教迷信等封建残余思想仍然缠绕着某些人的头脑。在这些思想的影响下,有些青年人把金钱美女当成自己的理想,而把祖国的前途和人类的理想抛在一边,这对社会主义精神文明建设是很不利的。1957 年,毛泽东说:"在知识分子和青年学生中间,最近一个时期,思想政治工作减弱了,出现了一些偏向。在一些人的眼中,好像什么政治,什么祖国的前途,人类的理想,都没有关心的必要。好像马克思主义行时了一阵,现在就不那么行时了。针对着这种情况,现在需要加强思想政治工作。"(《毛泽东著作选读》下册,第 780 页)毛泽东这段话,虽然是二十多年前讲的,但对当前仍有重大的现实意义。因此,我们必须加强思想政治工作,扶正抑邪,褒真善美,贬假恶丑,振奋人们的革命精神。

建设社会主义精神文明不是某一个部门的事,而是全党、全国人民的一件大事。党政部门、教育部门、宣传部门、卫生部门、公安部门、群众团体和理论界等,要同心协力,大造人人讲文明的舆论,造成人人讲文明的风气和习惯。要从各部门和个人做起,如果每个人都做到"五讲"(讲文明、讲礼貌、讲卫生、讲秩序、讲道德)、"四美"(心灵美、语言美、环境美、行为美),整个社会风气就会有很大的改观。在开展社会主义精神文明的活动中,要反对"语言的巨人,行动的矮子"。每个人都要从自己做起,共产党员、共青团员要起带头作用。在各个工作岗位上的同志,都要努力做一个好工人、好农民、好战士、好干部,在家里要做一个好婆婆、好媳妇、好丈夫、好妻子、好爸爸、好妈妈、好儿女等。这样,社会的精神面貌就会日日新又日新了。

我们相信,在党的领导下,在我们党正确的路线、方针、政策指导下,经过全党和全国人民的艰苦奋斗,我们的伟大祖国不仅会以高度的物质文明的社会主义巍然屹立于世界的东方,而且也会以高度的精神文明之国而站立在世界的最前列!

(原载《谈谈社会主义制度的优越性》,河南人民出版社 1982 年 1 月出版)

我国历史上的廉吏和廉政

在我国漫长历史长河中,产生过不少名垂青史的廉吏,而且正是这些廉吏为廉政做出贡献。我们就廉吏和廉政问题的主要内容作些探讨,这对于我们目前的廉政建设以及纠正党风、民风和社会风气等方面的不正之风,是会有裨益的。

一

廉,本来是堂隅,即屋角也。后引申为棱角、高洁、清白、公正、节俭和明察等方面的内容。史书中有关廉吏和廉政的记载,比较客观、全面的要算是《周礼》一书了。在《周礼·天官·小宰》的论述中,认为廉有六个方面的含义,"以听官府之六计,弊群吏之治,一曰廉善,二曰廉能,三曰廉敬,四曰廉正,五曰廉法,六曰廉辨"(《周礼古今注》第20页)。这里说的"听",是平治之意,"弊"是考察和判断,即以六条廉洁的标准,来考察和判断官吏是否廉洁。廉善,是善于行事;廉能,是推行政令的行为;廉敬,是不懈于职务,勤政爱民;廉正,是不倾斜,行为方正;廉法,是依法行事,执法不失;廉辨,是分清是非,抑恶扬善。这六廉的内容概括起来,是强调官吏的自身廉洁,忠于职位,勤政为民,依法行事,不贪赃枉法。这可以是对廉吏和廉政的主要要求,这些都做到了,就可以说达到了廉吏和廉政的主要标准。

廉吏是廉政的基础,只有廉吏,才可以廉政。一个廉洁的官吏,必须砥身砺行,保持自身的廉洁,才能在人与己、官与民、上级与下级的关系中起到表率作用。孔子作为我国最早的政治家和教育家,是他最早倡导己不正不能正人的思想。他说:"政者,正也。子帅以正,孰敢不正?"(《论语·颜渊》)又说:"其身正,不令而行;其身不正,虽令不从。"(《论语·子路》)这种可贵的思想,为后来的政治家们继承和发展。唐太宗李世民是我国杰出的政治家之一,他在贞观年间较好地体现了这种思想。贞观初年,他对侍臣说:"若安天下,必须先正其身,未有身正而影曲,上治而下乱者。"(《贞观政要》卷1)他就正确地表达了在自身与政府的行为关系、上级与下级的关系,强调了自身与上级的重要性和主导性,只有身正,政府的行为才能正,上级的政府廉洁,下级的政府必然也不敢乱来。这就是说,在封建社会中,从早期到后期,一些开明的君主和政治家已经认识到自身廉洁的重要性,要正确处理己与人、上级与下级、官与民的关系的关键,是先抓住自身的廉洁不放。

作为一个廉吏必须以不贪为宝。为了做到不贪污、不受贿,有的明拒贿,也有暗拒贿的,有的写楹联拒贿,有的写诗赋拒贿,还有人写了禁止馈送的檄文。例如我国战国时期的宋国的司空子罕(字乐毅),有人送他一块宝石,请他收下,他说:"我以不贪为宝,尔以玉为宝。若以与我,皆丧宝也,不若人有其宝。"(《春秋左传·襄公十五年》)以不贪为宝,是历来廉吏的一个标志。东汉时的杨震,曾为荆州、东莱郡的太守,当其路过昌邑县时,县令王密为了感谢他的荐举之恩,夜送金十斤。"震曰:'故人知君,君不知故人,何也?'密曰:'暮夜无知者。'震曰:'天知,神知,我知,子知。何谓无知!'"(《后汉书·杨震列传》)这个故事表现了杨震暗夜拒贿的可贵精神。还有廉吏在涉外关系中也不接受馈赠。汉代的李恂是持节出使西域的副校尉,西域的官吏和商人向他馈送奴婢、宛马、金银和毛呢等贵重物品,但他一概拒收。

洁身自好的廉吏,在住宅方面不特殊,仅以遮风避雨为满足,并不要求豪华、阔绰。晏婴是齐景公时的宰相,其家临街、潮湿、低下、吵闹,出入常坐一辆破车,与宰相的地位极不相称。齐景公多次提出给他换一个干净、干燥、安静、宽敞的地方去住,他总以"君子之先臣容焉,臣不以嗣之,于臣侈也"为由,不予搬迁。有一次晏婴出使晋国,齐景公派人把晏婴其家搬进新宅。晏婴回国后,仍旧搬回旧宅居住。像晏婴这样身居相位,仍然居住在陋巷的,还有汉代的萧何、唐代的魏征等人。

为政清廉的官吏不仅自己不贪不占,而且教育其家属及子女为政清廉。东汉时的杨秉受父亲杨震的影响,曾任豫州、荆州、徐州和兖州的刺史,均为廉吏。他常说:"我有三不惑:酒、色、财也。"(《后汉书·杨震列传》)宋仁宗时的包拯,官至龙图阁直学士、谏议大夫、御史中丞等官,是我国历史上有名的"铁包公"。不仅他自己为政清廉,而且还立下家训:"后世子孙仕宦,有犯赃者,不得放归本家,死不得葬入大茔中。不从吾志,非吾子孙也。"(《宋史·包拯传》)

历史上的清官和廉吏尽管是凤毛麟角,因为他们为人民做了好事,所以数千年来不为人们所忘,我们也从中受到启迪,领悟到从廉吏到廉政的必然之理。

二

廉吏为廉政创造了条件,那么,怎样在廉吏的基础上搞好廉政呢?根据史料,廉政主要包括以下几个方面:

(一)提倡节俭,反对奢侈浪费。廉犹俭也。廉也包括有俭的内容,我国历来有以节俭为德的传统。孔子曰:"政在节财。"(《史记·孔子世家》)这就是说节财应成为各级政府的美德。宋仁宗时的宋祁曾向皇帝建议去掉"三冗"(即冗官、冗兵、冗尼)和"三费"(即每日道场的浪费太多、京师的寺观费太多、边境节度使的费用太多)。如果一个国家的政府或一级政府抓不住大事,只抓一些小事,那么,造成的浪费是会很多的。

薄葬也是节俭的重要内容之一。古代虽有不少政治家和思想家提倡薄葬,但是没有真正实行。汉光武帝刘秀坐了皇帝宝座以后,充分认识到厚葬所带来的危害。建武七年正月下诏曰:"世以厚葬为德,薄终为鄙,至于富者奢僭,贫者单财,法令不能禁,礼义不能止,仓卒乃知其咎。其布告天下,令知忠臣、孝子、慈兄、悌弟薄葬送终之义。"(《后汉书·光武帝纪下》)刘秀不仅认识到厚葬的危害,而且力图实行。他临死时留下遗诏,葬礼"务从约省",二千石以下的官吏不离开岗位。唐太宗提出"奢侈者可以为戒,节俭者可以为师"的口号。在贞观元年和十一年,两次下诏书:"自王公已下,第宅、车服、婚嫁、丧葬,准品秩不合服用者,宜一切禁断。"(《贞观政要》卷6)尽管实行薄葬者寥寥无几,王公贵族更难实行节俭、薄葬,但提倡节俭薄葬本身就是一个了不起的起点。

(二)提倡廉政,反对贪官污吏。贪官污吏是廉政的对立物,要廉政,必须反对贪官污吏。我国何时开始惩办贪官污吏尚难查清,但《韩非子·外储说下》一文中提出"主卖官爵"的说法,这说明此时已有贪赃枉法的现象了。在东汉的桓帝、灵帝时已公开地卖官鬻爵。汉灵帝光和元年,"初开西邸卖官,自关内侯、虎贲、羽林,入钱各有差。私令左右卖公卿,公千万,卿五百万"(《后汉书·灵帝纪》)。而且从这一年开始,不仅下了卖官的诏书,而且有人开始了卖官的行动。此后封建社会里各级政府程度不同地都有卖官鬻爵的行为。

我国封建社会里的各级政府,在不同时期的不同朝代,政令虽千差万别,但在公开的诏书中都有禁止卖官鬻爵的规定,有严惩贪官污吏的规定。《汉书·刑法志》中规定,伤人及盗、吏受赇枉法、男女淫乱等,皆处以死刑。北魏高祖太和元年规定:"盗及吏受赇各绞刑。"太和八年还规定:"枉法无论多少皆死。"(《魏书·刑罚志》)宋太宗雍熙二年及端拱元年规定:"除十恶,官吏犯赃及杀人者不赦外"(《宋史·太宗纪》),其余的罪可以减降。比较开明的唐太宗"深恶官吏贪浊,有枉法受财者,必无赦免。在京流外有犯赃者,皆遣执奏,随其所犯,置以重法。"(《贞观政要》卷1)唐德宗时的吏部尚书李义府,与其母、妻、女婿等卖官鬻状,门庭若市,倾动朝野,后被撤职查办。这些事实充分说明贪官污吏历来都在查办之列,无论是哪一级的政府在法律上都不允许贪官污吏的存在。

(三)依法办事,不畏权贵。廉政与严格执法为一体,不依法办事,就做不到廉政,要廉政必须做到依法办事。权贵是执法的障碍,他们往往以特权人物自居,逍遥法外。要严格执法,就必须反对各类特权人物。汉武帝时的田仁曾任益州丞相长史,多次上书指出河东、河内、河南的太守,依仗他们是三公的后代,肆无忌惮,横行霸道,实为天下奸吏之最,只有把他们除掉,才可以惊动其他官吏。汉武帝接受他的建议除掉"三河"的太守。东汉时的董宣,是小小的洛阳县令,刘秀的姐姐湖阳公主的家奴在光天化日之下公开杀人,依靠公主的庇护,逍遥法外。董宣等公主外出时以刀画地,强迫公主将杀人犯交出来杀掉。公主大发雷霆,找皇帝告状,董宣据理力争,汉光武帝不仅没有杀他,反而奖励他。此事轰动了整个京师。明代的海瑞,任云南户部主事时,在他写的《治安疏》中引用民谣:"嘉靖者,家家皆净而无财用也。"作为一个小吏,敢如实地向皇帝反映真实的情况,让皇帝亲览。他任浙江淳安县令时,曾把胡作非为的浙江总督胡宗宪的儿子痛打一顿。在任江西兴国县令时,严惩了原兵部尚书的两个侄子。像田仁、董宣和海瑞这样的小吏,敢于不畏权贵,依法办事的行为,不仅表现了严格执法的精神,而且也表现了他们的廉政精神。

（四）勤政为民，不尸位素餐。廉政，就包含有不懈于职位，勤政为民的精神。不贪赃，不枉法，只是对一般官吏的最低要求，仅有此行为还不能算是廉吏和廉政，必须不舍昼夜，躬亲庶政，急国家之急。据史书记载，历史上一些有作为的官吏都是这样做的。周文王常常是"日中仄不暇食"，周公"一沐三握发，一饭三吐哺"，以待天下之贤人。由于他们的勤政，才赢得周朝的长期统治。秦孝公时的商鞅，除了劝民归心于农，还日夜不停地工作。他说："日治者王，夜治者强，宿治者削。"就是说一天的事情全干完了，就可以为王，如果延长到夜里完成，还可以强盛一时，如果过了一夜才完成，那就会日益削弱自己的力量。宋仁宗时的范仲淹，四次到宋朝的宫中工作，四次被权贵们赶出京城，在其任地方小吏时，兴水利，办教育，赈济灾民，最后死在赴任的路上，表现了他"先天下之忧而忧，后天下之乐而乐"的精神。明成祖时的况钟，任苏州知府时，着重整顿吏治，清理了大量的积案。他认为"不正乎吏，民昌由安之"。当时的苏州共管7个县，他整顿吏治时就撤了4个县令。刚任常州知县的徐亮，仅仅两个月，就以"阘茸无为"被免职。清乾隆年间曾任山东潍县知县的郑板桥以关心民间疾苦闻名，当山东巡抚向他索求书画时，他题诗曰："衙斋卧听萧萧竹，疑是民间疾苦声。些小吾曹州县吏，一枝一叶总关情。"表现了他时刻关心民情的心思。卸任时，仅以三头毛驴驮人载书而去，表现了他一生勤政为民、两袖清风的廉洁风尚。

（五）提倡犯颜直谏，反对阿谀奉迎。廉政自身，就包含有不倾斜，品行方正，不察言观色，不阿谀奉迎。唐太宗是我国历史上反对察言观色、阿谀奉迎的人，他视谗佞之臣为国之蠹贼，正像兰欲茂而被秋风扫叶一样，国家却会被谗佞之臣破坏了。所以，他一向反对"阿旨顺情"，提倡大臣和下级的官吏敢于把不同的意见反映出来，他对阿谀奉迎的人严惩不贷。贞观七年，唐太宗巡视蒲州，刺史赵元楷为了取得皇帝的欢心，让老百姓穿上黄纱的单衣站在路边迎接，装饰官署，修建门楼，饲羊养鱼等。他满以为这样可以取得皇帝的欢心，但他万万没想到唐太宗却指责他说："此乃亡隋弊俗，今不可复行。当识朕心，改旧态也。"（《贞观政要》卷6）赵元楷本是隋朝的旧臣，这一指责，使他十分害怕，几天后得病而死。唐太宗反对阿谀奉迎，而对敢于犯颜直谏的人却大加赞扬，他曾高兴地说："贞观之后，尽心于我……唯魏征而已。古之名臣，何以加也。"（《旧唐书·魏征传》当魏征病死时，唐太宗痛哭流涕，为失掉一面镜子而伤心。

三

廉吏和廉政是密不可分的,廉吏是廉政的基础,没有廉吏就没有廉政,而廉政又是廉吏形成和发展的条件和环境。

正像任何事情都要人去完成一样,没有一批廉吏的努力和耕耘,廉政是形不成的。因此,我们认为廉吏在廉政基础上的形成和发展中有三个作用:首先,廉吏有榜样的作用。孔子说:"为政以德,譬如北辰,居其所而众星共之。"(《论语·为政》)一个政府如果行德政,就会像北斗星一样,影响其他星星向它看齐。汉文帝曾下诏书曰:"廉吏,民之表也。"(《汉书·文帝纪》)廉吏不仅是一般民众的表率,而且也是其他官吏的榜样。如果某个地方和部门,由于廉吏的作用,采取廉政措施,利国安民,也是其他地方和部门效仿的榜样。其次,廉吏对廉政有主导的作用。汉代的刘向提出"用贤人而行善政"(《汉书·刘向传》),充分体现了廉吏的作用。公元前359年,秦孝公任用商鞅实行变法,新法奉行20年,使"秦民大悦",出现了"道不拾遗,家给人足"的可喜局面。如果没有秦孝公和商鞅的变法,就不可能出现这种局面。唐玄宗统治的前期,用姚崇、宋璟等廉吏为相,出现了廉政清明的局面。后期出现了安史之乱,除外部原因外,从内部来讲也与任用李林甫、杨国忠这些奸相有关系。所以,唐代的政治家魏征在《隋书·循吏传》评语中说:"易风移俗,服教从义,不资于明察,必藉于循吏也。"此语应当说是中肯的,有道理的。最后,廉吏有遏恶扬善的作用。在整个奴隶社会和封建社会中要找出一个廉洁的政府,肯定是徒劳的。但也不可否认在这样的社会中确有开明的君主和廉吏的存在,他们对整个社会的发展起不了决定作用,但他们出于长期统治的考虑,所采取的廉政措施,对遏恶扬善确有作用,也对廉政的发展有所帮助。

廉政是廉吏成长的条件和环境,虽然在奴隶社会和封建社会中没有一个廉政的政府,但有开明君主和廉吏所采取的廉政措施和行为,对廉吏的成长有一定影响。在以往的历史上,一些统治者和政治家曾提倡重义轻利,主张节俭,反对奢侈浪费,主张勤政为民,反对蠹政虐民,等等。这些廉政的措施是廉吏成长的基础。有个别君主的廉政措施,也促使了廉吏的成长。若没有秦孝公实行变法的主张和环境,就不会有商鞅这样的政治家成长起来;若没有唐太宗谠言直谏当作师友的环境和条件,就没有魏征这样犯颜直谏的名臣。另外,有些郡太守和县令的廉政措施,也会对小范围内的廉吏的成长有所帮助。

廉政与否,并不仅仅是官吏个人的事,而是关系到一个政权的兴衰存亡的问题。历史上一些杰出的政治家曾作过有益的探索。先秦时的政治家商鞅认为,贪官就像国家的蠹虫一样,迟早会失败的。他说:"奸臣鬻权以约禄,秩官之吏隐下而渔民。……秩官之吏隐下而渔民,此民之蠹也。故有隙、蠹而不亡者,天下鲜矣。"(《商君书·修权》)商鞅不仅把贪官比喻为蠹虫,而且还认为他们是"虱子"。只有去掉"虱官",一个政权才可以巩固和发展。贞观二年,唐太宗曾对侍臣说:"为主贪,必丧其国;为臣贪,必亡其身。诗云:'大风有隧,贪人败类。'固非谬言也。"(《贞观政要》卷6)总之,官吏的好坏,是否廉洁,是关系到一个政权的命运的问题。所以,汉宣帝认为"吏不廉平,则治道衰"(《汉书·宣帝纪》)。这些政治家的不朽言论,不仅说明了廉政关系到一个政权的兴衰存亡,而且也是我国古代文化放出的灿烂光芒。

(原载《中州学刊》1991年第5期)

企业文化与中国优秀传统文化

企业文化作为管理科学，无疑是以现代文明、现代科技和现代管理为基础。但是作为一种文化，也同其他文化一样，离不开本民族自己的文化。那么，企业文化为什么要同中国传统文化相结合？这就是我们不能不搞清楚的问题。

一

企业文化离不开本民族自己的文化特点，这是企业文化本身所要求的。企业文化作为观念文化，总是要由一些具体的人，在一定的社会环境下创立。美国人威廉·大内在其著作《Z理论——美国企业界怎样迎接日本的挑战》一书中承认这一点。他认为日本人结合自己民族的特点，巧妙地把西方的管理与中国的儒家文化运用于日本，使日本的经济迅速发展。二次世界大战以后，日本企业的增长率是美国的4倍。美国的企业增长率不仅比日本慢，而且还比缓慢增长的欧洲各国都低。这就提出一个问题，美国的企业家如何结合美国的特点，向日本的企业管理方式学习，把日本的企业管理理论运用于美国的环境，形成自己的管理理论？

日本的企业家把中国儒家的伦理道德、《孙子兵法》以及《三国演义》中的某些观点运用于企业管理，强调各雇员之间的相互信任和亲密性。而美国人则认为这种亲密性只有在家庭、俱乐部里、邻里以及教堂内才能找到。在他们看来，"个人的感情在工作中是没有地位的"，"然而我们却面对一个反常现象，在日本人的事例中我们发现，在一个成功的工业社会里，亲密性既存在于工作单位，也存在于其他环境里"（《Z理论——美国企业界怎样迎接日本的挑战》第8页）。这就是说日、美企业之间的差别，也就是美国企业家要向日本企业家学习的一点。由此可知,企业文化理论的建立和发展,必须同本民族的文化相结合。

中国优秀的传统文化,历来就有一种融合力。过去融合外来的文化,形成自己的传统文化,今天要建设有中国特色的社会主义企业文化,同样要消化、吸收古代文化的精华,才能使中国的企业文化有中国的作风和气魄。

中国的传统文化,是在中国数千年的文明发展过程中形成和发展的,这是中国各族人民共同劳动的结晶,也可以说是我们的先人们不断地消化、吸收外来文化的结果。

东汉末年以后,佛教文化传入中国。其具体的途径有二:一是通过译经、传经,在统治阶级的上层和知识层中传播;二是通俗化、民间化传播方式。古代有文化的中国人是少数,多数人的文化水平不高,能读懂经书的人更少。所以传经的人,必须把佛经通俗化,甚至以演唱的方式传播佛经,例如"降龙伏虎"这个成语,就来自佛家的《高僧传》和《续高僧传》两书。通过这两种途经传播以后,佛教文化已同中国传统的儒家文化相结合,成为中国传统文化血肉相连的组成部分。宋儒表面上是批判佛教文化的,认为它违反了儒家的伦理道德,但他们内心却认为"佛亦是胡人之贤智者,安可慢也"(《二程集》第216页)。因此消化吸收了一部分的佛教文化,形成了新儒学,也叫理学。明朝以后,西方的自然科学也通过传教士传入中国。如意大利的传教士利玛窦,在传授宗教理论的同时,也把自然科学传到中国。他曾同徐光启合作翻译《几何原理》一书。清朝的乾隆皇帝曾下诏,令我国边境的苗、黎、瑶、侗等少数民族收集服饰和图像,呈上御览。清乾隆时的钱大昕、阮元和赵翼等人,一方面提倡学习西方的技术,不能靠"钟律卦气之说"过日子;另一方面他们又反对盲目地崇拜和照搬西方的技术。钱大昕说:"西土之术,固有胜于中法者,习其术可也,习其术而为其所愚弄,不可也。"(《潜研堂文集》卷33)

今天,我们要建设有中国特色社会主义的企业文化,同样要继承和发扬我们中国民族文化的优良传统。一方面,要吸收外来文化的先进性;另一方面,又不能盲目地崇拜,为外来的文化所愚弄。我们要用历史唯物主义的观点和方法,来对待西方和中国的传统文化。一是不能割断历史,因为"今天的中国是历史的中国的一个发展";二是要区分精华和糟粕,吸收其精华,剔除其糟粕。中国的企业,只有将西方的企业文化同中国的优良传统文化相结合,西方的先进技术才能充分发挥出来,中国的企业文化建设只有同中国的优秀传统文化相结合,中国的企业文化才能具有中华民族自己的特点和气魄,才能逐步建立具有中国特色的社会主义的企业文化。

二

从企业文化的建设需要出发,我们应当把企业文化同优秀的中国的传统文化结合起来,从广招贤才、进取精神、经营之道和提高管理素质等方面汲取营养,以促进我们的企业文化事业不断发展。

(一)广招贤才

现代企业的竞争,归根到底就是人才的竞争。哪个企业能及时地造就和使用一大批人才,在激烈的竞争中就会立于不败之地;哪个企业忽视了使用和造就一大批人才,在激烈的竞争中就会处于劣势,甚至处于破产的境地。因此,造就人才的多少和素质的高低,是关系到企业命运的一件大事。我国古代虽没有什么企业,但在古籍中有关人才的重要、人才的识别和使用等方面的一些原则,是可供我们借鉴的。

关于人才的重要,从春秋战国到清朝末年的漫长发展过程中,有许多政治家和思想家论述过。齐国的宰相管仲在其著作中说:"夫争天下者,必先争人,明大数者得人,审小计者失人。得天下之众者王,得其半者霸。"(《管子·霸言》第142页)此话虽是数千年前讲的,但它仍不失其现实意义。战国时的商鞅说:"得人者兴,失人者崩。"(《史记·商君书列传注引》)三国时的诸葛亮认为人才是"社稷之器"。明朝的朱元璋说:"贤才,国之宝也。"(《明史·选举三》)总之,我们的先人们总是通过各种比喻来说明人才的重要。他们常常拿土地、人才的多少与得金银财宝的多少相比较,若有了人才,金银财宝可以有;若没有了人才,即使得到了土地和金银财宝,也会得而复失。

关于识别人才和使用人才的标准,据史料记载,应是德才兼备,以德为主,不能要才不要德。考验一个人才的功过成败,不论是德多高,才多好,都要以在具体职位中的实绩为主,这是识别和使用人才的主要标准和方法,没有这一条,就会被那些花言巧语之人钻我们的空子。

(二)进取精神

自强不息,吃苦耐劳,不断进取的精神,不但是我们中华民族的脊梁和灵魂,而且也是我们建设企业文化所要发扬的精神。这里要特别强调一下革旧图新和自强不息的精神。

我们中华民族历来就有革旧图新的精神,"周虽旧邦,其命维新"(《诗经·大雅·文王》)。我们常把变旧法为新政的活动叫维新活动。我国历史上有不少革旧图新的例子。管仲的改革,使齐桓公能"九会诸侯,一匡天下",保持了霸主的地位;秦孝公通过商鞅变法,使秦国成为七雄之中最强的一个,为秦统一天下奠定了基础;魏孝文帝的改革,达到了"四方无事,国富民康"的境地;宋神宗时王安石变法,使北宋的经济有了生机和活力;清末的康梁变法,虽失败了,但它加速了清王朝的灭亡过程。所以革旧图新,就如宋代的思想家程颐所说:"革天下之弊,新天下之治。""天道变改,世故迁易,革之至大也,故赞之曰,革之时大矣哉。"(《二程集》第953、952页)

临危不惧,不屈不挠,自强不息,也是要发扬的民族精神。在我们中华民族数千年的文明史上有无数可歌可泣的典范。殷纣王的叔父比干,看到殷纣王荒淫无度,犯颜直谏,受到剖心的处罚。周文王被囚在羑里监狱,作《周易》。孔丘在困苦厄运下,写了《春秋》一书。屈原被楚怀王放逐之后,写了不朽的诗篇《离骚》。左丘明在双目失明的情况下,写了《左传》和《国语》。孙膑是齐国的将军,与庞涓同学兵法,受到庞涓的嫉妒,被骗受膑刑。但被齐威王聘为国师,打败了庞涓所在的魏国。汉武帝时的史学家司马迁,在受到宫刑以后,忍辱负重,写了传世之作《史记》。苏武是汉武帝时的中郎将,持汉节访问匈奴时被扣留,在北海边牧羊19年,持汉节不变。南宋末年的岳飞和文天祥,勇敢地抗击金兵,至今还被人们传颂着。这些人生活的时代和动机各不相同,但有一点是相同的,就是在逆境的情况下,坚持"君子自强不息""苟日新,日日新,又日新"(《大学》)的精神。

为了建设我们的企业文化,就要发挥我们中华民族这种自强不息的精神。当我们的企业蒸蒸日上的时候,要"居安思危",力求"日日新,又日新";当我们的企业市场滞销,面临危机和破产时,我们决不能被困难吓倒,应当自强不息,有决心和信心,使我们的企业重新振兴,为国争光。

(三)经营之道

我国古代虽是个农业社会,商品经济不发达,但在商品交换过程中,我们的祖先也积累了不少商品经营的宝贵经验,如经营谋略、经营方法和经营之道等,可供我们借鉴。

经营谋略,也叫经营战略。我们从事任何一件事情,总要有长远的打算,不能只顾眼前,不顾长远,也不能见利忘义。孔子说:"人无远虑,必有近忧。"(《论语·卫灵公》)从事经济工作,必须有人专门考虑企业的发展前景,有长远的打算,以防不测之事的发生,即使发生了意外,因为事先有准备,就不必担心了。我国古代的军事家孙武提出:"夫未战而庙算胜者,得算多也;未战而庙算不胜者,得算少也。多算胜,少算不胜,而况无算乎?吾以此观之,胜负见矣。"(《孙子·始计篇》)庙算,即在庙堂上的策划,也叫庙略、庙策。这里讲的虽是军事上的事,但这种谋略思想,早被国内外的企业家们用于经营之道。在市场经济的体制下,要发展企业,建设我们的企业文化,同样离不开庙算,没有企业经营方面的庙算,是搞不好企业文化事业的。

经营方法更多,这里摘几种主要的方法:一是要了解市场和产品的现状。孙子说:"知己知彼,百战不殆。"(《孙子·谋攻》)"知天知地,胜乃可全。"(《孙子·地势》)这话本来是指打仗时要及时了解和掌握敌我双方的情况,以及天时地利,方可打胜仗,但这个道理已运用于经营管理的范围。在市场经济的体制下,了解市场情况,掌握市场信息和动向,即是"知彼",同时,又要知道自己产品的数量和质量,按市场需要生产,即是"知己"。这样就可以使我们在激烈的市场竞争中立于不败之地。二是"人弃我取,人取我与"(《史记·货殖列传》)。这是我国商人的鼻祖白圭的经验之谈,这不单是贱买贵卖的问题,实际上是一种经营方法。三是引进技术的问题。清朝末年的思想家魏源提出"以夷攻夷,以夷款夷。师夷之长技以制夷"(《海国图志》)。这里讲的夷,不是指我国东部的少数民族,而是指西方资本主义国家。这就是说,要引进资本主义国家的技术和人才,发展自己的经济和科技,就可以抵制资本主义国家的侵略和掠夺。清乾隆年间的钱大昕和阮元也都主张学习西方资本主义国家的先进技术,但不能盲目地崇拜,为其所愚弄,要"当知则立"。这些思想发挥了不少的作用。但是,有些人对"无为而治"作了片面的理解,认为无为就是无所作为,听天由命,任其自然,还有人认为"无为而治"就是道家的思想,儒家则没有这种思想。其实,"无为而治"并不是无所作为,而是按照"道"的要求去为,违反规律的事不能为。正如老子说:"道常无为,而无不为","爱民治国,能无以智乎?"(《老子》第37、10章)我们认为不仅老子有无为而治的思想,而且孔子也有这种思想。孔子说:"无为而治者其舜也与。"(《论语·卫灵公》)在孔子看来,"无为而治"的人只有舜了。舜之所以能"无为而治",是因为他"任官得其人"。有懂得农业和水利的大禹,还有掌握司法的皋陶作为舜的左右手,所以他可以"无为而治"了。

在理财方面,我们的古人提出"量入为出"和"量出为入"的原则。在《礼记·王制》中提出:"冢宰制国用,必于岁之杪,五谷皆入,然后制国用。用地小大,视年之丰耗,以三十年之通,制国用,量入以为出。"这样"量入以为出"就成了理财的原则,长期被人们所使用。汉代的理财专家桑弘羊提出"计委量入,虽急用之,宜无乏绝之时"(《盐铁论·轻重篇》),即"量出为入"的原则。唐朝的杨炎也坚持"量出为入"的理财原则。总之,无论是"量入为出"或"量出为入"的原则,都要求按照财政收入的情况去使用。要"取之有制,用之有节",这就是我们的先人们积累的宝贵的理财之道。

(四)提高管理素质

这里讲的素质,主要是指各企业管理人员的素质,在古代没有也不可能有这方面的专门论述。但我们可以从各王朝强调各级官吏的修养方面得到启迪,以便提高管理人员的道德、文化和自身素质。

提高思想道德水平。历来的思想家和政治家们十分重视这个问题。孔子提出"为政以德"的主张。汉武帝提出"扶世导民,莫善于德"(《汉书·武帝纪》)。唐太宗选人的标准是体、言、书、刺四条,但"四事皆可取,则先德行"(《新唐书·选举志》)。直到清朝的康熙皇帝仍然坚持"国家用人,以清器为本"(《康熙政要》卷9),可见强调道德标准的重要。

文化素质,是素质的核心,不论是治国还是办企业,没有文化知识是不行的。我国历来就有这个传统,重视文化知识的训练和提高。孔子提倡"学而优则士",就是说,有了文化知识的人,才可以做官。其弟子子路让子羔(高柴)做费邑宰(即县令),因为子羔没有文化,孔子认为这是误人子弟。

身体素质,是搞好工作的物质基础。如果身体不好,道德水平、文化水平再高也等于零。所以我国历来选官时都非常重视身体条件,对入仕和出仕的年龄都有明确的规定。汉高祖十一年,下诏让各郡国选送官吏时,不能把"年老癃病"之人送入京师。唐太宗选拔官吏的条件之一,就是"体貌丰卫",就是说,不但要身体好,而且要体貌雄伟。明太祖朱元璋提出"中老间参用"的原则,他说:"郡县官年五十以上者,虽练达政事,而精力既衰,宜令有司选民间俊秀年二十五以上,资性明敏,有学识才干者辟赴中书,与年老者参用之。十年以后,老者休致,而少者已熟于事,如此则人才不乏,而官使得人。"(《明史·选举三》)这里不仅指出管理人年轻化的问题,而且提出官吏的年龄结构问题,这样不仅保证了官吏的年轻化,而且使官吏队伍后继有人。清朝选官的标准是身、言、书、判四个标准。身,即身体好,五官端正,仪表堂堂;言,口齿伶俐,语言清晰;书,字写得好,工整漂亮;判,就是思维敏捷,审判明断。所以清乾隆年间的宰相刘墉,不可能是罗锅。但也事出有因,因为刘墉的个子高,大约在1.9米,晚年有些驼背,乾隆皇帝叫他"刘驼子",这大概就是"刘罗锅"的来历。

上述这些思想十分可贵。我们的企业家在选拔人才时,难道不应从这里得到启发吗?我们企业的各级班子,不但要使队伍年轻化,而且要注意班子的年龄结构,使我们各级班子都后继有人,逐步形成一个年轻化的企业干部队伍。

(原载《河南社会科学》1995年增刊)

附录

未选入本书的著作和文章目录

1.《中国行政管理概论》,河南人民出版社1993年6月出版。

2.《洛学及其中州后学》,河南大学出版社1999年5月出版。

3.《洛学与传统文化》(论文集),由卢广森、卢连章、刘象彬统稿,求实出版社1989年9月出版。

4.《辩证唯物主义与历史唯物主义》,载《马克思主义若干原理》,河南大学出版社1988年7月出版。

5.《河南哲学》,载《河南通志》第51卷,河南人民出版社1995年出版。

6.《有益的探索 可喜的成果——〈南宋陆学〉评介》,载《中州学刊》1985年第4期。

7.《政治体制改革的必然性和紧迫性》,载《郑州大学学报》1992年增刊。

8.《党的领导体制改革》,载《共产党执政方式探讨》,河南大学出版社1989年8月出版。

9.《多做实事,切忌空谈》,载1982年2月9日《河南日报》。

10.《导师与公仆》,载1983年4月8日《河南日报》。

11.《列宁〈论社会经济形态〉的阅读提示》,载《马克思主义哲学著作选读与提示》上册,河南人民出版社1990年6月出版。

12.《列宁〈论国家〉的阅读提示》,载《马克思主义哲学著作选读与提示》上册,河南人民出版社1990年6月出版。

13.《列宁〈马克思主义三个来源和三个组成部分〉(节选)的阅读提示》,载《马克思主义哲学著作选读与提示》上册,河南人民出版社1990年6月出版。

14.《毛泽东〈论十大关系〉的阅读提示》,载《马克思主义哲学著作选读与提示》下册,河南人民出版社1990年6月出版。

15.《毛泽东〈同音乐工作者的谈话〉的阅读提示》,载《马克思主义哲学著作选读与提示》下册,河南人民出版社1990年6月出版。

16.《毛泽东〈自由是对必然的认识和世界的改造〉的阅读提示》,载《马克思主义哲学著作选读与提示》下册,河南人民出版社1990年6月出版。

17.《党政分开是政治体制改革的关键》,载《社会主义初级阶段理论和党的基本路线教学大纲》,红旗出版社1988年8月出版。

18.《政治体制改革》,载《发展中国的必由之路——邓小平改革开放思想研究》,中国经济出版社1993年3月出版。